요한계시록

성경적 해설을 위한 Q&A

변동철 지음

쿰란출판사

머리말

요한계시록은 성경의 결론을 보여주는 성경의 마지막 책이다. 또한 계시록은 이 세상의 종말에 일어날 사건들을 계시해 주는 예언서이기 때문에 인류 역사의 결말을 알 수 있게 해주는 매우 중요한 말씀이다. 요한계시록 22장 16절 "나 예수는 교회들을 위하여 내 사자를 보내어 이것들을 너희에게 증언하게 하였노라"는 말씀처럼, 예수 그리스도께서 교회들에게 이 세상 종말에 일어날 사건들에 대해 예언해 주는 계시의 말씀이기 때문에 교회와 성도들에게 매우 중요하고 요긴한 말씀이다.

인류 종말에 대한 사건이 어찌 교회와 성도들에게만 국한(局限)된 사건이겠는가? 이 땅에 살아가는 모든 사람들은 어느 누구나 인류의 종말에 대해 깊은 관심과 궁금증을 갖고 있을 것이다. 그러므로 요한계시록 말씀은 이 땅의 모든 사람들에게 소중한 정보를 제공해 주는 귀한 말씀이다.

필자가 본서 《요한계시록 성경적 해설을 위한 Q&A》를 연구 정리하여 책으로 편찬하는 것은, 요한계시록이 교단 신학적 관점에 맞춰져 너무 다양한 해석들이 주장되고, 사람들마다 자의적(自意的)으로 해석하여 지나치게 주관적(主觀的)인 견해들이 난무(亂舞)함으로 혼돈

(混沌)을 가져오며, 특히 이단들이 자기들 교리에 맞춰 성경을 가감(加減)하거나 왜곡되게 해석하여 성도들을 미혹하는 행위가 득세(得勢)하는 현실이 마음 아프게 다가오기 때문이다.

이 책은 요한계시록을 성경적으로 연구하여 성경적 종말론을 정립함으로 교회를 말씀 위에 든든히 세우고, 성도들을 말씀으로 잘 양육하여 신랑 되신 예수 그리스도를 사모하며 깨어 기다리는 정결한 신부로 단장시키기 원하는 주의 종들과, 종말에 대해 예언하는 계시 말씀을 바르게 알고 싶어 하는 성도들을 위해 중요한 질문(QUESTION)과 대답(ANSWER) 방식으로 엮어 놓았다.

이 책이 주님의 재림을 사모하는 모든 교회와 성도들이 요한계시록을 성경적으로 바르게 깨닫고 지킴으로 복을 받는 데 조금이라도 도움이 되기를 간절히 소망한다.

2021년 1월

동행교회 목양실에서

변동철 목사

목 차

VII – 두 증인에 대한 Q&A

VIII – 해를 입은 한 여자와 광야 예비처에 대한 Q&A

IX – 두 짐승과 짐승의 표 666에 대한 Q&A

X – 큰 음녀 바벨론에 대한 Q&A

XI – 여호와의 절기에 대한 Q&A

XII – 다니엘서 9장의 70이레에 대한 Q&A

I

천년왕국에 대한 Q&A

성경 본문은 계시록 20장 1~10절 말씀이다.

“또 내가 보매 천사가 무저갱 열쇠와 큰 쇠사슬을 그 손에 가지고 하늘로서 내려와서 용을 잡으니 곧 옛 뱀이요 마귀요 사탄이라 잡아 일천 년 동안 결박하여 무저갱에 던져 잠그고 그 위에 인봉하여 천년이 차도록 다시는 만국을 미혹하지 못하게 하였다가 그 후에는 반드시 잠깐 놓이리라 또 내가 보좌들을 보니 거기 앉은 자들이 있어 심판하는 권세를 받았더라 또 내가 보니 예수의 증거와 하나님의 말씀을 인하여 목 베임을 받은 자의 영혼들과 또 짐승과 그의 우상에게 경배하지도 아니하고 이마와 손에 그의 표를 받지도 아니한 자들이 살아서 그리스도로 더불어 천년 동안 왕 노릇 하니 (그 나머지 죽은 자들은 그 천년이 차기까지 살지 못하더라) 이는 첫째 부활이라 이 첫째 부활에 참예하는 자들은 복이 있고 거룩하도다 둘째 사망이 그들을 다스리는 권세가 없고 도리어 그들이 하나님과 그리스도의 제사장이 되어 천년 동안 그리스도로 더불어 왕 노릇 하리라 천년이 차매 사탄이 그 옥에서 놓여 나와서 땅의 사방 백성 곧 곡과 마곡을 미혹하고 모아 싸움을 붙이리니 그 수가 바다 모래 같으리라 저희가 지면에 널리 퍼져 성도들의 진과 사랑하시는 성을 두르매 하늘에서 불이 내려와 저희를 소멸하고 또 저희를 미혹하는 마귀가 불과 유황 못에 던지우니 거기는 그 짐승과 거짓 선지자도 있어 세세토록 밤낮 괴로움을 받으리라”(계 20:1~10).

본문을 해석함에 있어서 다양한 견해들이 주장되고 있다. 특히 무천년설(amillennialism)과 역사적 전천년설(historic premillennialism) 이론이 강하게 상충(相衝)되고 있다.

무천년설은 천년왕국이 예수 그리스도 초림부터 재림 사이의 기간을 의미한다고 주장하는 학설이고, 역사적 전천년설은 예수 그리스도 재림 이후에 이 땅 위에 실제적으로 천년왕국이 이루어질 것이라고 해석하는 학설이다. 무천년설과 역사적 전천년설은 교회사에 있어 오래도록 대립을 이루어 왔고, 지금까지도 뜨거운 논쟁이 이어지고 있기 때문에 심층적인 성경 연구가 필요함을 실감하게 한다.

필자는 성경적 해석을 위한 'Q(question)&A(answer)' 방식을 통해 본문의 의도에 충실한 해석을 취하여 하나님 말씀의 진의를 파악하는 데 집중함으로 성경적 해석에 이르도록 노력할 것이다. 천년왕국에 대한 고찰은 다음과 같이 일곱 가지 Q&A를 다루려 한다.

1. 사탄이 무저갱에 천년 동안 감금되는 시점(時點)은 언제인가?
2. 사탄을 천년 동안 무저갱에 감금하는 목적이 무엇인가?
3. 20장 1~3절과 20장 4~6절 사건은 다른 장소에서 성취되는 사건인가?
4. 마귀와 사망이 유황 불못에 던져지는 때는 언제인가?
5. 마귀와 두 짐승이 유황 불못에 던져지는 시점은 동일한가?
6. 아마겟돈 전쟁과 곡과 마곡 전쟁은 동일한 전쟁인가?
7. 첫째 부활과 마지막 부활의 시점과 대상은 누구인가?

1

사탄이 무저갱에 천년 동안 감금되는 시점은 언제인가?

본문은 계시록 20장 1~3절 말씀이다.

> "또 내가 보매 천사가 무저갱 열쇠와 큰 쇠사슬을 그 손에 가지고 하늘로서 내려와서 용을 잡으니 곧 옛 뱀이요 마귀요 사탄이라 잡아 일천 년 동안 결박하여 무저갱에 던져 잠그고 그 위에 인봉하여 천년이 차도록 다시는 만국을 미혹하지 못하게 하였다가 그 후에는 반드시 잠깐 놓이리라"(계 20:1~3).

무천년설은 본문에 증거되고 있는 사탄의 결박 사건이 예수 그리스도의 초림 때 사역인 십자가의 죽음과 부활로 인해 성취된 사건이라 해석한다. 이들은 사탄이 결박되어 무저갱에 갇혀 있는 천년의 기간을 예수 그리스도 초림부터 재림 때까지를 나타낸다고 주장하는 상징적 해석을 취한다.

이 기간을 천년왕국 기간으로 보며, 그 기간 동안 예수 믿고 죽은 성도들의 영혼이 천국에서 왕 노릇 하는 것이 첫째 부활에 참예한 자들이 예수 그리스도와 더불어 천년 동안 왕 노릇 하게 된다는 계시록 20장 4~6절 말씀의 성취라고 주장한다.

무천년설은 예수 그리스도 재림 때 모두가 부활하여 백보좌 심판을 받고 천국과 지옥으로 들어간다는 해석을 취한다.

역사적 전천년설은 요한계시록 20장 1절로 3절 말씀에 계시되고 있는 사건이 예수 그리스도의 재림 때에 성취되는 사건이라고 해석한다. 예수 그리스도 재림 때 사탄이 결박되어 무저갱에 천년 동안 갇혀 만국을 미혹하지 못하게 되고, 이 땅에는 재림하신 예수 그리스도와 첫째 부활에 참예한 자들이 왕 노릇 하는 천년왕국이 이루어지게 된다고 해석한다.

역사적 전천년설은 본문의 계시 말씀은 이 땅에서 에덴동산이 회복되는 천년왕국이 문자적으로 성취될 것을 계시하는 말씀으로 보고, 천년왕국 이후에 백보좌 심판을 통해 천국과 지옥으로 영원히 들어간다고 해석한다.

'지금까지도 첨예한 대립을 이루고 있는 두 견해 중 어느 학설이 성경적 해석인가? 사탄의 감금 시점은 언제인가?'라는 Q&A를 통해 성경적 해석을 정립할 수 있기를 바란다.

이 두 견해를 도표로 살펴보면 다음과 같다.

[무천년설의 견해]

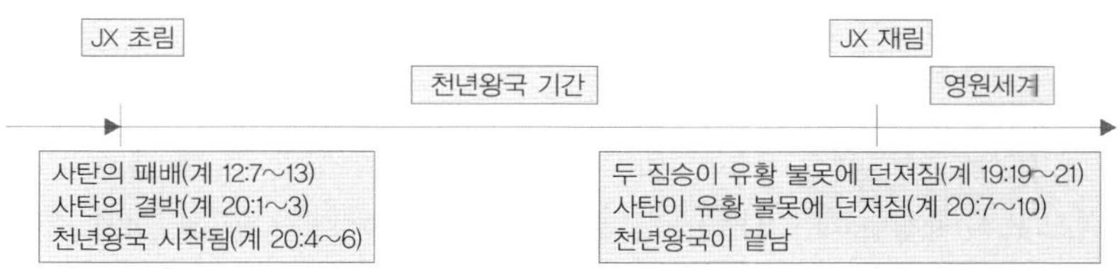

[역사적 전천년설의 견해]

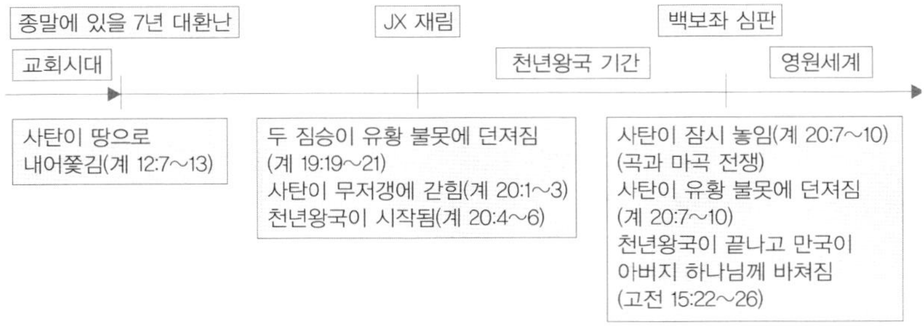

천사가 하늘로서 내려와 사탄을 결박하는 장소가 '이 땅'이라는 사실에는 이견(異見)이 없을 것이다. 분명 천사가 "하늘에서 내려와서" 사탄을 결박하고 무저갱에 던져 잠그고 인봉한 장소가 이 땅에서 펼쳐지는 사건임에는 무천년설이나 역사적 전천년설 주의자들이나 일치하는 견해를 보이고 있다.

무천년설 입장에서 역사적 전천년설을 주장하는 이광복 목사와 월간목회 1994년 10월 호부터 지상(紙上) 토론을 펼쳤던 최갑종 교수도 사탄이 결박되어 무저갱에 감금되는 사건이 발생하는 장소가 이 땅에서 이루어진다는 사실에 동감하고 있다.

> 필자(최갑종: 저자 주)는 계시록 12장 9절의 '큰 왕, 곧 그 옛 뱀이 땅으로 내쫓겼다'라는 사실에 근거하여, 계시록 20장 1~3절의 비전이 지상(地上)을 무대로 하여 일어난 비전이라고 본다.[1]

그렇다면 마귀가 미가엘 천사장 군대와 하늘 전쟁에서 패배하고

---

1) 천년왕국 사실인가 상징인가, 신망애, 최갑종 · 이광복, p. 49.

이 땅으로 내어쫓기는 계시록 12장 7절 이하의 사건이 성취되는 시점은 언제인가?

"하늘에 전쟁이 있으니 미가엘과 그의 사자들이 용으로 더불어 싸울새 용과 그의 사자들도 싸우나 이기지 못하여 다시 하늘에서 저희의 있을 곳을 얻지 못한지라 큰 용이 내어 쫓기니 옛 뱀 곧 마귀라고도 하고 사탄이라고도 하는 온 천하를 꾀는 자라 땅으로 내어 쫓기니 그의 사자들도 저와 함께 내어 쫓기니라 내가 또 들으니 하늘에 큰 음성이 있어 가로되 이제 우리 하나님의 구원과 능력과 나라와 또 그의 그리스도의 권세가 이루었으니 우리 형제들을 참소하던 자 곧 우리 하나님 앞에서 밤낮 참소하던 자가 쫓겨났고 또 여러 형제가 어린양의 피와 자기의 증거하는 말을 인하여 저를 이기었으니 그들은 죽기까지 자기 생명을 아끼지 아니하였도다 그러므로 하늘과 그 가운데 거하는 자들은 즐거워하라 그러나 땅과 바다는 화 있을진저 이는 마귀가 자기의 때가 얼마 못된 줄을 알므로 크게 분내어 너희에게 내려갔음이라 하더라 용이 자기가 땅으로 내어 쫓긴 것을 보고 남자를 낳은 여자를 핍박하는지라"(계 12:7~13).

무천년설을 주장하는 사람들은 위의 사건이 예수 그리스도의 탄생과 죽음, 부활과 승천의 초림 사역으로 성취된다고 해석한다.

이와 같이 사탄은 하늘에서 하나님의 백성들을 참소하는 일을 해왔는데 바로 예수님의 탄생과 죽음, 부활, 그리고 승천에 의해 모든 구속 사역의 반석을 이루었기 때문에 하늘에서의 사탄의 사역을 초토화시키게 된다.[2)]

---

2) 내가 속히 오리라, 이레서원, 이필찬, p. 544.

본문은 사탄에 의해 시행된 참소가 얼마나 집요하고 지속적으로 되어졌는가를 보여준다. 그러나 이제 그리스도의 승천으로 말미암아 그 참소하던 자가 쫓겨나게 된다.[3)]

무천년주의를 신봉하는 사람들의 주장처럼 과연 사탄이 결박되어 이 땅으로 쫓겨난 계시록 12장 7절 이하의 사건이 예수 그리스도의 초림 사역으로 성취되는 사건인가? 대군 미가엘이 일어나게 되는 사건에 대해 성경은 어떻게 증거하고 있는지 살펴보자.

"그때에 네 민족을 호위하는 대군 미가엘이 일어날 것이요 또 환난이 있으리니 이는 개국 이래로 그때까지 없던 환난일 것이며 그때에 네 백성 중 무릇 책에 기록된 모든 자가 구원을 얻을 것이라 땅의 티끌 가운데서 자는 자 중에 많이 깨어 영생을 얻는 자도 있겠고 수욕을 받아서 무궁히 부끄러움을 입을 자도 있을 것이며 지혜 있는 자는 궁창의 빛과 같이 빛날 것이요 많은 사람을 옳은 데로 돌아오게 한 자는 별과 같이 영원토록 비취리라 다니엘아 마지막 때까지 이 말을 간수하고 이 글을 봉함하라 많은 사람이 빨리 왕래하며 지식이 더하리라"(단 12:1~4).

다니엘서 12장 1절 이하의 말씀에 대한 주석들의 내용을 살펴보자.

먼저 고지(告知)할 것은 필자가 인용할 두 가지 주석서는 모두 무천년설 입장을 취하고 있는 주석들이다.

안티오쿠스 에피파네스의 악의적인 행적(11장)에 이어지는 본 장은 이미 그를 통해 상징된 바 있는 종말 때의 적그리스도의 출현과 그로 인한 대환난의 정황, 그리고 그리스도의 재림을 통해 성취될 궁극

---

3) 내가 속히 오리라, 이레서원, 이필찬, p. 547.

적인 승리의 예언 기사가 역사적 성취의 실례를 통해 상징되고 있다. 따라서 본 장은 본서에서 언급된 예언적 환상을 총괄하는 부분으로, 다른 환상에 비해 종말론적 내용이 특별하게 부각되는 특징을 가진다. 이를 역사적 측면에서 해석할 경우, 이는 유대 민족에 대해 잔혹한 박해를 행했던 안티오쿠스 에피파네스의 최후의 시기를 가리킨다.

그러나 상징적으로는 다니엘의 70이레 예언 중 마지막 대환난 때인 7년 대환난의 후반 3년 반의 기간, 곧 적그리스도의 출현으로 성도들에게 극단적인 박해가 가해질 무서운 환난의 때를 지시한다. 일차적으로는 이미 11장에서 언급된 안티오쿠스 에피파네스의 가공할 이스라엘 핍박을 지시하는 것이나, 상징적으로는 종말에 있을 7년 대환난에 성도들이 적그리스도에게 당할 엄청난 박해를 의미하는 것이다. 이는 예수께서 그의 감람산 강화를 통해 종말에 있을 대환난의 정황을 본 구절에서 인용하신 사실로도 입증된다(마 24:21~22).[4)]

본 장은 다니엘이 바사 왕 고레스 3년에 힛데겔 강가에서 보았던 일련의 환상의 연속 부분이다. 그런데 앞선 10~11장에서는 바사 초기 네 왕과 헬라 제국의 성립과 분열 및 안티오쿠스 에피파네스와 관련된 예언들이 주를 이루고 있으나, 본 장은 마지막 장답게 인류 역사의 마지막에 있을 대환난과 죽은 자의 부활과 심판 및 구원에 관한 신비를 직접적으로 계시한다는 점에서 차별성이 있다.

본 장은 개역 개정판 성경에서 '그때에'라고 번역한 '우바에트 하히(וּבָעֵת הַהִיא)'로 시작한다. 이 어구는 본 장이 직접적으로 11장 36~45절의 내용과 연결된다는 것을 보여준다. 그러므로 비평주의 학자들은 본 장의 내용 역시 안티오쿠스 4세 에피파네스(Antiochus IV Epiphanes)의 박해 말기에 국한된 예언이라고 해석한다.

---

4) 호크마 종합 주석 에스겔-다니엘, 기독지혜사, 강병도, pp. 762~763.

그러나 이러한 해석이 결코 옳지 않다는 사실이 바로 1~3절의 내용을 통해 자명하게 드러난다. 먼저 그때에는 개국 이래로 한 번도 없었던 대환난이 일어날 것을 예언한다(1절). 그러나 안티오쿠스 4세 통치 말기나, 심지어 통치 중간이라 할지라도 그런 환난은 없었다. 오히려 A.D. 70년에 이스라엘이 겪었던 환난이 B.C. 167~164년에 겪었던 환난보다 훨씬 더 큰 환난이라고 할 수 있다. 그리고 종말의 때에는 그보다 더 큰 환난이 있을 것이다.

또한 그때에는 책에 기록된 모든 자가 구원을 받게 될 것이 예언되나(1절) 이러한 구원 사건이 B.C. 2세기에 부활이 일어났다는 증거는 전혀 없다. 죽은 자의 부활은 분명히 종말의 때에만 일어날 독특한 현상이다.

그때에는 과거에 신앙 때문에 핍박을 당했던 사람들, 그런 박해 중에도 많은 사람들에게 신앙을 지키라고 격려하며 복음을 통해 사람들을 진리의 길로 이끈 자들이 별과 같이 영원토록 빛날 것이다(3절). 이상의 모든 사실을 고려할 때, 본문의 '그때에'가 B.C. 2세기의 안티오쿠스 4세의 때를 지칭하는 것이 아니라, 예수 그리스도의 재림이 이루어지는 종말의 때를 지칭하는 것임을 확실히 알 수 있다(Wood, Walvoord, Miller, Archer, Young).[5)]

두 주석서 모두 무천년설 입장을 취하는 책들임에도 불구하고 다니엘 12장 1절 이하에 예언된 미가엘이 일어나게 될 시점이 장차 종말에 있을 7년 대환난 시점, 즉 예수 그리스도의 재림이 임박한 시점에 성취될 사건으로 해석하고 있다.

계시록 12장 7절 이하에 계시되고 있는 사탄의 세력과 미가엘 군대와의 하늘 전쟁은 다니엘 12장 1절 이하의 말씀과 병행되는 사건

---

5) 옥스포드 원어 성경 대전, 다니엘 7-12장, 제자원, pp. 510~511.

임이 분명하다. 이 사건은 사탄이 하나님의 보좌를 넘보고 대항하다가 쫓겨난 과거 사건이 아니며, 또 예수 그리스도의 초림 사역(탄생과 죽음, 부활과 승천)으로 완성되는 사건도 아니다. 이는 장차 종말의 때, 즉 예수 그리스도의 재림이 가까운 7년 대환난 시점에 성취될 사건임이 분명하다.

계시록 본문의 증거 말씀에 사탄이 하늘 전쟁에서 미가엘 군대에 패배하고 땅으로 내어 쫓길 때 "자기의 때가 얼마 못 된 줄 알므로 크게 분 내어 너희에게 내려갔음이라"(계 12:12)고 증거하고 있다.

이 말씀만 보더라도 사탄과 미가엘 군장과의 하늘 전쟁은 장차 종말의 때에 성취될 것으로 해석함이 성경에 충실한 해석이라 할 수 있다.

사탄의 무리가 미가엘 군대와 싸워 패배하고 하늘에서 이 땅으로 내어 쫓기는 사건이 장차 종말의 때에 성취될 사건임이 사실이라면, 땅으로 내어 쫓긴 사탄이 하늘에서 내려오는 천사에게 결박되어 무저갱에 던져져 천년 동안 감금되어 만국(萬國)을 미혹하지 못하게 될 것을 계시하는 계시록 20장 1절 이하의 사건이 예수 그리스도의 재림의 때에 성취되는 사건이라고 해석함이 성경적 해석이다.

성경을 성경으로 풀어 해석하는 것이 가장 바람직한 자세라면, 우리는 사탄이 미가엘 군대와의 싸움에서 패배하고 하늘(사탄이 권세를 잡고 있던 공중, 엡 2:2)에서 이 땅으로 쫓겨나는 사건과, 또 하늘에서 내려오는 천사에게 결박되어 무저갱에 던져짐으로 천년 동안 만국을 미혹하지 못하게 된다는 계시록의 증거 말씀들이, 예수 그리스도의 재림 때 성취될 사건이라고 해석하는 역사적 전천년설 견해가 성경적 견해임을 인정하지 않을 수 없다.

본문에 사용하고 있는 언어들이 너무도 명백하게 장차 종말에 이루어질 예언의 말씀이기 때문에, 무천년설 입장을 취하고 있는 책들도 본문의 사건이 종말의 때, 즉 예수 그리스도 재림 때에 성취될 사건으로 해석하고 있다.

> …열쇠는 무저갱을 여는 데 사용되고, 쇠사슬은 용을 묶어 무저갱에 감금하는 데 사용된다. '잡으니'로 번역된 '에크라테센'(ἐκράτησεν)은 본래 '잡다', '붙들다', '지키다'라는 뜻을 지닌 '크라테오'(κρατέω)의 예언적 부정 과거형으로 종말에 무저갱을 관장하는 천사가 용을 사로잡으리라는 사실을 드러낸다.
> 천사가 사로잡은 용의 다른 이름은 옛 뱀이요 마귀요 사탄이다. 이는 이미 계시록 12장 9절에 언급된 바와 같다. ... 그런데 천사는 그가 사로잡은 용을 일천 년 동안 결박한다. '잡아 ... 결박하여'로 번역된 '에데센'(ἔδησεν) 역시 '줄로 묶다'라는 뜻을 지닌 '데오'(δέω)의 예언적 부정 과거로 천사가 사로잡은 용을 자신이 가지고 있던 큰 쇠사슬로 결박할 것임을 드러낸다. 이처럼 본 절에서 용을 사로잡고 결박하는 것을 묘사하는 데 사용된 동사가 모두 예언적 부정 과거형이란 점은, 천사에 의한 사탄의 결박이 한 치의 오차도 없이 분명하게 성취될 종말론적 사건임을 암시한다. 6)

6) 옥스퍼드 원어 성경 대전, 요한계시록 12-22장, 제자원, p. 525.

2

사탄을 천년 동안 무저갱에 감금하는 목적이 무엇인가?

성경 본문은 요한계시록 20장 1~3, 7~8절 말씀이다.

> "또 내가 보매 천사가 무저갱 열쇠와 큰 쇠사슬을 그 손에 가지고 하늘로서 내려와서 용을 잡으니 곧 옛 뱀이요 마귀요 사탄이라 잡아 일천 년 동안 결박하여 무저갱에 던져 잠그고 그 위에 인봉하여 천년이 차도록 다시는 만국을 미혹하지 못하게 하였다가 그 후에는 반드시 잠깐 놓이리라"(계 20:1~3)

> "천년이 차매 사탄이 그 옥에서 놓여 나와서 땅의 사방 백성 곧 곡과 마곡을 미혹하고 모아 싸움을 붙이리니 그 수가 바다 모래 같으리라"(계 20:7~8)

하나님께서 천사를 통해 하늘로서 이 땅에 내려와 용(옛 뱀, 마귀, 사탄)을 잡아 큰 쇠사슬로 결박하여 무저갱에 던져 잠그고 그 위에 인봉하여 천년 동안 가두어 두는 목적이 무엇인가?

"천년이 차도록 다시는 만국(萬國)을 미혹하지 못하게"(계 20:3) 하기 위함이다.

잡아(ἐκράτησεν) → 결박하여(ἔδησεν) → 갱에 던져(ἔβαλεν) → 잠그고(ἔκλεισεν) → 인봉하여(ἐσφράγισεν) 완벽하게 통제함으로 다시는 만국(萬國)을 미혹하지 못하게 한다고 증거하고 있다.

무천년설을 주장하는 이필찬 교수도 하나님께서 사탄을 완벽하게 통제하셨음을 확증하는 말씀이라 해석하고 있다.

> 용은 잡혀 결박당할 정도로 천사에 의해 압도당한다. 다음 그 단계에서 3a에서 그 용을 무저갱에 던져서 잠그게 된다(ἔκλεισεν). 여기에서 결박하는 도구로 바로 '큰 쇠사슬'(ἅλυσιν μεγάλην)이 사용된다. '큰 쇠사슬'로 결박했다는 것은 사탄의 결박이 매우 완벽하게 이루어졌음을 보여준다. 더 나아가서 인봉하고 잠그는 작업은 이 사탄에 대한 통제가 완벽하게 이루어졌음을 더욱 확증한다. 이러한 상태가 일천 년 동안 지속된다.[7)]

성경 본문은 하나님께서 사탄을 잡아 결박하여 무저갱에 던져 잠그고 인봉하여 천년 동안 완벽하게 통제함으로 '다시는 만국(萬國)을 미혹하지 못하게' 할 것을 분명하고 확실한 언어로 증거하고 있다. 그러므로 사탄이 결박되어 무저갱에 갇혀 있는 동안에는 사탄이 만국을 미혹하는 활동을 하지 못할 것을 강조하는 말씀이다.

천년이 찬 후 사탄이 갇혀 있던 옥에서 놓여나와 비로소 땅의 사방 백성들(곡과 마곡)을 미혹했다는 본문 7~8절 말씀은, 옥에 갇혀 있는 동안에는 만국을 미혹할 수 없었음을 입증하는 말씀이 된다.

감옥에서 놓여나오지 않고도 만국을 미혹할 수 있는 상태라면, 굳이 천년이 찬 후에 잠시 풀려 나오게 될 필요성이 없지 않겠는가?

성경 본문은 사탄이 천년 동안 무저갱에 감금되어 만국을 다시는 미혹하지 못하게 되었다가, 천년이 찬 후에 잠시 풀려나 미혹하는 일을 재기(再起)하게 될 것을 상세히 계시해 주고 있다. 그러므로 본문의 의미를 벗어나는 해석이나 학설은 반드시 성경의 증거 말씀과 충

---

7) 내가 속히 오리라, 이레서원, 이필찬, p. 835.

돌하는 문제점을 드러내게 된다.

성경의 자증(自證)을 근거로 하지 않는 그 어떤 해석이나 학설도 올바른 성경적 견해가 될 수 없기 때문이다.

무천년설은 사탄이 결박되어 무저갱에 갇히는 천년 동안을 예수 그리스도의 초림과 재림 사이를 의미하는 것이라는 상징적 해석을 취하고 있다. 그리고 사탄의 결박과 감금은 사탄의 세력이 약화되었음을 의미한다고 해석한다.

무천년설의 이러한 상징적 해석은 본문의 명백한 증거 내용을 정직하게 반영하지 못한 해석이므로 성경의 증거와 상충(相衝)되는 문제점이 드러난다. 무천년설 입장을 취하고 있는 이필찬 교수도 이 사실을 인정하고 있다.

> 그런데 문제가 있다. 용에 의해 상징되는 사탄이 초림과 재림 사이(interadvent)에 무저갱에 갇혀 있다면 그 사탄이 지금 활동하는 것으로 묘사하는 고린도후서 4장 3~4절, 11장 14절, 에베소서 2장 2절과 디모데후서 2장 26절, 그리고 베드로전서 5장 8절과 같은 내용을 어떻게 이해할 수 있는가?

> "만일 우리 복음이 가리웠으면 망하는 자들에게 가리운 것이라 그중에 이 세상 신이 믿지 아니하는 자들의 마음을 혼미케 하여 그리스도의 영광의 복음의 광채가 비취지 못하게 함이니 그리스도는 하나님의 형상이니라"(고후 4:3~4).

> "이것이 이상한 일이 아니라 사탄도 자기를 광명의 천사로 가장하나니"(고후 11:14).

> "그때에 너희가 그 가운데서 행하여 이 세상 풍속을 좇고 공중의 권세 잡은

자를 따랐으니 곧 지금 불순종의 아들들 가운데서 역사하는 영이라"(엡 2:2). "마귀의 궤계를 능히 대적하기 위하여 하나님의 전신갑주를 입으라 우리의 씨름은 혈과 육에 대한 것이 아니요 정사와 권세와 이 어두움의 세상 주관자들과 하늘에 있는 악의 영들에게 대함이라"(엡 6:11~12).

"저희로 깨어 마귀의 올무에서 벗어나 하나님께 사로잡힌 바 되어 그 뜻을 좇게 하실까 함이라"(딤후 2:26).

"근신하라 깨어라 너희 대적 마귀가 우는 사자같이 두루 다니며 삼킬 자를 찾나니"(벧전 5:8).

위의 말씀들에 의하면 마귀 사탄은 지금도 여전히 강력하게 활동하는 적대적 세력이라는 것이 분명하다. 그렇다면 이러한 사실과 마귀 사탄이 무저갱에 갇혀 있다는 것은 어떻게 조화시킬 수 있는가?[8)]

위에 의하면, 사탄이 무저갱에 갇히게 된 것은 천년 동안 만국을 다시는 미혹하지 못하게 하기 위함이라고 한다. … '다시는'(ἔτι)이라는 단어는 무엇인가 계속되던 행동이 멈추게 된 것을 의미한다. 곧 사탄은 나라들을 미혹해 왔는데, 이제 다시는 그러한 행동을 하지 못하게 되었다는 뜻이다. 그리고 3b는 '히나'(ἵνα) 목적절을 형성하고 3a에 대한 목적의 의미를 더욱 명백하게 한다. 곧 천사는 용을 천년 동안 만국을 미혹하지 못하게 하기 위해 무저갱에 가두어 둔다. 여기에서 천년의 기간이 초림과 재림 사이를 가리키는 것이라면, 그 사이에 용은 무저갱에 있어 만국을 미혹하지 못한다는 결론이 나온다.

그런데 요한계시록의 전체적인 맥락에서 보면, 사탄의 미혹은 초

8) 내가 속히 오리라, 이레서원, 이필찬, pp. 837~838.

림과 재림 사이 동안에 만국을 향하여 이루어진다. 예를 들면, 12:9의 경우에는 사탄을 "천하를 미혹하는 자"(ὁ πλανῶν τὴν οἰκουμένην ὅλην), 13:14에서는 짐승이 "땅에 사는 자들을 미혹한다"(πλανᾷ τοὺς κατοικοῦντας ἐπὶ τῆς γῆς), 18:23에서는 바벨론이 "모든 나라들을 미혹하였다"(ἐπλανήθησαν πάντα τὰ ἔθνη), 19:20에서는 둘째 짐승이 "짐승의 표를 받은 자들을 미혹하였다"(ἐπλάνησεν τοὺς λαβόντας τὸ χάραγμα τοῦ θηρίου)라고 기록한다.

이러한 경우들은 초림과 재림 사이에서 일어나는 사탄과 함께하는 악의 세력들의 미혹에 대한 활동을 보여준다. 그렇다면 이러한 사실은 위의 20:3의 경우와는 모순되는 것이 아닌가? 이미 미혹하지 못하도록 무저갱에 가두어 두었는데, 그 사탄이 미혹하게 하는 활동을 계속하고 있다니 이상하지 않은가?[9]

이러한 천년의 기간 동안에 용이 무저갱에 갇혀 있어 만국을 미혹하지 못하게 된다. 하지만 요한계시록 전체적인 맥락에서 보면, 사탄의 미혹은 초림과 재림 사이 동안에 만국을 향하여 이루어진다. 이것은 사탄의 이중적 성격을 나타내 준다.[10]

사실 주님의 초림 이후 공중 권세 잡은 사탄의 역사는 이 시대까지 쉬지 않고 이어져 왔고, 종말을 향해 갈수록 더욱 강하게 역사할 것임이 분명하다. 예수님은 종말의 징조에 대해 묻는 제자들에게 할 수만 있으면 택하신 자들까지도 미혹하는 강한 미혹이 있을 것을 경고하셨다.

---

9) 내가 속히 오리라, 이레서원, 이필찬, pp. 838~839.
10) 내가 속히 오리라, 이레서원, 이필찬, p. 865.

> "… 주의 임하심과 세상 끝에는 무슨 징조가 있사오리이까 예수께서 대답하여 가라사대 너희가 사람의 미혹을 받지 않도록 주의하라 많은 사람이 내 이름으로 와서 이르되 나는 그리스도라 하여 많은 사람을 미혹(迷惑)케 하리라"(마 24:3~5).

> "그때에 사람이 너희에게 말하되 보라 그리스도가 여기 있다 혹 저기 있다 하여도 믿지 말라 거짓 그리스도들과 거짓 선지자들이 일어나 큰 표적과 기사를 보이어 할 수만 있으면 택하신 자들로 미혹하게 하리라"(마 24:23~24).

베드로 사도는 "근신하라 깨어라 너희 대적 마귀가 우는 사자같이 두루 다니며 삼킬 자를 찾나니"(벧전 5:8)라고 경고하고, 바울 사도는 "마귀로 틈을 타지 못하게 하라"(엡 4:27)고 권면하고, 야고보 사도는 "마귀를 대적하라 그리하면 너희를 피하리라"(약 4:7)고 가르치고 있다.

예수 그리스도의 초림 사역 이후 지금까지 사탄의 역사는 활발하고 더욱 강해지고 있다. 사탄의 미혹하는 역사는 종말을 향해 갈수록 극심해질 것이다. 그리고 마지막 7년 대환난 때는 땅으로 내어 쫓긴 사탄의 역사가 극에 달하게 될 것이다(계 12:7~17). 이 땅에서 사탄의 세력들이 미혹을 멈추는 시점은 예수 그리스도의 재림 때이다(계 19:19~20:3).

이필찬 교수는 사탄의 결박과 무저갱에 갇힘이 완벽히 통제된 상태이며, 무저갱에 갇혀 있는 천년 동안 만국을 미혹하지 못하게 된 상태가 되었음을 인정한다. 그런데 사탄이 무저갱에 갇혀 있는 천년 동안을 예수 그리스도의 초림부터 재림 때까지의 상징적 기간으로 보기 때문에, 이 기간 동안 미혹 활동을 계속하는 사탄의 활동을 증거하는 성경 말씀과 상충(相衝)되는 문제에 빠지게 된다. 이 문제를 피해가기 위해 '사탄의 이중적 성격'이라는 이론을 끌어들여 설명한다.

무천년설은 요한계시록 말씀을 지나치게 상징적으로 해석하여 본문의 의미를 파악하는 데 혼란을 가중(加重)시킨다. 반면에 역사적 전천년설은 되도록 본문의 말씀을 문자적으로 충실하게 해석하려고 노력한다. 즉 역사적 전천년설이 무천년설에 비해 성경 본문에 충실한 해석임을 알 수 있다.

무천년설 입장을 취하는 정근두 목사님도 계시록 19장 11~16절 말씀을 설명하는 과정에서 19장 이후에 계시된 요한계시록 증거들이 예수 그리스도 재림 이후에 성취될 사건들임을 밝히고 있다.

> 계시록에서는 아직 하나님의 통치가 시행된 것이 아닙니다. 아직 그리스도께서 다시 돌아오는 일이 남아 있습니다. 사탄이 결박되어 무저갱에 던져지는 일이 남아 있습니다. 그러고 나서 메시아께서 등극하셔서 통치하실 것입니다.[11)]

> 어떤 의미에서 오늘 본문의 환상은 바로 앞부분 어린양의 혼인 잔치의 절정으로도 볼 수 있습니다. 동시에 이제 펼쳐질 마지막 사건의 그리스도의 재림과 사탄의 패배, 사탄의 결박, 천년왕국, 사탄의 최후, 마지막 심판, 그리고 새 하늘과 새 땅, 새 예루살렘을 기술하는 이 사건들의 첫 시작으로 볼 수 있습니다. 그렇게 볼 때 본문은 그리스도의 재림을 기술하는 것으로 볼 수 있습니다.[12)]

전체적으로는 무천년설 입장을 취하고 있는 《호크마 종합주석》도 20장 강해는 역사적 전천년설 입장을 취하고 있다.

---

11) 바벨론의 멸망, 하나, 정근두, pp. 111~112.
12) 바벨론의 멸망, 하나, 정근두, p. 128.

본문에 나타난 사탄이 천년 동안 감금되어 있는 사이 성도들이 그리스도와 함께 왕 노릇 한다는 천년왕국(1~6절)과, 그 후 풀려난 사탄이 일으킨다는 곡과 마곡 전쟁(7~10절)은 본서에서 가장 난해한 요소이다. 우선 본 장 주제 강해 '천년왕국에 대하여'에서 상세하게 언급한 대로 '천년왕국'에 대한 무천년설의 입장은 그리스도 십자가 사건에만 사탄의 사역을 관련시키는 한계를 지니고 있다. 그러므로 여기서는 역사적 전천년주의자들의 견해를 염두에 두면서 본문의 의미를 상고해 보기로 하자.[13)]

무천년설의 약점 … 첫째로, 본서를 자세히 연구해 보면 사탄의 역사는 ① 땅으로 추방됨(12:10) ② 그리스도를 대적하려는 사탄의 시도(13~17장) ③ 그리스도의 재림(19:11~16) ④ 사탄의 멸망(1~3절; 19:19~21) 등의 구체적인 역사적 사건으로 진행되는 것을 볼 수 있다. 이는 사탄의 사역이 그리스도의 십자가 사건과만 관련된다는 주장의 허구성을 보여준다.

둘째로, 2절의 '사탄의 결박'을 십자가상에서 이미 일어난 것으로 보는데, 현 세상은 결코 사탄이 결박된 세상으로 보이지 않고, 오히려 '마귀가 우는 사자처럼 두루 다니며 삼킬 자를 찾는'(벧전 5:8) 상황으로 인식된다.

셋째로, 이들은 본 장에 언급된 첫째 부활(5절)이 성도들의 육체적 부활을 의미하는 것이 아니라, 그리스도를 믿고 영혼이 거듭나는 중생을 가리키는 것이라고 하여, 인류가 받을 심판의 이중적 성격을 부

13) 호크마 종합주석 요한일서-요한계시록, 기독지혜사, 강병도, p. 538.

인하고 성경의 본래적인 의도를 왜곡해 버린 위험이 있다.[14)]

성경을 해석하여 가르치는 사명자로 쓰임 받고 있는 모든 사람들(신학자, 목회자, 선교사 등)과 꼭 공유하고 싶은 이야기가 있어 인용해 본다

신학은 해석을 바탕으로 형성되지, 신학이 먼저 있고 본문 해석이 뒤에 올 수는 없는 것이다. 우리는 신학의 조명하에 본문 해석을 할 필요성이 있는 것을 부정하는 것이 아니다. 그러나 본문의 정확한 해석은 어떠한 신학에도 앞선다. 그리고 난 후 우리는 해석한 본문이 정확한지를 신학적인 조명을 받아 점검해야 한다. 만약 점검과정에서 신학과 상치되는 것이 발견된다면 본문을 다시 해석하고, 그래도 본문의 해석이 정확하다면 신학의 수정이 필요한지도 고려해 보아야 할 것이다. 따라서 우리는 해석이 신학을 낳고, 또 신학을 더 풍부하게 만든다는 원칙을 세워야 할 것이다는 한정건 교수님의 지적처럼, 천년왕국을 해석함에 있어 본문 해석을 우선으로 하는 방법이 올바른 것임을 밝히고자 한다.[15)]

14) 호크마 종합주석 요한일서-요한계시록, 기독지혜사, 강병도, p. 542.
15) 천년왕국 사실인가 상징인가, 신망애, 최갑종 · 이광복, p. 86.

3

20장 1~3절과 20장 4~6절 사건은 다른 장소에서 성취되는 사건인가?

성경 본문은 요한계시록 20장 1~6절 말씀이다.

"또 내가 보매 천사가 무저갱 열쇠와 큰 쇠사슬을 그 손에 가지고 하늘로서 내려와서 용을 잡으니 곧 옛 뱀이요 마귀요 사탄이라 잡아 일천 년 동안 결박하여 무저갱에 던져 잠그고 그 위에 인봉하여 천년이 차도록 다시는 만국을 미혹하지 못하게 하였다가 그 후에는 반드시 잠깐 놓이리라 또 내가 보좌들을 보니 거기 앉은 자들이 있어 심판하는 권세를 받았더라 또 내가 보니 예수의 증거와 하나님의 말씀을 인하여 목 베임을 받은 자의 영혼들과 또 짐승과 그의 우상에게 경배하지도 아니하고 이마와 손에 그의 표를 받지도 아니한 자들이 살아서 그리스도로 더불어 천년 동안 왕 노릇 하니 (그 나머지 죽은 자들은 그 천년이 차기까지 살지 못하더라) 이는 첫째 부활이라 이 첫째 부활에 참예하는 자들은 복이 있고 거룩하도다 둘째 사망이 그들을 다스리는 권세가 없고 도리어 그들이 하나님과 그리스도의 제사장이 되어 천년 동안 그리스도로 더불어 왕 노릇 하리라"(계 20:1~6).

무천년설을 주장하는 사람들은 사탄이 결박되어 무저갱에 감금되어 있는 천년의 기간(계 20:1~3)을 지상(地上)의 사건으로 보고, 성도들이 왕 노릇 하는 천년의 기간(계 20:4~6)을 천상(天上)의 사건이라 해석한다.

> 필자(최갑종: 저자 주)는 계시록 12장 9절의 '큰 용, 곧 옛 뱀이 땅으로 내어 쫓겼다'라는 사실에 근거하여, 계시록 20장 1~3절의 비전이 지상을 무대로 하여 일어난 비전이라고 본다. 하지만 20장 4~5절의 비전은 지상이 아닌 천상, 곧 보좌를 무대로 하여 일어난 비전이라고 본다.[16]

무천년설은 본문에도 계시된 첫째 부활을 성도들의 영혼이 예수 믿고 거듭난 것을 의미한다고 해석하고, 그리스도로 더불어 왕 노릇 하는 천년 기간을 예수 그리스도 초림부터 재림까지의 기간을 상징한다고 해석한다. 첫째 부활에 참예하여 천년 동안 왕 노릇 하는 장소는 보좌가 있는 천상(天上)이라 주장한다. 무천년설 이론을 도표로 표기하면 다음과 같다.

[무천년설 이론 도표]

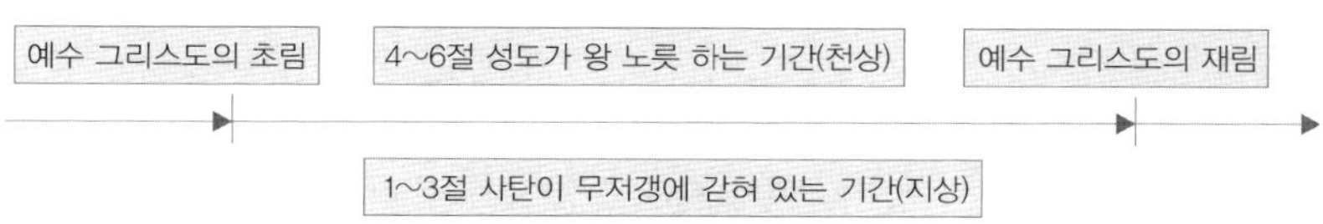

역사기 전천년설을 주장하는 사람들은 사탄이 결박당해 무저갱에 감금되어 있는 천년의 기간과 첫째 부활에 참예하는 성도가 그리스도와 더불어 왕 노릇 하는 천년의 기간을 예수 그리스도의 재림 이

---

16) 천년왕국 사실인가 상징인가, 신망애, 최갑종·이광복, p. 49.

후에 이 땅 위에서 성취되는 사건이라 해석한다.

역사기 전천년설의 대표적인 학자인 랑게(J. P. Lange)가 '천년을 두 기간으로 나누는 것은 본문에서도, 사실상으로도, 그리고 요한계시록과의 관계에서도 그 근거를 찾아볼 수 없다'고 주장한 것처럼, 동일한 기간으로 지상에서 왕 노릇 하게 될 것으로 보고 있다.[17]

역사기 전천년설 이론을 도표로 표기하면 다음과 같다.

[역사기 전천년설 이론 도표]

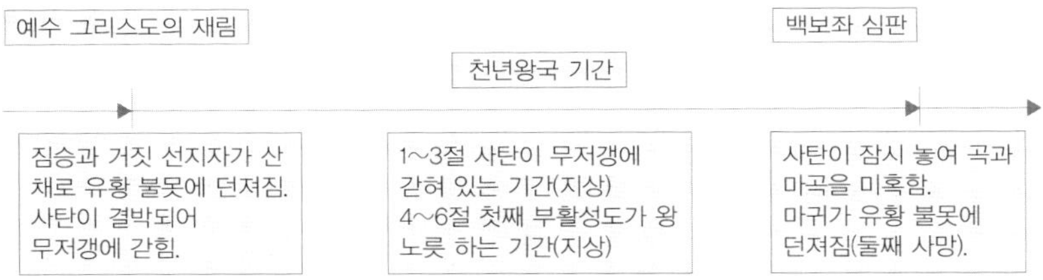

이상의 두 학설은 오랜 교회사 기간 동안 일치를 이루지 못하고 팽팽한 대립을 계속해 왔다. 이제 Q&A 방식을 통해 과연 어떤 해석이 본문의 의도에 충실하고 성경의 증거와 일치하는 주장인지 확실히 정립할 수 있게 되길 바란다.

무천년설을 주장하는 사람들은 본문에 계시된 천년왕국이 예수 그리스도의 초림 때부터 재림 때까지 기간을 상징하는 것이며, 천년 동안 예수 그리스도와 더불어 왕 노릇 하는 것은 예수 믿고 죽은 사

17) 천년왕국 사실인가 상징인가, 신망애, 최갑종·이광복, p. 73.

람들의 영혼이 살아서 천상의 보좌에서 왕 노릇 하는 것을 나타낸다고 해석한다. 과연 무천년설의 주장은 성경의 지지를 받는 해석인가?

성경은 예수 안에서 죽은 성도들이 천상(天上)에서 왕 노릇 하는 것이 아니라 안식(安息)하고 있는 것을 증거하고 있다. 예수 믿고 하늘나라에 들어간 성도들의 영혼이 어떠한 모습인지 성경의 증거 말씀을 살펴보자.

> "이미 그의 안식에 들어간 자는 하나님이 자기 일을 쉬심과 같이 자기 일을 쉬느니라"(히 4:10).

> "다섯째 인을 떼실 때에 내가 보니 하나님의 말씀과 저희의 가진 증거를 인하여 죽임을 당한 영혼들이 제단 아래 있어 큰 소리로 불러 가로되 거룩하고 참되신 대주재여 땅에 거하는 자들을 심판하여 우리 피를 신원하여 주지 아니하시기를 어느 때까지 하시려나이까 하니 각각 저희에게 흰 두루마기를 주시며 가라사대 아직 잠시 동안 쉬되 저희 동무 종들과 형제들도 자기처럼 죽임을 받아 그 수가 차기까지 하라 하시더라"(계 6:9~11).

> "또 내가 들으니 하늘에서 음성이 나서 가로되 기록하라 자금 이후로 주 안에서 죽는 자들은 복이 있도다 하시매 성령이 가라사대 그러하다 저희 수고를 그치고 쉬리니 이는 저희의 행한 일이 따름이라 하시더라"(계 14:13).

이상의 증거 말씀들은 예수 안에서 죽은 성도들과 순교자들의 영혼이 천상(天上)에서 왕 노릇 하며 지내는 것이 아니라 일을 그치고 편안히 안식(安息)하게 될 것을 보여주고 있다. 그러므로 요한계시록 20장 4~6절 말씀을 예수 안에서 죽은 성도들의 영혼이 예수 그리스도의 초림부터 재림 때까지 천상(天上)에서 왕 노릇 하는 것을 나타낸다고 해석하는 무천년설의 주장은 성경의 지지를 받지 못하는 주장임이 입증된다.

천년기가 있을 것을 전연(全然) 부정하는 자들의 입장이 보다 더 허약함은, 천년을 여섯 번 거듭 말하는 성구가 있기 때문이다. 지상에 천년기는 없을 것이나, 이 광경은 천상 성도들의 행복상(幸福相)을 그림하는 것이라고 그들은 자신 있게 단언(斷言)한다. 그러나 지상에서 수난(受難), 탄식(嘆息), 비애(悲哀)하는 사람들에게 천상에 국한된 천년 지복(至福) 시대는 아무 흥미도 일으키지 못할 것이요, 광명 중의 성도들은 이 같은 지복시대가 시작하기 전에도 전적으로 안전할 것이며, 그들의 영원한 행복을 '천년'이라는 짧은 기간의 것으로 단축(短縮)함도 부당할 것이다.

그리고 심한 난관은 요한이 천년시대가 지상에 있을 것을 말하고 천상에 대하여는 아무것도 말하지 않은 데 있다. 그는 진술하되 그 천년 동안에 사탄이 결박(結縛)되어 다시는 만국을 미혹하지 못하게 될 것이요, 천년이 찬 후에는 그가 놓여 땅의 사방 백성을 미혹하여 사랑하시는 성을 두루고 있다가 하늘 불에 소멸(消滅)되리라 하였다. 이러므로 지복시대를 지상으로부터 천상에 이전하는 무천년기 재림론은 결코 합리적인 변론일 수 없다.[18)]

요한계시록 20장 4~6절 말씀은 예수 그리스도 재림 때 첫째 부활에 참여한 성도들이 이 땅(계시록 20장 1~3절에서 사탄이 결박되어 무저갱에 갇히는 장소와 동일함)에서 천년 동안 예수 그리스도와 함께 왕 노릇하게 될 것을 예언하는 계시 말씀이다.

요한계시록 5장 10절의 "저희가 땅에서 왕 노릇 하리로다"라는 말

18) 박형룡 박사 저작전집 교의신학 내세론, 한국기독교교육연구원, 박형룡, pp. 200~201.

씀은 장차 왕 노릇 하는 장소가 천상이 아니라 지상(地上)임을 명백하게 밝혀주는 말씀이다.

"저희로 우리 하나님 앞에서 나라와 제사장을 삼으셨으니 저희가 땅에서 왕 노릇 하리로다 하더라"(계 5:10).

본문에서 '왕 노릇 하리로다'로 번역된 '바실류수신'은 '통치하다', '왕으로 군림하다'라는 뜻을 지닌 '바실류오'(βασιλεύω)의 미래형으로 요한계시록 후반부의 "그들이 하나님과 그리스도의 제사장이 되어 천 년 동안 그리스도로 더불어 왕 노릇 하리라"는 문구와 병행을 이룬다(계 20:4, 6).[19)]

여기에서 '왕 노릇 하다'(βασιλεύσουσιν 〉 βασιλεύω)는 '통치하다'는 의미를 가진다. 이 동사의 시제는 미래형으로 사용되었는데, 단순하게 미래로 이해하는 것은 이러한 시제 사용의 복합적 관계를 인식하지 못한 결과일 수 있다. 이것은 4:9a의 '드리다'라는 동사와 10절의 '엎드리다'와 '경배하다' 그리고 '던지다'라는 동사가 모두 미래형으로 사용되었지만, 그것들은 단순히 미래시제가 아니라 히브리어의 미완료시제를 헬라어로 표현하는 과정에서 미래형을 사용하는 것으로 전술한 바 있다. 예를 들면, 시 103:6에서 "물이 산들 위에 섰더니"에서 '서다'라는 동사의 경우 히브리어로는 미완료시제를 사용하였지만 이를 70인역, 곧 헬라어 구약성경은 미래시제로 표현한다. 그렇다면 '왕 노릇 할 것이다'라는 동사의 미래시제를 히브리어의 미완료시제의 관점에서 이해해야 한다.[20)]

---

19) 옥스포드 원어 성경 대전, 요한계시록 9-11장, 제자원, p. 378.
20) 내가 속히 오리라, 이레서원, 이필찬, pp. 299~300.

무천년설 입장을 취하고 있는 이필찬 교수의 위의 주장은 본문의 의도를 벗어난 주장이므로 수용하기 어렵다.

개혁주의 입장은 하나님께서 하나님의 말씀인 성경 말씀을 한 단어 한 글자까지도 영감을 주어 기록하게 했다고 믿는 '축자영감설'을 따른다.

하나님께서 미래시제를 사용해서 성경을 기록하게 영감을 주셨다고 믿으면 그대로 믿음으로 받아야지, 왜 이치에 맞지 않는 논리로 본문의 의미를 왜곡시키려 하는지 안타깝다.

시편 103편 6절의 '서다'라는 히브리어 단어를 헬라어로 옮길 때 미완료시제를 미래시제로 번역했다고, 요한계시록에 사용된 4장 이하의 미래시제 동사들도 히브리어 미완료시제 관점으로 이해해야 한다는 논리가 타당한가?

신약성경은 기록 당시 원문이 히브리어가 아니라 헬라어로 기록된 말씀이다. 하나님께서 헬라어를 사용하여 분명한 시제로 말씀을 계시하셨다고 믿는 신앙의 자세를 취함이 보다 바람직한 자세라 여겨진다.

> 성경 해석자가 첫째로 할 일은, 해석자가 생각하는 것을 성경 저자로 말하지 않게 하는 대신 성경 저자가 말하고자 하는 것을 말하도록 하여야 할 것이다.[21]

사실 요한계시록은 '반드시 속히 될 일'(계 1:1), '장차 될 일'(계 1:19), '이후에 마땅히 될 일'(계 4:1), '결코 속히 될 일'(계 22:6)이라고 증거하고 있어, 요한 당시 시점으로 과거나 현재의 시점에서 성취된 사건이 아니라 장차 미래의 종말 시점에 성취될 내용임을 강조하여 계시하

21) 성경해석학, 개혁주의신행협회, 루이스 벌콥(윤종호, 송종섭 역), p. 27.

고 있다.

요한계시록 2장 18절 이하에는 두아디라 교회에 보내는 편지가 증거되고 있다. 그런데 26~27절 말씀에 "이기는 자와 끝까지 내 일을 지키는 그에게 만국(萬國)을 다스리는 권세를 주리니 그가 철장을 가지고 저희를 다스려 질그릇 깨뜨리는 것과 같이 하리라 나도 내 아버지께 받은 것이 그러하니라"고 말하고 있다.

예수님께서 이기는 자에게 언약하시는 '만국을 다스리는 철장 권세'는 '심판하는 권세를 받고 왕 노릇 하리라'(계 20:4)는 말씀과 병행을 이루는 말씀이다. 그렇다면 이기는 자들이 철장 권세를 가지고 만국을 통치하게 되는 장소는 어디인가? 초대교회 성도들이 살고 있던 그 당시의 나라인가? 아니다. 그렇다면 천국인가? 아니다. 천국은 철장 권세를 가지고 다스릴 만국이 아님이 분명하다.

두아디라 교회의 이기는 자들에게 약속하고 있는 '철장 권세로 다스릴 만국'은 사탄이 결박되어 무저갱에 갇힘으로 천년 동안 미혹하지 못하게 될 때, 이 땅 위에 펼쳐질 천년왕국 기간의 만국임이 분명하다.

예수 그리스도께서 재림하실 때 만왕의 왕이요 만주의 주로 재림하신다.

"하늘에 있는 군대들이 희고 깨끗한 세마포를 입고 백마를 타고 그를 따르더라 그의 입에서 이한 검이 나오니 그것으로 만국을 치겠고 친히 저희를 철장으로 다스리며 또 친히 하나님 곧 전능하신 이의 맹렬한 진노의 포도주 틀을 밟겠고 그 옷과 그 다리에 이름 쓴 것이 있으니 만왕의 왕이요 만주의 주라 하였더라"(계 19:14~16)

요한계시록 21장 22~27절 말씀에는 천년왕국에서 예수님의 다스림을 받던 만국과 만왕들이 천년이 찬 후 영원한 천국인 새 하늘과 새 땅의 거룩한 예루살렘 성에 입성하게 될 것을 증거한다.

"성안에 성전을 내가 보지 못하였으니 이는 주 하나님 곧 전능하신 이와 및 어린양이 그 성전이심이라 그 성은 해나 달의 비췸이 쓸데 없으니 이는 하나님의 영광이 비취고 어린양이 그 등이 되심이라 만국이 그 빛 가운데로 다니고 땅의 왕들이 자기 영광을 가지고 그리로 들어오리라 성문들을 낮에 도무지 닫지 아니하리니 거기는 밤이 없음이라 사람들이 만국의 영광과 존귀를 가지고 그리로 들어오겠고 무엇이든지 속된 것이나 가증한 일 또는 거짓말하는 자는 결코 그리로 들어오지 못하되 오직 어린양의 생명책에 기록된 자들뿐이라"(계 21:22~27).

이때가 백보좌 심판 때이며 예수 그리스도께서 그 나라를 아버지 하나님께 바칠 때다.

"그 후에는 나중이니 저가 모든 정사와 모든 권세와 능력을 멸하시고 나라를 아버지 하나님께 바칠 때라 저가 모든 원수를 그 발아래 둘 때까지 불가불 왕 노릇 하시리니 맨 나중에 멸망 받을 원수는 사망이니라"(고전 15:24~26).

4

마귀와 사망이 유황 불못에 던져지는 때는 언제인가?

요한계시록은 천년왕국이 끝난 후 백보좌 심판 때임을 계시해 주고 있다.

"천년이 차매 사탄이 그 옥에서 놓여 나와서 땅의 사방 백성 곧 곡과 마곡을 미혹하고 모아 싸움을 붙이리니 그 수가 바다 모래 같으리라 저희가 지면에 널리 퍼져 성도들의 진과 사랑하시는 성을 두르매 하늘에서 불이 내려와 저희를 소멸하고 또 저희를 미혹하는 마귀가 불과 유황 못에 던지우니 거기는 그 짐승과 거짓 선지자도 있어 세세토록 밤낮 괴로움을 받으리라 또 내가 크고 흰 보좌와 그 위에 앉으신 자를 보니 땅과 하늘이 그 앞에서 피하여 간데 없더라 또 내가 보니 죽은 자들이 무론 대소하고 그 보좌 앞에 섰는데 책들이 펴 있고 또 다른 책이 펴졌으니 곧 생명책이라 죽은 자들이 자기 행위를 따라 책들에 기록된대로 심판을 받으니 바다가 그 가운데서 죽은 자들을 내어주고 또 사망과 음부도 그 가운데서 죽은 자들을 내어주매 각 사람이 자기의 행위대로 심판을 받고 사망과 음부도 불못에 던지우니 이것은 둘째 사망 곧 불못이라 누구든지 생명책에 기록되지 못한 자는 불못에 던지우더라"(계 20:7~15).

만왕의 왕이요 만주의 주로 재림하신 예수 그리스도께서 불가불 왕 노릇 하며, 첫째 부활에 참예한 성도들로 더불어 통치할 만국은 천국이 아니라 이 땅 위에 실현될 천년왕국임이 확실하다.

철장 권세를 받아 만국을 다스릴 만왕들은 첫째 부활에 참예한 성도들이 될 것이며(계 20:4~6), 예수님은 그 왕들의 왕이요 만국의 주로 통치하시다가 백보좌 심판 때 아버지 하나님께 그 나라를 바치게 될 것을 요한계시록은 자증(自證)하고 있다.

> "일곱째 천사가 나팔을 불매 하늘에 큰 음성들이 나서 가로되 세상 나라가 우리 주와 그 그리스도의 나라가 되어 그가 세세토록 왕 노릇 하시리로다 하니 하나님 앞에 자기 보좌에 앉은 이십사 장로들이 엎드려 얼굴을 대고 하나님께 경배하여 가로되 감사하옵나니 옛적에도 계셨고 시방도 계신 주 하나님 곧 전능하신 이여 친히 큰 권능을 잡으시고 왕 노릇 하시도다 이방들이 분노하매 주의 진노가 임하여 죽은 자를 심판하시며 종 선지자들과 성도들과 또 무론대소하고 주의 이름을 경외하는 자들에게 상 주시며 또 땅을 망하게 하는 자들을 멸망시키실 때로소이다 하더라"(계 11:15~18).

예수님은 누가복음 19장 11~17절 말씀에서 므나 비유를 말씀하신다. 이 비유 말씀에서 착하고 충성된 종들에게 그들의 수고에 따라 열 고을, 다섯 고을 다스리는 권세를 차지하도록 복 주신다. 열 고을, 다섯 고을 다스리는 권세를 차지한 착하고 충성된 종들이 다스릴 '고을'들은 어디인가? 천국인가? 아니다. 천국은 하나님이 통치하시는 곳이다. 그들이 다스릴 '고을'들은 이 땅에 펼쳐지게 될 천년왕국 고을이다.

> 천년왕국의 시대는 분명히 지금과 다르다. 홍수 전과 다르며, 에덴동산과도 다른 곳이고, 낙원과도 다르다. 천국이나 새 하늘과 새 땅이지만 그곳은 계시록에서 말씀하신 새 하늘과 새 땅이 아니라 오히려

이사야가 말하는 새 하늘과 새 땅이 될 것이다.[22)]

요한계시록의 성격은…아직은 알 수 없는 미래의 시기에 있을 마지막 대환난과 주님의 재림 이후 천년왕국에 대하여 기록한 말씀이지 신약시대의 상징적인 말씀이 될 수 없음을 분명히 한다. 어떠한 해석도 본문의 자증(自證)을 근거로 하지 않는다면 결코 올바른 해석이 될 수 없으리라 본다.[23)]

22) 쉽게 이해되는 요한계시록, 하나, 노우호, p. 199.
23) 천년왕국 사실인가 상징인가, 신망애, 최갑종·이광복, p. 87.

5

마귀와 두 짐승이 유황 불못에 던져지는 시점은 동일한가?

성경 본문은 요한계시록 19장 19~21절, 20장 7~10절 말씀이다.

"또 내가 보매 그 짐승과 땅의 임금들과 그 군대들이 모여 그 말 탄 자와 그의 군대로 더불어 전쟁을 일으키다가 짐승이 잡히고 그 앞에서 이적을 행하던 거짓 선지자도 함께 잡혔으니 이는 짐승의 표를 받고 그의 우상에게 경배하던 자들을 이적으로 미혹하던 자라 이 둘이 산 채로 유황불 붙는 못에 던지우고 그 나머지는 말 탄 자의 입으로 나오는 검에 죽으매 모든 새가 그 고기로 배불리우더라"(계 19:19~21).

"천년이 차매 사탄이 그 옥에서 놓여 나와서 땅의 사방 백성 곧 곡과 마곡을 미혹하고 모아 싸움을 붙이리니 그 수가 바다 모래 같으리라 저희가 지면에 널리 퍼져 성도들의 진과 사랑하시는 성을 두르매 하늘에서 불이 내려와 저희를 소멸하고 또 저희를 미혹하는 마귀가 불과 유황 못에 던지우니 거기는 그 짐승과 거짓 선지자도 있어 세세토록 밤낮 괴로움을 받으리라"(계 20:7~10)

무천년설은 19장 11~21절 말씀과 20장 1~6절 말씀이 시간적으로 연계되는 사건이 아니라고 해석한다. 19장 11~21절은 20장 7~11절 말씀과 연결되는 내용이며, 20장 1~6절 말씀은 이 둘 사이에 삽입된 내용으로 시간적으로 예수 그리스도의 초림부터 재림까지의 기간을 상징한다고 주장한다.

> 계 19:19~21에 묘사된 짐승 및 거짓 선지자의 멸망과 본 장(20장: 저자 주) 7-10절에 묘사된 사탄의 멸망은 유황불 붙는 못에 던져지는 그들의 운명을 놓고 보건대 결코 분리된 사건이 아니다. 이것은 동일한 아마겟돈 전쟁을 짐승과 거짓 선지자, 그리고 사탄의 관점에서 각기 기록한 것이다. 그러므로 이들의 멸망은 결코 순차적이지 않다. 그들은 동시에 하나님의 심판 곧 어린양의 공격을 통해 멸망한다.[24)]

> 계 19:20의 짐승과 거짓 선지자가 불못에 던져진 사건과 계 20:10의 사탄이 불못에 던져진 사건이 서로 시간적 순서를 나타내고 있지 않으며, 동시에 일어날 사건을 단지 논리적 순서에 따라 기록하고 있다.[25)]

역사기 전천년설은 요한계시록 18장 이하에 계시되고 있는 사건들이 시간적 순서에 따라 순차적으로 성취되는 사건으로 해석한다. 18장에서 음녀 바벨론(배도하는 교회)이 멸망하고, 19장 11절 이하에는 예수 그리스도의 재림 때 두 짐승(적그리스도와 거짓 선지자)이 사로잡혀 산 채로 유황 불못에 던져지고, 20장에서는 사탄이 결박되어 무저갱에 천년 동안 감금되고(계 20:1~3), 첫째 부활에 참예한 성도들은 이 땅에서 천년 동안 왕 노릇 하는 천년왕국(사 65:17~58 성취) 기간을 보내게 된다(계 20:4~6).

천년이 찬 후 사탄이 옥에서 풀려 나와서 땅의 사방 백성인 곡과

---

24) 옥스포드 원어 성경, 요한계시록 12-22장, 제자원, p. 558.

25) 내가 속히 오리라, 이레서원, 이필찬, p. 847.

마곡을 미혹하여 전쟁을 일으키게 되고, 이때 비로소 유황 불못에 던져진다(계 20:7~10). 그리고 첫째 부활에 참여하지 못한 모든 사람(성도와 불신자 모두 포함)이 하나님의 심판대 앞에서 행위를 따라 심판받는 백보좌 심판이 행해진다(계 20:11~15).

이 모든 사건은 장차 역사의 시간표 위에 순차적으로 성취될 말씀으로 본다.

> 요한계시록은 옛 뱀 곧 마귀, 용으로 불리는 사탄과 그의 지배를 받는 적그리스도와 거짓 선지자를 등장시켜 악의 삼위일체를 소개하고 있다. 계시록 19장 11절 이하에서 주님의 재림으로 짐승과 거짓 선지자가 유황불 붙는 못에 던지우고(계 19:20), 천년왕국이 지난 후에 사탄이 동일한 유황불 붙는 못에 던지우는 사건을 기록(계 20:10)하고 있어, 본문들은 사건의 순서를 질서정연하게 제공하고 있기 때문에 19장과 20장은 연속적인 사건임을 자연스럽게 증거한다.[26)]

마귀와 두 짐승이 유황 불못에 던져지는 사건이 동시에 일어난다고 주장하는 무천년설과 예수 그리스도 재림 때 두 짐승이 먼저 유황 불못에 던지우고, 천년이 지난 후에 마귀가 유황 불못에 던져진다고 해석하는 역사기 전천년설의 주장 가운데 어느 견해가 성경적 해석인가?

요한계시록에서 '천년'이라는 단어는 20장 2~7절에 6번 연속으로 반복되어 기록되었을 뿐이다.

> "용을 잡으니 곧 옛 뱀이요 마귀요 사탄이라 잡아 일천 년 동안 결박하여 무

---

26) 천년왕국 사실인가 상징인가, 신망애, 최갑종 · 이광복, p. 37.

> 저갱에 던져 잠그고 그 위에 인봉하여 천년이 차도록 다시는 만국을 미혹하지 못하게 하였다가 그 후에는 반드시 잠깐 놓이리라 또 내가 보좌들을 보니 거기 앉은 자들이 있어 심판하는 권세를 받았더라 또 내가 보니 예수의 증거와 하나님의 말씀을 인하여 목 베임을 받은 자의 영혼들과 또 짐승과 그의 우상에게 경배하지도 아니하고 이마와 손에 그의 표를 받지도 아니한 자들이 살아서 그리스도로 더불어 천년 동안 왕 노릇 하니 (그 나머지 죽은 자들은 그 천년이 차기까지 살지 못하더라) 이는 첫째 부활이라 이 첫째 부활에 참예하는 자들은 복이 있고 거룩하도다 둘째 사망이 그들을 다스리는 권세가 없고 도리어 그들이 하나님과 그리스도의 제사장이 되어 천년 동안 그리스도로 더불어 왕 노릇 하리라 천년이 차매 사탄이 그 옥에서 놓여"(계 20:2~7).

무천년설은 계시록 20장 1~6절 말씀이 19장 11~21절과 20장 7~10절 말씀 사이에 삽입된 문장이라 보지만, 본문은 '천년'이라는 단어를 6번 연속적으로 연계하여 사용하고 있다. 이는 사실상 20장 1~3절, 4~6절, 7~11절의 사건이 서로 연계된 한 묶음의 계시 내용임을 보여준다.

무천년설은 본문에 사용되고 있는 '천년'이라는 단어의 연계성을 제대로 파악하지 못하는 미숙함을 보인다.

20장 4절 말씀은 "또 내가 보좌들을 보니 거기 앉은 자들이 있어 심판하는 권세를 받았더라 또 내가 보니 예수의 증거와 하나님의 말씀을 인하여 목 베임을 받은 자의 영혼들과 또 짐승과 그의 우상에게 경배하지도 아니하고 이마와 손에 그의 표를 받지도 아니한 자들이 살아서 그리스도로 더불어 천년 동안 왕 노릇 하니"라고 증거하고 있다.

20장 10절 말씀은 마귀가 유황 불못에 던져질 때 이미 그곳에는 '그 짐승과 거짓 선지자'가 있는 상태였음을 보여준다. 그 짐승(적그리스도)과 거짓 선지자가 마귀보다 먼저 유황 불못에 던져진 것은 부인할 수 없는 사실이다. 이필찬 교수도 이 사실은 인정하고 있다.

> 10b는 '불과 유황 못'이 짐승과 거짓 선지자도 던져진 바 있는 곳이라는 것을 확인한다(참조. 19:20).[27]

두 짐승과 사탄 마귀가 동시에 던져졌다면 굳이 마귀가 유황 불못에 던져질 때 그곳에 두 짐승이 존재하는 상태라는 표현을 할 필요성이 있겠는가? 두 짐승이 던져진 시점이 마귀가 던져진 시점보다 훨씬 앞서 이루어졌음을 표현하고 있는 말씀임을 알 수 있다.

두 짐승(적그리스도와 거짓 선지자)은 예수 그리스도의 재림 때 먼저 산 채로 유황 불못에 던져지고(계 19:11~21), 마귀는 결박되어 천년 동안 무저갱에 감금된다(계 20:1~3).

사탄 마귀가 감금된 천년 기간 동안 이 땅에는 첫째 부활에 참예한 성도들이 예수 그리스도와 더불어 왕 노릇 하는 천년왕국이 이루어지고(계 20:4~6), 천년이 찬 후에 사탄 마귀가 감금되었던 옥에서 놓여 나와서 땅의 사방 백성 곡과 마곡을 미혹하여 전쟁을 일으키다가 하나님의 심판을 받아 이미 천년 전에 두 짐승이 던져진 유황 불못에 던져지게 된다고(계 20:7~10) 해석하는 역사기 전천년설의 해석이 본문의 의도를 제대로 반영한 성경적 해석이라 할 수 있다.

> 저는 무천년설의 입장에 상당히 공감하고 있기는 하지만, 천년왕국에 관한 한 아직도 역사기 전천년설의 입장을 지지하고 있습니다. 그 이유는 간단합니다. 제가 요한계시록 18장에서 20장까지를 쭉 해석해 보니까 전천년설이 가장 자연스러운 흐름 같아서입니다.

---

27) 내가 속히 오리라, 이레서원, 이필찬, p. 846.

요한계시록은 연대기적 입장을 가지고 상당히 역사적으로 서술되어 있습니다. 18장에는 주로 바벨론의 멸망, 즉 바벨론으로 상징된 이 세상 역사의 최후의 모습들이 나옵니다. 19장에는 심판이 끝났다는 선포가 나옵니다. 그리고 어린양의 혼인 잔치에 대한 선언이 나옵니다. 그다음에 19장 11절 이하에 다시 오시는 주님의 모습이 그려져 있습니다.

"내가 하늘이 열린 것을 보니 보라 백마와 탄 자가 있으니 그 이름은 충신과 진실이라"(11절).

승자로 역사 속에 귀환하시는 주님의 모습이 나타난 후에 19장 마지막에 가면 역사를 어지럽히던 두 장본인인, 짐승으로 상징된 적그리스도와 거짓 선지자가 잡힙니다. 그리고 20장에 와서 처음으로 사탄이 결박을 당하고 그런 후에 천년왕국이 선포됩니다. 그러니까 18장부터 쭉 보면 종말에 있을 일들이 연대기적 역사적 흐름으로 전개되어 있음을 알 수 있습니다. 이러한 흐름을 뒤집는다는 것은 상당히 무리가 있다고 생각됩니다. 그래서 저는 전천년설의 입장에서 요한계시록 20장을 조망했습니다.[28)]

28) 마지막 싸움-마지막 승리, 나침반, 이동원, p. 208.

6

아마겟돈 전쟁과 곡과 마곡 전쟁은 동일한 전쟁인가?

본문은 요한계시록 19장 11~21절, 20장 7~10절 말씀이다.

"또 내가 하늘이 열린 것을 보니 보라 백마와 탄 자가 있으니 그 이름은 충신과 진실이라 그가 공의로 심판하며 싸우더라 그 눈이 불꽃 같고 그 머리에 많은 면류관이 있고 또 이름 쓴 것이 하나가 있으니 자기밖에 아는 자가 없고 또 그가 피 뿌린 옷을 입었는데 그 이름은 하나님의 말씀이라 칭하더라 하늘에 있는 군대들이 희고 깨끗한 세마포를 입고 백마를 타고 그를 따르더라 그의 입에서 이한 검이 나오니 그것으로 만국을 치겠고 친히 저희를 철장으로 다스리며 또 친히 하나님 곧 전능하신 이의 맹렬한 진노의 포도주 틀을 밟겠고 그 옷과 그 다리에 이름 쓴 것이 있으니 만왕의 왕이요 만주의 주라 하였더라 또 내가 보니 한 천사가 해에 서서 공중에 나는 모든 새를 향하여 큰 음성으로 외쳐 가로되 와서 하나님의 큰 잔치에 모여 왕들의 고기와 장군들의 고기와 장사들의 고기와 말들과 그 탄 자들의 고기와 자유한 자들이나 종들이나 무론대소하고 모든 자의 고기를 먹으라 하더라 또 내가 보매 그 짐승과 땅의 임금들과 그 군대들이 모여 그 말 탄 자와 그의 군대로 더불어 전쟁을 일으키다가 짐승이 잡히고 그 앞에서 이적을 행하던 거짓 선지자도 함께 잡혔으니 이는 짐승의 표를 받고 그의 우상에게 경배하던 자들을 이적으로 미혹하던 자라 이 둘이 산채로 유황불 붙는 못에 던지우고 그 나머지는 말 탄 자의 입으로 나오는 검에 죽으매 모든 새가 그 고기로 배불리우더라" (계 19:11~21).

"천년이 차매 사탄이 그 옥에서 놓여 나와서 땅의 사방 백성 곧 곡과 마곡을 미혹하고 모아 싸움을 붙이리니 그 수가 바다 모래 같으리라 저희가 지면에 널리 퍼져 성도들의 진과 사랑하시는 성을 두르매 하늘에서 불이 내려와 저희를 소멸하고 또 저희를 미혹하는 마귀가 불과 유황 못에 던지우니 거기는 그 짐승과 거짓 선지자도 있어 세세토록 밤낮 괴로움을 받으리라"(계 20:7~10).

무천년설은 두 전쟁이 종말에 있을 동일한 전쟁으로 해석한다.

짐승과 함께 한 땅의 임금들과 군대들이 백마 타고 오신 예수님과 더불어 벌이는 전쟁은 16:12~16의 아마겟돈 전쟁이나 20:7~10과 동일한 시점에 일어나는 종말론적 전쟁이라는 것이다.[29]

"저희는 귀신의 영이라 이적을 행하여 온 천하 임금들에게 가서 하나님 곧 전능하신 이의 큰 날에 전쟁을 위하여 그들을 모으더라"(계 16:14).

온 천하 임금들을 모으는 거짓 선지자, 악한 영의 활동을 말하고 있습니다. 계시록 17장에서는 "저희가 한 뜻을 가지고 자기의 능력과 권세를 짐승에게 주더라 저희가 어린양으로 더불어 싸우려니와 어린양은 만주의 주시요 만왕의 왕이시므로 저희를 이기실 터이요 또 그와 함께 있는 자들 곧 부르심을 입고 빼내심을 얻고 진실한 자들은 이기리로다"(계 17:13~14)라고 말하고 있습니다.

19장에서는 "또 내가 보매 그 짐승과 땅의 임금들과 그 군대들이

29) 내가 속히 오리라, 이레서원, 이필찬, p. 867.

모여 그 말 탄 자와 그의 군대로 더불어 전쟁을 일으키다가"(계 19:19) 라고 되어 있습니다.

오늘 본문에서는 이 동일한 싸움을 다시 한번 강조하고 있습니다. 이 전쟁은 세상 모든 임금들이 모여서 하나님 곧 전능하신 이의 큰 날에 일으키는 아마겟돈 전쟁과 동일합니다. 이 싸움은 왕 중의 왕이신 어린양과 열 뿔로 상징되는 세상 임금들과의 싸움입니다. 계시록은 역사의 종말에 일어날 최후의 싸움을 다양하게 묘사하고 있습니다.[30)]

'아마겟돈 전쟁'과 '곡과 마곡 전쟁'에 대한 성경 본문을 비교하면서 과연 두 전쟁이 무천년설이 주장하는 것처럼 동일한 전쟁인지, 아니면 역사기 전천년설이 해석하는 것처럼 천년의 시차를 두고 벌어지는 전혀 다른 두 가지 전쟁인지 살펴보자.

1) 미혹하는 주체와 대상이 전혀 다르다.

아마겟돈 전쟁의 미혹의 주체는 세 더러운 영인 '용과 짐승과 거짓 선지자'로 미혹의 대상은 '온 천하 임금들'이다.

"또 내가 보매 개구리 같은 세 더러운 영이 용의 입과 짐승의 입과 거짓 선지자의 입에서 나오니 저희는 귀신의 영이라 이적을 행하여 온 천하 임금들에게 가서 하나님 곧 전능하신 이의 큰 날에 전쟁을 위하여 그들을 모으더라 보라 내가 도적같이 오리니 누구든지 깨어 자기 옷을 지켜 벌거벗고 다니지 아니하며 자기의 부끄러움을 보이지 아니하는 자가 복이 있도다 세 영이 히브리 음

---

30) 바벨론의 멸망, 하나, 정근두, pp. 194~195.

으로 아마겟돈이라 하는 곳으로 왕들을 모으더라"(계 16:13~16).

곡과 마곡 전쟁의 미혹 주체는 '마귀' 혼자이고 미혹의 대상은 '땅의 사방 백성' 곧 곡과 마곡이다.

"천년이 차매 사탄이 그 옥에서 놓여 나와서 땅의 사방 백성 곧 곡과 마곡을 미혹하고 모아 싸움을 붙이리니 그 수가 바다 모래 같으리라"(계 20:7~8).

'아마겟돈 전쟁' 때는 용, 짐승, 거짓 선지자가 땅의 왕들을 미혹하고 모았으나, 곡과 마곡 전쟁 때는 마귀 혼자서 땅의 사방 백성을 미혹하고 있다. 곡과 마곡 전쟁 때는 왜 마귀 혼자서 미혹하는 일을 행했을까? 짐승(적그리스도)과 거짓 선지자는 예수님의 재림 때 사로잡혀 산 채로 유황 불못에 던져지고 없기 때문이다.

"또 내가 보매 그 짐승과 땅의 임금들과 그 군대들이 모여 그 말 탄 자와 그의 군대로 더불어 전쟁을 일으키다가 짐승이 잡히고 그 앞에서 이적을 행하던 거짓 선지자도 함께 잡혔으니 이는 짐승의 표를 받고 그의 우상에게 경배하던 자들을 이적으로 미혹하던 자라 이 둘이 산 채로 유황불 붙는 못에 던지우고"(계 19:19~20).

2) 전쟁을 치르는 방식과 대상이 전혀 다르다.

아마겟돈 전쟁은 세 영(마귀, 짐승, 거짓 선지자)이 히브리 음으로 아마겟돈이라는 곳으로 왕들을 모이게 하여(계 16:16) 짐승과 땅의 임금들과 그 군대들이 백마를 타고 재림하시는 예수 그리스도와 희고 깨끗한 세마포를 입고 백마를 타고 예수님을 따르는 하늘에 있는 군대들을 대항하여 일으키는 전쟁이다(계 19:11~19).

그러나 곡과 마곡 전쟁은 사탄의 미혹을 받은 땅의 사방 백성 곧 곡과 마곡 무리들이 지면에 널리 퍼져 성도들의 진과 사랑하시는 성을 두르는 전쟁 모습을 보이고 있다.

두 전쟁은 전쟁을 치르는 대상과 방식이 전혀 다른 모습을 보이고 있어 두 전쟁이 동일한 전쟁이 아님을 보여준다.

3) 전쟁의 승리 요인과 결과가 전혀 다르다.

아마겟돈 전쟁은 백마를 타고 재림하시는 예수 그리스도 입에서 나오는 이한 검으로 만국을 치심으로(계 19:11~15) 승리하지만, 곡과 마곡 전쟁은 하늘에서 불이 내려 저희를 소멸함으로(계 20:9) 승리하게 된다.

아마겟돈 전쟁은 전쟁을 주도하던 짐승과 거짓 선지자가 잡혀 산 채로 유황 불못에 던져지고, 예수 그리스도의 입에서 나오는 검에 죽은 왕들과 장군들과 그들에 속한 모든 자의 시체가 새들의 먹이가 되지만(계 19:17~21), 곡과 마곡 전쟁 때는 마귀가 유황 불못에 던져지고, 바다 모래 같이 많은 대적의 무리들은 하늘에서 하나님께로부터 내려오는 불에 타서 완전히 소멸되는(계 20:7~10) 전쟁이다.

이상에서 살펴본 이유들은, 아마겟돈 전쟁과 곡과 마곡 전쟁이 동일한 전쟁이라 해석하는 무천년설 견해보다, 두 전쟁이 천년왕국 전과 천년왕국 이후에 벌어지는 전혀 다른 전쟁이라 해석하는 역사기 전천년설 입장을 지지해 준다.

7

첫째 부활과 마지막 부활의 시점과 대상은?

"또 내가 보좌들을 보니 거기 앉은 자들이 있어 심판하는 권세를 받았더라 또 내가 보니 예수의 증거와 하나님의 말씀을 인하여 목 베임을 받은 자의 영혼들과 또 짐승과 그의 우상에게 경배하지도 아니하고 이마와 손에 그의 표를 받지도 아니한 자들이 살아서 그리스도로 더불어 천년 동안 왕 노릇 하니 (그 나머지 죽은 자들은 그 천년이 차기까지 살지 못하더라) 이는 첫째 부활이라 이 첫째 부활에 참예하는 자들은 복이 있고 거룩하도다 둘째 사망이 그들을 다스리는 권세가 없고 도리어 그들이 하나님과 그리스도의 제사장이 되어 천년 동안 그리스도로 더불어 왕 노릇 하리라"(계 20:4~6).

[무천년설 견해 도표]

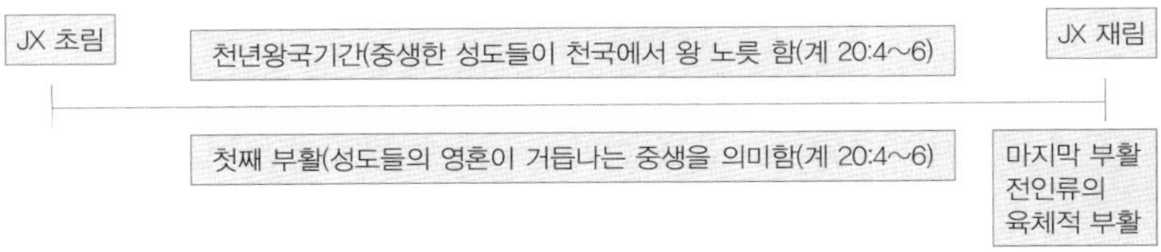

[역사기 전천년설 A 견해 도표]

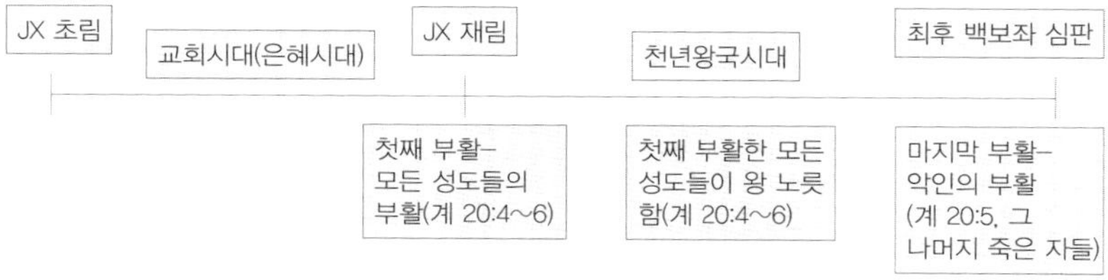

[역사기 전천년설 B 견해 도표]

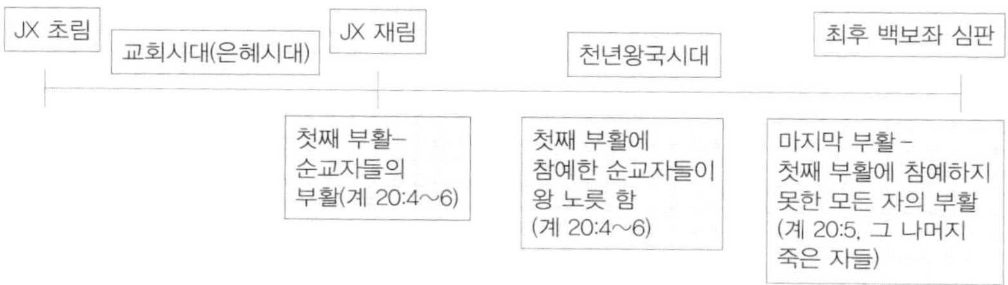

1) 무천년설에 대한 고찰

무천년설은, '첫째 부활'은 성도들의 영혼이 거듭나는 중생을 나타내며, 둘째 부활은 예수 그리스도의 재림 때 전 인류(성도와 악인이 모두)가 부활한다고 해석한다.

먼저 5a를 직역하면 "그 죽은 자들의 나머지들은 천년이 차기까지 살지 않았다"라고 할 수 있다. 여기에서 '죽은 자들의 나머지'라는 문구는 4c의 '목 베임을 받은 영혼들'을 제외한 나머지 곧 예수님과 관계없이 죽은 자들을 가리킨다. 그들은 천년 동안 죽어 있는 상태로 있으며, 따라서 아무런 영향력을 행사하지 못한다. 5b에서 '이는'(Αὕτη) 이라는 단어는 '이것은'이라는 지시대명사로 볼 수 있으며 앞의 문장

(4e)을 가리킨다. 이러한 첫째 부활은 1차적으로 말하면 순교자들이 다시 살아나는 정황을 가리켜 말하는 것이고, 2차적으로는 살아 있는 그리스도인들에게로 적용될 수 있다. 그렇다면 살아있는 그리스도인들이 중생하여 생명을 얻는 상태를 말한다.[31)]

본문은 이렇게 하늘에 거하는 하나님의 백성, 곧 '예수의 증거와 하나님의 말씀을 인하여' 자신의 목숨을 아낌없이 희생한 이들이 예수 그리스도와 더불어 천년 동안 왕 노릇 하는 것을 '첫째 부활'이라 명명한다. 그러므로 본문에서 '이는'으로 번역된 '하우테'는 지시대명사로 문맥상 4절을 이어받는다. 그런데 '첫째'로 번역된 '헤 프로데'(ἡ πρώτη)는 시간상이나 순서상 '제일 먼저'라는 뜻을 나타낸다. 그리고 '부활'로 번역된 '헤 아나스타시스'(ἡ ἀνάστασις)는 신약 성경에서 약 40회 정도 언급되었는데, 본서에서는 오직 본문에서만 등장하고, 대부분 예수 그리스도의 육제척 부활을 지칭하는 데 사용된다(마 22:31; 막 12:18; 행 1:22, 2:31, 4:2, 17:18; 고전 15:13; 히 6:2; 벧전 3:21). 그러므로 이러한 점에 착안하여 볼 때, 본문에 언급된 '첫째 부활'은 예수 그리스도께서 재림하실 때 그리스도인들만이 육체적으로 부활하여 천년왕국에 들어가는 것으로 이해할 수도 있다. 이는 곧 전천년설의 해석이기도 하다.

본문에 나오는 '첫째 부활'이 '예수 그리스도를 믿고 중생하여 하나님의 자녀가 된 사건', 즉 '그들이 비록 땅에서 살지라도 하늘에 거하는 하늘 시민이 된 바로 그 사건'을 지칭하고 있음을 분명하게 보여준다. 즉 첫째 부활을 경험한 하늘에 거하는 하나님의 백성은 최후 심판으로 인한 하나님의 영원한 형벌을 말하는 둘째 사망과는 관계없는 것이다(11~15절).[32)]

---

31) 내가 속히 오리라, 이레서원, 이필찬, p. 852.
32) 옥스포드 원어 성경대전, 요한계시록 12-22장, 제자원, p. 534.

이필찬 교수는 원어의 분석을 통해 계시록 20장에 계시된 첫째 부활자는 1차적으로 순교자들이 다시 살아나는 정황을 가리키며, 2차적으로 살아있는 그리스도인들에게 적용될 수 있으므로 그리스도인들의 중생을 말한다고 덧붙인다.

상식적으로 생각할 때 1차적인 뜻이 2차적인 뜻보다 본문의 의미에 더 가깝다는 의미가 분명하다.

본문에 계시된 첫째 부활자들은 순교자들을 나타낸다는 1차적 의미가 참된 의미임을 부인할 수 없다는 뜻으로 받아들여진다.

무천년설은 본문이 증거하는 첫째 부활이 그리스도인들의 영적 중생을 의미하며, 첫째 부활에 참예하여 예수 그리스도와 더불어 천년 동안 왕 노릇 하는 것은 예수 그리스도 초림부터 재림까지 중생한 그리스도인들의 영혼이 천국에서 왕 노릇 하는 것을 상징한다고 주장한다.

무천년설의 주장은 다음과 같은 세 가지 측면에서 성경에 배치(背馳)되는 문제점을 드러낸다.

⑴ 예수 그리스도와 더불어 천년 동안 왕 노릇 한다는 계시록 20장 5절 말씀에 배치된다.

무천년설의 주장대로라면 예수님 초림 사역 직후에 죽은 성도들은 지금까지 2000년 동안 왕 노릇 하고 있는 것이고, 예수님 재림 직전에 죽는 성도들은 하루나 이틀 정도밖에 왕 노릇 하지 못하는 경우가 발생하게 된다. 이는 첫째 부활에 참예한 순교자들이 '예수 그리스도로 더불어 천년 동안 왕 노릇 한다'고 증거하는 본문의 말씀에 배치(背馳)된다.

⑵ 동일한 언어를 다르게 해석함으로 언어의 의미와 동일성을 상실

하는 문제를 드러낸다.

무천년설은, 20장 4절에 사용된 '살아서'(ἔζησαν)는 죽은 성도들의 영혼이 하늘에서 왕 노릇 하는 영적인 부활로, 20장 5절에 사용된 '살아서'(ἔζησαν)는 세상 끝에 있을 육체적 부활로 해석한다. 동일한 사건(계 20:4~6)에 증거되고 있는 동일한 단어를 4절의 '살아서'(ἔζησαν)를 영적 부활로, 5절의 '살아서'(ἔζησαν)는 육체적 부활로 해석하는 무천년설 견해는 언어의 통일성을 무시한 주장으로 언어의 의미를 훼손시키는 문제를 드러낸다.

> 한편 '살아서'의 헬라어 '에제산'(ἔζησαν)은 육체적인 부활을 지칭하는 데 사용된 단어로(1:18, 2:8, 13:14; 마 9:18; 요 11:25; 행 1:3; 9:41; 롬 14:9), 그리스도에게 충성한 자들이 부활하여 그리스도와 더불어 천년 동안 통치할 것을 시사한다(Johnson, Ladd, Mounce).[33]

> 첫째 부활에 동참하는 자들이 '살아서'(4~5절) 그리스도와 더불어 왕 노릇 하게 되는데, 신약의 용법을 볼 때에 '살아서'라는 단수 헬라어 에제산(ἔζησαν)은 무천년설의 대표적 학자인 렌스키(R. C. H. Lenski)조차 항상 완전한 몸과 영이 혼합된 사람에게 적용되는 단어로서 몸 없는 상태로서의 '영'(靈)에게는 결코 적용되지 않는 단어라고 주장하였다. … 5절의 '사는 것'이 육체적 부활을 의미한다면, 4절의 '살아서'도 육체적 부활을 의미하는 것으로 보아야 한다. 왜냐하면, 동일한 문맥적 표현과 원어의 사용이 그것을 입증하기 때문이다. 따라서 4절의 '살아서'는 죽은 성도들의 영혼이 하늘에서 왕 노릇 하는 영적인 부활로, 5절의 '살아서'는 세상 끝에 있을 육체적 부활로 보는 무천년

33) 호크마 종합주석 요한일서-요한계시록, 기독지혜사, 강병도, p. 533.

설의 주장에 대해서는 알포드(Henry Alford)의 다음과 같은 주장으로 대신할 수 있다.

만일 두 부활이 언급된 말씀에서 … 첫째 부활이 그리스도와 함께 영적으로 부활한다는 뜻이고 둘째가 무덤에서부터 일어나는 문자적 부활이라면, 언어의 모든 의미는 끝장이 날 것이며, 성경도 어떤 것에 대한 확실한 증거로서의 가치를 잃게 된다.[34]

요한계시록 20장 4-6절에서는 이중 부활에 대한 가장 명확한 관설(關說)이 발견된다. 저자는 '첫째 부활'을 말하여 둘째 부활이 있을 것을 함의(含意)하였다. 또 "그 나머지 죽은 자들은 그 천년이 차기까지 살지 못하더라" 하여 두 부활 사이에 천년의 세월이 개재(介在)할 것을 표시하였다. 상문에 몇 번 나온 변론이 아래서 반복할 것이다.

반대자들의 소견(所見)에는 저자가 여기서 신체의 부활을 말하는지 심히 애매하다 한다. 4~6절의 광경은 지상의 것이 아니라, 천상에 속한 것이 현저하며, 사용된 명사들은 신체적 부활을 암시하지 않는다고 한다. 묵시(默示) 보는 사람은 일어나는 것이 신체라고 말하지 않고 오직 '영혼들'이 '살아서' '왕 노릇' 한다고 말한다. 그리고 그는 그들의 '살아서' '왕 노릇' 함을 '첫째 부활'이라 칭한다. 짐작건대 이 표현은 성도들의 사후(死後)에 그 영혼들이 그리스도와 함께하는 영광스러운 생의 생태에 들어감을 관설(關說)함인 듯한다고 한다. 신약의 다른 여러 부분에 이중 부활의 관념이 전연 없는 사실은 우리로 하여금 상징주의(象徵主義)가 충만한 요한계시록의 몽롱(朦朧)한 이 구절에 관념이 나타났으리라는 것을 긍정하기 어렵게 한다는 것이다. 성경이 의인과 악인의 부활을 함께 말하는 아무 구절에도(단 12:2; 요 5:28, 29; 행 24:15) 양자 사이에 천년의 상거(相距)가 있다는 암시는 전연 없다고 한다.

---

34) 계시록 난해 해설, 흰돌, 이광복, p. 562~563.

반대자들의 이 같은 변론에는 그럴듯한 요소들이 없지 않으나 억설(臆說)을 많이 포함한다. 윗글에서도 서술한 바 있거니와 4~6절의 광경이 천상에 속한 것이라는 말은 정확하지 못한 추론이다. 왜냐하면 만국이 의연(依然)히 존재하니(3) '왕 노릇'은 만국 위에 통치(統治)일 것이며, 따라서 지상행사(地上行事)일 것이기 때문이다. 그리고 '영혼들'의 원어(ψυχὰς=psukas)는 또한 '생명', '인격', 혹 '개인'을 의미한즉 여기서 '인격들'로 간주될 수 있을 것이다. 다음 절에 있는 대구어가 '그 나머지 죽은 자들'(신혼을 합칭한 것)이라고 되어 있는 것을 보아도 여기서 '영혼들'을 단순히 신체 없는 영혼들로 볼 수 없음은 분명하다. 또 '살아서'가 부활을 의미할 것은 다음 절에서 동어(同語)가 부활을 의미하기 때문에 확실하다. '첫째 부활'을 중생과 같은 의미로 보는 견해는 어거스틴 이래 로마 가톨릭 교회 신학자 거의 전수가 취하여 온 것이나 그 불합리함은 한 번 보아 분명하다. 왜냐하면 중생, 즉 영적 부활은 이 구절에 말한 순교(殉敎)의 원인이요, 그 결과가 아니며 하문(下文) 13절의 '죽은 자를 내어줌'이 문자적으로 부활을 의미하는 이상 이 구절의 '첫째 부활'만이 영해(靈解)될 수 없기 때문이다.

'첫째 부활'을 죽은 성도들의 중간기 처소(處所)인 낙원(樂園)에서 그리스도와 함께 지내는 영광스러운 생의 상태를 보는 견해도 납득하기 어려운 것은 그 영광스러운 생의 생태에 '천년 동안'의 기산을 일률로 정한 것이 난해한 때문이다. 낙원에 영광스러운 생의 기간은 그 장단이 개인에 따라 재일(齋一)하지 않은 것이 아닌가? 반대자는 물론 '천년 동안'을 연수(年數)로 보지 않고 '완전'의 관념을 표시하는 상징어로 취하여 '천년 동안 왕 노릇'은 '완전하고 영광스러운 승리의 상태에 소개됨'이라고 영해한다(Milligan). 그러나 동일 문맥에서 무릇 여섯 번이나 반복하여 숫자로 표시된 이 어구를 그렇게까지 영해하여 버리는 것은 우리의 상상력이 미치지 못하는 곳이다. 또 반대자는 이 구절이 상징주의 충만한 요한계시록의 한 부분이므로 문자적 해석을 가하기 곤란하다 하나 그것은 신중을 요하는 주장이다. 요한계시록에 상징적 표현이 다수하다는 것은 우리도 승인할 수 있으나, 그렇다고 해서 이같이 명백한 구절까지를 몽롱하게 보는 것은 경솔한 처사임을 면치 못한다.[35)]

⑶ 부활장인 고린도전서 15장 22~26절 말씀에 상충(相衝)된다.

"아담 안에서 모든 사람이 죽은 것같이 그리스도 안에서 모든 사람이 삶을 얻으리라 그러나 각각 자기 차례대로 되리니 먼저는 첫 열매인 그리스도요 다음에는 그리스도 강림하실 때에 그에게 붙은 자요 그 후에는 나중이니 저가 모든 정사와 모든 권세와 능력을 멸하시고 나라를 아버지 하나님께 바칠 때라 저가 모든 원수를 그 발아래 둘 때까지 불가불 왕 노릇 하시리니 맨 나중에 멸망 받을 원수는 사망이니라"(고전 15:22~26).

위의 본문 말씀은 예수 그리스도 안에서 영생의 삶을 얻게 될 부활의 차례에 대해 증거하는 말씀이다. 예수 그리스도 안에 있는 성도들의 부활에 차례가 있음을 증거해 준다. 먼저는 부활의 첫 열매가 되신 예수 그리스도요, 그다음에는 그리스도께서 강림하실 때에 그에게 붙은 자, 즉 예수 그리스도의 재림 때 부활하게 될 성도가 있을 것임을 나타낸다. 또 그 후에는 나중이니 나라를 아버지 하나님께 바칠 때에 부활하게 될 성도가 있다고 말씀한다.

① 예수 그리스도께서 불가불 왕 노릇 하는 때는 언제인가?

예수님이 불가불 왕 노릇 하시는 때는 만왕의 왕이요 만주의 주로 재림하셔서 철장 권세로 다스리실(계 19:15~16) '천년왕국'을 말한다.

---

35) 박형룡 박사 저작전집 교의신학 내세론, 한국기독교육연구원, 박형룡, pp. 303~305.

② 예수 그리스도께서 불가불 왕 노릇 하는 장소는 어디인가?

예수님이 왕 노릇 할 왕국은 천상이 아니라 이 세상에 있는 왕국이다(계 11:15). 예수 그리스도께서 그 나라를 아버지 하나님께 바칠 때는 마지막 나팔인 일곱째 나팔이 불리는 때다.

"일곱째 천사가 소리 내는 날 그 나팔을 불게 될 때에 하나님의 비밀이 그 종 선지자들에게 전하신 복음과 같이 이루리라"(계 10:7).

"일곱째 천사가 나팔을 불매 하늘에 큰 음성들이 나서 가로되 세상 나라가 우리 주와 그 그리스도의 나라가 되어 그가 세세토록 왕 노릇 하시리로다 하니 하나님 앞에 자기 보좌에 앉은 이십사 장로들이 엎드려 얼굴을 대고 하나님께 경배하여 가로되 감사하옵나니 옛적에도 계셨고 시방도 계신 주 하나님 곧 전능하신 이여 친히 큰 권능을 잡으시고 왕 노릇 하시도다 이방들이 분노하매 주의 진노가 임하여 죽은 자를 심판하시며 종 선지자들과 성도들과 또 무론대소하고 주의 이름을 경외하는 자들에게 상 주시며 또 땅을 망하게 하는 자들을 멸망시키실 때로소이다 하더라"(계 11:15~18).

"형제들아 내가 이것을 말하노니 혈과 육은 하나님 나라를 유업으로 받을 수 없고 또한 썩은 것은 썩지 아니한 것을 유업으로 받지 못하느니라 보라 내가 너희에게 비밀을 말하노니 우리가 다 잠잘 것이 아니요 마지막 나팔에 순식간에 홀연히 다 변화하리니 나팔 소리가 나매 죽은 자들이 썩지 아니할 것으로 다시 살고 우리도 변화하리라 이 썩을 것이 불가불 썩지 아니할 것을 입겠고 이 죽을 것이 죽지 아니함을 입으리로다 이 썩을 것이 썩지 아니함을 입고 이 죽을 것이 죽지 아니함을 입을 때에는 사망이 이김의 삼킨바 되리라고 기록된 말씀이 응하리라"(고전 15:50~54).

"형제들아 자는 자들에 관하여는 너희가 알지 못함을 우리가 원치 아니하노니 이는 소망 없는 다른 이와 같이 슬퍼하지 않게 하려 함이라 우리가 예수의 죽었다가 다시 사심을 믿을진대 이와 같이 예수 안에서 자는 자들도 하나님이 저와 함께 데리고 오시리라 우리가 주의 말씀으로 너희에게 이것을 말하노니 주 강림하실 때까지 우리 살아 남아 있는 자도 자는 자보다 결단코 앞서지 못하리라 주께서 호령과 천사장의 소리와 하나님의 나팔로 친히 하늘로 좇아 강림하시리니 그리스도 안에서 죽은 자들이 먼저 일어나고 그 후에 우리 살아 남은 자도 저희와 함께 구름 속으로 끌어 올려 공중에서 주를 영접하게 하시리니 그리하여 우리가 항상 주와 함께 있으리라"(살전 4:13~17).

첫 열매로 부활하신 예수님이 승천하셨다가 종말의 때에 재림하신다. 예수님이 재림하실 때 그에게 붙은 자들, 즉 순교자들은 예수 그리스도와 더불어 이 땅에서 천년 동안 왕 노릇 하게 되는 복을 누리게 된다(눅 19:11~27). 그리고 천년왕국의 만국과 만왕들은 새 하늘과 새 땅, 새 예루살렘 성인 천국에 입성하게 되어 성부 하나님의 나라를 유업으로 받고, 세세토록 왕 노릇 하시는 아버지 하나님의 통치를 받으며 영생복락을 누리게 되는 것이다.

"성안에 성전을 내가 보지 못하였으니 이는 주 하나님 곧 전능하신 이와 및 어린양이 그 성전이심이라 그 성은 해나 달의 비췸이 쓸데 없으니 이는 하나님의 영광이 비취고 어린양이 그 등이 되심이라 만국이 그 빛 가운데로 다니고 땅의 왕들이 자기 영광을 가지고 그리로 들어오리라 성문들을 낮에 도무지 닫지 아니하리니 거기는 밤이 없음이라 사람들이 만국의 영광과 존귀를 가지고 그리로 들어오겠고 무엇이든지 속된 것이나 가증한 일 또는 거짓말하는 자는 결코 그리로 들어오지 못하되 오직 어린양의 생명책에 기록된 자들뿐이라"(계 21:22~27)

성경에는 재림하신 예수님이 불가불 왕 노릇 하던 천년왕국을 성부 하나님이신 아버지 하나님께 바치게 될 때가 증거되어 있다. 천년왕국이 끝나고 사탄이 잠시 놓여 곡과 마곡 전쟁을 치른 뒤 하나님의 백보좌 심판이 있게 될 때가 바로 그때다.

주의 이름을 경외하는 자들에게 상 주시며 또 땅을 망하게 하는 자들을 멸망시키는 때다. 죽은 성도들이 썩지 않을 몸으로 부활하고, 살아 있는 성도는 변화하여 하나님 나라를 유업으로 받을 때다.

사망이 이김의 삼킨 바 되어 사망이 유황불 못에 던져지는 때다. 이때 예수 그리스도의 재림 때 첫째 부활(ἡ ἀνάστασις ἡ πρώτη)에 참예하지 못한 성도들도 부활하여 영생복락을 누리는 천국에 들어가게 된다. 이때가 고린도전서 15장 22~26절에 예수 안에서 삶을 얻게 되는 마지막 차례인 "그 후에는 나중이니"라고 말씀하는 때, 즉 둘째 부활의 때이다. 그러므로 부활에 대한 무천년설의 주장은 성경의 지지를 받지 못한다.

'옥스포드 성경원어 대전'에 설명하고 있는 대로 '첫째 부활'에서 '첫째'(헤 프로테: ἡ πρώτη)는 시간상이나 순서상 '제일 먼저'(the first)라는 뜻이다. 이는 예수 그리스도 안에서 삶을 얻게 되는 부활에 시간상으로나 순서상으로 제일 먼저 부활하게 될 첫째 부활자(예수 그리스도 강림하실 때 그에게 붙은 자-순교자들)가 있고, 그다음 순서로 마지막 부활자(그 후에는 나중이니 저가 모든 정사와 모든 권세와 능력을 멸하시고 나라를 아버지 하나님께 바칠 때)가 있다.

> "천년이 차매 사탄이 그 옥에서 놓여 나와서 땅의 사방 백성 곧 곡과 마곡을 미혹하고 모아 싸움을 붙이리니 그 수가 바다 모래 같으리라 저희가 지면에 널리 퍼져 성도들의 진과 사랑하시는 성을 두르매 하늘에서 불이 내려와 저희를 소멸하고 또 저희를 미혹하는 마귀가 불과 유황 못에 던지우니 거기는 그 짐승과 거짓 선지자도 있어 세세토록 밤낮 괴로움을 받으리라 또 내가 크고 흰

보좌와 그 위에 앉으신 자를 보니 땅과 하늘이 그 앞에서 피하여 간데 없더라 또 내가 보니 죽은 자들이 무론 대소하고 그 보좌 앞에 섰는데 책들이 펴 있고 또 다른 책이 펴졌으니 곧 생명책이라 죽은 자들이 자기 행위를 따라 책들에 기록된 대로 심판을 받으니 바다가 그 가운데서 죽은 자들을 내어주고 또 사망과 음부도 그 가운데서 죽은 자들을 내어주매 각 사람이 자기의 행위대로 심판을 받고 사망과 음부도 불못에 던지우니 이것은 둘째 사망 곧 불못이라 누구든지 생명책에 기록되지 못한 자는 불못에 던지우더라"(계 20:7~15).

2) '역사기 전천년설 A' 견해에 대한 고찰

앞에서 도표로 설명한 '역사기 전천년설 A'의 견해는 첫째 부활 때 모든 성도들이 부활하여 재림하신 예수 그리스도와 더불어 천년왕국 동안에 왕 노릇 하게 되고, 그 나머지 죽은 자(불신자)들은 천년이 찬 후에 둘째 부활 때 부활하여 백보좌 심판을 받는다고 해석한다.

첫째 부활에 대한 본 저자의 견해는 이 세상 말기에 있을 대환난 후(마 24:29)에 우리 주님이 영광 중에 강림하실 때에 그리스도 안에서 잠자는 자들의 부활과 살아남은 모든 성도들이 휴거되어 변화체로 주님을 맞이하는 육체적 부활로 본다. 그리고 그들이 천년왕국에 들어가서 그리스도로 더불어 천년 동안 왕 노릇 하는 첫째 부활의 축복에 참예할 것으로 본다 … '첫째 부활'은 우리 주님이 강림하시는 이 세상 끝날(마 24:29)에 그리스도 안에서 잠자는 성도들은 부활하고 살아 남은 자들은 공중으로 끌어올려 휴거되는 모든 성도들을 총칭(살전 4:16~17)하는 것이다.[36]

---

36) 계시록 난해 해설, 흰돌, 이광복, p. 562.

> 부활이 몇 번 있느냐 하는 문제도 복잡하게 따지면 상당히 복잡하고 어려워진다. 그러나 계시록을 비롯한 성경을 평이(平易)하게 보는 관점에서는 그리스도 강림하실 때 나팔 소리와 함께 홀연히 순식간에 변화되는 이것을 일반적으로 첫째 부활이라 한다. 또 영생의 부활 혹은 생명의 부활이라고도 한다.
>
> 반면에 천년왕국이 다 지나고 불신자들이 다시 살아나는 부활을 심판의 부활이라고 한다. 혹자는 첫째 부활에는 순교자들만 부활하고 일반 성도들은 불신자들과 함께 천년왕국이 다 지나기 직전에 불신자들과 함께 부활하여 심판을 받게 된다고 주장한다. 그러나 후자는 거의 지지를 얻지 못하고 있다. 왜냐하면 나팔 소리가 나면 그리스도 안에서 죽은 자들이 먼저 일어날 것이기 때문이다 … 주님의 택하심을 받은 사람들은 다 첫째 부활에 참예하게 될 것이다.[37)]

이 견해를 주장하는 이광복 목사와 노우호 목사도 이 견해의 미흡한 점을 인지하고 솔직하게 인정한다.

역사기 전천년설이 다른 견해에 비하면 가장 성경적 견해임이 분명하지만 몇 가지 문제가 있음을 진솔하게 받아들이고 있다.

> 필자는 성령의 조명으로 인한 명확한 입증이 나타나지 않는 한 역사기 전천년설의 이론이 다소 미흡한 곳이 있을지라도 성경 본문에 충실한 해석임을 주장한다. 다만, 종말론의 문제에 있어 그 어느 학설도 사도 요한이 본 것을 기록한 1세기 당시로 돌아갈 수 없음은 분명한 사실이기에 가장 정확한 해석은 주님이 오심으로 인하여 밝혀질 것인즉, 필자와 다른 견해에 대해서는 겸손한 마음으로 성경적인 면

---

37) 쉽게 이해되는 요한계시록, 하나, 노우호, pp. 188~189.

에 대해서는 전폭적으로 수용할 것을 고백할 뿐이다.[38]

> 천년왕국설은 어느 이론이나 완전한 조화를 이루기 어려운 이론이다. 성경적으로 가장 근사란 이론이 역사적 전천년설(Historic Premillinnialism)인 것은 사실이나 거기에는 문제가 없는 것은 아니다.[39]

천년왕국에 대한 최갑종 교수와 이광복 목사의 지상(紙上)토론 내용을 보면 이 견해가 가지는 미흡한 점과 문제점을 잘 파악할 수 있다. 최 교수는 이 목사의 주장 내용에서 성경에 미흡한 부분에 정문일침(頂門一鍼)을 가하는 반박을 펼치고 있다. '역사기 전천년설 A' 견해의 문제점을 살펴보자.

⑴ 요한계시록 20장 4~6절의 첫째 부활 대상자에 대한 해석의 문제

본문은 첫째 부활에 참예할 대상을 "예수의 증거와 하나님의 말씀을 인하여 목 베임을 받은 자의 영혼들과 또 짐승과 그의 우상에게 경배하지도 아니하고 이마와 손에 그의 표를 받지도 아니한 자들"이라고 정확하게 계시해 주고 있다.

이들은 모두 '순교자들'을 지칭하고 있는 말씀임에 틀림없다. 그런데 이 견해는 첫째 부활에 참예하는 대상을 '모든 성도들'이라 확대 해석하고 있다. 이는 성경 본문에 충실한 해석이라 볼 수 없다. 이광복 목사는 역사기 전천년설의 이론이 성경 본문에 충실한 해석임을 주장하고 있지만, 이 부분에서는 본문에 충실한 성경적 해석을 펼치지 못하고 있다. 최갑종 교수는 이 부분을 매의 눈으로 살핀 후 송

---

38) 천년왕국 사실인가 상징인가, 신망애, 최갑종 · 이광복, pp. 86~87.

39) 쉽게 이해되는 요한계시록, 하나, 노우호, p. 190.

곳 같은 질문과 성경적 반박을 펼치고 있다.

이광복 목사님에 따르면, 죽은 성도들은 계시록 20장 4~6절의 천년왕국이 시작될 때 모두 육체적으로 부활하였으며, 남은 것은 천년왕국 후 영원한 심판이 있게 될 때 주어질 불신자들의 육체적 부활뿐이다. 그러나 계시록 20장 12~15절은, 죽은 자들이 보좌 앞에서 각각 심판의 책과 생명의 책에 따라 행위대로 심판을 받았다고 말하고 있는데, 전 총신대학원 신약학 김세윤 교수가 주장하고 있는 것처럼 "여기 '죽은 자들'이 죽은 악인들만을 지칭하려 한다기보다는 일부 '생명책'에 기록된 자들을 포함한 모든 '죽은 자들'을 지칭하려 한다고 보는 것이 훨씬 자연스럽다. 왜냐하면 악인들이 '생명책'에 기록될 리 없기 때문이다.

그렇다면 20장 12절의 '죽은 자들'은 '생명책'에 기록된 성도들도 포함할 것인데, 요한이 그들은 이미 부활한 것으로 20장 4절에서 기술하였다면, 이제 20장 12절에 와서 그들도 계속 '죽은 자들' 가운데 헤아린다고 보는 것은 앞뒤가 맞지 않는다." 따라서 가장 자연스러운 해석은 5절 상반절의 '그 나머지 죽은 자들'은 불신자들의 육체적 죽음을 가리키는 것으로, 그리고 이와 대칭을 이루고 있는 4절 하반절의 '그들이 살아서 그리스도와 함께 천년 동안 다스린다'라는 말은 요한과 그의 독자들이 볼 때 죽었다고 본 순교자들의 영혼이 오히려 보좌에서 살아서 천년 동안 그리스도의 통치에 참여하는 것으로 보는 것이다.[40)]

이광복 목사님은…계시록 20장 4~6절은 지상적 천년왕국에 참여하는 모든 성도들, 곧 세 부류의 그룹을 말하고 있다. '첫째 부활에 참여하는 성도들은 일반적인 성도들을 의미하는 보좌에 앉은 자들과, 순교자들을 의미하는 목 베임을 받은 자들과, 그리고 살아 있는 성도

---

40) 천년왕국 사실인가 상징인가, 신망애, 최갑종·이광복, pp. 51~52.

들을 의미하는 짐승을 경배하지도, 그의 표를 받지도 아니한 자들이 나온다.' 과연 이와 같은 주장이 성경 본문의 가르침과 일치하고 있는가? … 20장 4~6절의 헬라어 성경 본문에 대한 우리의 분석은, 살아서 그리스도와 함께 다스리는 자들, 곧 첫째 부활에 참예한 자들은, 이광복 목사님의 주장처럼 세 부류의 사람들이 아니라, 오히려 예수의 증거와 하나님의 말씀을 인하여 목 베임을 당한 순교자들의 영혼들임을 가르쳐준다. 바로 이들이 보좌에 앉아 있었고, 심판하는 권세를 받았고, 바로 이들이 짐승과 그의 우상에게 경배하지도, 짐승의 표를 받지도 아니하였기 때문에 순교를 당했으며, 그리하여 이들의 영혼들이 살아 그리스도와 함께 다스리게 되었다.[41]

이광복 목사의 해석에 대한 최갑종 교수의 질의와 반박은 지극히 정상적이라 할 수 있다. "이광복 목사의 견해가 과연 성경 본문에 충실한 해석인가?"라는 의문을 제시하게 되는 것도 이 견해가 첫째 부활자에 대한 본문의 계시 내용에 충실하지 못한 결과로 여겨진다. 사실 본문이 증거하는 첫째 부활에 참예하는 자들은 순교자들에 국한(局限)된다고 해석하는 것이 성경 본문에 충실한 해석이다.

(2) 고린도전서 15장 22~26절에 대한 해석의 문제

역사적 전천년설은 첫째는 부활의 첫 열매 되시는 그리스도요, 그 다음은 그리스도 강림하실 때에 그에게 붙은 성도의 부활이요, 그 후에 나중은 천년왕국 후에 있을 악인의 부활로 정의하고 있다.[42]

---

41) 천년왕국 사실인가 상징인가, 신망애, 최갑종·이광복, pp. 95~98.
42) 천년왕국 사실인가 상징인가, 신망애, 최갑종·이광복, p. 81.

고린도전서 15장 22~26절에 대한 역사적 전천년설 A 견해의 위와 같은 해석은 본문의 의도에 충실한 해석이라고 할 수 없다. 15장 23~26절에 증거되고 있는 부활의 순서에 대한 말씀은 22절의 "…그리스도 안에서 모든 사람이 삶을 얻으리라"는 말씀에 연계된 말씀으로 보아야 하기 때문이다. 고린도전서 15장 22~26절 말씀에서 부활의 차례대로 언급된 것은, 예수 그리스도 안에서 삶을 얻게 된 성도들의 부활에 대한 차례를 나타내는 것이지, 악인의 부활을 언급하고 있지 않다고 해석함이 본문에 충실한 해석이 될 것이다.

고린도전서 15장 22~26절 말씀에 대한 역사기 전천년설 A의 주장이 성경 본문에 충실하지 못했기 때문에 최갑종 교수님에게 반박의 빌미를 준 것이다. 이 부분에 대한 최 교수님의 지적과 반박은 지극히 타당하게 여겨진다.

> 우리가 고린도전서 15장을 생각할 때마다 간과하지 않아야 할 중요한 사실은, 바울이 불신자들의 부활을 반대하는 것은 아니지만, 그러나 고린도전서 15장의 핵심적인 주제는, 그리스도의 부활과 인류 전체의 부활(불신자들을 포함하여)보다 오히려 그리스도의 부활과 모든 신자들과의 관계라는 점이다.
>
> 바울은 고린도전서 15장 20절에서 "그러나 이제 그리스도께서 죽은 자 가운데서 다시 살아 잠자는 자들의 첫 열매가 되셨도다"라는 대전제를 통해, 그리스도는 불신자들을 포함하여 전 인류에게 혜택을 주는, 전 인류를 위한 '첫 열매'라기보다 오히려 그리스도 안에서 잠자는 모든 신자들(18~19절 참조)의 육체적 부활을 보증해 주는 '첫 열매'라는 사실을 분명히 전제로 삼고 있다. 이 점은 우리가 논의하고자 하는 23절 이하의 본문 앞에 있는 22절 "아담 안에서 모든 사람이 죽은 것같이 그리스도 안에서 모든 사람이 삶을 얻으리라"에서 더욱 확실해진다. 왜냐하면 여기 '그리스도 안에서 모든 사람'이 불신

자들을 포함하여 인류 전체로 볼 수 없는 것은 바로 이들이 '삶을 얻게 된다'(ζῳοποιηθήσονται). 말하자면 이들이 고린도전서 15장 45절과 로마서 8장 11절에 있는 동일한 말이 보여주고 있는 것처럼, 그리스도의 영인 성령에 의해 신령한 몸으로 다시 살게 된다고 말하고 있기 때문이다. 바로 이와 같은 전제와 함께 바울은 15장 23~26절에서, 비록 그리스도가 모든 신자들의 부활의 첫 열매가 되셨지만, 그리스도와 신자들 사이에는 그 '순서'(τάγμα)가 있다는 것과, 그리고 언제 신자들에게 그리스도처럼 신령한 부활의 몸이 주어지는가를 밝혀 주고 있다.[43]

'역사기 전천년설 A'의 견해가 요한계시록과 종말론 해석에 있어서 무천년설에 비교할 때 성경적 관점에 가까운 것은 사실이다. 그러나 '첫째 부활'에 대한 본문의 해석을 말씀 그대로 충실하게 해석하지 않고 확대 해석함으로 천년왕국과 그 이후의 사건에 대해 난제를 갖게 되고, 무천년설을 주장하는 입장을 견지하는 사람들에게 질문 공세를 받게 되는 것이다.

사실 이 견해를 피력(披瀝)하고 있는 이광복 목사나 노우호 목사 모두 천년왕국과 그 이후 사건들에 관련된 의문에는 답하기 어려움을 자인(自認)하고 있다.

"땅의 사방 백성 곧 곡과 마곡"의 정체는 천년왕국을 주장하는 전천년설자들에게 가장 큰 문제점으로 대두되는 것이다. … 왜냐하면, 천년왕국에서도 사탄이 유혹할 수 있는 사람들이 살고 있다는 것을 반증하기 때문이다. 성도들(교회와 이스라엘을 포함한 전 성도들)은 부활(휴거)하여 변화체로 그 왕국에 입성하고, 악인들은 아직 죽음 속에

43) 천년왕국 사실인가 상징인가, 신망애, 최갑종 · 이광복, pp. 99~100.

있기에 사탄이 유혹하는 땅의 백성 곧 곡과 마곡의 정체는 우리로 하여금 곤혹스러운 문제점으로 부각되고 있다. … 본 저자는 “땅의 사방 백성 곧 곡과 마곡”의 정체를 천년왕국에서 번성한 백성으로 보는데, 그렇게 될 때에 당장 반문이 예상되는 것은 ‘누가, 어떻게 그들을 낳느냐?’는 것이다. 이에 대한 명확한 해답을 제시하기는 어려우나 먼저 창세기에서 번성해야 할 원인을 찾아야 한다. … 그 왕국에서의 번성과 같은 세부적인 사항(事項)은 지금 우리가 알 수 없으나 그날에 이르게 되면 알게 될 것이기에 ‘성경이 가는 곳까지’ 가는 개혁주의의 성경해석법을 따라 그 나라에서 번성할 백성이 있을 것으로 생각할 뿐이다. 따라서 더 이상의 상세한 방법에 대해서 본 저자는 ‘모른다’는 말로써 답변할 수밖에 없다.[44)]

천년왕국에서의 삶은 우리가 상세히 알 수 없다. 부활한 성도들과 육체로 살아있는 사람들이 어떻게 공존하게 될 것인지를 알 수가 없다. 하나님의 진노가 일곱 대접으로 쏟아질 때 수많은 사람들이 죽었을 것은 짐작할 수 있는데, 그때도 열방의 백성들이 다 죽지는 않고 얼마가 살아남아서 천년왕국에 같이 들어가게 되는지 알 수가 없다. 이마에 하나님의 인을 맞고 믿음을 지켜 첫째 부활에 참여한 사람들이 아니면 나머지 사람들은 모두 짐승의 우상에게 절하고 666표를 받아서 결국은 죽어 음부에 들어가서 세세토록 고통을 받게 되어 있는데, 어떤 사람들이 살아서 천년왕국에 같이 들어가게 되는지 알 수가 없다. 다만 우리는 그러한 천년왕국이 있다고 하는 성경을 믿을 수밖에 없다.[45)]

---

44) 계시록 난해 해설, 흰돌, 이광복, pp. 569~570.
45) 쉽게 이해되는 요한계시록, 하나, 노우호, p. 195.

⑶ 고린도전서 15장 말씀과 상충(相衝)되는 문제

'역사기 전천년 A' 견해를 견지하는 신학자들이 성도들의 변화와 부활의 시기를 예수 그리스도 재림의 시점으로 규정짓는 성경적 근거로 고린도전서 15장 22~26절, 50~54절 말씀을 인용한다. 그러나 성경 본문을 자세히 살펴보면, 본문의 증거 내용이 그들의 주장을 뒷받침하는 말씀이 아니라 오히려 그들의 주장이 잘못된 해석임을 드러내는 말씀임을 알 수 있다.

> "형제들아 내가 이것을 말하노니 혈과 육은 하나님 나라를 유업으로 받을 수 없고 또한 썩은 것은 썩지 아니한 것을 유업으로 받지 못하느니라 보라 내가 너희에게 비밀을 말하노니 우리가 다 잠잘 것이 아니요 마지막 나팔에 순식간에 홀연히 다 변화하리니 나팔 소리가 나매 죽은 자들이 썩지 아니할 것으로 다시 살고 우리도 변화하리라 이 썩을 것이 불가불 썩지 아니할 것을 입겠고 이 죽을 것이 죽지 아니함을 입으리로다 이 썩을 것이 썩지 아니함을 입고 이 죽을 것이 죽지 아니함을 입을 때에는 사망이 이김의 삼킨 바 되리라고 기록된 말씀이 응하리라"(고전 15:50~54).

위의 말씀에서 죽은 성도들이 썩지 아니할 몸을 입고 부활하고, 살아 있는 성도들은 변화체를 입게 되는 사건이 성취될 시점이 언제라고 증거하고 있는지 살펴보자.

성경 본문은 '마지막 나팔이 불어지는 때', '하나님의 나라를 유업으로 받을 때', '사망이 이김의 삼킨 바 되는 때'라고 증거하고 있다. 그럼 본문이 증거하고 있는 내용들이 모두 성취되는 그때가 언제인가? 요한계시록은 그때가 언제가 될 것인지 계시해 주고 있다.

> "일곱째 천사가 소리 내는 날 그 나팔을 불게 될 때에 하나님의 비

밀이 그 종 선지자들에게 전하신 복음과 같이 이루리라"(계 10:7).

"일곱째 천사가 나팔을 불매 하늘에 큰 음성들이 나서 가로되 세상 나라가 우리 주와 그 그리스도의 나라가 되어 그가 세세토록 왕노릇 하시리로다 하니 하나님 앞에 자기 보좌에 앉은 이십사 장로들이 엎드려 얼굴을 대고 하나님께 경배하여 가로되 감사하옵나니 옛적에도 계셨고 시방도 계신 주 하나님 곧 전능하신 이여 친히 큰 권능을 잡으시고 왕 노릇 하시도다 이방들이 분노하매 주의 진노가 임하여 죽은 자를 심판하시며 종 선지자들과 성도들과 또 무론대소하고 주의 이름을 경외하는 자들에게 상 주시며 또 땅을 망하게 하는 자들을 멸망시키실 때로소이다 하더라"(계 11:15~18).

요한계시록의 '일곱째 나팔'과 고린도전서 15장의 '마지막 나팔'은 그 증거 내용이 일치되므로 동일한 나팔임이 입증된다. 이를 부인하는 사람들에게 노우호 목사의 글을 소개한다.

어떤 사람들은 계시록의 일곱 번째 나팔과 고린도전서 15장의 마지막 나팔은 같은 것이 아니라고 열심히 주장한다. 그러나 그런 것은 쓸데없는 열심이다. 이러한 것이 잘 보이지 않는 이유는 성경을 자세히 살펴보지 못한 결과에서 비롯된다.[46)]

성자 예수 그리스도께로부터 세상 나라를 넘겨받아 성부 하나님께서 세세토록 왕 노릇 하게 되는 때가 언제인가?

예수 그리스도 안에서 삶을 얻는 부활의 차례에서 예수 그리스도의 강림 때 첫째 부활에 참예하지 못하고 "그 후에는 나중이라"고

46) 쉽게 이해되는 요한계시록, 하나, 노우호, p. 121.

말씀하신 성도의 부활이 성취되는 때요, 사망이 멸망받는 때다.

"아담 안에서 모든 사람이 죽은 것같이 그리스도 안에서 모든 사람이 삶을 얻으리라 그러나 각각 자기 차례대로 되리니 먼저는 첫 열매인 그리스도요 다음에는 그리스도 강림하실 때에 그에게 붙은 자요 그 후에는 나중이니 저가 모든 정사와 모든 권세와 능력을 멸하시고 나라를 아버지 하나님께 바칠 때라 저가 모든 원수를 그 발아래 둘 때까지 불가불 왕 노릇 하시리니 맨 나중에 멸망 받을 원수는 사망이니라"(고전 15:22~26).

요한계시록에서 사망이 멸망받는 때가 언제라고 계시하는가?

"또 내가 크고 흰 보좌와 그 위에 앉으신 자를 보니 땅과 하늘이 그 앞에서 피하여 간데없더라 또 내가 보니 죽은 자들이 무론 대소하고 그 보좌 앞에 섰는데 책들이 펴 있고 또 다른 책이 펴졌으니 곧 생명책이라 죽은 자들이 자기 행위를 따라 책들에 기록된 대로 심판을 받으니 바다가 그 가운데서 죽은 자들을 내어주고 또 사망과 음부도 그 가운데서 죽은 자들을 내어주매 각 사람이 자기의 행위대로 심판을 받고 사망과 음부도 불못에 던지우니 이것은 둘째 사망 곧 불못이라 누구든지 생명책에 기록되지 못한 자는 불못에 던지우더라"(계 20:11~15).

사망과 음부가 유황 불못에 던져져서 멸망받게 될 때는 하나님의 백보좌 심판 때다. 계시록 20장 11~15절 말씀이 이를 계시해 주고 있다.

맨 나중에 멸망받을 원수가 사망이라(고전 15:26)고 증거하는 말씀이 성취되는 시기가 하나님의 백보좌 심판 때임을 분명하게 계시하고 있다. 이때까지는 만왕의 왕이요 만주의 주로 재림하시는(계 19:16) 예수 그리스도께서 불가불 왕 노릇 하신다(고전 15:25).

재림 예수께서 첫째 부활자들과 더불어 천년 동안 불가불 왕 노릇 하게 될 나라는 이 세상 나라다(고전 15:23; 계 11:15, 20:4~6). 사탄 마귀가 무저갱에 갇혀 있는 천년 동안(계 20:1~3) 불가불 통치하시던 이 세상 만국을 아버지 하나님께 바치게 된다(고전 15:24; 계 21:24).

이 세상 마지막 날 하나님께서 친히 강림하실 때 첫째 부활에 참예하지 못한 성도들과 악인들(불신자들)이 모두 부활하게 된다. 성경은 선한 자와 악한 자의 부활이 동시에 있을 것을 증거한다(요 5:28~29, 6:39; 행 24:15; 고전 15:23~24; 살전 4:14~17).

이들은 모두 생명책과 행위록들이 펼쳐져 있는 하나님의 백보좌 심판대 앞에서 행위대로 심판을 받게 된다(행 17:31; 롬 14:9~12; 딤후 4:1; 벧전 4:5; 계 20:11~13,).

세상을 미혹하던 마귀가 짐승과 거짓 선지자가 있는 유황 불못에 던져지고, 사망과 음부도 둘째 사망 곧 불못에 던져지며, 생명책에 그 이름이 기록되지 못한 자들(악인들, 불신자들)이 둘째 사망의 불못에 던져진다(계 20:10~15).

이상의 내용들은, 고린도전서 15장 22~26절, 50~54절 말씀이 예수 그리스도 재림 때 성취될 일들을 증거하는 말씀이 아니라, 천년왕국 기간이 끝난 후 백보좌 심판 때 성취될 사건들을 증거하고 있다. 그러므로 '역사기 전천년설 A' 견해는 고린도전서 15장의 증거 말씀과 상충(相衝)되는 주장이다.

본문을 예수 그리스도 때 성취되는 말씀으로 인용하는 해석자들은 성경 본문을 충실하게 고찰하지 않고 인용하는 오류(誤謬)를 범함으로 오해(誤解)하고 있다.

'역사기 전천년설 A' 견해는 역사기 전천년설의 전통적 견해라 할 수 있다. 이 견해를 따르는 학자들이 종말론과 요한계시록 연구에서 어려운 난제에 봉착하게 된 이유 중 하나는, 종말의 때에 울려 퍼지는 '나팔의 시기'를 정확히 구분하지 못한 데서 비롯되고 있음을 볼 수 있다.

계시록을 비롯한 성경을 평이하게 보는 관점에서는 그리스도께서 강림하실 때 나팔 소리와 함께 홀연히 순식간에 변화되는 이것을 일반적으로 첫째 부활이라 한다. 또 영생의 부활 혹은 생명의 부활이라고도 한다. 반면에 천년왕국이 다 지나고 불신자들이 다시 살아나는 부활을 심판의 부활이라고 한다. 혹자는 첫째 부활에는 순교자들만 부활하고 일반 성도들은 불신자들과 함께 천년왕국이 다 지나기 직전에 불신자들과 함께 부활하여 심판을 받게 된다고 주장한다. 그러나 후자는 거의 지지를 얻지 못하고 있다. 왜냐하면 나팔 소리가 나면 그리스도 안에서 죽은 자들이 먼저 일어날 것이기 때문이다.[47]

성도들의 부활과 변화의 시기와 예수 그리스도의 재림시기에 불리는 나팔 소리에 대한 증거 말씀들을 깊이 있게 살피고 분석하는 자세가 필요하다.

"그날 환난 후에 즉시 해가 어두워지며 달이 빛을 내지 아니하며 별들이 하늘에서 떨어지며 하늘의 권능들이 흔들리리라 그때에 인자의 징조가 하늘에서 보이겠고 그때에 땅의 모든 족속들이 통곡하며 그들이 인자가 구름을 타고 능력과 큰 영광으로 오는 것을 보리라 저가 큰 나팔소리와 함께 천사들을 보내리니 저희가 그 택하신 자들을 하늘 이 끝에서 저 끝까지 사방에서 모으리라"(마 24:29~31).

"형제들아 내가 이것을 말하노니 혈과 육은 하나님 나라를 유업으로 받을 수 없고 또한 썩은 것은 썩지 아니한 것을 유업으로 받지 못하느니라 보라 내가 너희에게 비밀을 말하노니 우리가 다 잠잘 것이 아니요 마지막 나팔에 순식간에 홀연히 다 변화하리니 나팔 소리가 나매 죽은 자들이 썩지 아니할 것

47) 쉽게 이해되는 요한계시록, 하나, 노우호, p. 188.

으로 다시 살고 우리도 변화하리라 이 썩을 것이 불가불 썩지 아니할 것을 입겠고 이 죽을 것이 죽지 아니함을 입으리로다 이 썩을 것이 썩지 아니함을 입고 이 죽을 것이 죽지 아니함을 입을 때에는 사망이 이김의 삼킨 바 되리라고 기록된 말씀이 응하리라"(고전 15:50~54)

"우리가 예수의 죽었다가 다시 사심을 믿을진대 이와 같이 예수 안에서 자는 자들도 하나님이 저와 함께 데리고 오시리라 우리가 주의 말씀으로 너희에게 이것을 말하노니 주 강림하실 때까지 우리 살아 남아 있는 자도 자는 자보다 결단코 앞서지 못하리라 주께서 호령과 천사장의 소리와 하나님의 나팔로 친히 하늘로 좇아 강림하시리니 그리스도 안에서 죽은 자들이 먼저 일어나고 그 후에 우리 살아 남은 자도 저희와 함께 구름 속으로 끌어 올려 공중에서 주를 영접하게 하시리니 그리하여 우리가 항상 주와 함께 있으리라"(살전 4:14~17).

"일곱째 천사가 소리 내는 날 그 나팔을 불게 될 때에 하나님의 비밀이 그 종 선지자들에게 전하신 복음과 같이 이루리라"(계 10:7).

"일곱째 천사가 나팔을 불매 하늘에 큰 음성들이 나서 가로되 세상 나라가 우리 주와 그 그리스도의 나라가 되어 그가 세세토록 왕 노릇 하시리로다 하니 하나님 앞에 자기 보좌에 앉은 이십사 장로들이 엎드려 얼굴을 대고 하나님께 경배하여 가로되 감사하옵나니 옛적에도 계셨고 시방도 계신 주 하나님 곧 전능하신 이여 친히 큰 권능을 잡으시고 왕 노릇 하시도다 이방들이 분노하매 주의 진노가 임하여 죽은 자를 심판하시며 종 선지자들과 성도들과 또 무론대소하고 주의 이름을 경외하는 자들에게 상 주시며 또 땅을 망하게 하는 자들을 멸망시키실 때로소이다 하더라"(계 11:15~18).

이상의 말씀에서 예수 그리스도의 재림 시에 울려 퍼지는 나팔 소리로는 마태복음 24장 29~31절 말씀이다.

큰 나팔 소리와 함께 오시는 분이 '인자'이신 예수 그리스도임을 분명하게 증거하고 있음이 이를 입증한다. 그리고 그 나머지 말씀들은 예수 그리스도의 재림이 아니라 성부 하나님이 친히 강림하시는 증거 말씀임을 보여준다. 이 말씀들은 모두 이 세상 마지막 날인 백보좌 심판 때에 불리는 나팔 소리다(고전 15:50~54; 살전 4:14~17; 계 10:7, 11:15~18).

종말론 해석에 있어서 '나팔의 시기'를 바르게 이해하고 적용하는 것은 매우 중요한 일이다. 나팔이 울려 퍼질 때 성취될 사건들을 정해(正解)하지 못하면 재림과 천년왕국에 대한 성경적 해석에 난항(難航)을 겪는다.

다시 한번 정리하자면, 마태복음 24장 31절의 "큰 나팔"은 예수 그리스도의 재림의 때에 불리는 나팔이고, 고린도전서 15장 51절의 "마지막 나팔"과 데살로니가전서 4장 16절의 "하나님의 나팔", 계시록 10장 7절, 11장 15절의 "일곱째 나팔"은 천년왕국이 끝나고 하나님의 백보좌 심판이 있게 되는 시점에 울려 퍼지게 될 나팔 소리를 증거한다는 사실이다.

요한계시록에 계시되는 '일곱 나팔' 중 다섯째, 여섯째, 일곱째 나팔은 땅에 거하는 자들에게 하나님의 진노의 '화'가 있게 될 나팔임을 계시한다.

> "내가 또 보고 들으니 공중에 날아가는 독수리가 큰 소리로 이르되 땅에 거하는 자들에게 화, 화, 화가 있으리로다 이외에도 세 천사의 불 나팔소리를 인함이로다 하더라"(계 8:13).

다섯 번째 나팔인 '첫째 화'는 황충 재앙을 불러온다(계 9:1~12). 황충 재앙은 이마에 '하나님의 인'을 맞지 않은 사람들만 다섯 달 동안 고통을 받는 재앙으로, 후 3년 반 초기에 있을 재앙이라 할 수 있다. 우리가 알아야 할 사실 하나는 성도들은 환난을 통과할 수 있지만, 하나님의 진노의 화는 받지 않는다는 것이다.

'환난'이란 단어는 'θλίψις(들립시스, 억압 oppression, 고난 affliction, 환난 tribulation)인데, 이 단어가 불신자들에게 해당한 경우는 한 번밖에 없다(롬 2:9). 그 외에는 다 성도가 환난을 당하는 것으로 기록되어 있다(마 24:9, 21, 29; 막 13:19, 24; 요 16:33; 행 7:10~11, 11:19, 14:22, 20:23; 롬 5:3, 8:35, 12:12; 고전 7:28; 고후 1:4~8, 2:4, 4:17, 6:4, 8:2~13; 엡 3:13; 빌 1:16, 4:14; 골 1:24; 살전 1:6, 3:3~7; 살후 1:4~6; 히 10:33).

이상은 '들립시스'라는 단어이고 '들리보오'라는 단어도 있으나 어원은 같다.

"생명으로 인도하는 문은 좁고" 할 때도 "생명으로 인도하는 길에는 환난이 있고"(마 7:14)라는 뜻이다. 이 단어는 신약성경의 도처에서 발견된다(고후 1:6, 4:8, 7:5; 살전 3:4; 살후 1:6~7; 딤전 5:10; 히 11:37; 계 1:9, 10, 22, 7:14).

반면 '진노'라는 단어는 근본적으로 의미하는 바가 다르다. 진노는 언제나 불신자, 배신자, 가증한 자, 흉악한 자들에게 임하고, 하나님의 자녀들에게는 임하지 않는다.

성경에서 진노라는 말은 대개 '오르게'라는 단어가 쓰여졌다(마 3:7; 막 3:5; 눅 3:7, 21:33; 요 3:36; 롬 1:18, 2:5, 4:15, 5:9, 9:22, 13:4, 5; 엡 2:33, 4:31, 5:6; 골 3:6, 8; 살전 1:10, 2:16, 5:9; 히 3:11, 4:3; 계 6:16~17, 11:8, 14:10, 16:19, 19:15).

한편 '뒤모스'라는 단어도 진노라고 번역되었는데, 역시 불신자들에게 해당된다(롬 2:8; 계 14:10, 19, 15:1, 7, 16:1, 19, 18:3, 19:15).

환난은 사탄이 적그리스도나 세상적인 권세를 이용하여 성도들에게 가해오는 것이고, 진노는 하나님이 적그리스도와 거짓 선지자와 불신자에게 가하시는 것이다. 이 진노는 종말에 어린양의 진노를 말

하고 있다(계 6:16~17, 15:1).[48]

다섯째 나팔이 불려지는 '첫째 화' 진노인 황충 재앙이 이 땅에 내려질 때, 교회(해를 입은 여자, 계 12장)는 독수리 날개를 받아 광야 예비처로 피신하여 하나님의 양육을 받게 되고, 하나님의 인 맞은 십사만 사천(두 증인들)만 남아 죽기까지 충성하며 사명을 감당하게 된다.

여섯째 천사의 나팔은 '둘째 화' 진노 재앙이다(계 9:13~24, 11:14).

여섯째 천사의 나팔은 인류의 삼분의 일이 죽게 되는 유브라데 전쟁(아마겟돈 전쟁: 계 16:12~16)을 불러온다. 이때 계시록 16장에 계시되고 있는 일곱 대접 재앙이 이 땅에 쏟아지는 것임을 보여준다.

일곱 번째 나팔인 마지막 나팔은 이 땅에 펼쳐지는 마지막 전쟁으로 '곡과 마곡 전쟁'(계 20:7~10)을 불러온다.

마지막 나팔 때는 모든 성도들이 부활하거나 변화되어 하나님 나라를 유업으로 받게 되고, 사탄과 사망과 음부와 불신자들 모두를 유황 불못에 던져 멸하시고, 그 나라를 아버지 하나님께 바치게 된다(고전 15:22~26, 50~54; 살전 4:14~17; 계 10:7, 11:15~18, 20:7~15).

'역사기 전천년설 A' 견해가 천년왕국과 그 이후의 사건에 대해 답을 찾기 어려운 것은, 성경이 거기까지 계시하지 않고 침묵하기 때문이 아니라, 성경이 계시하고 있는 말씀을 본문에 충실하게 해석하지 않음으로 인한 것이다.

성경은 우리가 종말의 마지막까지라도 알 수 있도록 계시해 주고 있음을 믿어 의심치 않는다. 하나님께서 우리가 알지 못하도록 계시를 멈추고 침묵하신 이유가 있겠는가? 우리가 하나님 말씀인 성경 본문에 충실히 해석하려는 자세를 견지(堅持)하고, 사모하는 마음으로 통찰하면 모든 비밀을 알 수 있도록 계시해 주셨음을 확신한다.

48) 쉽게 이해되는 요한계시록, 하나, 노우호, pp. 246~247.

3) '역사기 전천년설 B' 견해에 대한 고찰

'역사기 전천년설 B' 견해는 '첫째 부활'은 순교자를 부활로, '둘째 부활'은 첫째 부활에 참예하지 못한 모든 사람들(성도들과 불신자들 모두를 포함)이 천년왕국이 끝난 뒤 하나님의 백보좌 심판대 앞에 서기 위해 부활하게 될 것으로 해석한다.

우리는 여기서 '첫째 부활', '마지막 부활' 등에 관한 올바른 성경적 고찰을 시도해 보려고 한다.

1. '첫째 부활'이라는 말은 성경 한 곳에만 기록되어 있다.

'첫째 부활'이란 무엇인가? 어떤 부활을 첫째 부활이라고 하는가? 이에 대한 올바른 해답을 얻으려면 성경에서 첫째 부활이 언급되어 있는 부분을 잘 살펴보아야 한다.

첫째 부활자는 두 종류의 성도들로 그 모습을 보여준다. 하나는 '예수님의 증거와 하나님의 말씀을 인하여 목 베임을 받은 자의 영혼들'이라고 했다. 이들은 물론 순교자들이다. 여기서 우리는 왜 '주 안에서 죽은 모든 성도의 영혼들'이라고 계시해 주지 않고, 하필이면 '목 베임을 받은 자의 영혼'이라고 밝히고 있는가에 대하여 깊은 관심을 가져야 한다. 첫째 부활은 순교 성도들의 부활임을 강조하는 말씀임을 알 수 있게 하는 말씀이다.

두 번째로 다른 또 하나의 첫째 부활자들이 등장하고 있다. "또 짐승과 그의 우상에게 경배하지도 아니하고 이마와 손에 그의 표를 받지도 아니한 자들이 살아서"라고 말하고 있다. 이 두 번째의 경우, '살아서'란 말이 빠져 있다면 이들 대상이 주 재림 시까지 생존해서 주님을 맞이하는 모든 성도로 오해하기 쉽다. 그러나 그 뒤에 나오는 '살아서'란 말은 '에제산'으로 '살아나서'란 의미로 해석하게 되며, 죽었던 자들이 다시 살아난다는 뜻을 나타내고 있다. 개혁주의 신학자들이나 세대주의 신학자들이나 이들에 대해 '순교자들'이라고 해석하는데 아무런 이의(異議)가 없다.

이처럼 첫째 부활자들에 대하여 성경에서는 두 종류의 순교자들을 지칭하는 말로 나와 있다. 그러면 왜 순교자들이 둘로 구분되어 있는 것인가? 이에 대한 대답이 계시록 6장 9~11절에 나와 있다.

하늘 보좌에 있는 하나님의 제단 아래서 호소하는 순교자들의 간구에 하나님께서는 또 다른 형제들의 순교가 있어야 할 것을 말씀하시고, 그 순교자들의 수가 채워지기까지 잠시 동안 쉬며 기다리라고 하셨다. 물론 전자의 순교자들은 창세 이후 7년 환난 전까지의 순교 성도들이요, 후자의 경우는 7년 환난 중 순교하는 '두 증인'의 순교를 의미하고 있음이 요한계시록의 전체적인 흐름이다(계 11:7~8).

그리고 우리는 계시록 20장 5절에 있는 말씀을 똑바로 보아야 한다. "그 나머지 죽은 자들은 천년이 차기까지 살지 못하더라"는 계시 말씀은 순교자들 외의 모든 성도들을 가리키는 말이다. 그 나머지 죽은 자들이 불신자가 될 수 없는 것은 첫째 부활자들을 분명히 순교 성도들로 규정하였으므로 순교 성도들 외의 나머지 성도들의 부활에 대한 분명한 언급이 있어야 하기 때문이다. 이곳에서 불신자들의 부활 시기를 계시해 줄 필요가 전혀 없는 것이다.

2. 그리스도 안에서의 부활 순서

흔히들 그리스도인의 부활을 첫째 부활로 규정짓지만, 성경에서는 그리스도 안에서의 부활을 세 단계로 나누고 있다.

고린도전서 15장 22~26절 말씀을 보면, 분명 그리스도 안에서 이루어질 부활의 순서이기 때문에 이곳에 불신자들의 부활이 개입되지 않는다. 그런데 개혁주의 입장이나 세대주의 입장이나 동일하게 "그 후에는 나중이니" 하는 부활의 대상자들을 불신자들로 규정짓고 있다. 이것은 모순도 이만저만이 아니며, 성경 본문에 충실한 해석이라고 볼 수 없다.

그리스도 안에서의 부활의 순서는 첫째는 그리스도, 두 번째는 주 재림 시에 그에게 붙은 자들, 세 번째는 그리스도께서 왕 노릇 하시는 천년왕국 후에 있을 것이라고 했다. 주 재림 시에 있을 부활 성도들이란 첫째 부활자들로 순교 성도들을 의미한다(슥 14:5; 유 1:14; 계 19:14, 17:14). 그리고 세 번째로 부활할 성도들은 주 재림 이전에 주 안에서 죽은 성도들로, 이들은 마지막 부활 때까지 천국에서 안식을 취하고 있는 것이다(계 14:13).

이들은 천국에서 안식을 누리고 있다가 마지막 나팔 소리가 날 때 썩지 아니할 것으로 다시 살아 하나님 나라를 유업으로 받을 것이다(고전 15:50~54).[49)]

필자가 이 견해를 '역사기 전천년설 B' 견해라 칭하고 있지만, 이 견해를 주장하는 민병석 목사는 역사기 전천년설과 구분 짓기 위해 '성경적 전천년설'이라 칭하고 있다. 이 견해와 '역사기 전천년설 A' 견해는 모두 '천년왕국'이 예수 그리스도 재림 이후에 이 땅 위에서 성취될 것이라 해석한다. 큰 틀에서 역사기 전천년설이라 말할 수 있다.

요한계시록을 강해하는 모든 사람은 모두 자신의 견해가 '성경적 견해'라 생각하지 않는 사람이 없을 것이다. 우리는 모두의 견해를 귀하게 여기고 귀담아 들을 필요가 있다고 생각한다.

필자도 다양한 견해의 요한계시록 책들을 많이 정독하며 소장하고 있고, 지금도 새로 출판되는 책들을 거의 구입해서 읽고, 다양한

49) 요한계시록 심층분석 주해와 연구, 신생, 민병석, pp. 464~467.

분들의 세미나와 방송을 경청하고 있다. 필자도 필자의 견해가 가장 성경적 견해라고 확신하기에 이 저서를 통해 견해를 밝히고 있다.

'역사기 전천년설 A' 견해가 첫째 부활 대상자를 모든 성도들의 부활로 해석하는 반면에, '역사기 전천년설 B' 견해를 취하는 학자들은 첫째 부활 대상자를 순교자들의 부활로 보는 차이점이 있다.

우리는 앞에서 '역사기 전천년설 A' 견해가 계시록 20장 4~6절과 고린도전서 15장 22~26절 말씀을 본문에 충실하게 해석하지 못함으로 많은 문제점을 드러내고, 여러 문제에 답을 얻지 못하는 난항을 겪게 되었음을 살펴봤다.

'역사기 전천년설 B' 견해는 계시록 20장 4~6절과 고린도전서 15장 22~26절 말씀을 해석함에 있어 본문 말씀 그대로 충실하게 해석함으로 문제를 발생시키지 않는다. 본문에 충실하다 보니 다른 증거 말씀과는 충돌되지 않고 조화를 이루어 성경의 지지를 받는다.

축자영감설을 믿는 개혁주의 신학 사상의 가장 실천적인 성경해석 방법이 이 견해임이 입증된다.

고린도전서 15장 23절의 "그리스도 강림하실 때 그에게 붙은 자"는 계시록 20장 5절의 "이는 첫째 부활이라"는 말씀과 짝을 이룬다고 해석함으로 재림과 그 이후의 사건들을 성경적으로 고찰(考察)하는데 어려움을 초래하지 않는다.

4) 필자의 견해

필자는 '역사기 전천년설 B' 견해가 큰 틀에서 성경의 가장 충실한 해석으로 여겨진다. 그런데 두 가지 내용에 대해서는 의견을 달리한다.

⑴ 고린도전서 15장 50~54절과 데살로니가전서 4장 13~17절 말씀의 성취 시기(時期) 문제

'역사기 전천년설 B' 견해가 주장하는 위 두 말씀의 적용 시기를 보면, 고린도전서 15장 50~54절 말씀은 천년왕국이 끝난 후 백보좌 심판 때에 성취될 말씀이고, 데살로니가 4장 13~14절 말씀은 예수 그리스도의 재림 때 성취될 증거 말씀이라고 주장한다.

> 대개의 경우, 신학자들은 성도들의 변화의 시기와 부활의 시기를 주 재림의 시기로 규정을 짓는 성경적 근거로 고전 15:51~52의 말씀을 인용하고 있다. 그러나 그들의 이 같은 성경적 인용은 대단히 잘못된 오류(誤謬)라는 사실을 알아야 한다. … 이 말씀은 주 안에서 죽은 성도들의 부활의 시기와 생존한 성도들의 변화의 시기를 밝혀 준 말씀에는 틀림없지만, 그 시기의 책정은 살전 4:17과 맥(脈)을 같이하는 짝도 아니다. 살전 4:17의 '공중휴거'는 주 재림의 시기지만 이곳 고전 15:51의 변화는 주 재림의 시기가 아니다.
>
> 살전 4:16에서 주 재림의 나팔에 대하여 '하나님의 나팔'로 나온다. '하나님의 나팔'은 주 재림의 나팔로 이 나팔로 주님이 재림하시고 성도들은 공중으로 끌어올림을 받게 될 것이다. 그러나 '마지막 나팔'을 불 때는 '홀연한 변화'와 '죽은 자들의 부활'이 있을 것임을 말씀해 주고 있는 것이다. 우리가 유념해야 할 일은, 살전 4장의 사건에는 공중휴거 시 성도들의 홀연한 변화가 있을 것이란 사실에 대한 언급이 전혀 없다는 사실이다. 그리고 또 고전 15장의 경우는 주 재림에 대한 중대한 언급이 전혀 들어있지 않다는 사실이다.[50]

50) 요한계시록 심층분석 주해와 연구, 신생, 민병석, pp. 467~468.

대부분의 사람들이 데살로니가전서 4장 13~17절 말씀을 예수 그리스도의 재림에 대한 증거 말씀에 적용하고 있다. 그런데 본문을 자세히 고찰해 보면, 예수 그리스도의 재림의 때를 말하는 것이 아니라 성부 하나님의 강림 때 곧 백보좌 심판 때임을 증거하는 말씀임을 알 수 있다.

> "우리가 예수의 죽었다가 다시 사심을 믿을진대 이와 같이 예수 안에서 자는 자들도 하나님이 저와 함께 데리고 오시리라 우리가 주의 말씀으로 너희에게 이것을 말하노니 주 강림하실 때까지 우리 살아 남아 있는 자도 자는 자보다 결단코 앞서지 못하리라 주께서 호령과 천사장의 소리와 하나님의 나팔로 친히 하늘로 좇아 강림하시리니 그리스도 안에서 죽은 자들이 먼저 일어나고 그 후에 우리 살아 남은 자도 저희와 함께 구름 속으로 끌어 올려 공중에서 주를 영접하게 하시리니 그리하여 우리가 항상 주와 함께 있으리라"(살전 4:14~17).

위 본문에서 하늘로 좇아 강림하시는 분이 누구인가? 성부 하나님이시다.

"이와 같이 예수 안에서 자는 자들도 하나님이 저와 함께 데리고 오시리라"는 말씀은 성부 하나님이 친히 강림하실 것을 분명하고 확실하게 언급하고 있다.

본문에 증거된 "주 강림하실 때"의 '주'는 성부 하나님을 지칭하는 호칭이다. 이 말씀은 요한계시록 11장 15절 이하에 계시되고 있는 일곱째 나팔에 대한 말씀과 짝을 이루는 말씀이다.

> "일곱째 천사가 나팔을 불매 하늘에 큰 음성들이 나서 가로되 세상 나라가 우리 주와 그 그리스도의 나라가 되어 그가 세세토록 왕 노릇 하시리로다 하니 하나님 앞에 자기 보좌에 앉은 이십사 장로들이 엎드려 얼굴을 대고 하

나님께 경배하여 가로되 감사하옵나니 옛적에도 계셨고 시방도 계신 주 하나님 곧 전능하신 이여 친히 큰 권능을 잡으시고 왕 노릇 하시도다 이방들이 분노하매 주의 진노가 임하여 죽은 자를 심판하시며 종 선지자들과 성도들과 또 무론대소하고 주의 이름을 경외하는 자들에게 상 주시며 또 땅을 망하게 하는 자들을 멸망시키실 때로소이다 하더라"(계 11:15~18)

위의 말씀은 성부 하나님이 세세토록 왕 노릇 하게 될 시점에 대한 증거 말씀이 분명하다. 여기서 "세상 나라가 우리 주와 그 그리스도의 나라가 되어 그가 세세토록 왕 노릇 하시리로다"는 말씀 중에 '우리 주'는 성부 하나님을 지칭하는 호칭임을 부인할 수 없다.

데살로니가전서 4장 13~17절 말씀은 계시록 11장 15~18절 말씀과 상통(相通) 하는 말씀임을 확신할 수 있다. 또 이 말씀들은 고린도전서 15장 50~54절 말씀과 맥(脈)을 같이한다.

"형제들아 내가 이것을 말하노니 혈과 육은 하나님 나라를 유업으로 받을 수 없고 또한 썩은 것은 썩지 아니한 것을 유업으로 받지 못하느니라 보라 내가 너희에게 비밀을 말하노니 우리가 다 잠잘 것이 아니요 마지막 나팔에 순식간에 홀연히 다 변화하리니 나팔 소리가 나매 죽은 자들이 썩지 아니할 것으로 다시 살고 우리도 변화하리라 이 썩을 것이 불가불 썩지 아니할 것을 입겠고 이 죽을 것이 죽지 아니함을 입으리로다 이 썩을 것이 썩지 아니함을 입고 이 죽을 것이 죽지 아니함을 입을 때에는 사망이 이김의 삼킨바 되리라고 기록된 말씀이 응하리라"(고전 15:50~54).

고린도전서 15장의 '마지막 나팔', 데살로니가전서 4장의 '하나님의 나팔', 요한계시록 11장의 '일곱 번째 나팔'은 모두 동일한 때, 즉 천년왕국 이후 하나님의 백보좌 심판의 때, 성부 하나님의 강림 때 불려지는 동일한 나팔임을 정각(正覺)해야 계시록을 정해(正解)할 수 있다.

다시 한번 강조하고 싶은 것은, 성경은 앞으로 두 번의 부활이 남아 있음을 증거하고 있다는 것이다. 예수 그리스도 재림 때 성취되는 첫째 부활과 성부 하나님이 친히 강림하실 때 성취되는 둘째(마지막) 부활이다. 이 사실을 증거하는 말씀이 위에서 살펴본 말씀들과 고린도전서 15장 22~26절 말씀이다.

"아담 안에서 모든 사람이 죽은 것같이 그리스도 안에서 모든 사람이 삶을 얻으리라 그러나 각각 자기 차례대로 되리니 먼저는 첫 열매인 그리스도요 다음에는 그리스도 강림하실 때에 그에게 붙은 자요 그 후에는 나중이니 저가 모든 정사와 모든 권세와 능력을 멸하시고 나라를 아버지 하나님께 바칠 때라 저가 모든 원수를 그 발아래 둘 때까지 불가불 왕 노릇 하시리니 맨 나중에 멸망 받을 원수는 사망이니라"(고전 15:22~26).

성경의 정확한 고찰과 적용은 요한계시록 성경적 해석에 절대적으로 필요한 자세임을 아무리 강조해도 모자라지 않을까 싶다.

⑵ 요한계시록 20장 4~6절의 첫째 부활의 대상 문제

"또 내가 보좌들을 보니 거기 앉은 자들이 있어 심판하는 권세를 받았더라 또 내가 보니 예수의 증거와 하나님의 말씀을 인하여 목 베임을 받은 자의 영혼들과 또 짐승과 그의 우상에게 경배하지도 아니하고 이마와 손에 그의 표를 받지도 아니한 자들이 살아서 그리스도로 더불어 천년 동안 왕 노릇 하니 (그 나머지 죽은 자들은 그 천년이 차기까지 살지 못하더라) 이는 첫째 부활이라 이 첫째 부활에 참예하는 자들은 복이 있고 거룩하도다 둘째 사망이 그들을 다스리는 권세가 없고 도리어 그들이 하나님과 그리스도의 제사장이 되어 천년 동안 그리스도로 더불어 왕 노릇 하리라"(계 20:4~6).

위 본문의 말씀에서 첫째 부활의 대상에 대해 '예수의 증거와 하나님의 말씀으로 인하여 목베임을 받은 자들'과 '짐승과 그의 우상에게 경배하지 않고 이마와 손에 짐승의 표를 받지 않은 자들' 두 부류가 있다고 주장하고 있다.

첫째 부활자는 두 종류의 성도들로 그 모습을 보여준다. 하나는 "예수님의 증거와 하나님의 말씀을 인하여 목 베임을 받은 자의 영혼들"이라고 했다. 이들은 물론 순교자들이다. 여기서 우리는 왜 '주 안에서 죽은 모든 성도들의 영혼들'이라고 계시해 주지 않고, 하필이면 "목 베임을 받은 자의 영혼"이라고 밝히고 있는가에 대하여 깊은 관심을 가져야 한다. 첫째 부활은 순교 성도들의 부활임을 강조하는 말씀임을 알 수 있게 하는 말씀이다.

두 번째로 다른 또 하나의 첫째 부활자들이 등장하고 있다. "또 짐승과 그의 우상에게 경배하지도 아니하고 이마와 손에 그의 표를 받지도 아니한 자들이 살아서"라고 말씀해 주고 있다. 이 두 번째의 경우, '살아서'란 말이 빠져 있다면 이들 대상이 주 재림 시까지 생존해서 주님을 맞이하는 모든 성도들로 오해하기 쉽다. 그러나 그 뒤에 나오는 '살아서'란 말은 '에제산'으로 '살아나서'란 의미로 해석하게 되며, 죽었던 자들이 다시 살아난다는 뜻을 나타내고 있다. 개혁주의 신학자들이나 세대주의 신학자들이나 이들에 대해 '순교자들'이라고 해석하는 데 아무런 이의(異議)가 없다.

이처럼 첫째 부활자들에 대하여 성경에서는 두 종류의 순교자들을 지칭하는 말로 나와 있다.[51]

우리가 보고 있는 '한글 개역 성경'에는 첫째 부활의 대상자가 위

51) 요한계시록 심층분석 주해와 연구, 신생, 민병석, p. 465.

의 주장같이 두 부류로 구분된 것처럼 번역되어 있다. 그래서 위와 같이 생각하는 것이 자연스럽다. 누구나 그렇게 해석할 것이라 여겨진다. 그런데 '킹 제임스' 번역은 좀 다르다. 그 번역은 첫째 부활에 참여하는 '예수의 증거와 하나님의 말씀으로 인하여 목베임을 당한 사람들'과 '짐승에게나 그 형상에게 경배하지 아니하고 이마나 손에 짐승의 표를 받지도 않은 자들'을 한 부류로 해석한다.

> "또 내가 보좌들을 보니 그들이 그 위에 앉았는데 심판이 그들에게 주어졌더라 또 예수에 대한 증거와 하나님의 말씀으로 인하여 목베임을 당한 사람들의 혼들도 보았는데, 그들은 그 짐승에게나 그 형상에게 경배하지 아니하였을 뿐만 아니라 그의 표를 그들의 이마 위에나 손에도 받지 아니하였더라 그러므로 그들은 살아서 그리스도와 함께 천년을 통치하더라 그러나 죽은 자들 가운데서 그 나머지는 천년이 끝날 때까지 다시 살지 못하리라 이것이 첫 번째 부활이라 첫 번째 부활에 참여하는 자가 복되고 거룩하도다 둘째 사망이 그들을 다스리는 권세가 없고 오히려 그들이 하나님과 그리스도의 제사장들이 되어 천년 동안 그와 함께 통치하리라"(계 20:4~6).

한글 개역 성경과 킹 제임스 성경 번역 중 어느 번역이 성경 원문의 의미에 가까운 해석일까? 필자는 킹 제임스 성경 번역이 원문의 의미에 가까운 번역이라 생각한다. 왜냐하면 요한계시록의 다른 증거 말씀과 조화를 이루기 때문이다.

위의 말씀에서 보좌에 앉아 심판하는 권세를 받은 사람들 외에 첫째 부활에 참여하는 또 다른 사람들은 예수에 대한 증거와 하나님의 말씀을 인하여 목 베임을 당한 사람들인데, 이들은 그 짐승에게나 그 형상에게 경배하지 아니하였을 뿐만 아니라 그의 표를 그들의 이마 위나 손에도 받지 않은 사람들이었다고 증거한다. 이들이 누구를 나타내는가? 요한계시록 13장에 계시되고 있는 '그 짐승'인 적그리스도와 짐승의 형상에게 경배하지 않고 신앙의 정절을 지킴으로 목 베임을 당한 순교자들임을 알 수 있다. 이 사람들에 대해 증거하는 요한계시록 말씀이 어디에 계시되고 있는가? 14장 1~5절 말씀이다.

> "또 내가 보니 보라 어린양이 시온산에 섰고 그와 함께 십사만 사천이 섰는데 그 이마에 어린양의 이름과 그 아버지의 이름을 쓴 것이 있도다 내가 하늘에서 나는 소리를 들으니 많은 물소리도 같고 큰 뇌성도 같은데 내게 들리는 소리는 거문고 타는 자들의 그 거문고 타는 것 같더라 저희가 보좌와 네 생물과 장로들 앞에서 새 노래를 부르니 땅에서 구속함을 얻은 십사만 사천 인밖에는 능히 이 노래를 배울 자가 없더라 이 사람들은 여자로 더불어 더럽히지 아니하고 정절이 있는 자라 어린양이 어디로 인도하든지 따라가는 자며 사람 가운데서 구속을 받아 처음 익은 열매로 하나님과 어린양에게 속한 자들이니 그 입에 거짓말이 없고 흠이 없는 자들이더라"(계 14:1~5).

위의 본문 말씀은 하나님의 인 맞은 십사만 사천의 종들이 "처음 익은 열매(ἀπαρχη)"로 하나님과 어린양에게 속한 자들임을 계시하고 있다.

필자는 첫째 부활에 참여할 대상은, 요한계시록 20장 4~6절 말씀의 증거대로 첫째는 보좌에 앉아 심판하는 권세를 받은 사람들이고, 둘째는 7년 대환난 이후 3년 반 동안의 적그리스도 통치 기간에 그와 그의 우상에게 경배하지 않고 짐승의 표도 받지 않고 신앙의 정절을 지키다가 목 베임을 당하는 순교자들이라 해석함이 성경적이라 여겨진다.

계시록 14장 1~5절 말씀에 계시되고 있는 십사만 사천의 순교자들은 7장에 계시되고 있는 하나님의 인 맞은 십사만 사천의 하나님의 종들과 동일한 대상을 나타낸다고 본다.

하나님의 인 맞은 십사만 사천의 종들은 짐승(적그리스도)이 통치하는 후 3년 반 동안 신앙의 정절을 지키며 복음을 증거하다가 순교하게 되고, 예수 그리스도 재림 때 '처음 익은 열매'로 '첫째 부활'에 참여하게 된다. 그리고 '그 나머지 죽은 자들'은 천년이 찬 후에 '나중에 익은 열매'로 '둘째 부활'에 참여하게 될 것을 계시하고 있다(계 20:4~6).

요한계시록 14장 1~5절 말씀에서 "처음 익은 열매"는 장차 '나중에 익은 열매'가 있다는 사실을 시사(示唆)해 주는 말씀이다. 이 말씀은 부활의 순서에 대해 증거하고 있는 고린도전서 15장 22~26절 말씀과 상통하는 말씀이다.

필자는 이 견해가 많은 사람의 지지를 받지 못하는 견해인지 모르겠지만 그래도 가장 성경적 해석이라고 확신한다. 우리가 하나님 말씀을 바르게 믿고 성경적으로 해석하여 바른 신앙생활을 영위하려면, 얼마나 많은 사람의 지지를 받고 있느냐를 묻지 말고, 어느 교단이 지지하느냐를 따지지 않고, 어느 학자가 말했느냐를 살피지 않고, 오직 성경이 무엇이라 말하고 있는지를 살펴야 할 것이다.

> "형제들아 내가 너희를 위하여 이 일에 나와 아볼로를 가지고 본을 보였으니 이는 너희로 하여금 기록한 말씀 밖에 넘어가지 말라 한 것을 우리에게서 배워 서로 대적하여 교만한 마음을 먹지 말게 하려 함이라"(고전 4:6).

II

마지막 나팔, 하나님의 나팔, 일곱째 천사 나팔에 대한 Q&A

앞에서 살펴본 고린도전서 15장 50~54절과 데살로니가전서 4장 13~17절 말씀의 성취 시기(時期) 문제와 중복되는 내용이기도 한 성경의 나팔 성취 시기 문제에 대한 성경적 정립은 너무 중요하다. 많은 사람들이 다양한 주장을 펼치고 있어 어느 주장이 맞는 것인지 혼돈을 일으키고 있기 때문에 다시 한번 집중해서 살펴보고자 한다.

고린도전서 15장 50~54절 말씀에 증거되고 있는 "마지막 나팔", 데살로니가전서 4장 13~17절 말씀에 증거되고 있는 "하나님의 나팔", 요한계시록 11장 15~18절 말씀에 계시되고 있는 "일곱째 천사의 나팔"의 성취 시기에 대한 해석은 크게 다섯 가지 견해가 있다.

첫째, 모두 동일한 나팔로 예수 그리스도 재림 때 성취될 것으로 보는 견해.

둘째, 데살로니가전서의 '하나님의 나팔'은 환난 전에 성취되고, 나머지 둘은 예수 그리스도 재림 때 성취되는 사건으로 보는 견해.

셋째, 데살로니가전서의 '하나님의 나팔'은 환난 중간에 성취되고, 나머지 둘은 예수 그리스도 재림 때 성취되는 사건으로 보는 견해.

넷째, 데살로니가전서의 '하나님의 나팔'과 요한계시록의 '일곱째 천사의 나팔'은 예수 그리스도의 재림 때 성취되고, 고린도전서의 '마지막 나팔'은 하나님 백보좌 심판 때 성취될 사건으로 보는 견해.

다섯째, 모두 동일한 나팔로 백보좌 심판 때 성취될 것으로 보는 견해.

이상의 다양한 견해 가운데 성경의 지지를 받는 주장은 무엇일까?

필자는 마지막 다섯 번째 주장이 성경적 견해라 여겨진다. 하나님의 말씀을 하나씩 살펴보자.

1

고린도전서 15장 50~54절의 마지막 나팔이 울리는 시점은 언제인가?

"형제들아 내가 이것을 말하노니 혈과 육은 하나님 나라를 유업으로 받을 수 없고 또한 썩은 것은 썩지 아니한 것을 유업으로 받지 못하느니라 보라 내가 너희에게 비밀을 말하노니 우리가 다 잠잘 것이 아니요 마지막 나팔에 순식간에 홀연히 다 변화하리니 나팔 소리가 나매 죽은 자들이 썩지 아니할 것으로 다시 살고 우리도 변화하리라 이 썩을 것이 불가불 썩지 아니할 것을 입겠고 이 죽을 것이 죽지 아니함을 입으리로다 이 썩을 것이 썩지 아니함을 입고 이 죽을 것이 죽지 아니함을 입을 때에는 사망이 이김의 삼킨바 되리라고 기록된 말씀이 응하리라"(고전 15:50~54).

마지막 나팔에 대해 증거하는 위의 본문 말씀은 천년왕국이 끝난 후 죽은 자들과 살아 있는 자들이 모두 변화하여 백보좌 심판을 받게 되는 때에 성취될 사건임을 증거하고 있다.

1) 썩지 않을 나라를 유업으로 받을 때이다.

본문은 썩지 않을 하나님 나라를 유업으로 받기 위하여 '마지막 나팔'에 죽은 성도들과 살아 있는 성도들이 영원히 썩지 않을 몸을 입고 변화되는 사건이 일어날 것을 증거해 주고 있다.

썩지 않을 하나님 나라인 천국에 들어갈 시점이 언제인가? 이는 천년왕국이 끝나고 백보좌 심판을 받은 후에 성취되는 사건이다.

이 땅에 이루어지는 천년왕국은 영원한 천국이 아니다. 그곳에는 생육과 번성이 있고, 죽음이 있으며, 천년이 찬 후 잠시 놓이는 사탄의 미혹이 존재한다. 천년왕국이 이루어지는 이 땅은 영원하지 않고, 마지막에 불에 타 사라지게 될 것이다. 하지만 하나님 아버지께서 통치하시는 천국은 더 이상 생육과 번성이 없으며, 죽음이 없고, 사탄의 미혹이 없는 영원한 나라이다.

> "그때에 이리가 어린양과 함께 거하며 표범이 어린 염소와 함께 누우며 송아지와 어린 사자와 살찐 짐승이 함께 있어 어린아이에게 끌리며 암소와 곰이 함께 먹으며 그것들의 새끼가 함께 엎드리며 사자가 소처럼 풀을 먹을 것이며 젖먹는 아이가 독사의 구멍에서 장난하며 젖뗀 어린아이가 독사의 굴에 손을 넣을 것이라 나의 거룩한 산 모든 곳에서 해됨도 없고 상함도 없을 것이니 이는 물이 바다를 덮음같이 여호와를 아는 지식이 세상에 충만할 것임이니라"(사 11:6~9).

> "광야와 메마른 땅이 기뻐하며 사막이 백합화같이 피어 즐거워하며 무성하게 피어 기쁜 노래로 즐거워하며 레바논의 영광과 갈멜과 사론의 아름다움을 얻을 것이라 그것들이 여호와의 영광 곧 우리 하나님의 아름다움을 보리로다 너희는 약한 손을 강하게 하여주며 떨리는 무릎을 굳게 하여주며 겁내는 자에게 이르기를 너는 굳세게 하라, 두려워 말라, 보라 너희 하나님이 오사 보수하시며 보복하여 주실 것이라 그가 오사 너희를 구하시리라 하라 그때에 소경의 눈이 밝을 것이며 귀머거리의 귀가 열릴 것이며 그때에 저는 자는 사슴같이 뛸 것이며 벙어리의 혀는 노래하리니 이는 광야에서 물이 솟겠고 사막에서 시내가 흐를 것임이라 뜨거운 사막이 변하여 못이 될 것이며 메마른

땅이 변하여 원천이 될 것이며 시랑의 눕던 곳에 풀과 갈대와 부들이 날 것이며 거기 대로가 있어 그 길을 거룩한 길이라 일컫는 바 되리니 깨끗지 못한 자는 지나지 못하겠고 오직 구속함을 입은 자들을 위하여 있게 된 것이라 우매한 행인은 그 길을 범치 못할 것이며 거기는 사자가 없고 사나운 짐승이 그리로 올라가지 아니하므로 그것을 만나지 못하겠고 오직 구속함을 얻은 자만 그리로 행할 것이며 여호와의 속량함을 얻은 자들이 돌아오되 노래하며 시온에 이르러 그 머리 위에 영영한 희락을 띠고 기쁨과 즐거움을 얻으리니 슬픔과 탄식이 달아나리로다"(사 35:1~10).

"보라 내가 새 하늘과 새 땅을 창조하나니 이전 것은 기억되거나 마음에 생각나지 아니할 것이라 너희는 나의 창조하는 것을 인하여 영원히 기뻐하며 즐거워할지니라 보라 내가 예루살렘으로 즐거움을 창조하며 그 백성으로 기쁨을 삼고 내가 예루살렘을 즐거워하며 나의 백성을 기뻐하리니 우는 소리와 부르짖는 소리가 그 가운데서 다시는 들리지 아니할 것이며 거기는 날 수가 많지 못하여 죽는 유아와 수한이 차지 못한 노인이 다시는 없을 것이라 곧 백세에 죽는 자가 아이겠고 백세 못되어 죽는 자는 저주 받은 것이리라 그들이 가옥을 건축하고 그것에 거하겠고 포도원을 재배하고 열매를 먹을 것이며 그들의 건축한 데 타인이 거하지 아니할 것이며 그들의 재배한 것을 타인이 먹지 아니하리니 이는 내 백성의 수한이 나무의 수한과 같겠고 나의 택한 자가 그 손으로 일한 것을 길이 누릴 것임이며 그들의 수고가 헛되지 않겠고 그들의 생산한 것이 재난에 걸리지 아니하리니 그들은 여호와의 복된 자의 자손이요 그 소생도 그들과 함께 될 것임이라 그들이 부르기 전에 내가 응답하겠고 그들이 말을 마치기 전에 내가 들을 것이며 이리와 어린양이 함께 먹을 것이며 사자가 소처럼 짚을 먹을 것이며 뱀은 흙으로 식물을 삼을 것이니 나의 성산에서는 해함도 없겠고 상함도 없으리라 여호와의 말이니라"(사 65:17~25)

“사랑하는 자들아 주께는 하루가 천년 같고 천년이 하루 같은 이 한 가지를 잊지 말라 주의 약속은 어떤 이의 더디다고 생각하는 것같이 더딘 것이 아니라 오직 너희를 대하여 오래 참으사 아무도 멸망치 않고 다 회개하기에 이르기를 원하시느니라 그러나 주의 날이 도적같이 오리니 그날에는 하늘이 큰 소리로 떠나가고 체질이 뜨거운 불에 풀어지고 땅과 그중에 있는 모든 일이 드러나리로다 이 모든 것이 이렇게 풀어지리니 너희가 어떠한 사람이 되어야 마땅하뇨 거룩한 행실과 경건함으로 하나님의 날이 임하기를 바라보고 간절히 사모하라 그날에 하늘이 불에 타서 풀어지고 체질이 뜨거운 불에 녹아지려니와 우리는 그의 약속대로 의의 거하는 바 새 하늘과 새 땅을 바라보도다”(벧후 3:8~13).

“천지는 없어지려니와 주는 영존하시겠고 그것들은 다 옷같이 낡으리니 의복같이 바꾸시면 바뀌려니와 주는 여상하시고 주의 년대는 무궁하리이다 주의 종들의 자손이 항상 있고 그 후손이 주의 앞에 굳게 서리이다 하였도다”(시 102:26~28).

“부활이 없다 하는 사두개인들이 그날에 예수께 와서 물어 가로되 선생님이여 모세가 일렀으되 사람이 만일 자식이 없이 죽으면 그 동생이 그 아내에게 장가들어 형을 위하여 후사를 세울지니라 하였나이다 우리 중에 칠 형제가 있었는데 맏이 장가 들었다가 죽어 후사가 없으므로 그의 아내를 그 동생에게 끼쳐두고 그 둘째와 셋째로 일곱째까지 그렇게 하다가 최후에 그 여자도 죽었나이다 그런즉 저희가 다 그를 취하였으니 부활 때에 일곱 중에 뉘 아내가 되리이까 예수께서 대답하여 가라사대 너희가 성경도, 하나님의 능력도 알지 못하는고로 오해하였도다 부활 때에는 장가도 아니 가고 시집도 아니 가고 하늘에 있는 천사들과 같으니라 죽은 자의 부활을 의논할진대 하나님이 너희에게 말씀하신 바 나는 아브라함의 하나님이요 이삭의 하나님이요 야곱의 하나님이로라 하신 것을 읽어 보지 못하였느냐 하나님은 죽은 자의 하나님이 아니요 산 자의 하나님이시니라 하시니"(마 22:23~32).

"또 내가 새 하늘과 새 땅을 보니 처음 하늘과 처음 땅이 없어졌고 바다도 다시 있지 않더라 또 내가 보매 거룩한 성 새 예루살렘이 하나님께로부터 하늘에서 내려오니 그 예비한 것이 신부가 남편을 위하여 단장한 것 같더라 내가 들으니 보좌에서 큰 음성이 나서 가로되 보라 하나님의 장막이 사람들과 함께 있으매 하나님이 저희와 함께 거하시리니 저희는 하나님의 백성이 되고 하나님은 친히 저희와 함께 계셔서 모든 눈물을 그 눈에서 씻기시매 다시 사망이 없고 애통하는 것이나 곡하는 것이나 아픈 것이 다시 있지 아니하리니 처음 것들이 다 지나갔음이러라"(계 21:1~4).

"진실로 진실로 너희에게 이르노니 죽은 자들이 하나님의 아들의 음성을 들을 때가 오나니 곧 이때라 듣는 자는 살아나리라 아버지께서 자기 속에 생명이 있음같이 아들에게도 생명을 주어 그 속에 있게 하셨고 또 인자 됨을 인하여 심판하는 권세를 주셨느니라 이를 기이히 여기지 말라 무덤 속에 있는 자가 다 그의 음성을 들을 때가 오나니 선한 일을 행한 자는 생명의 부활로, 악한 일을 행한 자는 심판의 부활로 나오리라 내가 아무것도 스스로 할 수 없노라 듣는 대로 심판하노니 나는 나의 원대로 하려 하지 않고 나를 보내신 이의 원대로 하려는고로 내 심판은 의로우니라"(요 5:25~30).

2) 사망이 이김의 삼킨 바 되는 때이다.

본문은 마지막 나팔이 불어지는 시점이 사망이 이김의 삼킨 바 되는 때임을 증거하고 있다. 성경은 사망이 불못에 던져져 멸망받게 되는 때에 대하여 분명하게 증거해 준다.

"아담 안에서 모든 사람이 죽은 것같이 그리스도 안에서 모든 사람이 삶을 얻으리라 그러나 각각 자기 차례대로 되리니 먼저는 첫 열매인 그리스도요 다음에는 그가 강림하실 때에 그리스도에게 속한 자요 그 후에는 마지막이니 그가 모든 통치와 모든 권세와 능력을 멸하시고 나라를 아버지 하나님께 바칠 때라 그가 모든 원수를 그 발아래에 둘 때까지 반드시 왕 노릇 하시리니 맨 나중에 멸망 받을 원수는 사망이니라"(고전 15:22~26).

"천년이 차매 사탄이 그 옥에서 놓여 나와서 땅의 사방 백성 곧 곡과 마곡을 미혹하고 모아 싸움을 붙이리니 그 수가 바다의 모래 같으리라 그들이 지면에 널리 퍼져 성도들의 진과 사랑하시는 성을 두르매 하늘에서 불이 내려와 그들을 태워버리고 또 그들을 미혹하는 마귀가 불과 유황 못에 던져지니 거기는 그 짐승과 거짓 선지자도 있어 세세토록 밤낮 괴로움을 받으리라 또 내가 크고 흰 보좌와 그 위에 앉으신 이를 보니 땅과 하늘이 그 앞에서 피하여 간데없더라 또 내가 보니 죽은 자들이 큰 자나 작은 자나 그 보좌 앞에 서 있는데 책들이 펴 있고 또 다른 책이 펴졌으니 곧 생명책이라 죽은 자들이 자기 행위를 따라 책들에 기록된 대로 심판을 받으니 바다가 그 가운데에서 죽은 자들을 내주고 또 사망과 음부도 그 가운데에서 죽은 자들을 내주매 각 사람이 자기의 행위대로 심판을 받고 사망과 음부도 불못에 던져지니 이것은 둘째 사망 곧 불못이라 누구든지 생명책에 기록되지 못한 자는 불못에 던져지더라"(계 20:7~15).

위의 증거 말씀들은 사망이 둘째 사망의 불못에 던져져 멸망받게 되는 시점이 천년왕국이 끝나고 예수 그리스도가 그 나라를 하나님 아버지께 바치는 시점인 백보좌 심판 때임을 확실한 언어로 증거하고 있다. 그러므로 고린도전서 15장 50~54절에 증거되고 있는 마지막 나팔이 예수 그리스도의 재림의 때라고 해석하는 주장은 성경적 견해가 아니다.

2

데살로니가전서 4장 14~17절의 하나님의 나팔이 울리는 시점은 언제인가?

> "우리가 예수께서 죽으셨다가 다시 살아나심을 믿을진대 이와 같이 예수 안에서 자는 자들도 하나님이 그와 함께 데리고 오시리라 우리가 주의 말씀으로 너희에게 이것을 말하노니 주께서 강림하실 때까지 우리 살아 남아 있는 자도 자는 자보다 결코 앞서지 못하리라 주께서 호령과 천사장의 소리와 하나님의 나팔 소리로 친히 하늘로부터 강림하시리니 그리스도 안에서 죽은 자들이 먼저 일어나고 그 후에 우리 살아 남은 자들도 그들과 함께 구름 속으로 끌어 올려 공중에서 주를 영접하게 하시리니 그리하여 우리가 항상 주와 함께 있으리라"(살전 4:14~17).

위의 본문 말씀에 대한 해석이 가장 많은 오해(誤解)를 보여주고 있다. 이 말씀이 성취되는 시점에 대해 네 가지 해석이 주장되고 있다.

첫째, 7년 대환난 전에 성취된다고 해석하는 견해.
둘째, 7년 대환난 중간에 성취된다고 해석하는 견해.
셋째, 7년 대환난 후, 예수 그리스도 재림 때 성취된다고 해석하는 견해.
넷째, 천년왕국 후, 성부 하나님의 강림하심으로 성취된다고 해석하는 견해.

이상의 네 가지 견해 중에 마지막 견해가 본문에 가장 충실한 견해라 할 수 있다. 왜냐하면 본문은 분명하게 성부 하나님의 강림에 대한 예언의 말씀이기 때문이다.

본문을 자세히 살펴보면, 분명 하나님의 강림하심에 대한 증거 말씀임을 알 수 있다. 성부 하나님이 강림하시는 시점은 언제인가? 천년왕국이 끝나고 성자 예수 그리스도께서 그 나라를 아버지께 바칠 때다.

> "아담 안에서 모든 사람이 죽은 것같이 그리스도 안에서 모든 사람이 삶을 얻으리라 그러나 각각 자기 차례대로 되리니 먼저는 첫 열매인 그리스도요 다음에는 그리스도 강림하실 때에 그에게 붙은 자요 그 후에는 나중이니 저가 모든 정사와 모든 권세와 능력을 멸하시고 나라를 아버지 하나님께 바칠 때라 저가 모든 원수를 그 발아래 둘 때까지 불가불 왕 노릇 하시리니 맨 나중에 멸망 받을 원수는 사망이니라"(고전 15:22~26).

데살로니가전서 4장 14~17절 말씀에서 증거되고 있는 "주 강림하실 때"에 사용된 '주'에 대한 헬라어 κύριος(퀴리오스)는 성자 예수 그리스도를 나타내는 것이 아니라 성부 하나님을 지칭하고 있음을 정각(正覺)해야 한다.

이 말씀은 요한계시록 11장 15절로 18절 말씀과 일치하는 말씀이다.

> "일곱째 천사가 나팔을 불매 하늘에 큰 음성들이 나서 가로되 세상 나라가 우리 주와 그 그리스도의 나라가 되어 그가 세세토록 왕 노릇 하시리로다 하니 하나님 앞에 자기 보좌에 앉은 이십사 장로들이 엎드려 얼굴을 대고 하나님께 경배하여 가로되 감사하옵나니 옛적에도 계셨고 시방도 계신 주 하나님 곧 전능하신 이여 친히 큰 권능을 잡으시고 왕 노릇 하시도다 이방들이 분노하매 주의 진노가 임하여 죽은 자를 심판하시며 종 선지자들과 성도들과

또 무론대소하고 주의 이름을 경외하는 자들에게 상 주시며 또 땅을 망하게 하는 자들을 멸망시키실 때로소이다 하더라"(계 11:15~18).

계시록 11장 15~18절 말씀은 명백하게 성부 하나님이 왕 노릇 하시는 시점을 계시하고 있는 말씀이다. 본문을 자세히 살펴보면 15절 "세상 나라가 우리 주와 그의 그리스도의 나라가 되어"에 사용되고 있는 '주'라는 헬라어 κύριος(퀴리오스)가 성자 예수 그리스도를 나타내는 것이 아니라 성부 하나님을 지칭하는 단어임을 알 수 있다.

데살로니가전서 4장 14~17절 말씀에 증거되고 있는 '하나님의 나팔'은 고린도전서 15장 50~54절에 증거되고 있는 '마지막 나팔'과 요한계시록 11장 15~18절 말씀에 계시되고 있는 '일곱째 나팔'과 동일한 시점에 성취되는 사건을 예언하고 있다고 해석함이 바른 성경적 해석이라 여겨진다.

3

계시록 11장 15~18절의 일곱째 천사 나팔이 울리는 시점은 언제인가?

"일곱째 천사가 나팔을 불매 하늘에 큰 음성들이 나서 가로되 세상 나라가 우리 주와 그 그리스도의 나라가 되어 그가 세세토록 왕 노릇 하시리로다 하니 하나님 앞에 자기 보좌에 앉은 이십사 장로들이 엎드려 얼굴을 대고 하나님께 경배하여 가로되 감사하옵나니 옛적에도 계셨고 시방도 계신 주 하나님 곧 전능하신 이여 친히 큰 권능을 잡으시고 왕 노릇 하시도다 이방들이 분노하매 주의 진노가 임하여 죽은 자를 심판하시며 종 선지자들과 성도들과 또 무론대소하고 주의 이름을 경외하는 자들에게 상 주시며 또 땅을 망하게 하는 자들을 멸망시키실 때로소이다 하더라"(계 11:15~18).

본문에 계시되고 있는 일곱째 천사의 나팔은 성부 하나님께서 친히 큰 권능을 잡고 세세토록 왕 노릇 하실 것을 계시하는 말씀이다. 요한계시록에 계시되고 있는 일곱 천사의 나팔 재앙 가운데 마지막 나팔인 일곱 번째 천사의 나팔은, 천년왕국이 끝나고 성자 예수 그리스도가 그 나라를 아버지 하나님께 바치는 시점에 성취되는 사건에 대한 계시다.

요한계시록에 계시된 일곱 천사의 일곱 나팔재앙에 대한 계시 가운데 다섯째 나팔부터 일곱째 나팔까지는 하나님의 진노의 세 가지 화 재앙에 대한 계시임을 보여주고 있다.

"내가 또 보고 들으니 공중에 날아가는 독수리가 큰 소리로 이르되 땅에 거하는 자들에게 화, 화, 화가 있으리로다 이외에도 세 천사의 불 나팔소리를 인함이로다 하더라"(계 8:13).

다섯 번째 나팔 재앙은 하나님의 첫 번째 진노의 화로 황충 재앙 사건이다.

"다섯째 천사가 나팔을 불매 내가 보니 하늘에서 땅에 떨어진 별 하나가 있는데 저가 무저갱의 열쇠를 받았더라 저가 무저갱을 여니 그 구멍에서 큰 풀무의 연기 같은 연기가 올라오매 해와 공기가 그 구멍의 연기로 인하여 어두워지며 또 황충이 연기 가운데로부터 땅 위에 나오매 저희가 땅에 있는 전갈의 권세와 같은 권세를 받았더라 저희에게 이르시되 땅의 풀이나 푸른 것이나 각종 수목은 해하지 말고 오직 이마에 하나님의 인 맞지 아니한 사람들만 해하라 하시더라 그러나 그들을 죽이지는 못하게 하시고 다섯달 동안 괴롭게만 하게 하시는데 그 괴롭게 함은 전갈이 사람을 쏠 때에 괴롭게 함과 같더라 그날에는 사람들이 죽기를 구하여도 얻지 못하고 죽고 싶으나 죽음이 저희를 피하리로다 황충들의 모양은 전쟁을 위하여 예비한 말들 같고 그 머리에 금 같은 면류관 비슷한 것을 썼으며 그 얼굴은 사람의 얼굴 같고 또 여자의 머리털 같은 머리털이 있고 그 이는 사자의 이 같으며 또 철흉갑 같은 흉갑이 있고 그 날개들의 소리는 병거와 많은 말들이 전장으로 달려 들어가는 소리 같으며 또 전갈과 같은 꼬리와 쏘는 살이 있어 그 꼬리에는 다섯 달 동안 사람들을 해하는 권세가 있더라 저희에게 임금이 있으니 무저갱의 사자라 히브리 음으로 이름은 아바돈이요 헬라 음으로 이름은 아볼루온이더라 첫째 화는 지나갔으나 보라 아직도 이 후에 화 둘이 이르리로다"(계 9:1~12).

여섯째 나팔 재앙은 하나님의 두 번째 진노의 화로 유브라데 전쟁(아마겟돈 전쟁)을 나타낸다.

"여섯째 천사가 나팔을 불매 내가 들으니 하나님 앞 금단 네 뿔에서 한 음성이 나서 나팔 가진 여섯째 천사에게 말하기를 큰 강 유브라데에 결박한 네 천사를 놓아 주라 하매 네 천사가 놓였으니 그들은 그 년 월 일 시에 이르러 사람 삼분의 일을 죽이기로 예비한 자들이더라 마병대의 수는 이만만이니 내가 그들의 수를 들었노라 이같이 이상한 가운데 그 말들과 그 탄 자들을 보니 불빛과 자주빛과 유황빛 흉갑이 있고 또 말들의 머리는 사자 머리 같고 그 입에서는 불과 연기와 유황이 나오더라 이 세 재앙 곧 저희 입에서 나오는 불과 연기와 유황을 인하여 사람 삼분의 일이 죽임을 당하니라 이 말들의 힘은 그 입과 그 꼬리에 있으니 그 꼬리는 뱀 같고 또 꼬리에 머리가 있어 이것으로 해하더라 이 재앙에 죽지 않고 남은 사람들은 그 손으로 행하는 일을 회개치 아니하고 오히려 여러 귀신과 또는 보거나 듣거나 다니거나 하지 못하는 금, 은, 동과 목석의 우상에게 절하고 또 그 살인과 복술과 음행과 도적질을 회개치 아니하더라 … 둘째 화는 지나갔으나 보라 셋째 화가 속히 이르는도다"(계 9:13~11:14).

"내가 보니 여섯째 인을 떼실 때에 큰 지진이 나며 해가 총담같이 검어지고 온 달이 피같이 되며 하늘의 별들이 무화과나무가 대풍에 흔들려 선 과실이 떨어지는 것같이 땅에 떨어지며 하늘은 종이 축이 말리는 것같이 떠나가고 각 산과 섬이 제자리에서 옮기우매 땅의 임금들과 왕족들과 장군들과 부자들과 강한 자들과 각 종과 자주자가 굴과 산 바위틈에 숨어 산과 바위에게 이르되 우리 위에 떨어져 보좌에 앉으신 이의 낯에서와 어린양의 진노에서 우리를 가리우라"(계 6:12~16).

마지막 세 번째 하나님의 진노의 화는 일곱 번째 천사의 나팔 재앙이다.

"둘째 화는 지나갔으나 보라 셋째 화가 속히 이르는도다 일곱째 천사가 나팔을 불매 하늘에 큰 음성들이 나서 가로되 세상 나라가 우리 주와 그 그리스도의 나라가 되어 그가 세세토록 왕 노릇 하시리로다 하니 하나님 앞에 자기 보좌에 앉은 이십사 장로들이 엎드려 얼굴을 대고 하나님께 경배하여 가로되 감사하옵나니 옛적에도 계셨고 시방도 계신 주 하나님 곧 전능하신 이여 친히 큰 권능을 잡으시고 왕 노릇 하시도다 이방들이 분노하매 주의 진노가 임하여 죽은 자를 심판하시며 종 선지자들과 성도들과 또 무론대소하고 주의 이름을 경외하는 자들에게 상 주시며 또 땅을 망하게 하는 자들을 멸망시키실 때로소이다 하더라 이에 하늘에 있는 하나님의 성전이 열리니 성전 안에 하나님의 언약궤가 보이며 또 번개와 음성들과 뇌성과 지진과 큰 우박이 있더라"(계 11:14~19).

하나님의 세 번째 진노의 화 재앙인 일곱째 천사의 나팔은 '곡과 마곡 전쟁'에 대한 계시 내용으로 천년왕국이 끝난 후에 사탄이 잠시 놓임으로 미혹을 받아 발생하는 전쟁이다.

"천년이 차매 사탄이 그 옥에서 놓여 나와서 땅의 사방 백성 곧 곡과 마곡을 미혹하고 모아 싸움을 붙이리니 그 수가 바다 모래 같으리라 저희가 지면에 널리 퍼져 성도들의 진과 사랑하시는 성을 두르매 하늘에서 불이 내려와 저희를 소멸하고 또 저희를 미혹하는 마귀가 불과 유황 못에 던지우니 거기는 그 짐승과 거짓 선지자도 있어 세세토록 밤낮 괴로움을 받으리라"(계 20:7~10).

이상에서 살펴본 것처럼, 요한계시록의 일곱째 나팔과 고린도전서의 마지막 나팔과 데살로니가전서의 하나님의 나팔은 모두 천년왕국이 끝난 후 성취될 동일 사건에 대한 증거 말씀으로 해석함이 성경적 견해라 할 수 있다.

III

어린양의 혼인 잔치에 대한 Q&A

어린양의 혼인 잔치에 대한 문제는 크게 두 가지로 나눌 수 있는데, 첫째는 "그 시점(時點)이 언제인가?"이고, 둘째는 "혼인 잔치에 들어갈 대상은 누구인가?"라는 것이다.

두 질문에 대한 Q&A가 필요한 것은 두 문제에 대한 견해들이 모두 다양하게 주장되고 있기 때문이다. 두 가지 질문에 대한 Q&A를 통해 성경적 견해를 정립할 수 있기를 바란다.

먼저 어린양의 혼인 잔치에 대해 증거하는 성경 말씀들을 살펴보자.

"예수께서 다시 비유로 대답하여 가라사대 천국은 마치 자기 아들을 위하여 혼인 잔치를 베푼 어떤 임금과 같으니 그 종들을 보내어 그 청한 사람들을 혼인 잔치에 오라 하였더니 오기를 싫어하거늘 다시 다른 종들을 보내며 가로되 청한 사람들에게 이르기를 내가 오찬을 준비하되 나의 소와 살진 짐승을 잡고 모든 것을 갖추었으니 혼인 잔치에 오소서 하라 하였더니 저희가 돌아보지도 않고 하나는 자기 밭으로, 하나는 자기 상업차로 가고 그 남은 자들은 종들을 잡아 능욕하고 죽이니 임금이 노하여 군대를 보내어 그 살인한 자들을 진멸하고 그 동네를 불사르고 이에 종들에게 이르되 혼인 잔치는 예비되었으나 청한 사람들은 합당치 아니하니 사거리 길에 가서 사람을 만나는 대로 혼인 잔치에 청하여 오너라 한대 종들이 길에 나가 악한 자나 선한 자나 만나는 대로 모두 데려오니 혼인 자리에 손이 가득한지라 임금이 손을 보러 들어올새 거기서 예복을 입지 않은 한 사람을 보고 가로되 친구여 어찌하여 예복을 입지 않고 여기 들어왔느냐 하니 저가 유구무언이어늘 임금이 사환들에게 말하되 그 수족을 결박하여 바깥 어두움에 내어 던지라 거기서 슬

피 울며 이를 갊이 있으리라 하니라 청함을 받은 자는 많되 택함을 입은 자는 적으니라"(마 22:1~14).

"우리가 즐거워하고 크게 기뻐하여 그에게 영광을 돌리세 어린양의 혼인 기약이 이르렀고 그 아내가 예비하였으니 그에게 허락하사 빛나고 깨끗한 세마포를 입게 하셨은즉 이 세마포는 성도들의 옳은 행실이로다 하더라 천사가 내게 말하기를 기록하라 어린양의 혼인 잔치에 청함을 입은 자들이 복이 있도다 하고 또 내게 말하되 이것은 하나님의 참되신 말씀이라 하기로"(계 19:7~9)

"그때에 천국은 마치 등을 들고 신랑을 맞으러 나간 열 처녀와 같다 하리니 그중에 다섯은 미련하고 다섯은 슬기 있는지라 미련한 자들은 등을 가지되 기름을 가지지 아니하고 슬기 있는 자들은 그릇에 기름을 담아 등과 함께 가져갔더니 신랑이 더디 오므로 다 졸며 잘새 밤중에 소리가 나되 보라 신랑이로다 맞으러 나오라 하매 이에 그 처녀들이 다 일어나 등을 준비할새 미련한 자들이 슬기 있는 자들에게 이르되 우리 등불이 꺼져가니 너희 기름을 좀 나눠 달라 하거늘 슬기 있는 자들이 대답하여 가로되 우리와 너희의 쓰기에 다 부족할까 하노니 차라리 파는 자들에게 가서 너희 쓸 것을 사라 하니 저희가 사러 간 동안에 신랑이 오므로 예비하였던 자들은 함께 혼인 잔치에 들어가고 문은 닫힌지라 그 후에 남은 처녀들이 와서 가로되 주여 주여 우리에게 열어 주소서 대답하여 가로되 진실로 너희에게 이르노니 내가 너희를 알지 못하노라 하였느니라 그런즉 깨어 있으라 너희는 그날과 그 시를 알지 못하느니라"(마 25:1~13).

1

어린양의 혼인 잔치 시점(時點)은 언제인가?

1) 예수 그리스도 재림 시점으로 보는 견해

주로 무천년주의 입장에서 주장하는 견해로, 예수 그리스도의 재림 때 어린양의 혼인 잔치가 성취된다고 보는 견해다. 예수 그리스도의 재림과 함께 신부 된 교회와 신랑 되신 예수 그리스도가 완전한 연합을 이루게 되는 어린양의 혼인 잔치가 벌어진다고 주장한다.

> 어린양의 혼인 잔치로 비유된 그리스도와 그를 따르는 성도들 간의 완전한 결합은 예수 그리스도의 재림으로 이루어질 것이며, 그때가 되면 성도들은 무한한 영광과 상급으로 덧입게 될 것이다(골 3:4; 살전 4:17).[52)]

⑴ 마태복음 22장 1~14절 말씀과 상충(相衝)된다.

이 견해는 어린양의 혼인 잔치에 '예복을 입지 않은 사람'(마 22:11~13)도 참여하고 있다는 말씀과 조화를 이루지 못하는 문제점을

52) 호크마 종합주석 요한일서-요한계시록, 기독지혜사, 강병도, p. 521.

드러낸다.

예수 그리스도의 재림 때 모든 성도가 부활하거나 변화되어서 신랑으로 오시는 예수 그리스도와 완전한 연합이 이루어지는 혼인 잔치에는 예복을 입지 않은 사람이 동참하는 일이 결코 있을 수 없기 때문에, 어린양의 혼인 잔치에 대해 말씀하시는 예수님의 말씀(마 22:1~14)과 상충(相衝)되는 문제가 생긴다.

(2) 다니엘 12장 11~12절 말씀과 조화를 이루지 못한다.

"매일 드리는 제사를 폐하며 멸망케 할 미운 물건을 세울 때부터 일천이백구십 일을 지낼 것이요 기다려서 일천삼백삼십오 일까지 이르는 그 사람은 복이 있으리라"(단 12:11~12).

"그러므로 너희가 선지자 다니엘의 말한 바 멸망의 가증한 것이 거룩한 곳에 선 것을 보거든 (읽는 자는 깨달을진저) 그때에 유대에 있는 자들은 산으로 도망할지어다 지붕 위에 있는 자는 집안에 있는 물건을 가질러 내려가지 말며 밭에 있는 자는 겉옷을 가지러 뒤로 돌이키지 말지어다 그날에는 아이 밴 자들과 젖먹이는 자들에게 화가 있으리로다 너희의 도망하는 일이 겨울에나 안식일에 되지 않도록 기도하라 이는 그때에 큰 환난이 있겠음이라 창세로부터 지금까지 이런 환난이 없었고 후에도 없으리라"(마 24:15~21).

예수님이 인용하신 다니엘서가 예언하는 말씀에서는 "이레의 절반에 제사와 예물을 금지할 것이며 또 잔포하여 미운 물건이 날개를 의지하여 설 것이다"(단 9:27)라고 예언하고 있다.

이는 예수 그리스도의 재림 직전에 있을 7년 대환난의 전 3년 반이 지나고 후 3년 반이 시작되는 시점을 말한다. 후 3년 반은 마흔두 달(42개월) 기간을 나타내는 말씀이다. 요한계시록은 이 기간 동안 짐승이 이 세상을 통치하는 권세를 받아 다스리게 될 것을 증거하고 있다(계 13:5).

짐승이 다스리는 마흔두 달이 끝나는 시점에 예수 그리스도의 재림이 성취될 것으로 본다. 예수 그리스도의 재림 때 모든 성도가 부활하거나 변화되어 예수 그리스도와 완전한 연합을 이루는 혼인 잔치를 행한 뒤 새 하늘과 새 땅 새 예루살렘에 입성하여 모든 구원 사역이 완성된다면, 짐승이 다스리는 후 3년 반인 1,260일이 지난 뒤 1,290일까지 30일을 더 지내고, 또 45일을 더 기다려서 1,335일까지 이르는 사람이 복이 있다는 다니엘 12장 11~12절 말씀은 어떻게 설명할 것인가?

짐승(적그리스도)의 통치 기간이 끝나고 75일 후까지 이르는 사람은 누구이며, 75일간이 필요한 이유는 무엇인지에 대한 성경적 증거를 찾기가 쉽지 않다.

⑶ 예수님 재림 모습이 혼인 잔치를 위해 오시는 모습이 아니다.

예수 그리스도 재림 때 그와 함께 백마를 타고 하늘에서 내려오는 군대들은 전쟁을 치르기 위한 모습이지 혼인 잔치를 행하는 모습이라고 보기 어렵다.

> "또 내가 하늘이 열린 것을 보니 보라 백마와 탄 자가 있으니 그 이름은 충신과 진실이라 그가 공의로 심판하며 싸우더라 그 눈이 불꽃 같고 그 머리에 많은 면류관이 있고 또 이름 쓴 것이 하나가 있으니 자기밖에 아는 자가 없고 또 그가 피 뿌린 옷을 입었는데 그 이름은 하나님의 말씀이라 칭하더라 하늘에 있는 군대들이 희고 깨끗한 세마포를 입고 백마를 타고 그를 따르더라 그의 입에서 이한 검이 나오니 그것으로 만국을 치겠고 친히 저희를 철장으로 다스리며 또 친히 하나님 곧 전능하신 이의 맹렬한 진노의 포도주 틀을 밟

겠고 그 옷과 그 다리에 이름 쓴 것이 있으니 만왕의 왕이요 만주의 주라 하였더라 또 내가 보니 한 천사가 해에 서서 공중에 나는 모든 새를 향하여 큰 음성으로 외쳐 가로되 와서 하나님의 큰 잔치에 모여 왕들의 고기와 장군들의 고기와 장사들의 고기와 말들과 그 탄 자들의 고기와 자유한 자들이나 종들이나 무론대소하고 모든 자의 고기를 먹으라 하더라 또 내가 보매 그 짐승과 땅의 임금들과 그 군대들이 모여 그 말 탄 자와 그의 군대로 더불어 전쟁을 일으키다가"(계 19:11~19).

이 견해는 "혼인 잔치 시작 시점이 재림하시는 예수님이 적그리스도 세력과 전쟁을 치르기 전인가? 아니면 전쟁 중인가? 그것도 아니면 전쟁이 끝나는 시점인가?" 정확히 제시하기 어렵다.

2) 7년 대환난 기간으로 보는 견해

주로 세대주의 전천년설 입장에서 주장하는 견해로, 종말에 있을 7년 대환난 전에 성도들이 공중에 휴거되어 공중에서 7년 동안 어린양의 혼인 잔치가 행해지고, 이 땅에는 불신자들만 남아 7년 동안 환난을 당한다고 해석한다.

이들의 주장에 의하면, 이 잔치에는 환난 전에 예수님의 공중 재림 때에 휴거된 성도들만 참석한 뿐 그 이후 환난을 통과한 자들은 참석할 수 없는 것으로 보는데, 데이크(F. J. Dake), 왈부르드(John F. Walvoord), 팀 라하이(Tim Lahaye), 김응조, 조용기 목사 등이 지지하는 이론이다.[53]

---

53) 계시록 난해 해설, 흰돌, 이광복, p. 530.

사실 조용기 목사는 7년 대환난 전에 교회가 휴거되어 7년 동안 신부의 단장하는 기간을 가진 뒤 7년이 마치는 시점에 혼인 잔치에 들어간다고 말한다.

> 이제 7년 환난 마지막 끝에 혼인 잔치가 베풀어집니다. … 공중으로 들려 올라간 후 그곳에서 상급심판을 받습니다. … 이처럼 상급심판을 받고 신부로서 예비하는 데 7년이 걸립니다. 그리고 나서는 혼인 잔치에 들어갑니다. 예수님이 죽었다가 부활하시고, 성신이 강림하셔서 그리스도의 몸 된 교회를 세우신 후, 예수 보혈을 믿고 구원받은 그 교회가 7년 환난 전에 들려 올라갔습니다. 그러므로 교회만 신부 될 자격이 있지 교회 이전이나 교회 이후에 올라간 사도들은 신부 될 자격이 없습니다. 그러므로 교회와 함께 올라가지 못한 사람들은 모두 혼인 잔치에 청함을 입은 사람들입니다….
>
> 구약의 성도들은 모두가 신랑의 친구일 뿐 신부는 아닙니다. 그 다음으로 청함을 받은 사람들은 교회가 지나고 난 다음에 구원받은 사람들입니다. 이들은 7년 환난 동안에 순교한 자들과 십사만 사천 인의 전도를 받고 올라가 종려가지를 들고 하나님 앞에 서 있는 수많은 백성들, 그리고 두 증인의 복음증거를 듣고 난 다음 불에 섞인 유리바다를 지난 후 하나님 앞에 선 사람들로서 이들이 신부의 들러리로 참예하게 됩니다. 그러나 성경은 이들도 복이 있다고 하였습니다.[54)]

⑴ 계시록 19장 1~10절 말씀과 상충(相衝)된다.

이 견해에 따르면 7년 대환난 전에 예수님이 공중에 강림하시고 성도들은 휴거되어 공중에서 7년 동안 혼인 잔치가 진행된다.

---

54) 평신도를 위한 요한계시록, 서울서적, 조용기, pp. 275~277.

이 견해는 요한계시록 자증(自證)에 의해 비성경적 주장임이 드러난다. 요한계시록 19장 1~10절 말씀은 어린양의 혼인 잔치에 관한 계시 말씀이다.

> "이 일 후에 내가 들으니 하늘에 허다한 무리의 큰 음성 같은 것이 있어 가로되 할렐루야 구원과 영광과 능력이 우리 하나님께 있도다 그의 심판은 참되고 의로운지라 음행으로 땅을 더럽게 한 큰 음녀를 심판하사 자기 종들의 피를 그의 손에 갚으셨도다 하고 두 번째 가로되 할렐루야 하더니 그 연기가 세세토록 올라가더라 또 이십사 장로와 네 생물이 엎드려 보좌에 앉으신 하나님께 경배하여 가로되 아멘 할렐루야 하니 보좌에서 음성이 나서 가로되 하나님의 종들 곧 그를 경외하는 너희들아 무론대소하고 다 우리 하나님께 찬송하라 하더라 또 내가 들으니 허다한 무리의 음성도 같고 많은 물 소리도 같고 큰 뇌성도 같아서 가로되 할렐루야 주 우리 하나님 곧 전능하신 이가 통치하시도다 우리가 즐거워하고 크게 기뻐하여 그에게 영광을 돌리세 어린양의 혼인 기약이 이르렀고 그 아내가 예비하였으니 그에게 허락하사 빛나고 깨끗한 세마포를 입게 하셨은즉 이 세마포는 성도들의 옳은 행실이로다 하더라 천사가 내게 말하기를 기록하라 어린양의 혼인 잔치에 청함을 입은 자들이 복이 있도다 하고 또 내게 말하되 이것은 하나님의 참되신 말씀이라 하기로"(계 19:1~9).

어린양의 혼인 잔치에 관해 계시하고 있는 계시록 19장 1~10절 말씀은 '어린양의 혼인기약이 이르렀다'고 말하고 있다. 아직 어린양의 혼인 잔치가 시작되지 않았음을 분명하게 밝혀 주는 말씀이다. 그 말씀을 하는 시점이 음녀 바벨론을 심판하신 이후라고 말하고 있다.

요한계시록은 음녀 바벨론의 7년 대환난의 마지막 때에 이르러서야 멸망을 받게 될 것을 증거한다. 그런데 그때까지 어린양의 혼인 잔치는 시작되지도 않았다고 증거하고 있다. 그러므로 7년 대환난 전에 예수 그리스도께서 강림하시고 성도들은 공중으로 휴거되어서 7년 동안 '공중 혼인 잔치'를 갖는다는 주장은 요한계시록의 자증(自證)으로 거부되는 견해다.

여기서 '이르렀고'로 번역된 '엘덴'(ἦλθεν)은 '오다', '가다'라는 뜻을 지닌 '에르코마이'(ἔρχομαι)의 예언적 부정과거로 '드디어 이르렀다'라는 뉘앙스를 강하게 나타낸다. 이것은 장차 역사적으로 어린양의 혼인 잔치가 확실히 도래할 것임을 분명하고도 명징(明徵)하게 암시한다.[55]

⑵ 예수 그리스도의 공중 강림이 적그리스도 출현보다 먼저 이루어지는가?

성경은 데살로니가후서 2장 1~10절 말씀을 통해 적그리스도 출현과 예수 그리스도의 강림 순서를 분명하게 증거해 주고 있다.

"형제들아 우리가 너희에게 구하는 것은 우리 주 예수 그리스도의 강림하심과 우리가 그 앞에 모임에 관하여 혹 영으로나 혹 말로나 혹 우리에게서 받았다 하는 편지로나 주의 날이 이르렀다고 쉬 동심하거나 두려워하거나 하지 아니할 그것이라 누가 아무렇게 하여도 너희가 미혹하지 말라 먼저 배도하는 일이 있고 저 불법의 사람 곧 멸망의 아들이 나타나기 전에는 이르지 아니하리니 저는 대적하는 자라 범사에 일컫는 하나님이나 숭배함을 받는 자 위에 뛰어나 자존하여 하나님 성전에 앉아 자기를 보여 하나님이라 하느니라 내가 너희와 함께 있을 때에 이 일을 너희에게 말한 것을 기억하지 못하느냐 저로 하여금 저의 때에 나타나게 하려 하여 막는 것을 지금도 너희가 아나니 불법의 비밀이 이미 활동하였으나 지금 막는 자가 있어 그중에서 옮길 때까지 하

---

55) 옥스퍼드 원어 성경 대전, 요한계시록 12-22장, 제자원, p. 469.

리라 그때에 불법한 자가 나타나리니 주 예수께서 그 입의 기운으로 저를 죽이시고 강림하여 나타나심으로 폐하시리라 악한 자의 임함은 사탄의 역사를 따라 모든 능력과 표적과 거짓 기적과 불의의 모든 속임으로 멸망하는 자들에게 임하리니 이는 저희가 진리의 사랑을 받지 아니하여 구원함을 얻지 못함이니라"(살후 2:1~10).

이 말씀은 분명하고 확실하게 예수 그리스도의 강림에 앞서 반드시 적그리스도가 나타나 미혹함으로 배도(背道)하는 일이 선행될 것을 증거하고 있다. 다시 말해서, 적그리스도의 출현과 미혹의 사역으로 배도하는 일이 일어나기 전에는 예수 그리스도의 재림이 이루어지지 않을 것을 명백하게 밝혀주고 있다. 하나님께서 이 말씀을 통해 교회에게 무엇을 경고하고 있는가? 적그리스도가 나타나기 전에 예수 그리스도가 재림했다고 말하는 자들에게 미혹되지 말라는 것이다.

요한계시록은 7년 대환난 후 3년 반(마흔두 달) 동안 적그리스도가 이 세상을 통치하는 권세를 받아 지배하게 될 때에(계 13:5), 짐승의 표(666)를 받게 할 것이며(계 13:16~17), 짐승의 우상에게 경배하지 않는 신앙인들을 모두 죽임으로 순교자들이 발생할 것이며(계 13:15), 그들이 예수 그리스도 재림 때 '첫째 부활'에 참예하여 그리스도와 더불어 천년 동안 왕 노릇 하게 될 것을 증거하고 있다.

"또 내가 보좌들을 보니 거기 앉은 자들이 있어 심판하는 권세를 받았더라 또 내가 보니 예수의 증거와 하나님의 말씀을 인하여 목 베임을 받은 자의 영혼들과 또 짐승과 그의 우상에게 경배하지도 아니하고 이마와 손에 그의 표를 받지도 아니한 자들이 살아서 그리스도로 더불어 천년 동안 왕 노릇 하니 (그 나머지 죽은 자들은 그 천년이 차기까지 살지 못하더라) 이는 첫째 부활이라 이 첫째 부활에 참예하는 자들은 복이 있고 거룩하도다 둘째 사망이 그들을 다스리는 권세가 없고 도리어 그들이 하나님과 그리스도의 제사장이 되어 천년 동안 그리스도로 더불어 왕 노릇 하리라"(계 20:4~6).

이 견해는 예수 그리스도의 강림과 성도들의 휴거를 적그리스도의 출현과 그의 미혹을 받아 배도하는 사역보다 앞서서 성취된다고 주장하고 있어 성경이 증거하는 순서와 반대로 증거하는 오류를 범하고 있다.

⑶ 성도들은 환난을 통과하지 않고 면제받는가?

이 견해는 교회가 7년 대환난 전에 휴거되어 공중에 강림하신 예수 그리스도와 어린양의 혼인잔치를 행한 신부가 된다고 주장하기 때문에 성도들은 환난을 통과하지 않는다고 해석한다.

그러나 성경은 성도들이 종말에 환난을 통과하게 될 것을 명백하게 증거하고 있어, 이 견해는 성경과 상반(相反)된 비성경적 주장임이 드러난다.

예수님은 종말장인 마태복음 24장에 성도들이 환난을 통과하게 될 것을 분명하게 증거하고 있다.

"예수께서 감람산 위에 앉으셨을 때에 제자들이 종용히 와서 가로되 우리에게 이르소서 어느 때에 이런 일이 있겠사오며 또 주의 임하심과 세상 끝에는 무슨 징조가 있사오리이까 예수께서 대답하여 가라사대 너희가 사람의 미혹을 받지 않도록 주의하라 많은 사람이 내 이름으로 와서 이르되 나는 그리스도라 하여 많은 사람을 미혹케 하리라 난리와 난리 소문을 듣겠으나 너희는 삼가 두려워 말라 이런 일이 있어야 하되 끝은 아직 아니니라 민족이 민족을, 나라가 나라를 대적하여 일어나겠고 처처에 기근과 지진이 있으리니 이 모든 것이 재난의 시작이니라 그때에 사람들이 너희를 환난에 넘겨주겠으며 너희를 죽이리니 너희가 내 이름을 위하여 모든 민족에게 미움을 받으리라"(마 24:3~9).

"그러므로 너희가 선지자 다니엘의 말한 바 멸망의 가증한 것이 거룩한 곳에 선 것을 보거든 (읽는 자는 깨달을진저) 그때에 유대에 있는 자들은 산으로 도망할지어다 지붕 위에 있는 자는 집안에 있는 물건을 가지러 내려가지 말며 밭에 있는 자는 겉옷을 가지러 뒤로 돌이키지 말지어다 그날에는 아이 밴 자들과 젖먹이는 자들에게 화가 있으리로다 너희의 도망하는 일이 겨울에나 안식일에 되지 않도록 기도하라 이는 그때에 큰 환난이 있겠음이라 창세로부터 지금까지 이런 환난이 없었고 후에도 없으리라 그날들을 감하지 아니할 것이면 모든 육체가 구원을 얻지 못할 것이나 그러나 택하신 자들을 위하여 그날들을 감하시리라 그때에 사람이 너희에게 말하되 보라 그리스도가 여기 있다 혹 저기 있다 하여도 믿지 말라 거짓 그리스도들과 거짓 선지자들이 일어나 큰 표적과 기사를 보이어 할 수만 있으면 택하신 자들도 미혹하게 하리라 보라 내가 너희에게 미리 말하였노라"(마 24:15~25).

예수님은 이 문제에 대한 오해가 없도록 분명하고 확실하게 종말에 환난을 통과하게 될 것을 말씀하고 있다.

예수님이 인용하고 있는 다니엘 선지자의 예언은 9장 27절 말씀이다.

"그가 장차 많은 사람으로 더불어 한 이레 동안의 언약을 굳게 정하겠고 그가 그 이레의 절반에 제사와 예물을 금지할 것이며 또 잔포하여 미운 물건이 날개를 의지하여 설 것이며 또 이미 정한 종말까지 진노가 황폐케 하는 자에게 쏟아지리라 하였느니라"(단 9:27).

"다니엘이 말한 바 멸망의 가증한 것이 거룩한 곳에 서는 때"는 언제인가? '한 이레의 절반'인 '전 3년 반'이 지난 후를 나타낸다.

성경은 분명하게 교회가 7년 대환난의 전 3년 반 동안은 이 땅에서 환난을 통과하고, 하나님의 진노의 화가 쏟아지는 후 3년 반 동안은 하나님이 예비하신 광야 예비처로 피신하여 적그리스도의 핍박과 환난을 면하게 될 것이라 증거한다.

"그 여자가 광야로 도망하매 거기서 일천이백육십 일 동안 저를 양육하기 위하여 하나님의 예비하신 곳이 있더라"(계 12:6).

"용이 자기가 땅으로 내어쫓긴 것을 보고 남자를 낳은 여자를 핍박하는지라 그 여자가 큰 독수리의 두 날개를 받아 광야 자기 곳으로 날아가 거기서 그 뱀의 낯을 피하여 한 때와 두 때와 반 때를 양육 받으매"(계 12:13~14).

"장로 중에 하나가 응답하여 내게 이르되 이 흰옷 입은 자들이 누구며 또 어디서 왔느뇨 내가 가로되 내 주여 당신이 알리이다 하니 그가 나더러 이르되 이는 큰 환난에서 나오는 자들인데 어린양의 피에 그 옷을 씻어 희게 하였느니라"(계 7:13~14).

교회는 먼저 휴거되어 공중에서 7년 동안 어린양의 혼인 잔치를 행하고 이 땅에는 악인들만 남아 7년 대환난을 당하게 된다고 가르치는 것은 예수님의 증거 말씀과 상반(相反)된 가르침이다.

예수님은 "세상에서는 너희가 환난을 당하나 담대하라"(요 16:33)고 말씀하신다.

⑷ 요한계시록 말씀과 상충(相衝)된다.

7년 대환난 이전에 휴거되어 어린양과 혼인 잔치를 행하고 영원한 천국에 들어간다는 주장은 요한계시록의 증거 말씀과 충돌한다.

① 요한계시록 7장에 계시되고 있는 '흰옷 입은 큰 무리'는 '큰 환난'에서 나오는 자들임을 계시하고 있다.

> "장로 중에 하나가 응답하여 내게 이르되 이 흰옷 입은 자들이 누구며 또 어디서 왔느뇨 내가 가로되 내 주여 당신이 알리이다 하니 그가 나더러 이르되 이는 큰 환난에서 나오는 자들인데 어린양의 피에 그 옷을 씻어 희게 하였느니라"(계 7:13~14).

위의 말씀은 성도들이 '큰 환난'을 통과할 것을 분명한 언어로 계시하고 있다. 그러므로 7년 환난 전 휴거설은 본문과 충돌하는 주장이다.

② 요한계시록 9장에는 다섯째 천사가 나팔을 불 때 황충(蝗蟲) 재앙이 일어날 것을 계시하고 있다. 황충 재앙이 내려질 때 하나님의 인 맞은 종들이 이 땅에 남아 있을 것을 계시하고 있다.

> "다섯째 천사가 나팔을 불매 … 황충이 연기 가운데로부터 땅 위에 나오매 저희가 땅에 있는 전갈의 권세와 같은 권세를 받았더라 저희에게 이르시되 땅의 풀이나 푸른 것이나 각종 수목은 해하지 말고 오직 이마에 하나님의 인 맞지 아니한 사람들만 해하라 하시더라"(계 9:1~4).

황충 재앙은 7년 대환난의 후 3년 반에 있을 하나님의 '세 가지 화' 가운데 '첫째 화' 사건이다. "적그리스도의 통치 기간인 후 3년 반에 이 땅에 남아 있는 하나님의 인 맞은 종들은 어린양의 혼인 잔치에 참예하지 못하고, 천국에 못 들어가는가? 들어간다면 언제 들어가는 것인가? 어린양의 혼인 잔치를 행하지 않아도 예수 그리스도의 신부가 되어 천국에 들어갈 수 있는 것인가?" 등 여러 문제에 봉착(逢着)

하게 된다.

③ 요한계시록 11장은 '두 증인'에 대해 계시해 주고 있다.

"내가 나의 두 증인에게 권세를 주리니 저희가 굵은 베옷을 입고 일천이백육십 일을 예언하리라 … 저희가 그 증거를 마칠 때에 무저갱으로부터 올라오는 짐승이 저희로 더불어 전쟁을 일으켜 저희를 이기고 저희를 죽일 터인즉 … 삼 일 반 후에 하나님께로부터 생기가 저희 속에 들어가매 저희가 발로 일어서니 구경하는 자들이 크게 두려워하더라 하늘로부터 큰 음성이 있어 이리로 올라오라 함을 저희가 듣고 구름을 타고 하늘로 올라가니 저희 원수들도 구경하더라 그 시에 큰 지진이 나서 성 십분의 일이 무너지니 지진에 죽은 사람이 칠천이라 … 둘째 화는 지나갔으나 보라 셋째 화가 속히 이르는도다" (계 11:3~14).

요한계시록 본문의 계시 말씀을 볼 때 두 증인의 사역 기간은 '둘째 화'인 여섯째 나팔 사건이 발생하기까지다.

요한계시록 본문이, 두 증인의 예언 사역 기간이 '일천이백육십 일'이라 계시해 주고 있기 때문에, 여섯째 나팔 재앙인 '둘째 화' 사건이 발생하기 전 일천이백육십 일부터 예언 사역을 시작했다.

요한계시록 계시 내용을 살펴보면, 두 증인의 사역 기간이 적그리스도의 통치 기간인 후 3년 반과 동일한 기간임을 알 수 있다.

교회가 7년 대환난 전에 휴거되어 공중재림 하신 예수님과 함께 공중에서 혼인 잔치를 행하고 곧바로 천국에 입성한다면, 본 장에 계시된 '두 증인'은 어린양의 혼인 잔치에 들어가지 못하는 문제가 발생한다.

④ 요한계시록 13장에 계시되고 있는 땅에서 올라온 짐승이 우상

에게 경배하지 않는 자는 다 죽이게 한다고 계시하고 있다.

> "저가 권세를 받아 그 짐승의 우상에게 생기를 주어 그 짐승의 우상으로 말하게 하고 또 짐승의 우상에게 경배하지 아니하는 자는 몇이든지 다 죽이게 하더라 저가 모든 자 곧 작은 자나 큰 자나 부자나 빈궁한 자나 자유한 자나 종들로 그 오른손에나 이마에 표를 받게 하고 누구든지 이 표를 가진 자 외에는 매매를 못하게 하니 이 표는 곧 짐승의 이름이나 그 이름의 수라 지혜가 여기 있으니 총명 있는 자는 그 짐승의 수를 세어 보라 그 수는 사람의 수니 육백육십육이니라"(계 13:15~18).

이는 적그리스도가 통치하는 후 3년 반 동안에 순교하기까지 신실한 신앙을 지키는 성도들이 이 땅에 남아 있을 것을 나타내는 말씀이다.

만일 7년 대환난 전에 공중에 휴거되어 어린양과 더불어 혼인 잔치를 행한다면, 적그리스도가 다스리는 후 3년 반 동안에 이 땅에서 순교하기까지 신앙의 정절을 지키는 성도들은 어린양의 혼인 잔치에 참예하지 못하는 문제가 발생한다.

또 '모든 자'에게 '짐승의 표 666'을 강압적으로 받게 할 것을 계시하고 있다. 7년 대환난 전에 성도들은 모두 휴거되어 어린양의 혼인 잔치에 참예하고 이 땅에 믿지 않는 자들만 남았다면, 짐승의 표를 강압적으로 받게 하지 않아도 모두 자발적으로 받을 것이다. 거짓 선지자가 강압적으로 짐승의 표를 받게 한다는 것은, 이 땅에 남아 있는 사람들 중에 짐승의 표를 받지 않을 신실한 성도들이 남아 있을 것을 내포하고 있다.

⑤ 요한계시록 20장 4절, 6절 말씀에는 7년 대환난의 후 3년 반에 짐승에게 순교당한 자들이 첫째 부활에 참예하여 천년왕국에서 그

리스도와 더불어 왕 노릇 하리라고 증거한다.

"또 내가 보좌들을 보니 거기 앉은 자들이 있어 심판하는 권세를 받았더라 또 내가 보니 예수의 증거와 하나님의 말씀을 인하여 목 베임을 받은 자의 영혼들과 또 짐승과 그의 우상에게 경배하지도 아니하고 이마와 손에 그의 표를 받지도 아니한 자들이 살아서 그리스도로 더불어 천년 동안 왕 노릇 하니 (그 나머지 죽은 자들은 그 천년이 차기까지 살지 못하더라) 이는 첫째 부활이라 이 첫째 부활에 참예하는 자들은 복이 있고 거룩하도다 둘째 사망이 그들을 다스리는 권세가 없고 도리어 그들이 하나님과 그리스도의 제사장이 되어 천년 동안 그리스도로 더불어 왕 노릇 하리라"(계 20:4~6)

7년 대환난 전에 휴거되지 못해 신부 단장을 하지 못한 사람들은 7년 후에 신부가 아니라 신부의 들러리로 참여한다는 주장도 성경에 맞지 않는 견해임이 드러난다.

요한계시록이 자증(自證)하고 있는 이상의 말씀들은 7년 환난 전 휴거설을 거부한다.

⑸ 첫째 부활이 언제 성취(成就)되는가?

이 견해를 주장하는 사람들이 휴거에 대한 증거 말씀으로 인용하는 말씀이 데살로니가전서 4장 16~17절 말씀이다.

"주께서 호령과 천사장의 소리와 하나님의 나팔로 친히 하늘로 좇아 강림하시리니 그리스도 안에서 죽은 자들이 먼저 일어나고 그 후에 우리 살아 남은 자도 저희와 함께 구름 속으로 끌어 올려 공중에서 주를 영접하게 하시리니 그리하여 우리가 항상 주와 함께 있으리라"(살전 4:16~17).

위의 말씀이 성취되는 시점이 7년 대환난 전에 이루어질 것이라고 주장하는 견해가 과연 성경의 지지를 받는가?라는 질문의 답은 '아니다'라는 것이다. 위의 본문 말씀인 데살로니가전서 4장 13절부터 살펴보면, 이 말씀은 예수 그리스도의 강림에 관해 증거하는 말씀이 아니라 성부 하나님의 강림을 예언하는 말씀인 것을 알 수 있다.

"우리가 예수의 죽었다가 다시 사심을 믿을진대 이와 같이 예수 안에서 자는 자들도 하나님이 저와 함께 데리고 오시리라 우리가 주의 말씀으로 너희에게 이것을 말하노니 주 강림하실 때까지 우리 살아 남아 있는 자도 자는 자보다 결단코 앞서지 못하리라 주께서 호령과 천사장의 소리와 하나님의 나팔로 친히 하늘로 좇아 강림하시리니 그리스도 안에서 죽은 자들이 먼저 일어나고 그 후에 우리 살아 남은 자도 저희와 함께 구름 속으로 끌어 올려 공중에서 주를 영접하게 하시리니 그리하여 우리가 항상 주와 함께 있으리라"(살전 4:14~17).

성경은 예수 그리스도의 강림과 함께 첫째 부활이 있을 것을 증거하는데, 그 시점은 7년 대환난 전이 아니라 7년 대환난 후에 성취될 것임을 증거하고 있다.

부활장이라 칭하는 고린도전서 15장 22절 이하의 말씀을 보면, 예수 그리스도 안에서 삶을 얻게 되는 성도들의 부활이 각각 그 차례대로 이루어지게 될 것을 증거한다.

"아담 안에서 모든 사람이 죽은 것같이 그리스도 안에서 모든 사람이 삶을 얻으리라 그러나 각각 자기 차례대로 되리니 먼저는 첫 열매인 그리스도요 다음에는 그리스도 강림하실 때에 그에게 붙은 자요 그 후에는 나중이니 저가 모든 정사와 모든 권세와 능력을 멸하시고 나라를 아버지 하나님께 바칠 때라 저가 모든 원수를 그 발아래 둘 때까지 불가불 왕 노릇 하시리니 맨 나중에 멸망 받을 원수는 사망이니라"(고전 15:22~26).

위의 증거 말씀에 의하면, 장차 예수 그리스도 안에서 삶을 얻게 될 성도들의 부활은 두 번 있게 될 것을 알 수 있다.

첫 번째는, "예수 그리스도 강림하실 때"이고 두 번째는, "저가 모든 정사와 모든 권세와 능력을 멸하시고 나라를 아버지 하나님께 바칠 때"이다.

요한계시록은 장차 있게 될 첫 번째 부활이 7년 대환난이 끝난 뒤에 있게 될 것을 증거한다.

"또 내가 보좌들을 보니 거기 앉은 자들이 있어 심판하는 권세를 받았더라 또 내가 보니 예수의 증거와 하나님의 말씀을 인하여 목 베임을 받은 자의 영혼들과 또 짐승과 그의 우상에게 경배하지도 아니하고 이마와 손에 그의 표를 받지도 아니한 자들이 살아서 그리스도로 더불어 천년 동안 왕 노릇하니 (그 나머지 죽은 자들은 그 천년이 차기까지 살지 못하더라) 이는 첫째 부활이라 이 첫째 부활에 참예하는 자들은 복이 있고 거룩하도다 둘째 사망이 그들을 다스리는 권세가 없고 도리어 그들이 하나님과 그리스도의 제사장이 되어 천년 동안 그리스도로 더불어 왕 노릇 하리라"(계 20:4~6).

위의 말씀은 예수 그리스도 안에서 삶을 얻게 되는 성도들의 첫째 부활이 7년 대환난 전이 아니라 7년 대환난 후에 성취되는 사건임을 입증해 주는 말씀이다.

데살로니가전서 4장 13절 이하에 증거되는 말씀은 고린도전서 15장 24절 말씀에 증거되고 있는 "그 후에는 나중이니 저가 모든 정사와 모든 권세와 능력을 멸하시고 나라를 아버지 하나님께 바칠 때라"와 동일한 시점인 천년왕국이 끝난 후에 성취되는 둘째 부활 사건임을 정각(正覺)해야 한다.

결론적으로, 예수 그리스도의 강림과 성도들의 부활과 휴거 사건이 7년 대환난 전에 이루어진다는 견해는 성경의 증거에 맞지 않는 주장이다.

(6) 곡식과 가라지 중 먼저 거두는 것은 무엇인가?

예수님은 비유장이라고 일컫는 마태복음 13장에서 '곡식과 가라지 비유'를 들려주신다.

"예수께서 그들 앞에 또 비유를 베풀어 가라사대 천국은 좋은 씨를 제 밭에 뿌린 사람과 같으니 사람들이 잘 때에 그 원수가 와서 곡식 가운데 가라지를 덧뿌리고 갔더니 싹이 나고 결실할 때에 가라지도 보이거늘 집 주인의 종들이 와서 말하되 주여 밭에 좋은 씨를 심지 아니하였나이까 그러면 가라지가 어디서 생겼나이까 주인이 가로되 원수가 이렇게 하였구나 종들이 말하되 그러면 우리가 가서 이것을 뽑기를 원하시나이까 주인이 가로되 가만 두어라 가라지를 뽑다가 곡식까지 뽑을까 염려하노라 둘 다 추수 때까지 함께 자라게 두어라 추수 때에 내가 추수꾼들에게 말하기를 가라지는 먼저 거두어 불사르게 단으로 묶고 곡식은 모아 내 곳간에 넣으라 하리라"(마 13:24~30).

7년 대환난 전에 부활 휴거되어 공중에서 혼인 잔치를 행한다는 견해는 '곡식이 먼저 추수되고 가라지가 나중에 거두어진다'고 주장한다. 이는 예수님의 가르침과 상반(相反)되는 주장이다.

세상 끝까지 함께 두었다가 '가라지는 먼저 거두어 불사르게 단으로 묶는다'고 얼마나 분명하게 말씀하고 있는가? 전혀 오해할 여지가 없는 말씀이다. 그럼에도 불구하고 곡식과 가라지에 대한 예수님의 말씀과는 전혀 반대되는 순서로 곡식이 먼저 거두어 들여지고, 가라지만 이 땅에 남는다고 가르친다면 하나님 말씀을 왜곡시키는 오류를 범하는 것이다.

⑺ 이 견해가 증거라 주장하는 성경 구절에 대한 고찰

이 견해를 따르는 사람들은 7년 대환난 전에 휴거되어 성도들은 환난을 통과하지 않는다는 교리를 세우기 위해 네 가지 성경 구절을 인용한다.

① 계시록 3장 10절 말씀을 증거로 내세운다.

> "네가 나의 인내의 말씀을 지켰은즉 내가 또한 너를 지키어 시험의 때를 면하게 하리니 이는 장차 온 세상에 임하여 땅에 거하는 자들을 시험할 때라"(계 3:10).

이 견해를 주장하는 사람들은, 위의 말씀에서 "시험의 때를 면하게 하리니"라는 말씀은 "환난을 통과하지 않게 하리라"는 말씀이라고 확신한다. 이는 "시험의 때를 면하게 하리니"라는 말씀을 오해함으로 생긴 주장이다.

"너를 지키어 시험의 때를 면하게 하리니"에서 '시험의 때'는 언제를 말하는가?

'시험'이라 번역된 헬라어 πειρασμός(페이라스모스)는 시험, 시련, 유혹의 의미를 갖고 있다. 성도들이 유혹과 시험을 받으며 시련을 겪게 되는 시점은 하늘 전쟁에서 쫓겨난 붉은 용이 광야 예비처로 피하여 도망간 해를 입은 여자의 남은 자손과 전쟁을 치르는 시점과 동일한 시점으로 볼 수 있다. 그 시점은 적그리스도(바다에서 올라온 짐승)가 붉은 용으로부터 권세를 받아 통치하는 때이며(계 13:1~10), 거짓 선지자(땅에서 올라온 짐승)가 유혹하고 시험하여 시련을 겪게 되는 때(계 13:11~18)를 나타낸다. 하나님께서는 그 시험의 때를 면하게 해주신다고 언약하시는 것이다.

"그러므로 너희가 선지자 다니엘의 말한 바 멸망의 가증한 것이 거룩한 곳에 선 것을 보거든 (읽는 자는 깨달을진저) 그때에 유대에 있는 자들은 산으로 도망할지어다 지붕 위에 있는 자는 집안에 있는 물건을 가지러 내려가지 말며 밭에 있는 자는 겉옷을 가질러 뒤로 돌이키지 말지어다 그날에는 아이 밴 자들과 젖먹이는 자들에게 화가 있으리로다 너희의 도망하는 일이 겨울에나 안식일에 되지 않도록 기도하라 이는 그때에 큰 환난이 있겠음이라 창세로부터 지금까지 이런 환난이 없었고 후에도 없으리라 그날들을 감하지 아니할 것이면 모든 육체가 구원을 얻지 못할 것이나 그러나 택하신 자들을 위하여 그날들을 감하시리라"(마 24:15~22).

계시록 3:10에서는 첫 번째인 페이라조가 사용되었는데, 이는 짐승이 통치하는 후 3년 반의 어느 시점의 기간을 면하게 해주신다는 것이다. 짐승이 통치하는 기간이 되면 이 땅에 사는 자들은 다(all) 그에게 경배하는 시기(계 13:8)가 되는데, 이와 같은 핍박의 기간을 면케 해주신다는 것이다.

그러므로 계 3:10에서 "시험의 때를 면하게" 하는 것은 휴거를 의미하는 것이 아니다. 시험의 때를 '면하게 한다'는 뜻은, 그 환난의 날들(the tribulation of those days: 마 24:29)로부터 하나님의 예비하신 곳으로 인도하여 보호해 준다(will keep out of the hour)는 의미가 된다.

이들의 주장과 같이 그리스도의 몸인 교회가 계시록 2장과 3장에서 일곱 교회가 '휴거'되었다면 '때를 면하게 하리니'의 약속을 왜 빌라델비아 교회 한 곳에만 하고 있는가?

워치만 리는 이에 대하여 여섯 교회는 휴거를 놓치고 환난을 통과한다고 설명하고 있으나, 이 또한 그리스도의 몸이 부분적인 분할 휴거가 되는 이론이 되니 수용할 수가 없는 견해이다.

하나님의 진노가 쏟아지는 짐승의 통치기인 '환난의 때'와 '휴거'는 엄연히 구분할 수 있어야 한다.[56)]

시험의 때를 면하게 하리라는 말씀을 7년 대환난을 면하게 하리라는 말씀으로 해석하여 환난 전에 휴거되어 공중에서 어린양과 함께 7년 동안 혼인 잔치를 행한다고 주장하는 견해는 오해(誤解)다.

② 누가복음 21장 34~36절 말씀을 인용한다.

"너희는 스스로 조심하라 그렇지 않으면 방탕함과 술취함과 생활의 염려로 마음이 둔하여지고 뜻밖에 그날이 덫과 같이 너희에게 임하리라 이날은 온 지구상에 거하는 모든 사람에게 임하리라 이러므로 너희는 장차 올 이 모든 일을 능히 피하고 인자 앞에 서도록 항상 기도하며 깨어 있으라 하시니라"(눅 21:34~36).

위의 본문 말씀 어디에서도 7년 대환난 전 공중 휴거에 대한 근거 내용을 발견할 수 없다.

"너희는 장차 올 이 모든 일을 능히 피하고"라는 말씀은 공중으로 휴거된다는 의미라기보다는 요한계시록 12장 6절 말씀과 같이 하나님이 예비하신 광야 예비처로 도망하여 피하라는 의미와 일치한다.

"그 여자가 광야로 도망하매 거기서 일천 이백 육십일 동안 저를 양육하기 위하여 하나님의 예비하신 곳이 있더라"(계 12:6).

---

56) 휴거와 하나님의 예비하신 곳, 이광복, 흰돌, p. 41.

성경은, 우리는 7년 대환난 이전에 공중으로 휴거되어 환난을 면하게 되는 것이 아니라, 전 3년 반 동안의 환난을 통과한 후 두 짐승이 성도들을 유혹과 박해를 가하는 후 3년 반 동안에, 큰 독수리의 두 날개를 받아 하나님이 예비하신 광야 예비처로 피하여 도망가 1,260일 동안 보호와 양육을 받게 될 것을 계시해 주고 있다.

> "용이 자기가 땅으로 내어쫓긴 것을 보고 남자를 낳은 여자를 핍박하는지라 그 여자가 큰 독수리의 두 날개를 받아 광야 자기 곳으로 날아가 거기서 그 뱀의 낯을 피하여 한 때와 두 때와 반 때를 양육 받으매"(계 12:13~14).

요한복음 17장 15절 말씀은 예수님의 기도 내용이다.

> "내가 비옵는 것은 저희를 세상에서 데려가시기를 위함이 아니요 오직 악에 빠지지 않게 보전하시기를 위함이니이다"(οὐκ ἐρωτῶ ἵνα ἄρῃς αὐτοὺς ἐκ τοῦ κόσμου, ἀλλ' ἵνα τηρήσῃς αὐτοὺς ἐκ τοῦ πονηροῦ)(요 17:15).

이 말씀에 사용된 헬라어 '테레세스'(τηρήσῃς)는 '지키다', '보호하다'라는 의미이며, '에크'(ἐκ)는 '~에서 벗어나(밖으로)'를 의미하는 단어다.

'킹 제임스 성경'은 "내가 기도하옵는 것은 아버지께서 그들을 세상에서 데려가시라는 것이 아니옵고 그들을 악에서 보호해 주시라는 것이옵니다"(I pray not that thou shouldest take them out of the word, but that thou shouldest keep thom from the evil.)로 번역하고 있다.

위의 말씀은 환난의 때에 성도들을 악의 세력으로부터 보호하고 지켜주시기를 간구하는 말씀이다. 예수님께서는 "그들을 세상에서 데려가시라는 것이 아니라"고 전제하심으로 성도들이 세상에서 데려감을 당하는 것이 아니라는 사실을 확실케 한다.

장차 올 이 모든 일은 35절의 사람들을 기절시킬 세상에 임할 일, 즉 그리스도의 재림에 행해질 신적 심판들이다. 눅 21:36은 교회의 휴거와는 아무 관계도 없다.[57)]

③ 계시록 4장 1절 말씀을 제시(提示)한다.

"이 일 후에 내가 보니 하늘에 열린 문이 있는데 내가 들은 바 처음에 내게 말하던 나팔 소리 같은 그 음성이 가로되 이리로 올라오라 이후에 마땅히 될 일을 내가 네게 보이리라 하시더라"(계 4:1).

이 말씀을 교회의 휴거 증거로 제시하는 것 자체가 이 견해의 주장이 성경적 뒷받침이 없다는 것을 나타내는 반증이라고 여겨진다.

이 말씀은 사도 요한 개인에게 해당되는 말씀이지 교회의 휴거와는 전혀 무관한 말씀이라는 사실을 쉽게 알 수 있다.

"이리로 올라오라"는 말씀이 누구에게 내려지는 명령인가? 사도 요한에게 명령하신 것이다. 이리로 올라오라고 명하신 이유가 무엇인가? "이후에 마땅히 될 일을" 사도 요한에게 보여주기 위함이다. 이리로 올라오라는 명령을 듣고 하늘에 올라간 사도 요한은 육체가 올라간 것이 아니다.

'이리로 올라오라'는 예수 그리스도의 나팔 소리 같은 음성이 들렸음에도 불구하고 요한이 하늘로 올라갔다는 기록이 없는 것은 요한이 유대 묵시 문학적 요소들을 차용하되 미신적이거나 신비주의적 요소는 배제했음을 보여준다. 이것은 요한이 실제로 물리적인 육체를 입고 천계를 순행했다는 의미도 아니며, 또한 많은 세대주의자들

57) 박형룡 박사 저작전집 내세론, 박형룡, 한국기독교교육연구원, p. 204.

(pensationalists)이 주장하는 '교회의 휴거'를 뜻하는 것도 아니다. 세대주의의 대변인임을 자임하는 왈부르드(Walvoord) 역시 "문맥으로 보아 이것은 교회의 휴거를 분명하게 가리키는 것이 아니라는 사실이 명백하다"라고 언급하였다.[58)]

환난 전에 휴거 된 성도들이 지상에서 7년 동안 대환난을 당하고 있는 동안 공중에서 혼인 잔치를 벌이는 것으로 생각하는 이론은 유치한 것일 수밖에 없다. 왜냐하면 "드디어 이르렀고"이지 "혼인 잔치가 진행되고"라는 의미가 아니기 때문이다.[59)]

성경에는 공중 재림, 지상 재림을 구분한 적이 없다. 또 공중에서 주를 영접한 다음 항상 주와 함께 있으리라는 말씀과 주와 함께 왕 노릇 하리라는 말씀만 있을 뿐이다. 7년 동안 혼인 잔치를 한다느니 하는 해석은 성경에서는 흔적도 찾을 수 없는 무리한 해석이다.[60)]

세대주의 종말론에서는 7년 환난 기간 중 공중에 재림하시는 그리스도와 함께 공중에서 보내는 7년간의 휴거 기간(이 기간은 실제로 있는 기간이 아니다)을 "어린양의 혼인 잔치"로 해석해 온 것이다.[61)]

④ 데살로니가전서 4장 16~17절 말씀을 사용한다.

"주께서 호령과 천사장의 소리와 하나님의 나팔로 친히 하늘로 좇아 강림하시리니 그리스도 안에서 죽은 자들이 먼저 일어나고 그 후에 우리 살아 남은

---

58) 옥스퍼드 원어 성경 대전, 요한계시록 1-11장, 제자원, pp. 309~310.
59) 계시록 난해 해설, 흰돌, 이광복, p. 533.
60) 쉽게 이해되는 요한계시록, 하나, 노우호, p. 255.
61) 요한계시록 심층분석 주해와 연구, 신생, 민병석, p. 444.

자도 저희와 함께 구름 속으로 끌어 올려 공중에서 주를 영접하게 하시리니 그리하여 우리가 항상 주와 함께 있으리라"(살전 4:16~17).

위의 말씀은 7년 대환난 전에 휴거 된다는 주장을 입증하는 말씀이 아니라, 천년왕국이 끝나는 시점에 성취되는 사건을 계시하는 말씀이다. 본문 앞에 있는 13절 말씀부터 살펴보면 성부 하나님이 친히 강림하시는 사건임을 보여준다.

"형제들아 자는 자들에 관하여는 너희가 알지 못함을 우리가 원치 아니하노니 이는 소망 없는 다른 이와 같이 슬퍼하지 않게 하려 함이라 우리가 예수의 죽었다가 다시 사심을 믿을진대 이와 같이 예수 안에서 자는 자들도 하나님이 저와 함께 데리고 오시리라 우리가 주의 말씀으로 너희에게 이것을 말하노니 주 강림하실 때까지 우리 살아 남아 있는 자도 자는 자보다 결단코 앞서지 못하리라"(살전 4:13~15).

성부 하나님이 친히 세세토록 왕 노릇 하시는 시기는 천년왕국이 끝난 이후의 시점이다. 천년왕국이 끝나면 예수 그리스도께서 불가불 왕 노릇 하던 그 나라를 아버지 하나님께 바치게 된다. 이때가 마지막 나팔인 일곱째 나팔 사건임을 성경은 증거하고 있다.

"아담 안에서 모든 사람이 죽은 것같이 그리스도 안에서 모든 사람이 삶을 얻으리라 그러나 각각 자기 차례대로 되리니 먼저는 첫 열매인 그리스도요 다음에는 그리스도 강림하실 때에 그에게 붙은 자요 그 후에는 나중이니 저가 모든 정사와 모든 권세와 능력을 멸하시고 나라를 아버지 하나님께 바칠 때라 저가 모든 원수를 그 발아래 둘 때까지 불가불 왕 노릇 하시리니 맨 나중에 멸망 받을 원수는 사망이니라"(고전 15:22~26).

"형제들아 내가 이것을 말하노니 혈과 육은 하나님 나라를 유업으로 받을 수 없고 또한 썩은 것은 썩지 아니한 것을 유업으로 받지 못하느니라 보라 내가 너희에게 비밀을 말하노니 우리가 다 잠잘 것이 아니요 마지막 나팔에 순식간에 홀연히 다 변화하리니 나팔 소리가 나매 죽은 자들이 썩지 아니할 것으로 다시 살고 우리도 변화하리라 이 썩을 것이 불가불 썩지 아니할 것을 입겠고 이 죽을 것이 죽지 아니함을 입으리로다 이 썩을 것이 썩지 아니함을 입고 이 죽을 것이 죽지 아니함을 입을 때에는 사망이 이김의 삼킨바 되리라고 기록된 말씀이 응하리라"(고전 15:50~54).

"일곱째 천사가 나팔을 불매 하늘에 큰 음성들이 나서 가로되 세상 나라가 우리 주와 그 그리스도의 나라가 되어 그가 세세토록 왕 노릇 하시리로다 하니 하나님 앞에 자기 보좌에 앉은 이십사 장로들이 엎드려 얼굴을 대고 하나님께 경배하여 가로되 감사하옵나니 옛적에도 계셨고 시방도 계신 주 하나님 곧 전능하신 이여 친히 큰 권능을 잡으시고 왕 노릇 하시도다 이방들이 분노하매 주의 진노가 임하여 죽은 자를 심판하시며 종 선지자들과 성도들과 또 무론대소하고 주의 이름을 경외하는 자들에게 상 주시며 또 땅을 망하게 하는 자들을 멸망시키실 때로소이다 하더라"(계 11:15~18).

⑤ 데살로니가전서 1장 10절과 5장 9절 말씀을 근거(根據)로 한다.

"또 죽은 자들 가운데서 다시 살리신 그의 아들이 하늘로부터 강림하심을 기다린다고 말하니 이는 장래 노하심에서 우리를 건지시는 예수시니라"(살전 1:10).

"하나님이 우리를 세우심은 노하심에 이르게 하심이 아니요 오직 우리 주 예수 그리스도로 말미암아 구원을 얻게 하신 것이라"(살전 5:9).

위의 말씀들이 우리를 장래 노하심에서 건지신다고 증거하고 있기 때문에 환난 전에 휴거 될 것이라 주장한다.

“장래 노하심에서 우리를 건지신다”는 말씀에서 ‘건지신다’에 사용된 헬라어인 ‘ῥύομα’(뤼오마이)는 ‘구출하다(rescue), 구해내다(deliver), 보존하다(preserve), 구하다(save)’라는 의미를 갖고 있다. 이것은 휴거(ἁρπάζω, 하르파조: 훔치다, 잡아채다, 데려가다)를 의미하는 것이 아니다. 환난 전에 휴거시킨다는 말이 아니라 장차 올 하나님의 진노하심(후3년 반)에서 하나님이 예비하신 보호처로 건져내시는 은혜를 받게 될 것을 의미하는 것이다.

“그들의 진노(震怒)의 큰 날이 이르렀으니 누가 능히 서리요 하더라”(계 6:17).

“내가 또 보고 들으니 공중에 날아가는 독수리가 큰 소리로 이르되 땅에 거하는 자들에게 화, 화, 화가 있으리로다 이외에도 세 천사의 불 나팔소리를 인함이로다 하더라”(계 8:13).

“빈약한 자를 권고하는 자가 복이 있음이여 재앙의 날에 여호와께서 저를 건지시리로다 여호와께서 저를 보호하사 살게 하시리니 저가 세상에서 복을 받을 것이라 주여 저를 그 원수의 뜻에 맡기지 마소서”(시 41:1~2).

“그 여자가 광야로 도망하매 거기서 일천 이백 육십일 동안 저를 양육하기 위하여 하나님의 예비하신 곳이 있더라 하늘에 전쟁이 있으니 미가엘과 그의 사자들이 용으로 더불어 싸울새 용과 그의 사자들도 싸우나 이기지 못하여 다시 하늘에서 저희의 있을 곳을 얻지 못한지라 큰 용이 내어 쫓기니 옛 뱀 곧 마귀라고도 하고 사탄이라고도 하는 온 천하를 꾀는 자라 땅으로 내어 쫓기니 그의 사자들도 저와 함께 내어 쫓기니라 내가 또 들으니 하늘에 큰 음성이 있어 가로되 이제 우리 하나님의 구원과 능력과 나라와 또 그의 그리스도의 권세가 이루었으니 우리 형제들을 참소하던 자 곧 우리 하나님 앞에 서 밤낮 참소하던 자가 쫓겨났고 또 여러 형제가 어린양의 피와 자기의 증거하는 말을 인하여 저를 이기었으니 그들은 죽기까지 자기 생명을 아끼지 아니하였도다 그러므로 하늘과 그 가운데 거하는 자들은 즐거워하라 그러나 땅과 바다는 화 있을진저 이는 마귀가 자기의 때가 얼마 못된 줄을 알므로 크게 분내어 너희에게 내려갔음이라 하더라 용이 자기가 땅으로 내어쫓긴 것을 보고 남자를 낳은 여자를 핍박하는지라 그 여자가 큰 독수리의 두 날개를 받아 광야 자기 곳으로 날아가 거기서 그 뱀의 낯을 피하여 한 때와 두 때와 반 때를 양육 받으매"(계 12:6~14).

"노하심에 이르게 하심이 아니요"라고 한 말씀은 휴거나 대환난에 관설(觀設)한 바 없으니 이것은 교회가 최종 심판에 하나님의 진노를 면할 것을 의미한 것이요, 대환난을 피할 것을 가리킴이 아니다. 또 설혹 노하심이 대환난을 포함한다 하더라도 이것은 교회가 세계로부터 이전된 것을 암시하지 않고 다만 구출받음을 뜻할 뿐이다.[62]

⑥ 마태복음 24장 37~44, 누가복음 17장 26~30절 말씀을 활용(活用)한다.

"노아의 때와 같이 인자의 임함도 그러하리라 홍수 전에 노아가 방주에 들어가던 날까지 사람들이 먹고 마시고 장가 들고 시집 가고 있으면서 홍수가 나서 저희를 다 멸하기까지 깨닫지 못하였으니 인자의 임함도 이와 같으리라 그 때에 두 사람이 밭에 있으매 하나는 데려감을 당하고 하나는 버려둠을 당할 것이요 두 여자가 매를 갈고 있으매 하나는 데려감을 당하고 하나는 버려둠을 당할 것이니라 그러므로 깨어 있으라 어느 날에 너희 주가 임할는지 너희

62) 박형룡 박사 저작전집 내세론, 박형룡, 한국기독교교육연구원, p. 204.

가 알지 못함이니라 너희도 아는 바니 만일 집 주인이 도적이 어느 경점에 올 줄을 알았더면 깨어 있어 그 집을 뚫지 못하게 하였으리라 이러므로 너희도 예비하고 있으라 생각지 않은 때에 인자가 오리라"(마 24:37~44).

"노아의 때에 된 것과 같이 인자의 때에도 그러하리라 노아가 방주에 들어가던 날까지 사람들이 먹고 마시고 장가 들고 시집 가더니 홍수가 나서 저희를 다 멸하였으며 또 롯의 때와 같으리니 사람들이 먹고 마시고 사고 팔고 심고 집을 짓더니 롯이 소돔에서 나가던 날에 하늘로서 불과 유황이 비오듯하여 저희를 멸하였느니라 인자의 나타나는 날에도 이러하리라"(눅 17:26~30).

노아와 롯 가정이 심판이 임하기 전에 구원의 방주에 올라타고 소돔 성에서 이끌려 나온 것처럼, 신실한 교회와 성도들도 7년 대환난이 시작되기 전에 공중으로 휴거되어 환난을 피하게 된다고 주장한다.

이 견해를 펼치는 사람들이 범하고 있는 한 가지 중요한 오류(誤謬)가 있다. 성경에서 말하고 있는 환난과 하나님의 진노 심판을 구별하지 못하는 것이다.

노아 가정의 경우 하나님의 홍수 심판을 예고하며 방주를 짓는 동안 세상 사람들로부터 온갖 비웃음과 조롱을 당하고, 환난과 핍박을 당하는 시련을 겪었음을 간과(看過)하고 있다. 노아의 가정은 방주를 짓는 기간에 환난을 겪으며 믿음으로 통과했고, 하나님의 진노의 심판이 임하기 직전에 방주에 들어가 보호를 받고 구원을 얻게 된 것이다. 다시 말해서 40주야의 홍수 기간은 환난 기간이 아니라 하나님의 진노 심판이 쏟아지는 기간이었다.

롯 가정의 경우도 마찬가지다. 두 천사가 멸망의 예언 소식을 전해준 후 그 사실을 전하면서 소돔성 안에서 환난의 시간을 겪은 뒤에 유황과 불비를 쏟아 부으시는 하나님의 진노의 심판을 피하는 은혜를 받게 된 것이다.

"그들의 눕기 전에 그 성 사람 곧 소돔 백성들이 무론 노소하고 사방에서 다 모여 그 집을 에워싸고 롯을 부르고 그에게 이르되 이 저녁에 네게 온 사람이 어디 있느냐 이끌어내라 우리가 그들을 상관하리라 롯이 문밖의 무리에게로 나가서 뒤로 문을 닫고 이르되 청하노니 내 형제들아 이런 악을 행치 말라 내게 남자를 가까이 아니한 두 딸이 있노라 청컨대 내가 그들을 너희에게로 이끌어내리니 너희 눈에 좋은 대로 그들에게 행하고 이 사람들은 내 집에 들어왔은즉 이 사람들에게는 아무 짓도 하지 말라 그들이 가로되 너는 물러나라 또 가로되 이놈이 들어와서 우거하면서 우리의 법관이 되려 하는도다 이제 우리가 그들보다 너를 더 해하리라 하고 롯을 밀치며 가까이 나아와서 그 문을 깨치려 하는지라 그 사람들이 손을 내밀어 롯을 집으로 끌어 들이고 문을 닫으며 문 밖의 무리로 무론 대소하고 그 눈을 어둡게 하니 그들이 문을 찾느라고 곤비하였더라 그 사람들이 롯에게 이르되 이 외에 네게 속한 자가 또 있느냐 네 사위나 자녀나 성중에 네게 속한 자들을 다 성 밖으로 이끌어내라 그들에 대하여 부르짖음이 여호와 앞에 크므로 여호와께서 우리로 이곳을 멸하러 보내셨나니 우리가 멸하리라 롯이 나가서 그 딸들과 정혼한 사위들에게 고하여 이르되 여호와께서 이 성을 멸하실 터이니 너희는 일어나 이곳에서 떠나라 하되 그 사위들이 농담으로 여겼더라 동틀 때에 천사가 롯을 재촉하여 가로되 일어나 여기 있는 네 아내와 두 딸을 이끌라 이 성의 죄악 중에 함께 멸망할까 하노라 그러나 롯이 지체하매 그 사람들이 롯의 손과 그 아내의 손과 두 딸의 손을 잡아 인도하여 성밖에 두니 여호와께서 그에게 인자를 더하심이었더라"(창 19:4~16).

성경은 롯의 가정이 소돔성 사람들로부터 두 천사에 대한 성적 폭력을 예방하기 위하여 두 딸을 내어 놓겠다는 결정을 하면서까지 환난을 당하였고, 사위들이 롯이 전하는 멸망의 소식을 농담으로 여기고 믿지 않는 아픔과 고통을 겪은 후에 유황불이 쏟아지는 하나님의 진노 심판으로부터 피하는 은혜를 받았음을 증거하고 있다.

"소돔과 고모라 성을 멸망하기로 정하여 재가 되게 하사 후세에 경건치 아니할 자들에게 본을 삼으셨으며 무법한 자의 음란한 행실을 인하여 고통하는 의로운 롯을 건지셨으니 (이 의인이 저희 중에 거하여 날마다 저 불법한 행실을 보고 들음으로 그 의로운 심령을 상하니라)"(벧후 2:6~8).

"주께서 그 사랑하시는 자를 징계하시고 그의 받으시는 아들마다 채찍질하심이니라 하였으니 너희가 참음은 징계를 받기 위함이라 하나님이 아들과 같이 너희를 대우하시나니 어찌 아비가 징계하지 않는 아들이 있으리요 징계는 다 받는 것이거늘 너희에게 없으면 사생자요 참 아들이 아니니라"(히 12:6~8).

"무릇 그리스도 예수 안에서 경건하게 살고자 하는 자는 핍박을 받으리라"(딤후 3:12).

3) 천년왕국 이전으로 보는 견해

어린양 혼인 잔치의 시기가 가까운 미래에 관한 예언적(豫言的) 언급으로서, 이 어린양의 혼인은 천년왕국의 통치가 시작(始作)될 때 일어날 것으로 보는 견해인데, 랑게(J.P. Lange), 스콜피드(C. I. Scofield), 무어헤드(Moorehead), 개벨라인(A.C. Gaebelein), 글레스고우(Glasgow), 크레이븐(Craven) 등이 지지하는 이론이다.

랑게(J.P. Lange)는 "어린양의 혼인 잔치가 천년왕국 후에 이루어질 것으로 보는 견해는 매우 편협한 생각이다. 주님의 비유에서도 주님의 재림은 혼인의 시작으로 표현되고 있다. 혼인과 혼인잔치는 서로 구별되는 것이기는 하나 동시에 일어나는 것이다"고 하였으며, 크레이븐(Craven)은 "신부는 재림 시의 성도들 전체(첫째 부활 때 살아있었거나 죽었던 자들 모두)이며, 혼인은 성도들이 그리스도와 더불어 그의 영광과 통치에 개인적으로 참예하는 것을 의미한다. 21장 1~2절의 환상은 혼인에 대한 언급이 아니라, 신부의 새로운 현현에 대한 언급이다"고 하였다.[63]

이 견해는 예수 그리스도 재림 시점으로 보는 견해와 거의 유사한 견해라 보여진다. 예수 그리스도 재림 이후 천년왕국이 없다고 생각하는 무천년주의자들이 '예수 그리스도 재림 시점'이라 말하는 것이라면, '천년왕국 이전 시점'이라 보는 사람들은 예수 그리스도 재림 이후 이 땅에 천년왕국 기간이 있을 것이라고 믿는 사람들이 표현하는 말이다.

이 둘은 그 시점이 동일한 시점을 나타낸다고 볼 수 있다. 그러므로 이 견해가 갖는 문제점 또한 '예수 그리스도 재림 시점'으로 보는 견해와 동일하다.

4) 천년왕국 기간으로 보는 견해

이 견해는, 예수 그리스도 재림 이후 이 땅에 첫째 부활에 참여한 자들이 예수 그리스도와 더불어 왕 노릇 하는 천년왕국 기간이 이루어질 것인데, 그 천년왕국 기간을 어린양의 혼인 잔치 기간이라 해석한다.

이 말씀의 의미는 천년왕국에 왕 같은 제사장의 권한으로 입성할 그 예약된 시간에 거의 도달하였음을 나타내 주고 있기에 "어린양의 혼인 잔치"는 천년왕국에서 그리스도와 함께 천년 동안 왕 노릇 함으

63) 계시록 난해 해설, 흰돌, 이광복, p. 531.

로 그 성취가 있을 것이다.[64)]

본문에 나오는 말씀을 보면, "어린양의 혼인 잔치"란 7년간 공중 휴거 기간이 아니라, 그리스도가 통치하시는 '천년왕국'에서 그리스도와 함께 천 년간 지내는 성도들의 새로운 축복된 생활을 의미해 주는 말임을 명백히 하고 있다. 그 같은 어린양의 혼인 기약이 이르렀다고 한 것이다. 이제 곧 이 땅 위에 이 나라가 실현될 것이다. 어린양의 혼인 잔치 시점에 대한 다양한 견해 가운데 전체적인 성경의 증거 말씀에 가장 적합한 견해가 이 견해라 생각된다. 이 견해만이 마 22:1~14 말씀에 증거되는 혼인 잔치에 예복을 입지 않고 들어온 사람에 대한 의문에 답을 줄 수 있다. 장차 될 예언에 대해 완벽한 확신을 주장하기 어려우나 성경이 증거해 주는 계시 안에서 성경과 상충되지 않고 가장 조화를 이루는 해석이 이 견해라 여겨진다.[65)]

5) 천년왕국 후의 일로 보는 견해

어린양의 혼인 잔치 시점을 천년왕국이 끝난 뒤 최종적으로 곡과 마곡의 전쟁을 통해 이 세상 모든 불신의 세력들을 멸하고, 사탄의 멸망과 만민의 심판이 이루어진 이후에 성취된다고 보는 견해다.

어린양의 혼인 잔치의 시기가 먼 미래에 관한 언급, 즉 천년왕국 이후의 때에 관한 언급이라는 견해로서 알포드(Henry Alford), 준델(Zundel), 듀스터디에크(Dusterdiek), 헹스텐버그(Hengstenberg), 바이드너

64) 계시록 난해 해설, 흰돌, 이광복, p. 533.
65) 요한계시록 심층분석 주해와 연구, 신성, 민병석, p. 444.

(Weidner) 등이 주장하는 이론이다.

파우셋(Fausset)은 "완전하고 최종적인 완성은 21장 2~9절에서 이루어진다. 그러나 이 일이 있기 전에 반드시 그리스도께서 오실 때의 짐승의 멸망, 사탄의 결박, 천년 동안의 통치, 사탄을 놓아 줌, 사탄의 최종적인 멸망, 그리고 만인의 심판이 있을 것이다. 택함 받은 교회는 음녀의 멸망 후, 곧 그리스도께서 오실 때 변화되어, 짐승들을 정복하신 그리스도의 승리 안에서 그와 연합할 것이다"라고 하였으며, 바이드너(Weidner)는 "예언적인 관점에서 이 어린양의 혼인 시기는 다가온 것으로 생각되고 있으나, 환상 속에서는 아직 그 일이 일어나지 않았으며, 또 20장 14절에서 예언된 사건들 이후까지 일어나지 않고 있다"고 하였으며, 헹스텐버그(Hengstenberg)는 "비트링가는 9절로부터 잘못 추론해서 이를 혼인 잔치라고 생각하는데, 이것은 혼인 만찬이나 혼인 잔치가 아니라 혼인 그 자체이다. 여기 '이르렀고'라는 말은 문 앞에 이미 도달했다는 뜻이다. 그러나 마치 신랑을 기다리는 신부처럼 예비하고 단장한 새 예루살렘이 환상 중에 보인 것은 오직 21장 1~2절에서이다.

그러므로 이 혼인의 때는 이미 열왕들을 정복한 이후이고, 천년의 통치사가 지난 이후이며, 곡과 마곡을 최종적으로 정복한 이후이다.[66]

이 견해 또한 마태복음 22장 1~14절 말씀과 상충(相衝)되는 문제점을 안고 있다. 예수님이 천국에 대한 비유로 어린양의 혼인 잔치에 대해 언급하신 내용을 보면, 혼인 잔치에 청함을 받은 자 중에 '예복을 입지 않은 사람'이 참여하고 있다는 것이다.

"임금이 손을 보러 들어올새 거기서 예복을 입지 않은 한 사람을 보고 가로

66) 계시록 난해 해설, 흰돌, 이광복, pp. 530~531.

되 친구여 어찌하여 예복을 입지 않고 여기 들어왔느냐 하니 저가 유구무언이어늘 임금이 사환들에게 말하되 그 수족을 결박하여 바깥 어두움에 내어던지라 거기서 슬피 울며 이를 갊이 있으리라 하니라 청함을 받은 자는 많되 택함을 입은 자는 적으니라"(마 22:11~14).

만일 모든 불의의 세력들이 멸망 받은 후에 어린양의 혼인 잔치가 벌어진다면 그곳에 예복을 입지 않은 손님이 초대되어 들어올 수 있겠는가?

2

어린양의 혼인 잔치에 들어가는 대상은 누구인가?

1) 어린양의 신부만 들어간다는 견해

어린양의 혼인 잔치에는 신부 단장을 마친 어린양의 신부인 성도들 모두가 참여하고, 신부 외에는 아무도 참여하지 않는다고 주장한다.

이들은 혼인 잔치에 청함을 받은 자와 어린양의 신부를 동일한 대상으로 보고, 개인적으로는 초청받은 자이지만, 집합적으로는 어린양의 신부 된 교회이기 때문이라고 해석한다.

따라서 본 저자는 "어린양의 혼인 잔치"가 아직은 이루어지지 아니한 미래의 일로서, 19장은 그 내용을 예언적으로 나타내 주는 것이며 20장은 천년왕국에서 그 혼인 잔치가 있을 것으로 본다. 그리고 본문의 내용을 근거로 혼인 잔치에 초청을 받은 자와 어린양의 신부를 분리하는 이론도 배척받아야 할 것이다. 왜냐하면, 예수님의 비유를 볼 때 "천국의 혼인 잔치 비유"(마 22:1~4)나 "열 처녀의 비유"(마 25:1~13) 등을 주인공 격인 신부에 대한 언급이 없음은 신부와 초청자를 구분하려는 것이 아니기 때문이다. 그러므로 혼인 잔치에 초청을 받은 자와 어린양의 신부는 동일한 성도들을 암시하는 비유적 표현으로 본다."[67]

크레이븐(Craven)은 "신부는 재림 시의 성도들 전체(첫째 부활 때 살아있었거나 죽었던 자들 모두)이며, 혼인은 성도들이 그리스도와 더불어 그의 영광과 통치에 개인적으로 참예하는 것을 의미한다…"고 하였다.[68]

래드(G. E. Ladd)는 이 '신부'와 '청함 받은 자'를 구분하지 않는다. 그는 묵시문학의 비유적 언어의 유연성으로 이를 이해한다. 즉 본서에서는 그리스도를 어린양과 양들의 목자로(7:17), 또는 정복하는 전사로(계 19:11) 표현하기도 한다. 이와 마찬가지로 교회도 신부인 동시에 초대받은 자들로 표현한다는 것이다. 또한 래드는 신약성경 중에 로마서 7:1~4, 고린도후서 11:2, 에베소서 5:25 등에서는 교회가 그리스도의 신부로 표현된 반면에 마태복음 22:2~14, 마가복음 2:19, 20, 요한복음 3:29 등에서는 오히려 성도들이 혼인집의 손님으로 나타나고 있는 점을 들면서, 본문에서의 '신부'와 어린양의 혼인 잔치에 '청함을 입은 자들'은 다 같이 교회와 성도를 표현한 것으로 본다.[69]

2) 신부와 청함을 입은 자들이 들어간다고 보는 견해

본문 7절의 '신부'와 9절의 '혼인 잔치에 청함을 입은 자들'이 동일한 대상이 아니라 다른 대상을 나타낸다고 보는 견해다.

왈부드(Walvood)는 그의 계시록 주석에서 본문 7절의 '신부'와 9절의

67) 계시록 난해 해설, 흰돌, 이광복, p. 534.
68) 계시록 난해 해설, 흰돌, 이광복, p. 531.
69) 호크마 종합 주석 요한일서-요한계시록, 기독지혜사, 강병도, p. 522.

'어린양의 혼인 잔치에 청함 받은 자'를 다른 것으로 해석한다.[70]

3) 신부와 예복을 입은 손님들과 예복을 입지 않은 손님까지 세 부류가 들어간다고 보는 견해

이 견해는 성경이 증거하는 말씀을 문자적으로 충실히 따르고자 할 때, 귀결(歸結)되는 주장이라 여겨진다.

⑴ 마 22:1~14 혼인 잔치 비유와 일치한다.

우리는 앞에서 어린양의 혼인 잔치 시점에 대한 견해들을 살펴보았다. 그중에 역사적 전천년설 입장을 견지하는 견해 가운데 '천년왕국 기간'을 '어린양의 혼인 잔치 기간'으로 보는 주장이 있었다. 필자도 그 견해가 성경적이라 여겨진다. 그렇다면 천년왕국(어린양의 혼인 잔치)에 들어간 사람들이 누구인가? 요한계시록 20장 7~10절 말씀을 살펴보자.

> "천년이 차매 사탄이 그 옥에서 놓여 나와서 땅의 사방 백성 곧 곡과 마곡을 미혹하고 모아 싸움을 붙이리니 그 수가 바다 모래 같으리라 저희가 지면에 널리 퍼져 성도들의 진과 사랑하시는 성을 두르매 하늘에서 불이 내려와 저희를 소멸하고 또 저희를 미혹하는 마귀가 불과 유황 못에 던지우니 거기는 그 짐승과 거짓 선지자도 있어 세세토록 밤낮 괴로움을 받으리라"(계 20:7~10).

필자는 사탄이 결박되어 무저갱에 던져 감금됨으로 만국을 미혹

70) 호크마 종합 주석 요한일서-요한계시록, 기독지혜사, 강병도, p. 522.

하지 못하는 천년 동안 이 땅에서는 예수 그리스도와 첫째 부활에 참여한 성도들이 왕 노릇 하는 천년왕국이 이루어진다고 본다.

이 천년왕국 기간을 어린양의 혼인잔치 기간으로 보는 데도 동의한다. 그런데 이 혼인잔치에 참여하는 사람들이 신부뿐이라든가, 아니면 신부와 청함 받은 자들뿐이라는 의견에는 동의할 수 없다. 왜냐하면 성경의 증거 말씀과 상충(相衝)되기 때문이다.

위의 본문 계시록 20장 7~10절 말씀에는 천년왕국에 분명 세 부류의 사람들이 존재하고 있음을 보여주고 있다.

첫째, 사탄이 놓여 나와서 미혹하는 "땅의 사방 백성 곧 곡과 마곡"이 존재한다.

둘째, "지면에 널리 퍼져 있는 성도들의 진"이 존재한다.

셋째, "사랑하시는 성"이 존재한다.

계시록 20장 7~10절 말씀은 예수님의 혼인 잔치 비유(마 22:1~14)와 병행(竝行)을 이루는 말씀이라 할 수 있다.

"예수께서 다시 비유로 대답하여 가라사대 천국은 마치 자기 아들을 위하여 혼인 잔치를 베푼 어떤 임금과 같으니 그 종들을 보내어 그 청한 사람들을 혼인 잔치에 오라 하였더니 오기를 싫어하거늘 다시 다른 종들을 보내며 가로되 청한 사람들에게 이르기를 내가 오찬을 준비하되 나의 소와 살진 짐승을 잡고 모든 것을 갖추었으니 혼인 잔치에 오소서 하라 하였더니 저희가 돌아보지도 않고 하나는 자기 밭으로, 하나는 자기 상업차로 가고 그 남은 자들은 종들을 잡아 능욕하고 죽이니 임금이 노하여 군대를 보내어 그 살인한 자들을 진멸하고 그 동네를 불사르고 이에 종들에게 이르되 혼인 잔치는 예비되었으나 청한 사람들은 합당치 아니하니 사거리 길에 가서 사람을 만나는 대로 혼인 잔치에 청하여 오너라 한대 종들이 길에 나가 악한 자나 선한 자나 만나는 대로 모두 데려오니 혼인자리에 손이 가득한지라 임금이 손을 보러 들어올새 거기서 예복을 입지 않은 한 사람을 보고 가로되 친구여 어찌하여 예복을 입지 않고 여기 들어왔느냐 하니 저가 유구무언이어늘 임금이 사환들에게 말하되 그 수족을 결박하여 바깥 어두움에 내어 던지라 거기서 슬피 울며 이를 갊이 있으리라 하니라 청함을 받은 자는 많되 택함을 입은 자는 적으니라"(마 22:1~14).

두 말씀을 자세히 고찰하면, 분명 어린양의 혼인 잔치 기간인 천년왕국 기간에 세 부류의 사람들이 존재하고 있음을 알 수 있다.

본문에 계시되는 "사랑하시는 성"이 '신부'에 속한다. 그리고 "성도들의 진"은 '예복을 입고 어린양의 혼인 잔치에 청함을 입은 성도들'에 속한다. 그리고 마지막 사탄이 미혹하는 "땅의 사방 백성 곧 곡과 마곡"은 '예복을 입지 않고 혼인 잔치에 들어온 손님'에 속한다.

천년왕국 기간을 어린양의 혼인 잔치 기간으로 볼 때, 그 자리에 세 부류의 사람들이 들어간다고 해석하는 것이 본문에 충실한 해석이 될 수 있고, 성경의 증거와 자연스러운 조화를 이루게 된다.

그동안은 사탄이 천년 후에 놓여 나와서 미혹하는 "땅의 사방 백성 곧 곡과 마곡"을 천년왕국에서 번성한 사람들 가운데서 미혹받은 백성으로 해석해 왔다. 그렇게 해석하는 이유는 천년왕국에서 번성한 후손들이 예수 그리스도의 복음으로 거듭나야 하기 때문에 사탄의 미혹을 받는 시험을 통과해야 한다고 주장한다.

천년왕국에는 이 사탄에게 미혹받을 백성들이 많이 존재한다는 사실을 알아야 한다. 천년 간의 역사 속에서 많은 2세들이 태어났다. 그들은 죄가 없는 세상에서 태어났으므로 천년 간의 세월을 죄 없는 상태에서 성장했을 것이며, 그리스도의 지배도 받아 왔고, 하나님을 경외하는 지식 가운데서 자랐을 것이다. 그러나 이들은 사탄의 시험의 대상이 된 것이다. 이들이 비록 죄없이 의로운 생활을 했더라도 거듭난 것은 아니다. 에덴에서 아담과 하와가 거룩한 생활을 했으며 하나님을 경외하며 교제하는 생활을 해 왔지만, 그들이 거듭난 생명을 소유하고 있었던 것은 아니었듯이 말이다.

거듭나지 못한 사람은 사탄의 미혹의 대상이 된다. 에덴동산에서 뱀이 나타나 하와를 미혹했을 때 하나님을 거역하고 사탄의 미혹에 넘어갔다. 이처럼 천년왕국에서 태어난 2세들은 무저갱에서 놓음 받은 사탄의 미혹을 받게 되며, 이 미혹에 넘어간 자의 수효가 무려 '바다 모래 같다'고 했다. 그러나 지상에서 천년왕국에 들어간 성도들은 이미 예수를 영접하여 거듭나 영원한 생명을 소유하고 있으므로 이 같은 미혹의 대상이 될 수 없다.

이때 천년왕국에서 태어난 2세 중 예수 그리스도를 영접하여 중생하는 구원의 역사가 일어날 것이다. 천국에서 영광을 누리게 할 하나님의 백성을 택정하시는 일은, 지난날 지구에서 살아간 인류에게만 해당되는 것이 아니라 천년왕국에서 태어날 백성들에게도 해당된다면, 이 나라에서도 선택받은 백성과 유기(遺棄)될 백성이 있을 것이다. 사탄의 미혹을 통해서 이 같은 일이 판가름 날 것이다.[71]

천년왕국이 끝나고 사탄이 잠시 놓여 땅의 사방 백성 '곡과 마곡'을 미혹하여 '성도들의 진과 사랑하시는 성'을 둘러 전쟁을 일으키는 사건을 해석하기 위해 사탄에게 미혹되는 대상에 대해 대부분의 사람들이 이와 같이 주장했다.

그런데 이와 같은 주장에 쉽게 동의할 수 없는 두 가지 측면이 있다.

① 요한계시록 20장 7~10절 본문 말씀 해석에 미흡한 부분이 있다.

---

71) 요한계시록 심층분석 주해와 연구, 신성, 민병석, p. 482.

요한계시록 20장 7~10절의 본문을 자세히 고찰하면, 주 예수님이 통치하는 천년왕국에 들어가 그리스도와 더불어 왕 노릇 하게 되는 첫째 부활 성도들이 사는 장소가 '사랑하시는 성'이고, 예비처로 피해 양육받던 성도들이 살아가는 장소가 '성도들의 진'이 되었을 것이라는 합리적 판단이 가능하다.

사탄이 놓여 나와서 미혹한 백성은 '사랑하시는 성'에 속한 사람이 아니고 성도들의 진에 속한 백성들도 아니다. 사탄이 미혹한 백성은 땅의 사방 백성인 곡과 마곡이었다고 증거하고 있다. 천년왕국이 끝나고 사탄이 놓여 나왔을 때 천년왕국에는 이미 땅의 사방 백성인 곡과 마곡이 존재하고 있었음을 시사하고 있음을 주목해야 한다.

② 천년왕국에서 번성한 복된 자들의 자손들이 사탄의 미혹을 받는가?

예수 그리스도와 첫째 부활 성도들이 다스리는 천년왕국은 이사야서가 예언하는 메시아 왕국의 성취라 할 수 있다.

> "이새의 줄기에서 한 싹이 나며 그 뿌리에서 한 가지가 나서 결실할 것이요 여호와의 신 곧 지혜와 총명의 신이요 모략과 재능의 신이요 지식과 여호와를 경외하는 신이 그 위에 강림하시리니 그가 여호와를 경외함으로 즐거움을 삼을 것이며 그 눈에 보이는 대로 심판치 아니하며 귀에 들리는 대로 판단치 아니하며 공의로 빈핍한 자를 심판하며 정직으로 세상의 겸손한 자를 판단할 것이며 그 입의 막대기로 세상을 치며 입술의 기운으로 악인을 죽일 것이며 공의로 그 허리띠를 삼으며 성실로 몸의 띠를 삼으리라 그때에 이리가 어린양과 함께 거하며 표범이 어린 염소와 함께 누우며 송아지와 어린 사자와 살찐 짐승이 함께 있어 어린아이에게 끌리며 암소와 곰이 함께 먹으며 그것들의 새끼가 함께 엎드리며 사자가 소처럼 풀을 먹을 것이며 젖먹는 아이가 독

사의 구멍에서 장난하며 젖뗀 어린아이가 독사의 굴에 손을 넣을 것이라 나의 거룩한 산 모든 곳에서 해됨도 없고 상함도 없을 것이니 이는 물이 바다를 덮음같이 여호와를 아는 지식이 세상에 충만할 것임이니라"(사 11:1~9).

"광야와 메마른 땅이 기뻐하며 사막이 백합화같이 피어 즐거워하며 무성하게 피어 기쁜 노래로 즐거워하며 레바논의 영광과 갈멜과 사론의 아름다움을 얻을 것이라 그것들이 여호와의 영광 곧 우리 하나님의 아름다움을 보리로다 너희는 약한 손을 강하게 하여주며 떨리는 무릎을 굳게 하여주며 겁내는 자에게 이르기를 너는 굳세게 하라, 두려워 말라, 보라 너희 하나님이 오사 보수하시며 보복하여 주실 것이라 그가 오사 너희를 구하시리라 하라 그때에 소경의 눈이 밝을 것이며 귀머거리의 귀가 열릴 것이며 그때에 저는 자는 사슴같이 뛸 것이며 벙어리의 혀는 노래하리니 이는 광야에서 물이 솟겠고 사막에서 시내가 흐를 것임이라 뜨거운 사막이 변하여 못이 될 것이며 메마른 땅이 변하여 원천이 될 것이며 시랑의 눕던 곳에 풀과 갈대와 부들이 날 것이며 거기 대로가 있어 그 길을 거룩한 길이라 일컫는 바 되리니 깨끗지 못한 자는 지나지 못하겠고 오직 구속함을 입은 자들을 위하여 있게 된 것이라 우매한 행인은 그 길을 범치 못할 것이며 거기는 사자가 없고 사나운 짐승이 그리로 올라가지 아니하므로 그것을 만나지 못하겠고 오직 구속함을 얻은 자만 그리로 행할 것이며 여호와의 속량함을 얻은 자들이 돌아오되 노래하며 시온에 이르러 그 머리 위에 영영한 희락을 띠고 기쁨과 즐거움을 얻으리니 슬픔과 탄식이 달아나리로다"(사 35:1~10).

"보라 내가 새 하늘과 새 땅을 창조하나니 이전 것은 기억되거나 마음에 생각나지 아니할 것이라 너희는 나의 창조하는 것을 인하여 영원히 기뻐하며 즐거워할지니라 보라 내가 예루살렘으로 즐거움을 창조하며 그 백성으로 기쁨을 삼고 내가 예루살렘을 즐거워하며 나의 백성을 기뻐하리니 우는 소리와 부르짖는 소리가 그 가운데서 다시는 들리지 아니할 것이며 거기는 날 수가 많지 못하여 죽는 유아와 수한이 차지 못한 노인이 다시는 없을 것이라 곧 백세에 죽는 자가 아이겠고 백세 못되어 죽는 자는 저주 받은 것이리라 그들이 가옥을 건축하고 그것에 거하겠고 포도원을 재배하고 열매를 먹을 것이며 그들의 건축한 데 타인이 거하지 아니할 것이며 그들의 재배한 것을 타인이 먹지 아니하리니 이는 내 백성의 수한이 나무의 수한과 같겠고 나의 택한 자가 그 손으로 일한 것을 길이 누릴 것임이며 그들의 수고가 헛되지 않겠고 그들의 생산한 것이 재난에 걸리지 아니하리니 그들은 여호와의 복된 자의 자손이요 그 소생도 그들과 함께 될 것임이라 그들이 부르기 전에 내가 응답하겠고 그들이 말을 마치기 전에 내가 들을 것이며 이리와 어린양이 함께 먹을 것이며 사자가 소처럼 짚을 먹을 것이며 뱀은 흙으로 식물을 삼을 것이니 나의 성산에서는 해함도 없겠고 상함도 없으리라 여호와의 말이니라"(사 65:17~25).

천년왕국에 대해 예언하는 이사야 선지자의 위의 증거 말씀들을 보면 모두 '산'이 나온다. '거룩한 산'(11:9), '시온 산'(35:10), '성산'(65:25)이다. 이 산들은 모두 동일한 산을 지칭하는데, 계시록 14장 1절에 계시되고 있는 '시온 산'과 일치하는 산이라 볼 수 있다.

위의 말씀들 속에서 해함도 없고 상함도 없이 영영한 희락을 띠고 기쁨과 즐거움을 얻을 수 있는 곳은 거룩한 성산인 '시온 산'이라고 공통으로 밝혀주고 있다. 그곳에는 여호와 하나님께 구속함을 입은 사람들만 들어간다. 그곳은 하나님이 새롭게 창조한 새 예루살렘 성이 있다. 그곳은 하나님 여호와께 속량함을 얻은 백성들이 노래하며 들어가 사는 곳이다. 그곳에 들어가 사는 백성들은 여호와의 복된 자의 자손이요, 그들의 후손도 그들과 같을 것이라고 증거한다. 그곳은 여호와를 아는 지식이 물이 바다를 덮음같이 충만한 곳이다.

육적 이스라엘 백성들은 여호와를 아는 지식이 없으므로 망했지만(호 4:6), 천년왕국 동안 거룩한 '시온 산'에서 번성한 믿음의 후손들은 여호와를 아는 지식이 충만함으로 결코 멸망에 이르지 않을 것이다.

사탄이 풀려나와 거룩한 성산인 시온 산에 들어가 예수님이 다스리고 통치하는 백성들을 미혹하여 바다 모래같이 많이 모으는 일이 일어난다는 것은 불가능한 일이다. 사탄이 풀려나와 미혹한 백성은 땅의 사방 백성들이지 결코 거룩한 시온 산에서 번성한 복된 자의 후손들이 될 수 없다고 본다.

⑵ 계시록 2장 26～27절 말씀과 상통(相通)한다.

"이기는 자와 끝까지 내 일을 지키는 그에게 만국을 다스리는 권세를 주리니 그가 철장을 가지고 저희를 다스려 질그릇 깨뜨리는 것과 같이 하리라 나도 내 아버지께 받은 것이 그러하니라"(계 2:26~27).

위의 말씀은 두아디라 교회에 보내는 편지 내용으로 이기는 자에게 주시는 상급의 약속이다. 이기는 자와 끝까지 주님의 일을 지키는 자들에게 주시는 언약은 '철장 권세로 만국을 다스리게 한다'는 것이다.

이기는 자가 다스리는 '만국'은 '천국'이 될 수 없다. 천국은 성부 하나님이 직접 통치하시는 나라이다. 천국은 철장 권세로 다스릴 필요가 없는 곳이다.

이기는 자에게 약속된 만국은 이 땅 위에 세워질 천년왕국의 만국을 나타낸다. 그런데 천년왕국의 만국을 다스리는데 왜 철장 권세로 다스린다고 하는가? 요한계시록 19장 15절 말씀에서도 재림하시는 예수님이 만국을 친히 '철장 권세'로 다스릴 것을 계시해 주고 있다.

"그의 입에서 이한 검이 나오니 그것으로 만국을 치겠고 친히 저희를 철장으로 다스리며 또 친히 하나님 곧 전능하신 이의 맹렬한 진노의 포도주 틀을 밟겠고"(계 19:15).

예수님이 재림하신 이후 천년왕국에 '신부'만 들어간다면, 또 신부와 청함 받은 성도들만 들어간다면 예수님과 이긴 자들이 천년왕국에 들어간 자들을 '철장 권세'를 가지고 다스릴 필요가 있겠는가?

철장 권세를 가지고 다스리는 천년왕국에는 '땅의 사방 백성 곧 곡과 마곡'이 존재하기 때문에 예수 그리스도와 이긴 자들이 '철장 권세'를 가지고 다스릴 필요성이 있게 된다고 해석함이 성경의 증거 내용에 조화를 이루는 해석이라 여겨진다.

(3) 계시록 21, 22장에 계시된 어린양의 신부 내용과 조화(調和)를 이룬다.

"또 내가 보매 거룩한 성 새 예루살렘이 하나님께로부터 하늘에서 내려오니 그 예비한 것이 신부가 남편을 위하여 단장한 것 같더라 내가 들으니 보좌에서 큰 음성이 나서 가로되 보라 하나님의 장막이 사람들과 함께 있으매 하나님이 저희와 함께 거하시리니 저희는 하나님의 백성이 되고 하나님은 친히 저희와 함께 계셔서 모든 눈물을 그 눈에서 씻기시매 다시 사망이 없고 애통하는 것이나 곡하는 것이나 아픈 것이 다시 있지 아니하리니 처음 것들이 다 지나갔음이러라 보좌에 앉으신 이가 가라사대 보라 내가 만물을 새롭게 하노라 하시고 또 가라사대 이 말은 신실하고 참되니 기록하라 하시고 또 내게 말씀하시되 이루었도다 나는 알파와 오메가요 처음과 나중이라 내가 생명수 샘물로 목 마른 자에게 값 없이 주리니 이기는 자는 이것들을 유업으로 얻으리라 나는 저의 하나님이 되고 그는 내 아들이 되리라 그러나 두려워하는 자들과 믿지 아니하는 자들과 흉악한 자들과 살인자들과 행음자들과 술객들과 우상 숭배자들과 모든 거짓말하는 자들은 불과 유황으로 타는 못에 참예하리니 이것이 둘째 사망이라 일곱 대접을 가지고 마지막 일곱 재앙을 담은 일곱 천사중 하나가 나아와서 내게 말하여 가로되 이리 오라 내가 신부 곧 어린양의 아내를 네게 보이리라 하고 성령으로 나를 데리고 크고 높은 산으로 올라가 하나님께로부터 하늘에서 내려오는 거룩한 성 예루살렘을 보이니 하나님의 영광이 있으매 그 성의 빛이 지극히 귀한 보석 같고 벽옥과 수정같이 맑더라 크고 높은 성곽이 있고 열두 문이 있는데 문에 열두 천사가 있고 그 문들 위에 이름을 썼으니 이스라엘 자손 열두 지파의 이름들이라 동편에 세 문, 북편에 세 문, 남편에 세 문, 서편에 세 문이니 그 성에 성곽은 열두 기초석이 있고 그 위에 어린양의 십이 사도의 열두 이름이 있더라 내게 말하는 자가 그 성과 그 문들과 성곽을 척량하려고 금 갈대를 가졌더라 그 성은 네모가 반듯하여 장광이 같은지라 그 갈대로 그 성을 척량하니 일만 이천 스다디온이요 장과 광과 고가 같더라 그 성곽을 척량하매 일백 사십 사 규빗이니 사람의 척량 곧 천사의 척량이라 그 성곽은 벽옥으로 쌓였고 그 성은 정금인데 맑은 유리 같더라 그 성의 성곽의 기초석은 각색 보석으로 꾸몄는데 첫째 기초석은 벽옥이요 둘째는 남보석이요 셋째는 옥수요 넷째는 녹보석이요 다섯째는 홍마노요 여섯째는 홍보석이요 일곱째는 황옥이요 여덟째는 녹옥이요 아홉째는 담황옥이요 열째는 비취옥이요 열한째는 청옥이요 열두째는 자정이라 그 열두 문은 열두 진주니 문마다 한 진주요 성의 길은 맑은 유리 같은 정금이더라 성안에 성전을 내가 보지 못하였으니 이는 주 하나님 곧 전능하신 이와 및 어린양이 그 성전이심이라 그 성은 해나 달의 비침이 쓸데없으니 이는 하나님의 영광이 비치고 어린양이 그 등이 되심이라 만국이 그 빛 가운데로 다니고 땅의 왕들이 자기 영광을 가지고 그리로 들어오리라 성문들을 낮에 도무지 닫지 아니하리니 거기는 밤이 없음이라 사람들이 만국의 영광과 존귀를 가지고 그리로 들어오겠고 무엇이든지 속된 것이나 가증한 일 또는 거짓말하는 자는 결코 그리로 들어오지 못하되 오직 어린양의 생명책에 기록된 자들뿐이라"(계 21:2~27).

“성령과 신부가 말씀하시기를 오라 하시는도다 듣는 자도 오라 할 것이요 목마른 자도 올 것이요 또 원하는 자는 값없이 생명수를 받으라 하시더라”(계 22:17).

요한계시록 21장에서 어린양의 ‘신부’에 대해 정확히 밝혀주신다. 무엇을 어린양의 신부라 칭하고 있는가? “거룩한 성 예루살렘”이 어린양의 신부임을 밝혀주고 있다. 이는 20장에서 사탄에게 미혹된 “땅의 사방 백성 곧 곡과 마곡”이 전쟁을 위해 둘러싸고 있는 “사랑하시는 성”과 병행을 이룬다.

천년왕국 기간(어린양의 혼인 잔치 기간)에 신부 된 자격으로 들어가는 대상은, “첫째 부활에 참예한 자” 곧 “사랑하시는 성”(계 20:9)에 속한 사람들임을 알 수 있다.

천년왕국 기간에 예복을 입고 손님으로 청함 받은 자격자로 들어가는 대상은, 적그리스도가 통치하는 후 3년 반 동안 ‘광야 예비처’에 피신하여 양육받게 되는 교회 성도들로 “성도들의 진”(계 20:9)에 속한 사람들이다. 이들은 천년왕국 후에 신부의 초청을 받아 “거룩한 예루살렘 성”에 입성하는 만국의 왕들과 백성들이다.

마지막으로 천년왕국 기간에 예복을 입지 않고 들어온 대상으로는, 사탄의 미혹을 받아 하나님의 사랑하시는 성과 성도들의 진을 두르고 전쟁을 벌이는 “땅의 사방 백성 곧 곡과 마곡”에 속한 자들로, 이들은 마귀와 그 사자들을 위해 예비한 영영한 불(마 25:41), 즉 둘째 사망인 유황불 못에 던져질 자들이다.

⑷ 계시록 9장 13~21절 말씀과 일맥상통(一脈相通)한다.

“여섯째 천사가 나팔을 불매 내가 들으니 하나님 앞 금단 네 뿔에서 한 음성이 나서 나팔 가진 여섯째 천사에게 말하기를 큰 강 유브라데에 결박한 네 천사를 놓아 주라 하매 네 천사가 놓였으니 그들은 그 년 월 일 시에 이르러 사람 삼분의 일을 죽이기로 예비한 자들이더라 마병대의 수는 이만만이니 내가 그들의 수를 들었노라 이같이 이상한 가운데 그 말들과 그 탄 자들을 보니 불빛과 자줏빛과 유황빛 흉갑이 있고 또 말들의 머리는 사자 머리 같고 그 입에서는 불과 연기와 유황이 나오더라 이 세 재앙 곧 저희 입에서 나오는 불과 연기와 유황을 인하여 사람 삼분의 일이 죽임을 당하니라 이 말들의 힘은 그 입과 그 꼬리에 있으니 그 꼬리는 뱀 같고 또 꼬리에 머리가 있어 이것으로 해하더라 이 재앙에 죽지 않고 남은 사람들은 그 손으로 행하는 일을 회개치 아니하고 오히려 여러 귀신과 또는 보거나 듣거나 다니거나 하지 못하는 금, 은, 동과 목석의 우상에게 절하고 또 그 살인과 복술과 음행과 도적질을 회개치 아니하더라"(계 9:13~21).

위의 말씀은 여섯째 나팔 재앙으로 하나님이 이 땅에 속한 자들에게 내리는 세 가지 화(계 8:13) 가운데 '두 번째 화'로 유브라데 전쟁(=아마겟돈 전쟁: 계 16:12~16=재림 예수와 전쟁을 치르는 전쟁: 계 19:11~21)에 대한 계시 내용이다.

유브라데 전쟁에서 죽게 될 사람은 몇 명인가? 이 땅에 남아 있는 자들(광야 예비처로 피신한 성도들은 제외됨) 가운데 삼분의 일이 죽게 되는 전쟁이다. 그렇다면 이 전쟁에서 죽지 않은 '삼분의 이'의 사람들은 어떻게 되는가? 예수 그리스도 재림 때 이 땅에 속한 모든 사람은 대부분 죽임을 당하게 된다고 생각한다. 그렇게 생각하는 사람들이 그 증거 말씀으로 두 가지 사건을 내세운다.

첫째는, 계시록 16장 1~18절 말씀에 계시되고 있는 '일곱 대접' 재앙 때 이 땅의 모든 사람이 죽임을 당한다고 말한다. 그런데 16장 12절 이하의 내용을 살펴보면, 이 재앙은 여섯째 나팔 재앙(둘째 화 유브라데 전쟁)과 동일한 재앙임을 알 수 있다.

흔히들 '일곱 대접 재앙'은 일곱째 나팔이 울려 퍼짐으로 내려지는 재앙이라 생각하는 경향이 있다. 하지만 말씀을 자세히 고찰하면 '일곱 대접 재앙'은 일곱째 나팔이 울려 퍼짐으로 내려지는 '세 번째 화' 재앙이 아님을 알 수 있다.

일곱째(마지막) 나팔 재앙(셋째 화)은 천년왕국이 끝난 뒤 있게 될 '곡과 마곡 전쟁'을 계시하고 있는 말씀이다.

'첫째 화'는 황충 재앙으로 7년 대환난의 후 3년 반 시작 시점에 발생하는 다섯째 나팔 재앙이고,

'둘째 화'는 유브라데(아마겟돈) 전쟁으로 7년 대환난이 끝나는 예수 그리스도 재림 시점에 발생하는 여섯째 나팔 재앙이며,

'셋째 화'는 천년왕국이 끝나고 사탄이 놓여 나와서 미혹함으로 발생하는 '곡과 마곡 전쟁'으로, 일곱째(마지막) 나팔 재앙을 나타내고 있음을 정각(正覺)해야 한다.

마지막 나팔 때는 예수 그리스도께서 모든 것을 정복하고 발아래 두고, 마지막 원수인 사망을 멸하신 뒤 그 나라를 아버지 하나님께 바치게 되는 백보좌 심판 때이다.

> "일곱째 천사가 소리 내는 날 그 나팔을 불게 될 때에 하나님의 비밀이 그 종 선지자들에게 전하신 복음과 같이 이루리라"(계 10:7).

> "일곱째 천사가 나팔을 불매 하늘에 큰 음성들이 나서 가로되 세상 나라가 우리 주와 그 그리스도의 나라가 되어 그가 세세토록 왕 노릇 하시리로다 하니 하나님 앞에 자기 보좌에 앉은 이십사 장로들이 엎드려 얼굴을 대고 하나님께 경배하여 가로되 감사하옵나니 옛적에도 계셨고 시방도 계신 주 하나님 곧 전능하신 이여 친히 큰 권능을 잡으시고 왕 노릇 하시도다 이방들이 분노하매 주의 진노가 임하여 죽은 자를 심판하시며 종 선지자들과 성도들과 또 무론대소하고 주의 이름을 경외하는 자들에게 상 주시며 또 땅을 망하게 하는 자들을 멸망시키실 때로소이다 하더라"(계 11:15~18)

"형제들아 내가 이것을 말하노니 혈과 육은 하나님 나라를 유업으로 받을 수 없고 또한 썩은 것은 썩지 아니한 것을 유업으로 받지 못하느니라 보라 내가 너희에게 비밀을 말하노니 우리가 다 잠잘 것이 아니요 마지막 나팔에 순식간에 홀연히 다 변화하리니 나팔 소리가 나매 죽은 자들이 썩지 아니할 것으로 다시 살고 우리도 변화하리라 이 썩을 것이 불가불 썩지 아니할 것을 입겠고 이 죽을 것이 죽지 아니함을 입으리로다 이 썩을 것이 썩지 아니함을 입고 이 죽을 것이 죽지 아니함을 입을 때에는 사망이 이김의 삼킨바 되리라고 기록된 말씀이 응하리라"(고전 15:50~54).

"또 내가 크고 흰 보좌와 그 위에 앉으신 자를 보니 땅과 하늘이 그 앞에서 피하여 간데없더라 또 내가 보니 죽은 자들이 무론 대소하고 그 보좌 앞에 섰는데 책들이 펴 있고 또 다른 책이 펴졌으니 곧 생명책이라 죽은 자들이 자기 행위를 따라 책들에 기록된 대로 심판을 받으니 바다가 그 가운데서 죽은 자들을 내어주고 또 사망과 음부도 그 가운데서 죽은 자들을 내어주매 각 사람이 자기의 행위대로 심판을 받고 사망과 음부도 불못에 던지우니 이것은 둘째 사망 곧 불못이라 누구든지 생명책에 기록되지 못한 자는 불못에 던지우더라"(계 20:11~15).

여섯째 나팔 재앙은 유브라데(아마겟돈) 전쟁 때 이 땅에 남아 있던 사람 가운데 삼분의 일이 죽고, 나머지 삼분의 이는 살아서 천년왕국에 들어간다. 그들은 마귀가 무저갱에 갇혀 있는 천년 동안 미혹을 받지 않고, 예수님과 더불어 왕 노릇 하는 첫째 부활 참예자들에게 다스림을 받게 된다. 앞에서도 언급한 것처럼, 재림하신 예수님과 이긴 자들이 철장 권세로 다스리는 사람들은 구원받은 성도들이 아니라 땅의 사방 백성들임을 알 수 있다.

천년왕국이 끝나는 때에 사탄이 무저갱에서 잠시 놓여 나와서 이들을 미혹하여 하나님의 사랑하시는 성과 성도들의 진을 둘러 전쟁을 일으키게 되고, 하늘에서 불이 내려와 저들을 소멸하게 된다. 이 때 광야 예비처에 있다가 천년왕국에 들어갔던 성도들인 '성도들의 진'에 속한 사람들은 거룩한 성 새 예루살렘에 입성하게 된다.

이상의 내용들을 종합해 볼 때, 천년왕국 기간을 어린양의 혼인 잔치 기간으로 보는 것이 타당하고, 어린양의 혼인 잔치에는 신부와 예복을 입은 손님과 예복을 입지 않은 손님 '세 부류'가 들어간다고 볼 수 있다.

예수님의 재림 시기에 있을 아마겟돈 전쟁 때 죽게 되는 사람들이 이 땅에 거하는 모든 불신자들이라 해석하는 것은 무리가 따르는 해석이다.

유브라데 전쟁과 아마겟돈 전쟁이 동일한 전쟁이기 때문에, 이 전쟁 때 죽게 되는 사람들은 '삼분의 일'(계 9:15, 18)에 해당된다고 해석함이 타당하다.

유브라데 전쟁과 아마겟돈 전쟁이 동일한 전쟁이 아니라고 주장하는 사람들도 있다. 만일 두 전쟁이 동일한 전쟁이 아니라면 짐승(적그리스도)이 다스리는 후 3년 반 동안 인류의 삼분의 일이 죽는 유브라데 전쟁이 있고, 그 후에 모든 인류가 죽임을 당하는 아마겟돈 전쟁이 벌어진다고 보아야 하는데, 이는 성경의 지지를 받지 못한다.

요한계시록의 계시 내용을 보면, 짐승이 다스리는 후 3년 반 동안에 인류의 삼분의 일이 죽는 전쟁이 있게 될 것을 언급하지 않는다.

짐승이 권세를 받아 통치하게 될 후 3년 반(마흔두 달, 한 때 두 때 반 때)에 교회(해를 입은 여자)는 광야 예비처로 피신하여 하나님의 특별 보호와 양육을 받게 되고, 이 땅에 남은 자들이 사탄의 통치 아래 놓이게 된다.

이 통치 기간이 시작되는 직후에 '첫째 화'인 '다섯째 나팔 재앙'이 있고, 그 후에는 재앙이 없다가 짐승의 통치가 끝나는 시점에 짐승이 이 세상 임금들을 모아 예수 그리스도를 대적하여 싸우는 아마겟돈(유브라데) 전쟁이 있게 될 것을 계시하고 있다. 예수 그리스도 재림 때 일어나는 아마겟돈 전쟁 때 모든 사람이 죽게 된다고 주장하는 사람들이 오해하는 말씀이 계시록 19장 17~21절 말씀이다.

> "또 내가 보니 한 천사가 해에 서서 공중에 나는 모든 새를 향하여 큰 음성으로 외쳐 가로되 와서 하나님의 큰 잔치에 모여 왕들의 고기와 장군들의 고기와 장사들의 고기와 말들과 그 탄 자들의 고기와 자유한 자들이나 종들이나 무론대소하고 모든 자의 고기를 먹으라 하더라 또 내가 보매 그 짐승과 땅의 임금들과 그 군대들이 모여 그 말 탄 자와 그의 군대로 더불어 전쟁을 일으키다가 짐승이 잡히고 그 앞에서 이적을 행하던 거짓 선지자도 함께 잡혔으니 이는 짐승의 표를 받고 그의 우상에게 경배하던 자들을 이적으로 미혹하던 자라 이 둘이 산채로 유황불 붙는 못에 던지우고 그 나머지는 말 탄 자의 입으로 나오는 검에 죽으매 모든 새가 그 고기로 배불리우더라"(계 19:17~21).

이 말씀에서 18절의 "무론대소하고 모든 자의 고기를 먹으라"는 말씀과 21절의 "그 나머지는 … 죽으매 모든 새가 그 고기로 배불리우더라"는 말씀이 구원받지 못한 이 땅의 '모든 사람'의 죽음을 나타내는 것이라 해석한다.

그러나 두 구절의 말씀은 구원받지 못한 이 세상 모든 사람을 나타내는 것이 아니라 '전쟁에 참여한 모든 사람' 곧 짐승과 땅의 임금들과 그 군대에 속한 모든 사람들을 나타내는 말씀으로 보아야 한다.

Ⅳ

7인, 7나팔, 7대접에 대한 Q&A

7인, 7나팔, 7대접 계시는 요한계시록 계시의 중심 구조를 이루는 내용이며, 이 세 가지 계시 구조를 바르게 정립해야만 올바른 요한계시록 해석을 이끌어 낼 수 있다.

이 세 가지 구조를 바르게 정립하는 것이 난제 중의 난제이기 때문에 심도 있는 Q&A가 필요하다. 7인, 7나팔, 7대접에 대해 보편적으로 주장되고 있는 구조의 틀은 아래와 같다.

[일곱 인, 일곱 나팔, 일곱 대접 재앙 도표]

<table>
<tr><td rowspan="7">일곱인의재앙</td><td>1</td><td colspan="5">흰말. 큰 전쟁에서의 승리와 끝없는 정복</td><td>6:1~2</td></tr>
<tr><td>2</td><td colspan="5">붉은 말. 전쟁과 반란. 살인으로 평화가 붕괴됨</td><td>6:3~4</td></tr>
<tr><td>3</td><td colspan="5">검은 말. 극심한 기근. 인플레로 인한 경제 파탄</td><td>6:5~6</td></tr>
<tr><td>4</td><td colspan="5">청황색 말. 전쟁과 기근으로 수많은 사람들이 죽음</td><td>6:7~8</td></tr>
<tr><td>5</td><td colspan="5">순교자의 영혼들이 하나님께 호소함</td><td>6:9~11</td></tr>
<tr><td>6</td><td colspan="5">지진과 천제의 대혼란으로 악한 자들이 두려워함</td><td>6:12~17</td></tr>
<tr><td rowspan="13">7</td><td rowspan="13">일곱나팔의재앙</td><td>1</td><td colspan="3">피 섞인 우박과 불이 내려 땅과 식물의 1/3이 불탐</td><td>8:1~2, 7</td></tr>
<tr><td>2</td><td colspan="3">불붙는 큰 산이 바다에 던져져 바다 생물과 배의 1/3이 소멸됨</td><td>8:8~9</td></tr>
<tr><td>3</td><td colspan="3">쑥이란 이름의 큰 별로 인하여 강과 물샘의 1/3이 쓰게 됨</td><td>8:10~11</td></tr>
<tr><td>4</td><td colspan="3">전체 밤낮의 1/3이 어두워짐</td><td>8:12~3</td></tr>
<tr><td>5</td><td colspan="3">황충이 다섯 달 동안 불신자들을 괴롭게 함</td><td>9:1~11</td></tr>
<tr><td>6</td><td colspan="3">네 천사와 2억의 마병대가 사람의 1/3을 죽임</td><td>9:13~1</td></tr>
<tr><td rowspan="7">7</td><td rowspan="7">일곱대접의재앙</td><td>1</td><td>짐승의 표를 받은 자와 우상 숭배자들에게 독한 헌데가 생김</td><td>11:15~19, 16:2</td></tr>
<tr><td>2</td><td>바다가 피같이 되어 그 속의 모든 생물이 죽음</td><td>16:3</td></tr>
<tr><td>3</td><td>강과 샘이 피로 변해 불신자들이 그 피를 마심</td><td>16:4~7</td></tr>
<tr><td>4</td><td>태양이 뜨거워져 불신자들을 태움</td><td>16:8~9</td></tr>
<tr><td>5</td><td>불신자들이 어두움과 질병으로 큰 고통을 당함</td><td>16:10~11</td></tr>
<tr><td>6</td><td>귀신의 영들이 하나님을 대적하기 위해 그의 세력들을 모음</td><td>16:12~16</td></tr>
<tr><td>7</td><td>번개, 지진, 우박으로 큰 성 바벨론이 멸망함</td><td>16:17~21</td></tr>
</table>

많은 사람이 위와 같은 구조 개념을 가지고 7인, 7나팔, 7대접 계시 내용을 해석하고 있다. 그러나 위의 구조는 요한계시록의 계시 내용과 일치하지 않는다. 위의 구조의 틀에 맞춰 7인, 7나팔, 7대접 재앙을 해석하려다 보니 무리한 해석을 하게 되고, 본문에 충실하지 못한 억지 해석을 주장하게 된다.

일곱째 인봉이 떼어짐으로 '7나팔' 재앙이 계시된다는 주장은 본문에 충실한 해석이다.

> "일곱째 인을 떼실 때에 하늘이 반시 동안쯤 고요하더니 내가 보매 하나님 앞에 시위한 일곱 천사가 있어 일곱 나팔을 받았더라"(계 8:1~2).

그런데 일곱째 나팔이 불릴 때 '7대접' 재앙이 쏟아진다는 해석은 본문에 충실하지 못한 주장이다.

요한계시록 어디에도 일곱째 나팔이 불릴 때 '7대접' 재앙이 실행된다고 계시하는 말씀이 없다. '7대접'(계 16:1~18) 재앙은 그 계시 내용을 살펴볼 때 '여섯째 나팔'(계 19:13~21) 재앙과 그 맥(脈)을 같이한다.

> "첫째 화는 지나갔으나 보라 아직도 이후에 화 둘이 이르리로다 여섯째 천사가 나팔을 불매 내가 들으니 하나님 앞 금단 네 뿔에서 한 음성이 나서 나팔 가진 여섯째 천사에게 말하기를 큰 강 유브라데에 결박한 네 천사를 놓아 주라 하매 네 천사가 놓였으니 그들은 그 년 월 일 시에 이르러 사람 삼분의 일을 죽이기로 예비한 자들이더라 마병대의 수는 이만만이니 내가 그들의 수를 들었노라 이같이 이상한 가운데 그 말들과 그 탄 자들을 보니 불빛과 자줏빛과 유황빛 흉갑이 있고 또 말들의 머리는 사자 머리 같고 그 입에서는 불과 연기와 유황이 나오더라 이 세 재앙 곧 저희 입에서 나오는 불과 연기와 유황을 인하여 사람 삼분의 일이 죽임을 당하니라"(계 9:12~18).

"또 여섯째가 그 대접을 큰 강 유브라데에 쏟으매 강물이 말라서 동방에서 오는 왕들의 길이 예비되더라 또 내가 보매 개구리 같은 세 더러운 영이 용의 입과 짐승의 입과 거짓 선지자의 입에서 나오니 저희는 귀신의 영이라 이적을 행하여 온 천하 임금들에게 가서 하나님 곧 전능하신 이의 큰 날에 전쟁을 위하여 그들을 모으더라 보라 내가 도적같이 오리니 누구든지 깨어 자기 옷을 지켜 벌거벗고 다니지 아니하며 자기의 부끄러움을 보이지 아니하는 자가 복이 있도다 세 영이 히브리 음으로 아마겟돈이라 하는 곳으로 왕들을 모으더라"(계 16:12~16).

혹자(或者)는 '여섯째 나팔' 재앙인 '유브라데 전쟁'과 '여섯째 대접' 재앙인 '아마겟돈 전쟁'의 동일성을 부인하는 경우가 있다.

여섯째 대접은 유브라데 전쟁과 주의 재림으로 임할 심판이다. 이 하나님의 심판이 여섯째 천사가 그 대접을 유브라데에 쏟을 때 일어나는 재앙으로 나타난다. 주의 재림이 왜 재앙이냐 하면 주를 거역하는 자들에게는 그의 재림으로 심판을 받기 때문이다. 우리가 여기서 조심해야 할 일은, 계 9:14에도 같은 유브라데 강이 나오지만 이곳의 경우와 동일한 재앙이 아니란 사실이다. 계 9장에 나오는 사건은 인류 간의 유사 이래 미증유의 세계대전이지만, 이곳에 나오는 사건은 땅의 군대와 하늘의 군대들이 아마겟돈에서 싸우는 사상 초유의 하늘과 땅의 전쟁인 것이다.[72)]

아마겟돈 전쟁은 적그리스도의 전체 연합군대가 어린양을 대적하여 일으키는 최후의 전쟁을 의미한다. 요한계시록에 나타나는 세 가지 전쟁을 소개하면 다음과 같다.

---

72) 요한계시록 심층 분석 주해와 연구, 신생, 민병석, p. 377.

마병대 전쟁	아마겟돈 전쟁	곡과 마곡의 전쟁
첫째 화(9:1~11) 다섯째 나팔의 재앙: 거짓 선지자가 주동하여 중동에서 이스라엘과 벌이는 전쟁	여섯째 대접의 재앙 (16:1~16): 적그리스도의 연합군이 어린양의 군대와 벌이는 최후의 전쟁	사탄이 그의 무리들과 연합하여 천년왕국 후(20:7~8)에 온 땅을 미혹하여 벌이는 전쟁

…유브라데 전쟁과 아마겟돈 전쟁을 어떻게 보아야 할 것인가? 혹자(或者)는 '여섯째 나팔' 재앙으로 인한 유브라데 전쟁과 '여섯째 대접' 재앙으로 인한 전쟁을 동일시하는 경우가 있는데, 이 두 전쟁의 사이에는 다음과 같은 차이점이 있어 동일한 것이 아님을 증거해 주고 있다.

① 시기적으로 구분된다.

유브라데 전쟁	아마겟돈 전쟁
둘째 화인 여섯째 나팔에 발생하지만	셋째 화인 일곱째 나팔에 동시다발적으로 일어나는 일곱 대접의 재앙 중 여섯째 대접의 재앙으로 일어난다.
'유브라데 전쟁=여섯째 나팔'에 '아마겟돈 전쟁=일곱째 나팔'에 발생하므로 동일한 전쟁이 아님을 증명하고 있다.	

② 재앙의 대상으로 구분된다.

유브라데 전쟁	아마겟돈 전쟁
나팔 재앙으로서 그 대상이 1/3로 부분적이지만	대접의 재앙으로서 그 대상이 전체로 확산된다.
부분적인 재앙과 전체적인 재앙은 두 전쟁이 동일한 것이 아님을 입증하고 있다.	

③ 발생의 목적으로 구분된다.

유브라데 전쟁	아마겟돈 전쟁
여섯째 나팔에 이스마엘의 후손인 중동 연합국들이 이삭의 후손인 이스라엘을 상대로 일으킬 3차 세계대전으로 보며	여섯째 대접이 쏟아지면 동방의 통치자들(왕)로 하여금 전능하신 이의 큰 날에 전쟁을 위하여 모이게 된다.
그러므로 두 전쟁의 발생 목적을 볼 때에 동일한 것이 아님을 입증한다.	

이상과 같은 사항들을 볼 때에, 나팔이 불어질 때에 발생하는 '유브라데 전쟁'과 여섯째 대접의 재앙이 쏟아질 때에 발생하는 '아마겟돈 전쟁' 사이에는 분명한 차이가 있음을 알 수 있다. 따라서 계시록은 세 가지 전쟁을 예고하고 있는데, 제일 먼저 다섯째 나팔이 불어질 때에 이스마엘의 후손인 중동 지역의 연합국들이 이삭의 후손인 이스라엘을 공격하는 '유브라데 전쟁'이 등장하고, 그 후에는 여섯째 대접의 재앙이 쏟아질 때에 적그리스도가 주동하는 '아마겟돈 전쟁'이 등장하고 주의 재림으로 천년왕국이 이어지다가, 그 후에는 사탄이 주동하는 곡과 마곡의 전쟁이 발생하는 것이다. 그리고 그 종착역은 악의 삼위일체가 영원한 형벌의 불못 속으로 던져지는 것(계 20:10)이 성경의 증거이다.

다섯째 나팔=첫째 화 (황충 재앙)	여섯째 나팔=둘째 화 (유브라데 전쟁)	일곱째 나팔=셋째 화 (마지막 재앙)
		① 첫째 대접 ② 둘째 대접 ③ 셋째 대접 ④ 넷째 대접 ⑤ 다섯째 대접 ⑥ 여섯째 대접 (아마겟돈 전쟁) ⑦ 일곱째 대접

위의 도표에서 나타나고 있듯이, 독수리가 외쳤던 "화, 화, 화"(계 8:13)는 다섯째 나팔, 여섯째 나팔, 일곱째 나팔의 재앙임을 알 수 있다. 그런데 여섯째 나팔에 발생하게 될 유브라데 전쟁과, 일곱째 나팔에 동시다발적으로 쏟아질 일곱 대접의 재앙 중 여섯째 대접에 발생하게 될 아마겟돈 전쟁은 분명하게 차이가 있음을 알 수가 있다. 그러므로 유브라데 전쟁과 아마겟돈 전쟁을 동일시하려는 시도는 불필요한 것이 될 것이다.[73]

여섯째 나팔 재앙인 '유브라데 전쟁'과 여섯 번째 대접 재앙인 '아마겟돈 전쟁'이 동일한 전쟁이 아니라고 해석하는 가장 큰 이유는 아마도 '7대접 재앙=7번째 나팔 재앙(셋째 화)'이라는 고정관념을 가지기 때문일 것이다.

앞에서 살펴본 것처럼, 많은 사람들이 보편적으로 가지고 있는 7인, 7나팔, 7대접 계시의 구조 개념을 가지고 그 틀에 맞추어 해석하려다 보니 앞뒤가 맞지 않고, 억지로 맞추려다 보니 본문에 충실하지 못한 오류를 범하게 된다.

이광복 목사도 동일한 틀 속에서 해석하고 있다. 유브라데 전쟁과 아마겟돈 전쟁이 동일한 전쟁이 아님을 입증하려고 차이점을 설명하고 있는데, 그 설명 가운데 성경에 맞지 않는 오류가 중복되고 있다.

첫째, 요한계시록에 나타난 세 가지 전쟁을 소개하면서 '마병대 전쟁'에 대해 "첫째 화(9:1~11) 다섯째 나팔 재앙: 거짓 선지자가 주동하여 중동에서 이스라엘과 벌이는 전쟁"이라고 설명하고 있다. 이는 성경에 맞지 않는 오해(誤解)다.

'첫째 화'(계 9:1~11)인 다섯째 나팔 재앙은 '황충 재앙'이다. '이만만'의 마병대가 등장하는 전쟁은 '둘째 화'(계 9:13~21)에 속하는 여섯째

73) 계시록 난해 해설, 흰돌, 이광복, pp. 480~485.

나팔 재앙인 '유브라데 전쟁'이다.

둘째, '유브라데 전쟁'을 앞에서는 '여섯째 나팔 재앙'이라 설명하고, 뒤에 가서는 '다섯째 나팔'이 불릴 때 등장하는 재앙이라고 설명하고 있다. 이는 한 사건에 대해 중복 적용하는 오류를 범하고 있는 것이다.

셋째, '셋째 화'인 일곱째 나팔 재앙이 7대접 재앙과 같다는 주장은 성경에 없는 주장이다. 요한계시록 어디에도 일곱째 나팔 재앙이 7대접 재앙과 동일한 사건임을 증거하는 말씀이 없다.

성경은 마지막 일곱째 나팔 재앙은 요한계시록에 계시된 세 가지 전쟁 가운데 '곡과 마곡 전쟁' 사건의 시점과 일치하는 사건임을 보여준다.

우리가 앞에서도 언급했지만, '일곱째 나팔'은 '마지막 나팔'과 동일한 의미로 보는 것이 지극히 성경적이다. 왜냐하면 두 나팔이 불릴 때 성취되는 내용이 일치하기 때문이다. 이때 예수 그리스도께서 불가불 왕 노릇 하던 이 세상 나라를 성부 하나님 아버지께 바침으로 성부 하나님께서 친히 세세토록 왕 노릇 하는 일이 성취된다.

이때 하나님의 백보좌 심판이 시행되고, 땅을 망하게 하는 자들이 멸망을 받고, 마귀와 사망도 멸망을 받아 둘째 사망의 불못에 던져진다.

하나님이 선지자들에게 계시한 모든 말씀들이 이루어지고 성도들은 영생의 몸으로 부활하거나 변화되어 새 하늘과 새 땅, 새 예루살렘 성에 입성하게 된다.

이 모든 성취가 마지막 나팔인 일곱 번째 나팔이 울려 퍼짐으로 이 땅에 실현될 것임을 성경은 계시해 주고 있다.

> "일곱째 천사가 소리 내는 날 그 나팔을 불게 될 때에 하나님의 비밀이 그 종 선지자들에게 전하신 복음과 같이 이루리라"(계 10:7).

"일곱째 천사가 나팔을 불매 하늘에 큰 음성들이 나서 가로되 세상 나라가 우리 주와 그 그리스도의 나라가 되어 그가 세세토록 왕 노릇 하시리로다 하니 하나님 앞에 자기 보좌에 앉은 이십사 장로들이 엎드려 얼굴을 대고 하나님께 경배하여 가로되 감사하옵나니 옛적에도 계셨고 시방도 계신 주 하나님 곧 전능하신 이여 친히 큰 권능을 잡으시고 왕 노릇 하시도다 이방들이 분노하매 주의 진노가 임하여 죽은 자를 심판하시며 종 선지자들과 성도들과 또 무론대소하고 주의 이름을 경외하는 자들에게 상 주시며 또 땅을 망하게 하는 자들을 멸망시키실 때로소이다 하더라"(계 11:15~18).

"형제들아 내가 이것을 말하노니 혈과 육은 하나님 나라를 유업으로 받을 수 없고 또한 썩은 것은 썩지 아니한 것을 유업으로 받지 못하느니라 보라 내가 너희에게 비밀을 말하노니 우리가 다 잠잘 것이 아니요 마지막 나팔에 순식간에 홀연히 다 변화하리니 나팔 소리가 나매 죽은 자들이 썩지 아니할 것으로 다시 살고 우리도 변화하리라 이 썩을 것이 불가불 썩지 아니할 것을 입겠고 이 죽을 것이 죽지 아니함을 입으리로다 이 썩을 것이 썩지 아니함을 입고 이 죽을 것이 죽지 아니함을 입을 때에는 사망이 이김의 삼킨바 되리라고 기록된 말씀이 응하리라"(고전 15:50~54).

"그러나 이제 그리스도께서 죽은 자 가운데서 다시 살아 잠자는 자들의 첫 열매가 되셨도다 사망이 사람으로 말미암았으니 죽은 자의 부활도 사람으로 말미암는도다 아담 안에서 모든 사람이 죽은 것같이 그리스도 안에서 모든 사람이 삶을 얻으리라 그러나 각각 자기 차례대로 되리니 먼저는 첫 열매인 그리스도요 다음에는 그리스도 강림하실 때에 그에게 붙은 자요 그 후에는 나중이니 저가 모든 정사와 모든 권세와 능력을 멸하시고 나라를 아버지 하나님께 바칠 때라 저가 모든 원수를 그 발아래 둘 때까지 불가불 왕 노릇 하시리니 맨 나중에 멸망 받을 원수는 사망이니라"(고전 15:20~26).

만일 여섯 번째 나팔(둘째 화) 재앙인 유브라데 전쟁과 여섯 번째 대접 재앙인 아마겟돈 전쟁이 동일한 전쟁이 아니라면, 7년 대환난의 후 3년 반 동안에 하나님의 인 맞지 않은 사람들에게 다섯 달 동안 고통을 가져다주는 '황충 재앙'과 인류의 삼분의 일이 죽게 되는 제3차 세계대전인 '유브라데 전쟁'과 또 동방의 왕들이 아마겟돈에 모여 재림하시는 예수 그리스도의 군대와 전쟁을 치르는 '아마겟돈 전쟁' 사건이 펼쳐지게 된다는 말이 된다.

과연 적그리스도가 통치하는 후 3년 반 동안 '세 가지 화'가 이 땅 위에 모두 성취된다고 성경이 말하고 있는가?

'세 가지 화'는 하나님의 진노의 재앙으로 '이 땅에 속한 자들(불신자들)' 위에 내려지는 재앙이다. 성도들은 환난은 통과하지만 하나님의 진노의 화는 당하지 않는다.

종말의 사건 때에도 첫째 나팔부터 넷째 나팔까지의(전 3년 반 동안) 환난은 통과하지만, 다섯째 나팔부터 일곱째 나팔 재앙까지의 '하나님의 진노의 화'는 당하지 않는다. 전 3년 반 이후에는 하나님의 인을 받은 종들 외의 모든 성도들은 광야 예비처로 피신하여 하나님의 특별 보호와 양육을 받게 되기 때문이다.

> "그 여자가 광야로 도망하매 거기서 일천 이백 육십일 동안 저를 양육하기 위하여 하나님의 예비하신 곳이 있더라"(계 12:6).

> "그 여자가 큰 독수리의 두 날개를 받아 광야 자기 곳으로 날아가 거기서 그 뱀의 낯을 피하여 한 때와 두 때와 반 때를 양육 받으매 "(계 12:14).

성도는 환난을 통과하게 되고 진노는 통과하지 않게 된다.[74]

7인, 7나팔, 7대접에 대한 전체적 윤곽을 바르게 파악하지 못하면 요한계시록 해석이 오리무중(五里霧中)에 빠진다.

7인봉은 종말에 있을 사건들을 계시하여 교회에 증거하기 위해 예수 그리스도께서 인봉을 떼시는 사건이다. 이는 장차 예수 그리스도 재림 전후(前後)에 있을 사건들을 계시해 주는 사건이다. 가장 중요한 핵심은 '예수 그리스도의 재림' 사건이다. 그러므로 첫째 인봉부터 넷째 인봉까지는 예수 그리스도 재림 때 전개될 사건들이 준비되었음을 계시해 주는 말씀이다.

첫째 인봉부터 넷째 인봉까지 떼어질 때 등장하는 네 말들과 그 탄 자들은 예수 그리스도 재림과 함께 이 땅에 파송되는 하나님의 사역자들을 통해 전쟁과 기근과 사망이 뒤따르게 될 것을 보여준다.

다섯째 인을 떼실 때에 순교자들이 자신들의 피를 신원해 주실 심판의 때를 묻는 것은, 예수 그리스도 재림 준비가 예비되었으며, 재림의 때가 곧 가까이 임박했음을 시사해 주는 계시 내용이다. 저희에게 흰 두루마기를 주시면서 '잠시 동안' 쉬라고 말씀하심이 이를 표현한다.

여섯째 인을 떼실 때의 사건은 천년왕국 이후에 펼쳐질 사건이다. 처음 하늘과 처음 땅이 없어지고, 새 하늘과 새 땅 새 예루살렘이 성취되는 사건임을 보여준다.

일곱째 인을 떼실 때에 일곱 나팔 재앙이 계시된다. 이는 예수 그리스도 재림 전 7년 대환난과 재림 때의 사건과 천년왕국 이후의 사건을 포함하는 재앙들을 계시한다.

첫째부터 넷째까지는 7년 대환난의 전 3년 반 동안 이 땅에 내려지

---

74) 쉽게 이해되는 요한계시록, 하나, 노우호, p. 255.

는 환난을 계시해 준다. 이 기간 동안에는 성도들과 불신자들 모두 함께 환난을 통과한다.

그러나 다섯째, 여섯째, 일곱째 나팔은 불신자들 위에 쏟아지는 하나님의 진노의 화로 후 3년 반 시작 이후에 있을 '세 가지 화' 재앙이다.

'세 가지 화'와 종말에 일어날 전쟁을 도표로 표기하면 다음과 같다.

다섯째 나팔 = 첫째 화 (황충 재앙) → 후 3년 반 초기	여섯째 나팔 = 둘째 화 (유브라데 전쟁)→ 후 3년 반 후·예수 재림 시	일곱째 나팔 = 셋째 화 (곡과 마곡 전쟁)→ 천년왕국 끝·백보좌 심판 시
	① 첫째 대접 ② 둘째 대접 ③ 셋째 대접 ④ 넷째 대접 ⑤ 다섯째 대접 ⑥ 여섯째 대접 (아마겟돈 전쟁) ⑦ 일곱째 대접	

다섯째 나팔 재앙은 후 3년 반 초기에 성취되는 황충 재앙이다. 이 시기에 교회와 성도들은 하나님이 예비하신 광야 예비처에 피신하여 특별 양육을 받게 된다. 그리고 이 땅에는 하나님의 인 맞은 십사만 사천의 종들과 불신자들이 남게 된다. 황충 재앙은 하나님의 인 맞지 않은 사람들만 다섯 달 동안 고통을 당하게 되는 하나님의 '첫째 화' 재앙이다(계 9:1~11).

여섯째 나팔 재앙은 '둘째 화' 재앙으로 유브라데 전쟁이며, 이는 예수 그리스도 재림 때 펼쳐질 제3차 세계대전을 나타낸다.

7대접 재앙은 예수 그리스도 재림 때 있을 유브라데 전쟁에 대한 구체적 계시 내용이다. 여섯째 대접 재앙인 아마겟돈 전쟁은 유브라데 전쟁과 동일한 계시다.

'일곱째 나팔'은 '마지막 나팔' 재앙으로, 하나님의 종말 프로그램의 끝을 맺게 되는 계시 내용이다.

일곱째 나팔은 '셋째 화'에 속하는 내용으로, 천년왕국이 끝난 뒤 옥에 감금되어 있던 사탄이 잠시 풀려 나와서 땅의 사방 백성 곧 곡과 마곡 백성들을 미혹함으로 그들이 하나님이 사랑하시는 성과 진을 두르고 전쟁을 일으키게 되는 곡과 마곡 전쟁을 계시하고 있다. 마지막 나팔인 일곱째 나팔이 불릴 때는 하나님의 백보좌 심판이 시행되며, 사망이 멸망을 당하게 되고, 성부 하나님께서 친히 나라를 다스리시는 천국이 완성되는 시점인 것을 성경이 증거하고 있다.

> "일곱째 천사가 소리 내는 날 그 나팔을 불게 될 때에 하나님의 비밀이 그 종 선지자들에게 전하신 복음과 같이 이루리라"(계 10:7).

> "일곱째 천사가 나팔을 불매 하늘에 큰 음성들이 나서 가로되 세상 나라가 우리 주와 그 그리스도의 나라가 되어 그가 세세토록 왕 노릇 하시리로다 하니 하나님 앞에 자기 보좌에 앉은 이십사 장로들이 엎드려 얼굴을 대고 하나님께 경배하여 가로되 감사하옵나니 옛적에도 계셨고 시방도 계신 주 하나님 곧 전능하신 이여 친히 큰 권능을 잡으시고 왕 노릇 하시도다 이방들이 분노하매 주의 진노가 임하여 죽은 자를 심판하시며 종 선지자들과 성도들과 또 무론대소하고 주의 이름을 경외하는 자들에게 상 주시며 또 땅을 망하게 하는 자들을 멸망시키실 때로소이다 하더라"(계 11:15~18).

> "형제들아 내가 이것을 말하노니 혈과 육은 하나님 나라를 유업으로 받을 수 없고 또한 썩은 것은 썩지 아니한 것을 유업으로 받지 못하느니라 보라 내가 너희에게 비밀을 말하노니 우리가 다 잠잘 것이 아니요 마지막 나팔에 순식간에 홀연히 다 변화하리니 나팔 소리가 나매 죽은 자들이 썩지 아니할 것으로 다시 살고 우리도 변화하리라 이 썩을 것이 불가불 썩지 아니할 것을 입

겠고 이 죽을 것이 죽지 아니함을 입으리로다 이 썩을 것이 썩지 아니함을 입고 이 죽을 것이 죽지 아니함을 입을 때에는 사망이 이김의 삼킨바 되리라고 기록된 말씀이 응하리라"(고전 15:50~54).

"천년이 차매 사탄이 그 옥에서 놓여 나와서 땅의 사방 백성 곧 곡과 마곡을 미혹하고 모아 싸움을 붙이리니 그 수가 바다 모래 같으리라 저희가 지면에 널리 퍼져 성도들의 진과 사랑하시는 성을 두르매 하늘에서 불이 내려와 저희를 소멸하고 또 저희를 미혹하는 마귀가 불과 유황 못에 던지우니 거기는 그 짐승과 거짓 선지자도 있어 세세토록 밤낮 괴로움을 받으리라 또 내가 크고 흰 보좌와 그 위에 앉으신 자를 보니 땅과 하늘이 그 앞에서 피하여 간데 없더라 또 내가 보니 죽은 자들이 무론 대소하고 그 보좌 앞에 섰는데 책들이 펴 있고 또 다른 책이 펴졌으니 곧 생명책이라 죽은 자들이 자기 행위를 따라 책들에 기록된 대로 심판을 받으니 바다가 그 가운데서 죽은 자들을 내어주고 또 사망과 음부도 그 가운데서 죽은 자들을 내어주매 각 사람이 자기의 행위대로 심판을 받고 사망과 음부도 불못에 던지우니 이것은 둘째 사망 곧 불못이라 누구든지 생명책에 기록되지 못한 자는 불못에 던지우더라"(계 20: 7~15).

위의 내용을 도표로 나타내면 아래와 같다.

7인 1, 2, 3, 4, 5, 6, 7
↓
7나팔 1, 2, 3, 4, 5, 6, 7
↓
7대접 1, 2, 3, 4, 5, 6, 7

V

흰말 탄 자에 대한 Q&A

성경 본문은 계시록 6장 1~2절 말씀이다.

> "내가 보매 어린양이 일곱 인 중에 하나를 떼시는 그때에 내가 들으니 네 생물 중에 하나가 우렛소리 같이 말하되 오라 하기로 내가 이에 보니 흰말이 있는데 그 탄 자가 활을 가졌고 면류관을 받고 나가서 이기고 또 이기려고 하더라"(계 6:1~2).

4~5장에서는 하나님과 어린양 예수께 찬양과 존귀와 영광을 올려드리는 천상의 모습이 계시되고 있다. 5장은 책을 취하시고 인을 떼시기에 합당하신 어린양 예수께 천지 만물이 찬양하고 네 생물이 '아멘'으로 화답하며 이십사 장로들이 엎드려 경배함으로 끝을 맺고 있다. 그리고 곧바로 6장에서 일곱 인을 떼시는 어린양의 사역이 뒤따르고 있다. 어린양 예수께서 책의 인을 떼시는 사역을 펼치실 때마다 이 땅에서 펼쳐질 사건이 계시된다.

본문은 일곱 인 중에 첫 번째 인을 떼시는 사역이다. 이 세상 역사의 주관자는 예수님이시다. 그분이 일곱 인 중에 첫 번째 인을 떼고 계신다. 첫째 인부터 넷째 인까지는 하나의 사건 단위인 것을 볼 수 있다. 첫째 인부터 넷째 인을 떼는 동안 네 생물이 차례로 네 말과 그 탄 자들에 대해 계시해 주고 있다.

> 첫 번째와 두 번째가 전쟁이고 세 번째가 기근을 그 내용으로 하는데, 네 번째는 바로 전쟁과 기근을 한꺼번에 언급한다. 이러한 특징은 6:1~8의 네 인 심판 시리즈가 시간적 순서가 아니라는 것을 의

미한다.[75)]

네 말 탄 자의 사건은 점진적 발전 과정인가, 동시다발적 사건인가? 청황색 말 탄 자의 모습과 활동을 보면 동시다발적 사건으로 보여진다.[76)]

다섯째 인이 떼어질 때 순교자들의 영혼이 제단 아래서 자신들의 피를 신원해 줄 것을 간구하고 있고, 주님은 잠깐만 더 쉬고 기다리라고 응답하신다. 이는 조만간 후 3년 반 동안 하나님의 인 맞은 주의 종들이 예언 사역을 마치고 순교하는 사건이 일어날 것을 시사(示唆)하는 말씀이다.

여섯째 인을 떼실 때에는 우주적 변동과 붕괴가 일어나는 사건이 계시된다. 그리고 마지막 일곱째 인봉을 떼심으로 7나팔 재앙이 계시된다.

"오라"는 명령을 받고 있는 대상이 누구인가에 대해 사도 요한, 예수 그리스도, 말 탄 자라고 주장하는 견해들이 주장되고 있다.

이 세 견해 중에 요한으로 보는 견해가 가장 타당한 해석으로 볼 수 있다. 왜냐하면 1~2절 말씀의 전체적 문맥을 살펴볼 때 요한으로 보는 것이 가장 조화를 이루기 때문이다.

6장 1~2절 말씀을 보면 "내가 보매…그때에 내가 들으니…내가 이

---

75) 내가 속히 오리라, 이레서원, 이필찬, p. 326.
76) 요한계시록 교훈, 오메가 복음 선교원, 한요한, p. 152.

에 보니"라는 말씀으로 사도 요한의 행동이 이어지고 있다. 사도 요한이 어린양이 일곱 인 중 하나를 떼시는 광경을 보고 있을 때였다. 그때 사도 요한에게 네 생물 중의 하나가 "와서 보라"고 명령하는 우레 같은 소리가 들렸다. 이에 사도 요한이 그 말에 순종하여 바라보니 말 탄 자의 환상이 계시되고 있는 것이다.

우리말 개역성경에는 '오라'는 명령만 기록되어 있지만, 표준 원문에는 "와서 보라"(Ἔρχου καὶ βλέπε, 에르쿠 카이 브레페)로 되어 있다. 킹 제임스 번역에서는 "come and see"로 번역되어 있다.

Ἔρχου는 '오다'를 뜻하는 ἔρχουμαι의 2인칭 단수 현재 명령법이며, βλέπε는 '보다'를 뜻하는 βλέπώ의 2인칭 단수 현재 능동태 명령법이다.

예수 그리스도는 계시를 보여주는 주체자인 동시에 인을 떼시는 주권자이시기 때문에 "와서 보라"는 명령을 받는 대상이 될 수 없다. 그리고 말 탄 자는 네 생물이 요한에게 보여주는 계시의 대상이기 때문에 "와서 보라"는 말과 조화를 이루지 못한다. 그러므로 네 생물 중 하나가 "와서 보라" 명령하는 대상이 사도 요한으로 해석함이 본문 말씀의 전체적 흐름에 가장 조화되는 해석으로 여겨진다.

이 부름의 대상이 누구인지는 분명치 않다. ① 요한에게(Moffatt, Plummer), ② 그리스도에게(Alford, Swete), ③ 말 탄 자에게(Weiss, Beusset, Charles) 등의 견해가 있다. 위의 원문 읽기에서 후자가 바른 것이라면 결정적으로 첫째일 것이다. 둘째 설은 모든 피조물(대표)이 그리스도의 재림을 재촉하는 기원으로 본 것이다. 셋째 설은 이 부름에 호응하여 즉각 말 탄 자가 나왔으므로 자연스런 해석이다. 그러나 고래로 다수의 견해를 따라 첫째 설을 취한다. 계시록은 요한의 보고 들은 것을 기록한 책이다(1:10~11). 계시자는 피계시자에게 끝없이 부르고, 설명하고, 경계하였던 것이다.[77)]

첫째 인을 떼실 때에 등장한 '흰말을 탄 자'가 누구인가? 면류관을 받고 나가서 이기고 또 이기려고 등장한 흰말 탄 자의 해석은 계시록 난해 문제 중에 가장 어려운 난해 문제라 생각된다. 그래서 첫째 인을 떼실 때에 등장한 흰말을 탄 자에 대한 다양한 견해가 대두되고 있다. 본문 한 절의 해석이 그 이후의 해석에도 영향을 미치게 되기 때문에, 본문에 대한 성경적 고찰은 심도(深到) 있게 다룰 필요가 있다.

---

77) 신약 주해 요한계시록, 성등사, 이상근, p. 114.

1

흰말 탄 자는 누구인가?

1) 그리스도 복음의 운동으로 보는 견해

주후 1세기 로마 정부로부터 핍박받던 복음이 로마의 국교로 공인되기까지 로마 세계 전역에 효율적이고도 승리적인 복음의 전파가 이루어진 것을 흰말 탄 자가 이기고 이기려 하는 상징의 표현들로 묘사했다고 해석하는 견해로, 래드(G. E. Ladd), 김응조, 박윤선 박사 등이 지지하는 이론이다.

래드(G. E. Ladd)는 "말 탄 자는 그리스도 자신이 아니라 온 세상에 그리스도의 복음의 선포를 상징한다. … 1세기의 신자들은 고난을 당했으며, 후기 로마 황제들의 지배하에서 그들을 뿌리째 뽑아버리고 완전히 파멸시키려고 하는 확고한 시도들에 직면하였다. 그러나 모든 형태의 박해에도 불구하고 교회는 로마의 황제가 극심한 박해를 멈출 때까지 로마 세계 전역에 복음을 효율적이고도 승리적으로 전파하였다"고 주장한다.

김응조 박사는 "이 흰말을 가리켜 적그리스도라고 해석하나 그렇지 않으니 성경 중에 흰 것을 사탄에게 준 일이 없다. 백색은 평화, 승리의 상징이니 당시 풍속에 승리의 장군은 반드시 백마(白馬)를 타고 개선(凱旋)하는 광경을 묘사함인데 최후의 복음의 승리를 가리킴이다"

고 하였다.[78)]

흰말은 복음 운동의 승리를 말하고, 붉은 말은 전쟁, 살인의 유혈을 말하고, 검은 말은 무서운 흉작을 말하며, 청황색 말은 질병과 죽음을 말하는 것이다.[79)]

흰말 탄 자는 믿음의 싸움에서 승리한 개선 용사이므로 하나님께 면류관(στέφανος)을 받아 쓰고 있다. 그런데 그리스도의 복음 운동이 개선 용사로 하나님께 면류관을 받아 쓰는 대상이라고 해석하기에는 뭔가 어색함이 느껴진다.

흰말 탄 자가 가진 활은 적를 향해 쏘는 심판의 도구라고 볼 수 있고, 그리스도의 복음은 하나님의 은혜로 말미암아 구원받을 백성들에게 증거될 말씀이므로 흰말 탄 자를 그리스도의 복음 운동으로 보는 것은 무리가 따르는 해석이다.

흰말을 탄 이가 면류관을 받은 것은 그가 분명히 개선 용사임을 암시한다(L. Morris). 그러나 여기서 더욱 주목해야 할 것은, 그가 그 면류관을 '받았다'는 사실이다. 여기서 '받고'로 번역된 '에도데'(ἐδόθη)가 '주다'라는 뜻을 지닌 '디도미'(δίδωμι)의 부정 과거 수동태라는 점은 그 개선 용사의 승리가 하나님에 의해 주어진 것임을 보여준다.[80)]

2) 종말의 대환난 때 하나님의 인 맞은 두 증인으로 보는 견해

---

78) 계시록 난해 해설, 흰돌, 이광복, p. 201.
79) 조직신학 강해설교 내세론, 성광문화사, 임종만, pp. 325~326.
80) 옥스포드 원어성경 대전, 요한계시록 1~11장, 제자원, p. 400.

흰말을 탄 자가 종말의 7년 대환난 때 하나님의 인을 맞고 복음을 외치는 '두 증인'이라고 해석하는 견해다.

> 하나님께서는 이 같은 두 증인의 예언의 사명을 다 이루시기까지 기다리셨다가 회개한 그의 백성들로 "나라와 족속과 백성과 방언"에서 흰옷 입은 큰 무리가 되어 나온 이후에 재앙과 죽음의 사자들인 붉은 말과 검은 말과 청황색 말의 본격적인 활동을 허락하시는 것이다(계 14:6~7, 11:1~6). 그러므로 첫째 인을 떼실 때에 등장하는 흰말은 계 11장의 두 증인의 사역을 보여주시는 계시가 되며, 흰말을 타고 면류관을 쓰고 이기고 또 이기려는 싸움을 전개하는 자는 바로 '두 증인'이 된다.[81]

'흰말 탄 자'에 사용된 '카데메노스'(καθήμενος)는 복수가 아니라 단수다. 그러나 11장에 계시되고 있는 '두 증인들'은 '마르투신'(μάρτυσίν)으로 복수임을 볼 수 있다. 이는 흰말 탄 자를 두 증인들로 해석할 수 없는 이유가 된다. 또 본문에 계시된 '흰말 탄 자'는 이미 싸움에서 승리한 장수로 면류관을 받아 쓴 모습이다. 이미 승리하여 면류관을 받아 쓴 자를 장차 종말의 때에 하나님의 인을 맞고 복음을 외치게 될 '두 증인들'로 해석하는 것은 무리가 따르는 해석이다.

3) 미래에 나타날 정복자로 보는 견해

"흰말 탄 자"의 정체를 로마 제국의 동쪽에 있는 가장 유명한 궁수

81) 요한계시록 심층 분석 주해와 연구, 신생, 민병석, p. 129.

(弓手)들로 구성된 파르티아인(Parthian)들이 주후 62년에 로마 군대를 침공한 것의 상징으로 보는 견해가 있다.

당시 파르티아인들과 활에 대한 무용담을 보면 "최후의 화살" 또는 "두고 보자" 따위의 벼르는 말들은 최후의 한 사람까지 용맹하게 싸웠던 그들에게서 유래된 용어이다. 그리고 정복을 위한 전쟁의 주도자들은 항상 정의의 사도로 자칭하는 것을 볼 때에 흰말 탄 자는 정복을 위하여 전쟁을 일으키는 왕을 상징하는 것이라고 한다. … 김재준 박사는 "로마제국에서도 전쟁에 승리한 장군이 개선할 때 흰말이 이끄는 마차를 타고 거리를 행진하였다. 그러므로 여기서 흰말 탄 기사는 전쟁에 승리한 어떤 정복자를 말함이다"라고 하였다."[82]

"이 정복자는 분명코 땅 위에 환난을 초래하는 역할을 한다. 그의 모습(흰말과 활)이 파르티아 군인의 무장이며 그것이 본 계시의 표현법이 되기도 하였으나, 이는 미래에 나타날 어떤 정복자를 가리킨다고 보아야 할 것이다"[83]

흰말 탄 자가 면류관을 받고 나가서 이기고 이기려 한다. 면류관을 '받고'의 헬라어 '에도데'(ἐδόθη)는 '주다'라는 뜻을 지닌 '디도미'(δίδωμι)의 부정과거 수동태로, 이미 싸움에서 승리하고 개선하여 면류관을 받아 썼음을 나타낸다. 이미 승리하고 개선하여 승리의 면류관을 받아 쓴 '흰말 탄 자'를 '장차 전쟁에서 승리할 어떤 정복자'로 해석하는 것은 설득력이 없는 주장이다.

---

82) 계시록 난해 해설, 흰돌, 이광복, pp. 202~203.
83) 신약 주해 요한계시록, 성등사, 이상근, p. 114.

4) 적그리스도라고 해석하는 견해

"흰말 탄 자"의 정체를 마지막 대환난의 시작과 함께 등장할 적그리스도로 보는데, 그 이유는 본문의 여러 내증과 공관복음서에 나타난 주님의 말씀, 바울 서신에 나타난 말씀으로부터 지지받는다고 주장한다.

이 주장은 대부분 미래적(未來的) 해석법을 취하는 학자들이 취하는 이론이다.

존슨(Alan F. Johnson)은 다음과 같은 이유로 흰말 탄 자가 적그리스도라고 주장한다.

① 이어지는 말(馬)들로부터 입증되기 때문이다.

일곱 인을 떼실 때에 나타나는 네 말들의 상태를 보면 붉은 말, 검은 말, 청황색 말 등은 심판의 도구를 나타내므로 "흰말 탄 자"의 정체도 적그리스도 및 그의 세력과 동일시되어야 한다는 것이다. 왜냐하면, 세상 죄를 지고 가는 하나님의 어린양으로 오신 예수 그리스도의 등장은 이와 같은 전쟁, 기근, 살인 등의 처참함을 몰고 오지 않을 것이기 때문이다.

② 계시록 19장 11절의 백마(白馬) 탄 자와 비교할 때 입증되기 때문이다.

계시록 19장 11~17절에 나타나는 "백마 탄 자"와 6장 2절의 "흰말 탄 자"를 비교할 때에, 동일한 인물이 아니라 19장의 말 탄 자가 영광 중에 강림하시는 그리스도라면, 본문은 교회와 성도들을 미혹할 적그리스도임을 알 수가 있다. 즉, 19장에 나오는 백마 탄 자의 "충신(忠信)과 진실" 그리고 "그가 공의로 심판하며 싸우더라"는 호칭은 6장 2

절에 나오는 충성되지 못하고 진실하지 못한 자, 즉 그 불의한 정복을 위해 싸움을 하는 말 탄 자와 대조가 된다. 그러므로 6장 2절의 흰말 탄 자는 적그리스도이다.

③ 출현의 장면으로부터 입증되기 때문이다.

"흰말 탄 자"가 출현할 때에 어린양 되신 예수 그리스도는 인(印)을 떼고 있으므로, 그를 말 탄 자 중의 한 사람으로 볼 수가 없다. 그러므로 "흰말 탄 자"는 예수 그리스도라기보다는 적그리스도로 보는 것이 적합하다.

④ 출현의 과정으로부터 입증되기 때문이다.

"흰말 탄 자"의 출현 과정을 보면 "네 생물 중 하나가 우렛소리 같이 말하되 오라"(6:1)는 명령에 의해서 출현하고 있다. 따라서 천사가 그리스도나 그의 종들을 불러낸다는 것은 합당치 못하므로 본문의 흰말 탄 자는 적그리스도이다.

⑤ 예수님의 가르침으로부터 지지받기 때문이다.

예수님이 감람산에서 제자들에게 마지막 때의 상황을 말씀하실 때에 "거짓 그리스도들과 거짓 선지자들"(마 24:24)이 일어난다는 사건과 본문의 사건이 병행되고 있으므로 "흰말 탄 자"의 정체는 적그리스도이다."[84]

조용기 목사도 백마 탄 자는 예수 그리스도를 가장하고 자기가 세상에 평화와 번영을 가져오는 메시아라고 속여 말하는 적그리스도라고 주장하며, 다음과 같은 네 가지 이유를 들고 있다.

---

84) 요한계시록 난해 해설, 흰돌, 이광복, pp. 200~201.

첫째로, 교회가 이미 천국에 있기 때문입니다. 예수님은 교회를 통하여 역사하시고 성령을 통하여 역사하시는데, 이미 요한계시록 4장에서 공부하신 것과 마찬가지로 교회는 열려 있는 하늘 문을 통하여 이미 올라가 버렸고, 성신도 교회와 함께 들려 올라가서 이미 은혜시대, 즉 교회시대가 끝났습니다. 그런데 새삼스럽게 예수님께서 7년 환난 초(初)에 나타나셔서 백마를 타고 이기고 또 이기기 위해 복음을 증거하고 있다는 해석은 연대적으로 도저히 맞지 않습니다.

둘째로, 여기에 백마를 탄 사람은 빈 활을 들고서 이기고 이기기 위해 나가는데 여러분, 예수님은 절대로 활을 들고 싸우시는 분이 아닙니다. 예수님은 오히려 베드로가 검을 빼어 대제사장의 종 말고의 귀를 칠 때에 땅에 떨어진 귀를 다시 말고에게 붙여 주시며 베드로를 향해 "검을 검집에 꽂아라, 칼로 싸우는 자는 칼로 망하느니라"고 말씀하셨습니다. 예수님은 절대로 손에 무기를 들고 싸우시는 분이 아닙니다. 그럼 예수님은 무엇으로 싸우십니까? 입에서 나오는 말씀의 검으로 싸우십니다. 그 입에서 나오는 말씀의 검이면 충분합니다. 그런데 만왕의 왕, 만주의 주가 활을 들고서 뛰면서 싸우시겠습니까? 그렇게 생각한다면 예수님에 대한 모독도 이만저만이 아닐 것입니다.

셋째로, 요한계시록 19장 12절을 보면 예수님은 많은 면류관을 썼다고 기록되어 있습니다. 그런데 백마를 탄 자는 면류관 하나를 썼습니다. 예수님은 만왕의 왕이기 때문에 많은 면류관을 쓰고 계시는데 그는 하나만 쓰고 있기 때문에 결코 예수님이 아닙니다.

넷째로, 예수님은 이미 이기신 분입니다. 이제 뒤늦게 이기고 또 이기기 위해 싸우시는 분이 아닙니다. 예수님은 라오디게아 교회에 편지하실 때에, "이기는 그에게는 내가 내 보좌에 함께 앉게 하여 주기를 내가 이기고 아버지 보좌에 함께 앉은 것과 같이 하리라"(3:21)고 말씀하셨습니다. 그러므로 백마를 탄 자는 예수님이 아닙니다.[85]

이광복 목사는 흰말 탄 자의 정체를 마지막 대환난기에 평화의 사도로 가장(假裝)하여 교회를 미혹할 적그리스도로 주장하는 이유를 다음과 같이 들고 있다.

① 이름으로 구별된다.

이름은 신분을 밝혀 주는 이정표인데, 본문의 "흰말 탄 자"는 이름이 없어 정체불명이지만, 계시록 19장 11절에 나오는 "백마 탄 자"에게는 "충신과 진실"이라는 이름을 지니고 있는 것을 볼 때, 본문에 언급된 "흰말 탄 자"의 정체는 그리스도를 가장한 적그리스도임이 분명하다.

② 눈으로 구별된다.

우리 주님은 "눈은 몸의 등불이니"(마 6:22)라고 가르치셨는데, 본문의 "흰말 탄 자"가 그리스도라면 왜 눈에 대한 표현이 없는가? 동일한 논리로 볼 때, 영광의 주로 강림하시는 19장 11절에서는 "불꽃 같은 눈"을 가지신 분으로 묘사하고 있어 공생애 기간 중 주님이 가르치신 내용과 부합되고 있다. "불꽃 같은 눈"은 죄를 감찰하시는 하나님의 능력(단 10:6)이기에, 본문의 "흰말 탄 자"는 우리 주님을 모방한 적그리스도로 볼 수밖에 없다.

③ 면류관으로 구별된다.

6장 2절의 흰말 탄 자는 "면류관을 받고 나가서"(단수-스테파노스:

85) 평신도를 위한 요한계시록 강해, 서울서적, 조용기, pp. 143~145.

στέφανος)라는 표현처럼 겨우 하나의 면류관을 받아 가지고 나가므로 사탄의 사주(계 13:2)를 받은 적그리스도로서 승리의 그리스도를 표방하는 것(고후 11:13~15)이지만, 19장 12절의 백마 탄 자는 "그 머리에 많은 면류관"(디아데마: διάδημα)을 쓰고 있으므로 영광중에 강림하실 만주의 주요, 만왕의 왕이신 우리 주님의 모습이다.

④ 복장으로 구별된다.

19장 13절의 백마 탄 자는 원수를 심판하고 정복한 승리하신 그리스도로서 피에 젖은 옷을 입었지만, 6장 2절의 흰말 탄 자는 옷이 없으므로 하나님의 택한 자를 해치지 못하는 적그리스도의 한계성을 잘 증명해 주고 있다(계 17:14).

⑤ 승리의 방법으로 구별된다.

본문의 "흰말 탄 자"가 "이기고 이기려 하더라"는 것은 19장 16절에서 이미 승리하신 우리 주님의 영화로운 모습과 구별되고 있다. 그러므로 "이기고 이기려" 하는 "흰말 탄 자"는 바로 사탄의 유혹을 받아 하나님의 교회와 성도들을 유혹할 적그리스도다. 이와 같은 사실은 원어에서도 증명이 되는데, '이기고'(니카오: νικάω)라는 단어는 능동태 현재분사로서 성도를 지배할 수 있는 짐승의 한계를 묘사하고, '이기려'(니케세: νικήσῃ)는 단어는 제1부정과거 능동태로서 적그리스도가 하나님까지 이기려는 교만의 극치를 암시하고 있다. 이는 다니엘 7장 25절의 말씀처럼 하나님을 대적하며 성도들을 괴롭히는 적그리스도와 부합되는 표현이다. 아울러 "이기고 이기려 하더라"는 말씀은 "이미 이기신 예수 그리스도"에 대한 묘사로 보기보다는 할 수만 있으면 택한 자들도 미혹시키려는 적그리스도의 끊임없는 미혹(마 24:24)과 더 어울리는 표현이다.

⑥ 따르는 무리로 구별된다.

본문의 "흰말 탄 자"의 출현에는 따르는 무리가 없으나 19장의 "백마 탄 자"의 출현에는 "하늘에 있는 군대들이 희고 깨끗한 세마포를 입고 백마를 타고 그를 따르더라"(계 19:14)는 표현은 동일한 인물이 아님을 묘사하고 있다.

⑦ 무기로 구별된다.

성경은 활(弓)은 악한 자의 무기(시 7:12; 렘 49:35)로, 살 없는 활(弓)은 속이는 것(호 7:16)으로 가르치고 있다. 왕(王)으로 재림하시는 주님의 무기는 좌우에 날선 검(劍, 계 1:16, 2:16, 19:15; 히 4:12)으로서 분명하게 명시된 것과 비교할 때에, 화살 없는 활을 들고서 등장하는 "흰말 탄 자"는 전능하신 왕으로 강림하시는 그리스도를 모방하는 적그리스도로 보여진다. … 더구나 시편 기자는 전통에 화살이 가득한 것을 축복(시 127:4~5)이라 하는 것을 볼 때 "흰말 탄 자"는 적그리스도임이 분명하다.

⑧ 계시록 6장 1절과 비교할 때에 적그리스도이다.

"어린양" 되신 예수 그리스도는 심판의 주로서 일곱 인을 떼고 계시고, "네 생물"(피조물로서 수종드는 자)은 우레와 같은 소리로 "오라"고 명령하니, 그 명령에 맞추어 "흰말 탄 자"가 등장하고 있다.

그렇다면 피조물의 명령에 따라 나오는 흰말 탄 자가 조물주이신 예수 그리스도가 될 수 있는가?

⑨ 계시록 6장 8절과 비교할 때 적그리스도이다.

"내가 보매 청황색 말이 나오는데 그 탄 자의 이름은 사망이니 음부가 그 뒤를 따르더라 저희가 땅 사분 일의 권세를 얻어 검과 흉년과 사망과 땅의 짐승으로써 죽이더라"(계 6:8).

6장 8절의 후반부는 앞에서 언급된 네 말들의 특징을 역순으로 언급하고 있는데, 이것을 역순으로 비교해 볼 때에 "흰말 탄 자=짐승(적그리스도)"이라는 등식이 성립된다. 이와 같은 사실은 전쟁을 상징하는 '붉은 말'이 등장하면 전쟁의 열매로 '기근'이 발생하고, 그 기근의 결과는 극심한 사망이 있을 것을 나타내 주고 있다. 따라서 이와 같은 참상은 '짐승'으로 인함인데, 8절의 마지막을 장식하는 "짐승=흰말 탄 자"라는 사실을 입증시켜 주고 있다.

⑩ 마태복음의 증거로 볼 때에 적그리스도이다.

주님은 감람산에서 말세지말에 이루어질 상황을 말씀하셨는데, 그 내용을 사도 요한이 본 상황과 비교할 때에 "흰말 탄 자"의 정체는 적그리스도임이 분명하다고 본다. 왜냐하면 주님은 대환난기가 시작되는 그 특징으로 사람의 미혹을 조심하라고 권고하시면서 많은 사람들이 그리스도를 가장하고 나타날 것(마 24:4~5)이라고 하셨기 때문이다.

이로 보아 사도 요한이 본 "흰말 탄 자"의 정체는 "복음 운동의 승리나 그리스도라기보다는 그리스도를 모방한 적그리스도임이 분명하다"고 주장하고 있다.[86)]

이 견해를 주장하고 있는 내용을 살펴보면, "흰말 탄 자"가 어린양 예수 그리스도가 아니라 적그리스도라고 확정해 놓고, 이를 입증하기 위해 성경을 무리하게 한쪽 방향에서만 바라보는 결점(缺點)이 보인다. "흰말 탄 자"를 적그리스도로 해석하는 위의 주장들에 대한

86) 계시록 난해 해설, 흰돌, 이광복, pp. 204~213.

몇 가지 이견(異見)을 제시하면 다음과 같다.

⑴ 이어지는 말(馬)들과의 연계 문제

첫 번째 인을 떼실 때에 계시된 "흰말 탄 자"를 적그리스도라는 견해를 가진 사람들은, 6장 8절 말씀에 계시된 청황색 말의 네 가지 도구(검, 흉년, 사망, 짐승)와 첫째, 둘째, 셋째, 넷째 인을 떼실 때 각각 계시된 말들(흰말, 붉은 말, 검은 말, 청황색 말)을 짝짓기하는 방법으로 자신들의 견해가 옳다고 주장한다.

그 견해에 따르면, 검(劍)은 전쟁을 상징하므로 붉은 말과 짝이 되고, 흉년은 기근이므로 검은 말과 짝이 되고, 청황색 말은 사망과 짝이 되므로, 자연스럽게 흰말은 짐승과 짝을 이루기 때문에 흰말 탄 자는 적그리스도로 해석함이 옳다고 주장한다.

그러나 인을 차례로 뗄 때마다 나타난 말들과 넷째 인을 떼실 때 나타난 청황색 말 탄 자의 네 가지 도구를 짝지어 해석하는 것은 본장의 전체적 문맥과 조화를 이루지 못하는 비성경적 해석이다.

넷째 인의 재앙 도구인 "검과 흉년과 사망과 땅의 짐승으로써 죽이더라"에 사용된 짐승의 원어는 'θηρίων'(데리온)으로 'θηρίον'(데리온)의 소유격 복수로 '짐승들'을 의미한다. 영어 단어에서도 'Beasts'로 나와 있다. 이는 사자, 곰 등과 같은 '들짐승들'이 재앙의 도구로 사용됨을 나타낸다. 그러므로 짐승이 적그리스도를 의미한다는 주장은 맞지 않다. 각 인이 떼어질 때 나타나는 흰말, 붉은 말, 검은 말, 청황색 말은 각각 다른 계시를 보여주는 구별된 사건임을 간과해서는 안 된다.

넷째 인을 떼실 때에 등장한 청황색 말 탄 자가 사용하는 '검과 흉년과 사망과 짐승'의 네 가지 도구는 구약성경에도 자주 사용된 표현으로 개별적으로 사용되지 않고 집단적으로 묶여진 하나님의 도구임을 알 수 있다.

"너희가 나를 거스려 내게 청종치 않을진대 내가 너희 죄대로 너희에게 칠 배나 더 재앙을 내릴 것이라 내가 들짐승을 너희 중에 보내리니 그것들이 너희 자녀를 움키고 너희 육축을 멸하며 너희 수효를 감소케 할지라 너희 도로가 황폐하리라 이런 일을 당하여도 너희가 내게로 돌아오지 아니하고 나를 대항할진대 나 곧 나도 너희에게 대항하여 너희 죄를 인하여 너희를 칠 배나 더 칠지라 내가 칼을 너희에게로 가져다가 너희의 배약한 원수를 갚을 것이며 너희가 성읍에 모일지라도 너희 중에 염병을 보내고 너희를 대적의 손에 붙일 것이며 내가 너희 의뢰하는 양식을 끊을 때에 열 여인이 한 화덕에서 너희 떡을 구워 저울에 달아 주리니 너희가 먹어도 배부르지 아니하리라"(레 26:21~26).

"그들이 금식할지라도 내가 그 부르짖음을 듣지 아니하겠고 번제와 소제를 드릴지라도 내가 그것을 받지 아니할 뿐 아니라 칼과 기근과 염병으로 그들을 멸하리라"(렘 14:12).

"여호와께서 또 말씀하시되 그 후에 내가 유다 왕 시드기야와 그 신하들과 백성과 및 이 성읍에서 염병과 칼과 기근에서 남은 자를 바벨론 왕 느부갓네살의 손과 그 대적의 손과 그 생명을 찾는 자들의 손에 붙이리니 그가 칼날로 그들을 치되 아끼지 아니하며 긍휼히 여기지 아니하며 불쌍히 여기지 아니하리라 하셨느니라"(렘 21:7).

"내가 기근과 악한 짐승을 너희에게 보내어 외롭게 하고 너희 가운데 온역과 살육으로 행하게 하고 또 칼이 너희에게 임하게 하리라 나 여호와의 말이니라"(겔 5:17).

> "주 여호와께서 가라사대 내가 나의 네 가지 중한 벌 곧 칼과 기근과 사나운 짐승과 온역을 예루살렘에 함께 내려 사람과 짐승을 그중에서 끊으리니 그 해가 더욱 심하지 않겠느냐"(겔 14:21).

사도 요한에게 계시된 요한계시록의 사건들은 대부분 구약의 예언서들을 배경으로 계시되었거나 직접 인용하여 기록하고 있다. 요한계시록의 일차적 수신자는 초대교회 성도들이다. 초대교회 성도들은 하나님의 말씀과 예수 그리스도의 복음을 믿고 증거하는 일 때문에 가난과 기근을 겪어야 했고, 전쟁의 무고한 희생자가 되기도 했으며, 염병에 시달리고 짐승의 우리에 던져지기도 하는 고난과 환난을 당하고 있었다. 초대교회 성도들이 살아가는 1세기의 시대 상황은 그야말로 죽음과 음부의 권세가 기승을 부리는 현실이었다. 초대교회 성도들이 본문의 내용을 읽고 들었을 때, 그들은 그 말씀이 무엇을 의미하는지 쉽게 깨달을 수 있었음을 짐작할 수 있다.

첫째 인봉부터 넷째 인봉까지는 한 묶음으로 묶여 있는 사건임을 알 수 있다. 각 인봉을 떼실 때마다 하나님 가장 가까이에서 보좌하고 있는 네 생물들이 각각 그 계시에 동참하고 있음이 이를 입증하고 있다.

첫째 인봉이 떼어질 때부터 넷째 인봉이 떼어지는 사건은 시간적 간격을 두고 일어날 사건이 아니라 예수 그리스도의 재림에 따라 뒤따르게 될 결과적 순서를 보여주고 있다.

예수 그리스도 재림으로 말미암아 이 땅에는 인류의 삼분의 일이 죽게 되는 전쟁이 발생하고, 가난과 궁핍을 겪게 되며, 기근과 질병과 전쟁과 짐승의 해를 당하는 고난이 이어지게 될 것을 시사해준다.

넷째 인봉이 떼어질 때 계시될 청황색 말 탄 자가 땅 사분의 일의 권세를 얻어 검과 흉년과 사망과 땅의 짐승으로써 죽이게 된다고 증거한다. '이때 땅 사분의 일의 권세를 얻어… 죽이게 된다'는 의미는 인류의 사분의 일이 죽게 된다는 의미가 아니라, 땅 사분의 일이 전쟁에 휩싸인다는 의미로 보아야 한다. 땅에 속한 사분의 일의 나라들이 제3차 세계대전에 참전하게 될 것을 예언하는 말씀이다. 이때 이 땅에 남아있는 인류의 삼분의 일이 죽임을 당하는 것이다.

"땅 사분의 일의 권세를 얻어"에서 '얻어'로 번역된 '에도데'(ἐδόθη)는 '주다'라는 뜻을 지닌 '디도미'(δίδωμι)의 부정 과거형으로 흰말을 탄 자가 면류관을 '받은'(에도데)과 붉은 말 탄 자가 '허락을 받은'(에도데) 것과 병행된다. 이는 이들이 하나님의 주권 하에 권세를 하사받은 사역자들임을 의미하는 단어다.

둘째, 셋째, 넷째 인봉을 떼실 때 등장하는 붉은 말, 검은 말, 청황색 말 탄 자들은 사탄의 영에 속한 악한 영혼들이 아니라 예수 그리스도와 함께 하나님의 뜻을 이행하기 위해 권세를 부여받고 사명을 감당하는 하나님의 사역자들임을 나타낸다.

"세상 죄를 지고 가는 하나님의 어린양으로 오신 예수 그리스도의 등장은 이와 같은 전쟁, 기근, 살인 등의 처참함을 몰고 오지 않을 것이기 때문이다"라고 주장하는 존슨(Alan F. Johnson)의 견해는 계시록의 증거와 상반된 자의적(自意的) 주장이다.

요한계시록은 예수님이 다시 오실 때는 이 땅에 두렵고 떨리는 긍휼 없는 심판이 가해질 것이므로 처참하기 그지없는 재앙들을 몰고 올 것을 예언하고 있다.

> "그날 환난 후에 즉시 해가 어두워지며 달이 빛을 내지 아니하며 별들이 하늘에서 떨어지며 하늘의 권능들이 흔들리리라 그때에 인자의 징조가 하늘에서 보이겠고 그때에 땅의 모든 족속들이 통곡하며 그들이 인자가 구름을 타고 능력과 큰 영광으로 오는 것을 보리라"(마 24:29~30).

"볼지어다 구름을 타고 오시리라 각인의 눈이 그를 보겠고 그를 찌른 자들 도 볼 터이요 땅에 있는 모든 족속이 그를 인하여 애곡하리니 그러하리라 아멘"(계 1:7).

(2) 계시록 19장 11절의 백마(白馬) 탄 자와 비교 문제

존슨(Alan F. Johnson), 조용기, 이광복 목사는 "흰말 탄 자"의 정체가 마지막 대환난기에 평화의 사도로 가장하여 교회를 미혹할 적그리스도로 본다고 주장하면서, 계시록 19장에 등장하는 "백마 탄 자"와 비교하여 그 이유를 설명하고 있다.

① '백마 탄 자'에게 있는 것이 '흰말 탄 자'에게는 없는 이유 때문

19장 11절에 계시되고 있는 "백마 탄 자"에게는 "충실과 진실"이라는 이름이 있는데, 본문에 등장하는 "흰말 탄 자"는 이름이 없다.

19장 11절에 계시되고 있는 "백마 탄 자"의 모습은 "불꽃 같은 눈"을 가졌는데, 본문에 등장하는 "흰말 탄 자"는 눈에 대한 표현이 없다.

19장 11절에 계시되고 있는 "백마 탄 자"(예수 그리스도)는 "피에 젖은 옷"을 입었지만, 본문에 등장하는 "흰말 탄 자"는 옷이 없다.

19장 11절에 계시되고 있는 "백마 탄 자"는 따르는 무리가 있는데, 본문에 등장하는 "흰말 탄 자"는 따르는 무리가 없다.

이상의 이유들은 "흰말 탄 자"가 예수 그리스도를 가장한 적그리스도임이 분명하다는 것을 드러내고 있다고 주장한다.

19장 11절에 계시된 예수 그리스도의 계시 내용과 본문에 계시된 내용이 다르기 때문에, 본문에 계시되고 있는 "흰말 탄 자"는 적그리스도라고 주장하는 논리는 수용하기 어려운 억지 주장이다. 그런 논리를 수용한다면, 성경에 예수 그리스도로 인정되고 있는 계시 말

씀들이 계시록 19장에 계시되고 있는 예수님의 모습과 다르기 때문에, 예수 그리스도로 해석함을 인정할 수 없다는 논리가 성립될 수 있다. 예를 들어, 계시록 14장 14~16절 말씀에 계시되고 있는 내용을 살펴보자.

> "또 내가 보니 흰구름이 있고 구름 위에 사람의 아들과 같은 이가 앉았는데 그 머리에는 금 면류관이 있고 그 손에는 이한 낫을 가졌더라 또 다른 천사가 성전으로부터 나와 구름 위에 앉은 이를 향하여 큰 음성으로 외쳐 가로되 네 낫을 휘둘러 거두라 거둘 때가 이르러 땅에 곡식이 다 익었음이로다 하니 구름 위에 앉으신 이가 낫을 땅에 휘두르매 곡식이 거두어지니라"(계 14:14~16).

이 말씀에 계시되고 있는 '추수자'는 예수 그리스도를 나타낸다고 해석하는데 이견(異見)이 없을 것이다.

'흰구름 위에 앉아 머리에 금 면류관을 쓰고 손에 이한 낫을 들고 있는 사람의 아들 같은 이' 그 어느 모습도 19장 11절 이하에 계시된 예수님 재림 모습과 동일한 모습이 아니다.

이름도 없고, 불꽃 같은 눈도 없고, 피 뿌린 옷도 입지 않았고, 따르는 무리들도 없다. 그렇다고 예수 그리스도가 아니라고 주장하는가?

사건에 따라 그 계시의 모습이 다른 것을 감안하지 않고, 오직 19장 11절 이하의 말씀과 비교해서 계시된 모습이 다르기 때문에 예수 그리스도가 아니라 예수 그리스도를 가장한 적그리스도라고 주장하는 논리는 타당하지 않다.

② 면류관의 차이점 때문

본문에 계시된 "흰말 탄 자"가 적그리스도라고 주장하는 사람들이 내세우는 이유 중의 하나가 '면류관'의 차이점이다.

> 계 19장에 그리스도가 쓰고 오시는 면류관(王冠)은 στέφανος(花冠)가 아니라, διάδημα(王冠)로 구별이 뚜렷하다.[87]

6장 2절의 흰말 탄 자는 "면류관을 받고 나가서"(단수-스테파노스: στέφανος)라는 표현처럼, 겨우 하나의 면류관을 받아 가지고 나감으로 사탄의 사주(계 13:2)를 받은 적그리스도로서 승리의 그리스도를 표방하는 것(고후 11:13~15)이지만, 19장 12절의 백마 탄 자는 "그 머리에 많은 면류관"(디아데마: διάδημα)을 쓰고 있으므로 강림하실 만주의 주요, 만왕의 왕이신 우리 주님의 모습이라고 주장하는 것은 요한계시록의 내증(內證)에 부합(符合)하지 않는 주장이다.

요한계시록에 계시되고 있는 "면류관을 받고 나가서"의 원어적 의미와 사용 구절들을 살펴보면, 본문에 계시된 "흰말 탄 자"의 면류관이 적그리스도를 나타내는 이유가 되기보다는 오히려 예수 그리스도로 보는 것이 타당함을 증거해 주는 계시 단어임을 알 수 있다.

면류관을 "받고"의 헬라어 ἐδόθη(에도데)는 '주다'라는 뜻을 지닌 δίδωμι(디도미)의 부정 과거 수동태로, 이미 믿음의 싸움에서 승리하고 개선한 용사에게 하나님께서 주시므로 받아 쓴 면류관을 나타낸다.

이미 믿음의 싸움에서 승리하고 개선하여 하나님께 승리의 면류관을 받아쓰기에 합당한 대상이 누구인가? 오직 예수! 한 분뿐임을 부인할 사람이 있겠는가? 어찌 적그리스도가 하나님께 승리의 면류관(στέφανος)을 받아 쓸 수 있겠는가?

계시록에 사용되고 있는 면류관이라는 원어는 '스테파노스'

---

87) 예수 그리스도의 계시, 장로신문사, 한원식·김영진, p. 163.

(στέφανος, crown)와 '디아데마타(διαδήματα, diadem)라는 두 단어이다. 이 단어들이 사용된 구절을 살펴보면 다음과 같다.

'스테파노스'(계 2:10, 3:11, 4:4, 10, 6:2, 9:7, 12:1, 14:14).

'디아데마타'(계 12:3, 13:1, 19:12).

본문에 사용된 단어는 승리의 면류관인 '스테파논'(στέφανον)이다.

위에서 살펴본 바와 같이 왕관을 의미하는 '디아데마타'는 계시록에 세 번 등장하는데, 19장 2절 말씀 한 번만이 예수 그리스도에게 사용되고 있고, 2번(계 12:3, 13:1)은 오히려 적그리스도가 쓴 면류관에 사용되고 있다.

계시록 14장 14절 말씀을 보면, 예수 그리스도가 그 머리에 '금 면류관'(στέφανον)을 쓰고 있다고 계시해 주고 있다. 그러므로 본문에 계시되고 있는 '면류관'의 원어적 의미와 사용 구절들을 살펴보더라도, 면류관(crown)을 받아 쓰고 이기고 또 이기려고 나아가는 본문의 '흰말 탄 자'는 승리의 주(主)가 되시는 예수 그리스도를 나타낸다고 해석함이 타당하다.

> "또 내가 보니 흰구름이 있고 구름 위에 사람의 아들과 같은 이가 앉았는데 그 머리에는 금 면류관이 있고 그 손에는 이한 낫을 가졌더라"(계 14:14).

③ 승리의 방법으로 구별되기 때문

"'흰말 탄 자'가 '이기고 이기려 하더라'는 것은 19장 16절에서 이미 승리하신 우리 주님의 영화로운 모습과 구별되고 있다. 그러므로 '이기고 이기려' 하는 '흰말 탄 자'는 바로 사탄의 유혹을 받아 하나님의 교회와 성도들을 유혹할 적그리스도다. '이기고 이기려 하더라'는 말씀은 '이미 이기신 예수 그리스도'에 대한 묘사라기보다는 할 수만 있으면 택한 자들도 미혹시키려는 적그리스도의 끊임없는 미혹(마

24:24)과 더 어울리는 표현"이라고 주장하는 것은 성경의 지지를 얻기 어려운 억지 주장이다.

"예수님은 이미 승리하셨는데(요 16:33; 계 5:5), 본문의 흰말 탄 자는 나가서 '이기고 이기려' 하고 있기 때문에 예수 그리스도에 대한 묘사라고 할 수 없고, 성도들을 이기고 하나님까지 이기려고 하는 적그리스도를 나타낸다"는 주장은 성경의 증거를 충족시키지 못하는 오해(誤解)다.

요한계시록 자체의 증거를 살펴보아도, 이미 이기신 예수 그리스도의 모습이 계시되고 있을 뿐 아니라, 장차 악한 마귀의 세력과 싸워 승리하시기 위해 출정하시는 예수 그리스도의 모습을 계시해 주고 있다.

> "이것을 너희에게 이름은 너희로 내 안에서 평안을 누리게 하려 함이라 세상에서는 너희가 환난을 당하나 담대하라 내가 세상을 이기었노라"(요 16:33).

> "장로 중에 하나가 내게 말하되 울지 말라 유대 지파의 사자 다윗의 뿌리가 이기었으니 이 책과 그 일곱 인을 떼시리라 하더라"(계 5:5).

이상의 두 구절 말씀은 이미 승리하신 예수 그리스도를 증거하는 말씀이다. 그렇다고 예수 그리스도의 영적 싸움이 끝났는가?

성경은 예수님이 이미 승리하셨기 때문에 앞으로 다시는 싸움에 출정하지 않는다고 증거하는가? 아니다! 성경은 예수 그리스도께서 이미 승리하시고 승리의 면류관(στέφανος, 스테파노스)을 받아 쓰셨지만, 아직도 영적 싸움을 싸워 승리하실 것임을 증거하고 있다.

계시록 17장 14절 말씀은 "저희가 어린양으로 더불어 싸우려니와 어린양은 만주의 주시요 만왕의 왕이시므로 저희를 이기실 터이요 또 그와 함께 있는 자들 곧 부르심을 입고 빼내심을 얻고 진실한 자들은 이기리로다"라고 하였다.

"이기실 터이요"에 해당하는 헬라어 '니케세이'(νικήσει: shall overcome)는 3인칭 단수 미래 직설법으로 장차 이기실 미래의 승리를 확증하는 말씀이다.

호크마 주석은 이 부분에 대해 "'이기고'에 해당하는 헬라어 '니콘'(νικῶν)은 '니카오'(νικάω: 정복하다)의 현재 능동태 분사로 심판의 현재성을 시사한다. 또한 '이기려고'의 헬라어 '카이 히나 니케세'(καὶ ἵνα νικήση)는 목적을 나타내는 부정과거 능동태 가정문으로 궁극적인 승리를 시사한다"라고 설명한다.

이미 이기고 승리하심으로 승리의 면류관(στέφανος, 스테파노스)을 받아 쓰신 분, 지금도 살아 계셔서 승리의 주가 되시는 분, 장차 악의 세력과 싸워 사탄의 세력을 멸하시고 궁극적 승리를 거두실 심판과 구원의 주(主)가 누구신가?

오직 예수 그리스도 한 분뿐이다.

성경은 예수 그리스도께서 이미 이기셨고, 또 지금도 이김을 주시며, 장차 악한 마귀 사탄의 세력과 싸워 그들을 멸하시고 궁극적 승리를 거두기 위해 재림하실 것임을 계시해 주고 있다.

만주의 주시요 만왕의 왕이신 예수 그리스도께서 사탄과의 영적 싸움에서 이미(already) 이기고 승리하셨지만, 아직(yet) 싸움이 끝나지 않았기 때문에, 장차 하나님의 공의와 승리를 상징하는 흰말을 타고, 면류관을 받아 쓰고, 이기고 또 이기려고 출정(出征)하실 것이다. 그러므로 면류관을 받아 쓰고 "이기고 이기려고" 나가는 "흰말 탄 자"는 예수 그리스도로 해석함이 성경의 증거 말씀들과 조화를 이루는 해석이라 할 것이다.

④ 무기로 구별되기 때문

적그리스도로 해석하는 사람들은 성경이 "활(弓)은 악한 자의 무기(시 7:12; 렘 49:35)로, 살 없는 활(弓)은 속이는 것(호 7:16)"으로 가르치고 있다고 주장한다.

왕(王)으로 재림하시는 주님의 무기는 좌우에 날선 검(劍)(계 1:16, 2:16, 19:15; 히 4:12)으로 분명하게 명시된 것과 비교할 때에, 화살 없는 활을 들고 등장하는 "흰말 탄 자"는 전능하신 왕으로 강림하시는 그리스도를 모방하는 적그리스도로 보여진다고 주장한다.

> 성경은 활(弓)은 악한 자의 무기(시 7:12; 렘 49:35)로, 살 없는 활(弓)은 속이는 것(호 7:16)으로 가르치고 있다. 왕(王)으로 재림하시는 주님의 무기는 좌우에 날선 검(劍, 히 4:12; 계 1:16, 19:15)으로서 분명하게 명시된 것과 비교할 때에 화살 없는 활을 들고서 등장하는 "흰말 탄 자"는 전능하신 왕으로 강림하시는 그리스도를 모방하는 적그리스도로 보여진다. 왜냐하면 사탄의 무기는 속이는 것이기에, 적그리스도는 화살 없는 활을 가졌으나 그리스도의 무기는 그 입의 말씀임을 보아 본문의 "흰말 탄 자"는 적그리스도임이 분명하다. 더구나 시편 기자는 전통에 화살이 가득한 것을 축복(시 127:4~5)이라 하는 것을 볼 때 "흰말 탄 자"는 적그리스도임이 분명하다.[88]

> 신약에서 이곳이 유일하게 고대어(슥 9:13 이하 커다란 활)로 사용되고 있다. 활은 흔히 악한 자들의 무기로 사용되고(시 7:12, 11:2, 37:14, 46:9, 58:7; 렘 49:35; 엡 6:17), 그리스도의 무기는 언제나 검이다(렘 6:17; 히 4:12; 계 1:16, 2:16, 19:21).[89]

---

88) 계시록 난해 해설, 흰돌, 이광복, p. 207.

89) 예수 그리스도의 계시, 장로신문사, 한원식·김영진, p. 163.

먼저 "성경이 활[弓]은 악한 자의 무기(시 7:12, 렘 49:35)로, 살 없는 활[弓]은 속이는 것(호 7:16)으로 가르치고 있다"는 주장은 성경의 증거를 왜곡시키는 주장이 될 수 있다.

성경의 증거 말씀들을 볼 때, 활(弓)이 악한 자의 무기로 증거될 때도 있지만, 선하고 의로운 자의 무기로 등장하는 경우도 많다.

의로운 자의 무기로 등장하는 구절들을 보면 요셉의 활(창 49:24), 요나단의 활(삼하 1:22), 다윗의 활(삼하 22:35; 시 18:34), 욥의 활(욥 29:20), 여호와의 활(시 7:12; 합 3:9) 등 여러 곳에서 활이 의로운 자의 무기로 증거되고 있다.

특히 시편 7편 12절 말씀과 하박국 3장 9절 말씀은, 활이 악한 자의 무기가 아니라 주 여호와 하나님이 사용하시는 심판의 무기임을 증거해 주고 있어, 활은 악한 자의 무기라고 주장하는 사람들이 성경을 왜곡되게 적용하고 있음을 드러낸다.

시편 45편 5절 말씀은 "왕의 살이 날카로워 왕의 원수의 염통을 뚫으니 만민이 왕의 앞에 엎드러지는도다"라고 노래하고 있어, 활이 심판의 주로 임하시는 예수 그리스도의 심판의 무기로 사용될 것을 예언해 주고 있다.

그러므로 본문에 계시된 "흰말 탄 자"가 "활을 가졌고…이기고 또 이기려고 하더라"는 말씀은 시편 45편 말씀의 성취를 나타낸다고 해석함이 타당하다.

흰말 탄 자의 '활'이 악인의 무기라고 주장하는 것은 성경의 증거와 맞지 않는 비성경적 주장이다.

또, 호세아 7장 16절 말씀에 대한 인용 또한 본문의 의도를 벗어난 자의적(自意的) 해석을 취하고 있어 올바른 성경 해석에서 빗나가는 오류를 보이고 있다.

호세아 7장 16절 말씀은 "저희가 돌아오나 높으신 자에게로 돌아오지 아니하니 속이는 활과 같으며…"라고 증거하고 있다. 여기서

"속이는 활"은 문자적으로는 표적에서 빗나간 화살을 말하며, 의미상으로는 하나님께로 향하지 아니하고 배도한 이스라엘을 가리키는 말씀이다.

시편 78편 57절 말씀을 보면 "저희 열조같이 배반하고 궤사를 행하여 속이는 활같이 빗가서"라고 증거해 주고 있다.

이 두 구절 말씀에서 "속이는 활"은 '화살 없는 활'을 의미하는 것이 아니라, 표적에서 빗나간 화살같이 하나님의 뜻에서 빗나간 이스라엘 백성을 비유하고 있음을 알 수 있다.

그러므로 "성경이 살 없는 활(弓)은 속이는 것(호 7:16)을 나타낸다"고 주장하는 것은 성경의 증거를 왜곡시키는 비성경적 주장이라 할 수 있다.

혹자는 화살이 언급되지 않으므로 활은 무용지물이기에 '평화의 제안'을 염두에 두고 있다고 추론하는 이도 있는데, 그것은 설득력이 없다(예, 토마슨, 1990:105). 왜냐하면 '활'이라는 표현에 화살이 포함되어 있다고 볼 수 있기 때문이다.[90]

본문에 계시되고 있는 "흰말 탄 자"가 '활'을 가지고 등장하므로 전능하신 왕으로 강림하시는 그리스도라 할 수 없고, 그리스도를 모방하는 적그리스도라고 주장하는 견해는 성경의 지지를 받지 못한다.

존슨(Alan F. Johnson)은 흰말 탄 자가 적그리스도라 주장한다.

> 19장에 나오는 백마 탄 자의 "충신(忠信)과 진실" 그리고 "그가 공의로 심판하며 싸우더라"는 호칭은 6장 2절에 나오는 충성되지 못하고

---

90) 요한계시록, SFC, 송영목, p. 156.

진실하지 못한 자, 즉 그 불의한 정복을 위해 싸움을 하는 말 탄 자와 대조가 된다. 그러므로 6장 2절의 흰말 탄 자는 적그리스도이다.[91]

존슨이 주장하는 내용을 보면, 6장 2절에 계시된 "흰말 탄 자"에 대한 본문의 계시 내용에 마치 "충성되지 못하고 진실하지 못한 자, 즉 그 불의한 정복을 위해 싸움을 하는 자"라는 내용이 계시되고 있는 것처럼 주장하고 있다.

이는 성경을 왜곡되게 해석하여 잘못 판단하게 만드는 주장이다. 자신의 주장이 성경적인 것처럼 보이기 위해 성경에 없는 말을 가감하여 주장하는 것은 하나님이 기뻐하시지 않는 행위다.

6장 2절에 계시되고 있는 "흰말 탄 자"에 대한 내용 어디에도 "충성되지 못하고 진실하지 못한 자, 즉 그 불의한 정복을 위해 싸움을 하는 자"라는 내용은 찾아볼 수 없다.

"내가 이 책의 예언의 말씀을 듣는 각인에게 증거하노니 만일 누구든지 이것들 외에 더하면 하나님이 이 책에 기록된 재앙들을 그에게 더하실 터이요 만일 누구든지 이 책의 예언의 말씀에서 제하여 버리면 하나님이 이 책에 기록된 생명 나무와 및 거룩한 성에 참예함을 제하여 버리시리라"(계 22:18~19).

(3) 출현 장면과 과정의 적합성 문제

6장 2절에 계시되고 있는 "흰말 탄 자"가 등장하는 출현 장면과 과정을 살펴볼 때 예수 그리스도가 될 수 없으므로 적그리스도로 보아야 한다고 주장한다.

---

91) 계시록 난해 해설, 흰돌, 이광복, p. 200.

① 출현 장면이 예수 그리스도가 아님을 입증한다.

존슨은 “흰말 탄 자”가 출현할 때에 어린양 되신 예수 그리스도는 인(印)을 떼고 있으므로, 그를 말 탄 자 중의 한 사람이라고 볼 수 없기 때문에 “흰말 탄 자”는 예수 그리스도가 될 수 없고 적그리스도로 보는 것이 적합하다고 주장한다.

존슨의 주장대로 생각하면, 예수님이 인(印)을 떼심으로 적그리스도가 출현하게 된다고 보는 것이 오히려 맞지 않는다. 예수님이 인을 떼고 계시는데 네 생물의 명령에 따라 적그리스도가 순종하며 나올 수 있는가?

존슨의 주장은 계시록의 계시 특성을 이해하지 못한 데서 오는 오해(誤解)임을 알 수 있다.

예수님이 일곱 인으로 봉해진 하나님의 오른손에 있는 책을 취하여 인을 떼시고, 사도 요한에게 그 책에 기록된 내용을 계시해 주시고 있는 때는, 사도 요한이 예수님의 초청을 받고 천상에 올라간 시점이다. 그리고 인을 떼심으로 계시되고 있는 내용들은 종말의 때에 성취될 ‘장차 될 일’이다.

어린양 예수께서 첫째 인봉을 떼심으로 계시되는 “흰말 탄 자”의 계시 내용은, 장차 종말의 때에 승리의 주가 되어 면류관을 받아 쓴 예수님 자신이 활을 가지고 악한 자를 물리치고 최후 승리를 거두기 위해 출정(出征)할 것임을 보여주고 있는 계시 내용이므로 전혀 이상할 것이 없는 자연스런 해석이다.

> “볼지어다 구름을 타고 오시리라 각인의 눈이 그를 보겠고 그를 찌른 자들도 볼 터이요 땅에 있는 모든 족속이 그를 인하여 애곡하리니 그러하리라 아멘”(계 1:7).

② 출현 과정이 예수 그리스도가 아님을 입증한다.

존슨은 "흰말 탄 자"의 출현 과정을 보면 "네 생물 중에 하나가 우렛소리같이 말하되 오라"(계 6:1)는 명령에 의해서 출현하고 있다. 따라서 천사가 그리스도나 그의 종들을 불러낸다는 것은 합당치 못하므로 본문의 흰말 탄 자는 적그리스도라고 주장한다.

존슨의 주장은 네 생물에게 "오라"는 명령을 받고 있는 대상이 누구인지 제대로 파악하지 못한 데서 발생하고 있는 오해(誤解)다. 6장 1절과 2절 말씀을 살펴볼 때, 네 생물에게 "오라"는 명령을 받고 있는 대상이 말 탄 자가 아니라 사도 요한으로 보는 것이 타당하다.

우리말 개역성경에는 "오라"는 명령만 기록되어 있지만, 헬라어 표준 원문에는 "와서 보라"("Ερχου καὶ βλέπε: 에르쿠 카이 브레페)로 되어 있다. 킹 제임스 번역에도 "come and see"(와서 보라)로 번역되어 있다. "'Ερχου'는 '오다'를 뜻하는 'ἔρχουμαι'의 2인칭 현재 능동태 명령법이며, 'βλέπε'는 '보다'를 뜻하는 'βλέπώ'의 2인칭 단수 현재 능동태 명령법이다.

예수 그리스도는 계시를 보여주는 주체자인 동시에 인을 떼시는 주권자이기 때문에 "와서 보라"는 명령을 받는 대상이 될 수 없다. 그리고 말을 탄 자는 네 생물이 요한에게 보여주는 계시의 대상이기 때문에 "와서 보라"는 말과 조화를 이루지 못한다. 그러므로 네 생물 중 하나가 "와서 보라"고 명령하는 대상은 예수 그리스도도 아니고 말 탄 자도 아닌 사도 요한으로 해석함이 전체적 문맥에 가장 적합한 해석임을 알 수 있다.

6장 1~2절 말씀을 보면 "내가 보매…그때에 내가 들으니…내가 이에 보니"라는 말씀으로 사도 요한의 행동이 이어지고 있다. 예수님이 인봉을 떼실 때에 네 생물 중 하나가 사도 요한에게 우레 같은 소리로 "와서 보라"는 명령을 내렸고, 이에 사도 요한이 그 말에 순종하여 가서 바라보니 말 탄 자의 환상이 계시되고 있는 것이다.

흰말 탄 자가 적그리스도라면 그가 네 생물의 명령에 순종하는 자세를 취하겠는가? "와서 보라"는 네 생물의 명령을 받고 있는 대상이 계시를 받고 있는 사도 요한이므로, "흰말 탄 자"의 출현 과정이 적그리스도임을 입증한다는 오해(誤解)는 수용할 수 없는 비성경적 견해다.

5) 예수 그리스도로 보는 견해

⑴ 사용된 용어들을 예수 그리스도로 해석해야 조화를 이루기 때문이다.

① "…흰말이 있는데 그 탄 자가…"

첫째 인을 떼실 때에 등장하는 말은 흰말이다. 계시록에서 흰색은 항상 거룩하고 성스러운 것을 나타내며, 언제나 예수 그리스도와 관계하고 있다는 사실이다.

영광중에 계신 그리스도의 머리와 털의 희기가 흰 양털 같고 눈 같다고 표현한다(계 1:14).

이기는 자들에게는 흰 돌을 주실 것이라고 약속하신다(계 2:17).

신실한 주의 백성들은 흰옷을 입고 주와 함께 다니게 하시겠다고 말씀하신다(계 3:4).

벌거벗은 수치를 가리기 위해 흰옷을 사서 입으라고 권면하신다(계 3:18).

하나님의 보좌 둘레에는 이십사 장로들이 흰옷을 입고 머리에 금면류관을 쓰고 앉아 있다(계 4:4).

우리 피를 신원해 달라고 간구하는 순교자들에게 흰 두루마기를 주시며(계 6:11), 순교자의 수가 차기까지 잠시 동안 쉬고 있으라 말씀하신다.

큰 환난에서 나온 셀 수 없는 큰 무리들이 흰옷을 입고 하나님과 어린양을 찬양하고 있다(계 7:9~14).

주님이 금 면류관을 머리에 쓰고 손에 낫을 들고 흰구름 위에 앉아 추수할 준비를 하고 계신다(계 14:14).

주님이 백마를 타고 공의로 심판하여 싸울 때 하늘에 있는 군대가 희고 깨끗한 세마포를 입고 백마를 타고 그를 따르고 있다(계 19:11~14).

주님이 크고 흰 보좌 위에 심판의 주로 앉아 계신다(계 20:11).

계시록 가운데 흰색이 다른 의미로 사용된 곳이 하나도 없다. 언제나 예수 그리스도와 연관되어 거룩하고 성결한 의미로 사용되고 있다. 그러므로 6장에서 "흰말 탄 자"는 의심할 여지없이 거룩하시고 엄위하신 예수 그리스도를 계시하고 있다고 해석함이 계시록 전체의 구절들과 조화를 이루는 해석이다.

첫 번째 흰말 탄 자를 적그리스도로 해석하는 것이 옳다고 주장하는 이들은, 흰색이 성결의 색이요 그리스도의 속성에 부합되는 색상이지만, 사탄도 광명의 천사로 가장하기 때문에(고후 11:14) 사탄에게도 적용될 수 있다고 반론을 제기한다.

그러나 요한계시록 자체가 흰색의 용어를 모두 그리스도와 그에 속한 무리들에게 적용하고 있는데, 본문에서만 유일하게 적그리스도로 본다는 것은 자연스럽지 못한 억지 주장이다.

네 말 탄 자들이 네 생물의 계시에 따라 하나님의 심판을 이행하는 순종의 사역자들임을 생각해야 한다. 흰말 탄 자를 적그리스도로 해석해야 된다고 주장하는 사람들은 대부분 뒤따라오는 두 번째, 세 번째, 네 번째 말들로 인한 재앙이 적그리스도의 행위이기 때문에 첫 번째 흰말 탄 자도 적그리스도로 보아야 한다고 주장한다.

그러나 두 번째, 세 번째, 네 번째 말 탄 자들이 하나님 가장 가까이서 보좌(保佐)하는 네 생물의 지시에 따르는 하나님의 사역자들로 보면, 첫 번째 흰말 탄 자가 공의로 심판하여 싸우실 그리스도로 해석함이 자연스러운 해석임을 받아들일 수 있을 것이다.

본문을 자세히 살펴보면 둘째, 셋째, 넷째 말은 하나님께로부터 권세를 허락받아 사역하며, 순종의 일꾼으로 증거되고 있음을 보여준다. 그들의 행위가 적그리스도의 일꾼들이라면 네 생물의 부름에 순종하고 또 하나님께 권세를 받은 한계 내에서 순종하는 행동을 보이겠는가?

② "…면류관을 받고 나가서…"

흰말 탄 자는 이미 누군가로부터 면류관을 받아 썼다. 앞에서 살펴보았듯이, 면류관을 "받고"의 헬라어 원어 'ἐδόθη'(에도데)는 '주다'라는 뜻을 지닌 'δίδωμι'(디도미)의 부정 과거 수동태로 이미 승리하고 개선한 용사에게 하나님께서 주심으로 받아 쓴 면류관임을 의미한다.

천상에서 하나님께 승리의 면류관을 받아 쓸 대상이 누구겠는가? 십자가에서 죽으시고 사흘 만에 부활하신 승리의 주님만이 승리의 면류관을 받아 쓰기에 합당하신 분임을 의심할 사람은 아무도 없을 것이다.

흰말 탄 자를 예수 그리스도로 해석하기를 거부하는 사람들은, '면류관'의 원어적인 용어를 볼 때에 본문에서 흰말 탄 자가 받은 면류관이 왕관(王冠)을 의미하는 '디아데마타'(διαδήματα)가 아니라 승리의 면류관인 '스테파노스'(στέφανος)로서 만왕의 왕이요, 만주의 주로 임하신 예수 그리스도에게 어울리지 않기 때문에 흰말 탄 자를 예수 그리스도로 해석할 수 없다고 주장한다.

흰말 탄 자가 받은 면류관의 원어가 승리자에게 주는 면류관인 '스테파노스'이기 때문에 만왕의 왕이요 만주의 주가 되신 초림 예수에게 어울리지 않는다고 주장하거나 역(逆)으로 다른 대상에게 적용하는 사람들은 두 단어가 사용된 본서의 본문들을 상세히 고찰해 보지 않은 사람들이다.

계시록에서 면류관을 의미하는 두 단어가 사용된 것을 살펴보면 다음과 같다.

'스테파노스'(στέφανος, crown): 계 2:10, 3:11, 4:4, 10, 6:2, 9:7, 12:1, 14:14.

'디아데마타'(διαδήματα, diadem): 계 12:3, 13:1, 19:12.

요한계시록 자체에서 승리의 면류관인 스테파노스(στέφανος)를 어린양 예수에게 적용하고 있는 구절이 있다. 14장 14절 말씀이다.

> "또 내가 보니 흰구름이 있고 구름 위에 사람의 아들과 같은 이가 앉았는데 그 머리에는 금 면류관이 있고 그 손에는 이한 낫을 가졌더라"(계 14:14).

위의 14장 14절 말씀이 예수 그리스도에 관한 계시의 말씀인 것에는 이견(異見)이 없다.

본절의 말씀에서 예수 그리스도가 머리에 쓰신 '금 면류관'은 그 원어적 단어가 본절과 같은 승리의 면류관인 '스테파논'(στέφανον)이다.

오히려 왕관을 의미하는 디아데마타(διαδήματα)는 계시록에 세 번 등장하는데, 19장 2절 말씀을 제외한 두 번(계 12:3, 13:1)이 적그리스도가 쓴 면류관에 사용되고 있다. 그러므로 요한계시록이 사용하고 있는 '면류관'의 원어적 의미를 살펴보더라도 면류관(crown)을 받아 쓰고 이기고 또 이기려고 나아가는 본절의 '흰말 탄 자'는 승리의 주(主)가 되시는 '예수 그리스도'로 해석함이 타당하다.

③ "…이기고 또 이기려고 하더라"

첫째 인을 떼실 때에 나타난 '흰말 탄 자'를 적그리스도로 해석하기를 주장하는 이들은 "…이기고 또 이기려고 하더라"는 본문 말씀이 이미 승리하신 예수 그리스도에게는 적합하지 않고 오히려 하나님을 대항하여 이기려고 하는 적그리스도에게 적합하다고 주장한다.

"예수님은 이미 승리하셨는데(요 16:33; 계 5:5), 또 이기려고 나아가는 것은 예수 그리스도에게 조화되지 않는다"라는 주장은 성경적으로 전혀 받아들일 수 없는 견해다. 왜냐하면 요한계시록 자체의 구조를 살펴볼 때, 이미 이기신 주님이 계시될 뿐만 아니라 장차 악한 마귀의 세력과 싸워 승리하실 주님의 모습으로 계시되고 있기 때문이다.

> "이것을 너희에게 이름은 너희로 내 안에서 평안을 누리게 하려 함이라 세상에서는 너희가 환난을 당하나 담대하라 내가 세상을 이기었노라"(요 16:33).

> "장로 중에 하나가 내게 말하되 울지 말라 유대 지파의 사자 다윗의 뿌리가 이기었으니 이 책과 그 일곱 인을 떼시리라 하더라"(계 5:5).

이상의 두 말씀이 예수 그리스도의 이미 얻은 승리를 증거하고 있는 말씀임에 틀림없다. 그렇다면 계시록 5장 5절에서 예수 그리스도의 영적 싸움과 심판과 구원 사역이 끝이 났는가? 아니다. 예수 그리스도의 영적 싸움은 계시록 20장에 가서야 끝난다.

이미 승리하시고 승리의 면류관(στέφανος, 스테파노스)를 받아 쓰셨지만, 아직도 싸워야 할 영적 싸움이 남아 있다. 그렇기 때문에 흰말을 탄 예수 그리스도가 이미 이겼지만 또 이기려고 나아가고 있는 것이다. '과거에 이기셨다'는 것 때문에 '이기려고 나아가는' 모습이 예수 그리스도의 모습이 아니라는 주장은 성경의 지지를 얻지 못하는 주장이다.

계시록 17장 14절 말씀은 "저희가 어린양으로 더불어 싸우려니와 어린양은 만주의 주시요 만왕의 왕이시므로 저희를 이기실 터이요 또 그와 함께 있는 자들 곧 부르심을 입고 빼내심을 얻고 진실한 자들은 이기리로다"라고 증거하고 있다.

'이기실 터이요'에 해당하는 헬라어 '니케세이'(νικήόει, shall overcome, KJV)는 3인칭 단수 미래 직설법으로 장차 이기실 미래의 승리를 확증하는 말씀이다.

호크마 주석은 이 부분에 대해 이렇게 주석을 달아놓고 있다.

'이기고'에 해당하는 헬라어 '니콘'(νικῶν)은 '니카오'(νικάω: 정복하다)의 현재 능동태 분사로 심판의 현재성을 시사한다. 또한 '이기려고'의 헬라어 '카이 히나 니케세'(καί ἵνα νικήση)는 목적을 나타내는 부정과거 능동태 가정문으로 궁극적인 승리를 시사한다.

이미 이기고 승리하심으로 승리의 면류관(στέφανος, 스테파노스)을 받아 쓰신 분, 지금도 살아 계셔서 승리의 주가 되시는 분, 장차 악의 세력과 싸워 멸하시고 궁극적으로 승리하시사 심판과 구원을 완성하실 분은 누구인가? 오직 예수! 그분 한 분만이 이미 승리하신 분이고, 지금도 살아 계셔서 교회로 승리하게 하시는 승리의 주가 되시고, 장차 악의 세력을 멸하고 구원을 완성시킬 궁극적인 승리자가 되신다.

그러므로 면류관을 받아 쓰고 이기고 또 이기려고 나아가는 흰말 탄 자는 예수 그리스도이심을 의심할 여지가 없다.

죄가 없으신 의로우신 예수님이 사탄과의 영적 싸움에서 이미(already) 이기고 승리하셨지만, 아직(yet) 싸움이 끝나지 않았기 때문에 하나님의 공의를 상징하는 흰말을 타고, 면류관을 받아 쓰고, 이기고 또 이기려고 출정(出征)하고 있는 것이다.

"또 내가 하늘이 열린 것을 보니 보라 백마와 탄 자가 있으니 그 이름은 충신과 진실이라 그가 공의로 심판하며 싸우더라 그 눈이 불꽃 같고 그 머리에 많은 면류관이 있고 또 이름 쓴 것이 하나가 있으니 자기밖에 아는 자가 없고 또 그가 피 뿌린 옷을 입었는데 그 이름은 하나님의 말씀이라 칭하더라 하늘에 있는 군대들이 희고 깨끗한 세마포를 입고 백마를 타고 그를 따르더라 그의 입에서 이한 검이 나오니 그것으로 만국을 치겠고 친히 저희를 철장으로 다스리며 또 친히 하나님 곧 전능하신 이의 맹렬한 진노의 포도주 틀을 밟겠고 그 옷과 그 다리에 이름 쓴 것이 있으니 만왕의 왕이요 만주의 주라 하였더라"(계 19:11~16).

초대교회 성도들이 이 계시의 말씀을 전해 듣고 얼마나 큰 위로를 받고 용기를 얻었겠는가? 주께서 사도 요한을 천상에 끌어올려 환상을 계시하시고 기록하여 증거하게 하신 이유와 목적이 여기에 있는 것이다.

로마의 황제 숭배와 유대인들의 핍박 등으로 용기를 상실한 채 침체에 빠져 있는 초대교회에게 이미 승리하신 예수님이 면류관을 받아 쓴 것과, 지금도 살아서 교회를 위해 싸우시는 승리의 주가 되신 것과, 장차 악의 세력을 멸하시고 궁극적인 승리자로 구원을 완성시키실 것을 계시해 주고 있는 것이다.

⑵ 요한계시록의 주제와 조화를 이루는 해석이기 때문이다.

계시록의 주제는 '어린양 예수 그리스도와 교회의 승리'다. 요한계시록은 처음부터 계속해서 어린양 예수 그리스도와 그의 몸 된 교회의 승리에 대해 계시하고 있는 책이다(계 1:3 이하, 2:26~27, 3:21, 5:5, 6:16, 11:15, 12:11, 14:1 이하, 17:14, 19:11 참조).

'흰말 탄 자'를 그리스도로 해석하는 대표적 신학자 중 한 사람인 헨드릭슨(William Hendriksen) 목사는 '흰말 탄 승리자'가 그리스도가 되심은 "이기고 이기려 하더라"는 표현이 계시록의 주제인 '그리스도와 교회의 승리'라는 계시록의 목적 및 특징과 잘 조화를 이루기 때문이라 설명하고 있다.

이 견해에 동조하지 않는 사람들은 '흰말 탄 자' 뒤에 따르는 둘째, 셋째, 넷째 말을 탄 자들을 통해 처참한 재난만이 계속되는 것을 볼 때에 첫째 말인 '흰말 탄 자'를 그리스도로 해석할 수 없고, 오히려 적그리스도로 해석함이 적합하다는 견해를 주장하고 있다.

그러나 둘째, 셋째, 넷째 인을 떼실 때 나타나는 붉은 말, 검은 말, 청황색 말을 탄 자들이 하나님의 일꾼 된 사역자들로 보는 것이 타당한 이유는, 그들이 하나님 보좌 가까이에서 섬기고 있는 네 생물의 명령에 따라 활동하는 것과, 그들이 자의로 행하지 않고 부여받은 사명을 감당하되 허락받은 권세의 한계 내에서 순종하는 것을 볼 때, 그들이 사탄의 명령에 따라 활동하는 적그리스도의 무리들이라고 보기보다는 하나님의 말씀을 받들어 사역을 감당하는 일꾼들로 해석함이 적절하다.

우리가 계시록을 읽을 때 먼저 염두에 두어야 할 것은, 요한계시록이 우리에게 맨 처음 주어진 책이 아니라는 사실이다. 우리를 위해서 주어진 책이지만 우리에게 처음 주어진 책은 아니다. 요한계시록을 성경적으로 해석하기 위해서는 하나님께서 초대교회 성도들에게 먼저 말씀하셨고, 그들에게 교훈하신 계시의 말씀이 모든 세대의 교회들과 하나님의 백성들에게 동일한 교훈과 감동을 전해주고 있다는 점을 기억해야 한다.

계시록은 일차적으로 예수 그리스도의 복음을 믿고 증거하며 신앙의 정절을 지키는 일 때문에 환난과 핍박을 받고, 가난과 궁핍을 겪으며, 날마다 죽음을 각오하며 살아가고 있는 초대교회 성도들에게 보낸 편지다.

주님은 이 세상 주권 잡은 자들의 권세 아래 놓여 있는 교회 가운데 거하시며, 그들을 돌보시되 머리카락 하나라도 상치 않게 보호하심으로 승리케 하시리라는 계시의 말씀을 증거하게 하심으로 성도들을 위로하고 용기를 심어주고 계신 것이다.

"또 너희가 내 이름을 인하여 모든 사람에게 미움을 받을 것이나 너희 머리털 하나도 상치 아니하리라"(눅 21:17~18).

사도 바울은 디모데후서 3장 12절 말씀에서 "무릇 그리스도 예수 안에서 경건하게 살고자 하는 자는 핍박을 받으리라"고 증거하고 있다. 계시록 말씀은 환난과 핍박이 있을 때 좌절하거나 절망하지 말고, 우리와 함께하시는 승리의 주님을 바라보며 참고 인내함으로 승리하도록 이끌어 주는 계시의 말씀이다.

계시록의 일차 수신자인 초대교회 성도들이 복음을 위해 죽기까지 충성하며 끝까지 참고 인내함으로 승리하기를 바라시는 주님의 음성이 본 장의 계시를 통해 들려지고 있다.

이것은 초대교회 성도들에게 국한되는 말씀이 아니라 모든 세대의 교회들에게 들려지는 말씀이다. 그러므로 성도들은 어떤 처지와 형편 속에서도 승리의 주가 되시는 예수 그리스도를 바라보며 감사 찬양과 경배를 올려 드리는 신실하고 정결한 예수 그리스도의 신부로 살아가야 할 것이다.

"누가 능히 하나님의 택하신 자들을 송사하리요 의롭다 하신 이는 하나님이시니 누가 정죄하리요 죽으실 뿐 아니라 다시 살아나신 이는 그리스도 예수시니 그는 하나님 우편에 계신 자요 우리를 위하여 간구하시는 자시니라 누가 우리를 그리스도의 사랑에서 끊으리요 환난이나 곤고나 핍박이나 기근이나 적신이나 위험이나 칼이랴 기록된바 우리가 종일 주를 위하여 죽임을 당케 되며 도살할 양같이 여김을 받았나이다 함과 같으니라 그러나 이 모든 일에 우리를 사랑하시는 이로 말미암아 우리가 넉넉히 이기느니라 내가 확신하노니 사망이나 생명이나 천사들이나 권세자들이나 현재 일이나 장래 일이나 능력이나 높음이나 깊음이나 다른 아무 피조물이라도 우리를 우리 주 그리스도 예수 안에 있는 하나님의 사랑에서 끊을 수 없으리라"(롬 8:33~39).

계시록의 주제는 이 사실을 입증하고 있다. 모든 환난과 핍박과 기근과 칼 가운데서도 우리를 사랑하시는 어린양 예수 그리스도를 통하여 넉넉히 이김을 주시는 것을 입증시키기 위해서 요한계시록 말씀을 기록하여 증거하게 하신 것이다.

그러므로 흰말을 타고 이기고 이기려 하시려고 나아가시는 승리의 주가 되시는 어린양 예수 그리스도의 재림을 소망하며, 끝까지 참고 인내함으로 승리할 수 있기를 바란다.

승리의 주 예수 그리스도께서 재림하실 때 성도들은 주님의 승리에 동참하여 승전가를 부르게 될 것이지만, 이 땅에 소망을 두고 살던 불신자들은 둘째, 셋째, 넷째 말 탄 자들의 사역으로 말미암은 심판의 고난을 겪게 될 것을 보여준다.

"아담 안에서 모든 사람이 죽은 것같이 그리스도 안에서 모든 사람이 삶을 얻으리라 그러나 각각 자기 차례대로 되리니 먼저는 첫 열매인 그리스도요 다음에는 그리스도 강림하실 때에 그에게 붙은 자요 그 후에는 나중이니 저가 모든 정사와 모든 권세와 능력을 멸하시고 나라를 아버지 하나님께 바칠 때라 저가 모든 원수를 그 발아래 둘 때까지 불가불 왕 노릇 하시리니 맨 나중에 멸망 받을 원수는 사망이니라"(고전 15:22~26).

⑶ 구약성경의 예언과 조화를 이루기 때문이다.

요한계시록 해석은 본서 자체에만 국한될 것이 아니라 전 성경을 배경으로 해석되어야 한다. 계시록은 구약성경을 많이 인용하고 있다.

구약의 유사 표현 약 348회 중 95회는 반복적으로 사용되었고, 약 250회는 정확한 유사 표현을 사용하고 있다. 특히 구약의 선지자들이 예언한 글들을 배경 삼거나 직접 인용하고 있다. 본 장의 계시도 구약성경을 배경으로 하고 있고 구약성경의 표현들을 인용하고 있음을 볼 수 있다.

① 스가랴서와의 조화

본 장에 나오는 '말 탄 자들'에 대한 계시는 구약성경 스가랴서를 배경으로 하고 있다.

말 탄 자들에 대한 환상이 스가랴서 1장 8절과 6장 1~8절에 기록되어 있다. 요한 사도에게 계시되고 있는 네 말 탄 자의 계시 내용은 스가랴 선지자에게 보여주신 환상을 배경으로 하고 있다. 그러므로 본장의 말 탄 자에 대한 해석은 구약성경인 스가랴서의 환상으로 풀이하는 것이 성경을 성경으로 풀이하는 가장 이상적인 해석 방법일 것이다.

스가랴의 환상 중에 나오는 첫 번째 홍마를 탄 사람은(슥 1:8) 여호와의 사자(슥 1:11)로, 구약에 나타나신 제2위 하나님이신 '성자'의 현현으로 해석함이 보편적 견해다.

구약성경에서 여호와의 사자는 종종 여호와 자신과 동일시되어 나타난다(창 16:11, 13, 18:1~2, 13, 17, 22:11, 12; 출 3:2; 수 5:13; 삿 2:1~5, 6:11~12; 겔 43:6~7). 그렇다면 스가랴서를 배경으로 하고 있는 계시록 6장 2절 이하에 나오는 네 말 중 첫 번째 등장하는 흰말 탄 자를 그리스도로 해석함이 구약성경의 예언과 조화를 이루는 해석이 될 것이다.

구약의 성구들을 볼 때 계시록에 나오는 둘째, 셋째, 그리고 넷째 말을 탄 자들이 첫째 말을 탄 자의 수종자, 즉 그의 백성을 강하게 하고 또한 정결케 하기 위한 그리스도의 사역자로 보는 것이 타당하다.

만일 첫째의 흰말 탄 자를 적그리스도로 보고, 둘째, 셋째, 넷째 말을 탄 자들을 적그리스도의 추종세력들로 본다면, 구약의 예언과 조화를 이루지 못할 뿐 아니라 "그들이 네 생물의 명령에 따라 하나님의 심판을 성취하는 순종의 도구로 사용될 수 있는가?" 하는 의문에 빠지게 될 것이다.

네 생물이 계시하는 말과 그 탄 자들이 하나님의 뜻을 시행하는 순종의 파송자들임을 생각할 때, 흰말 탄 자를 예수 그리스도로 해석함이 스가랴서의 예언과 조화를 이루는 해석이다.

② 시편 45편과의 조화

본문에 나와 있는 흰말 탄 자가 활을 가졌고 면류관을 받고 나가서 이기고 또 이기려고 하더라는 모습은 또한 시편 45편 예언과 조화를 이루고 있다.

시편 45편 3~5절 말씀은 예언하기를 "능한 자여 칼을 허리에 차고 왕의 영화와 위엄을 입으소서 왕은 진리와 온유와 공의를 위하여 위엄있게 타고 승전하소서 왕의 오른손이 왕에게 두려운 일을 가르치리이다 왕의 살이 날카로워 왕의 원수의 염통을 뚫으니 만민이 왕의 앞에 엎드러지는도다"라고 노래하고 있다.

"능한 자여 칼을 허리에 차고 왕의 영화와 위엄을 입으소서"라는 말씀은 말씀의 검을 차고, 면류관을 받아 쓰고, 싸움에 임하시는 예수 그리스도의 모습을 노래하고 있다.

"왕은 진리와 온유와 공의를 위하여 위엄있게 타고 승전하소서"라는 말씀은 구원과 심판을 위해 싸우시되, 흰말을 타고 이기고 또 이기려고 하시는 승리자 예수 그리스도의 모습과 조화를 이루는 예언의 말씀이다. 예수님이 타신 흰말은 '진리와 공의'를 상징하고 있음을 보여준다.

"왕의 오른손이 왕에게 두려운 일을 가르치리이다"라는 말씀은, 예수 그리스도의 오른손에 이 세상 심판의 권세가 들려져 있음을 시사하는 말씀이다.

"왕의 살이 날카로워 왕의 원수의 염통을 뚫으니 만민이 왕의 앞에 엎드러지는도다"라는 말씀은 "활을 가졌고…이기고 또 이기려고 하더라"는 예수 그리스도의 모습을 예언하고 있는 말씀이다. 그러므로 흰말 탄 자는 예수 그리스도로 해석함이 시편 45편 말씀과 조화를 이루는 해석이다.

> "또 내가 하늘이 열린 것을 보니 보라 백마와 탄 자가 있으니 그 이름은 충신(忠信)과 진실이라 그가 공의로 심판하며 싸우더라 … 또 그가 피 뿌린 옷을 입었는데 그 이름은 하나님의 말씀이라 칭하더라 하늘에 있는 군대들이 희고 깨끗한 세마포를 입고 백마를 타고 그를 따르더라"(계 19:11~14).

헨드릭슨(William Hendriksen)도 "왕은 진리와 온유와 공의를 위하여 위엄 있게 타고 승전하소서"라는 시편 45편 3~5절의 내용과의 유사점(칼과 승리)이 흰말 탄 자를 예수 그리스도로 해석하는 데 강한 뒷받침을 하고 있다고 주장한다.

이 견해와 뜻을 같이하지 않는 사람들은 이 견해에 대해 동조하지 못하는 이유에 대해서, 시편 45편 3절부터 5절의 내용은 그 대상이 원수를 향한 것이지만, 본문의 '흰말 탄 자'의 대상은 세상이기 때문에 두 구절의 문맥이 조화를 이루지 못한다고 주장한다.

헨드릭슨의 견해를 따르면, "원수(시 45:3~5)=세상(계 6:2)"이라는 등식이 성립되기 때문에 두 내용이 조화를 이루지 못한다고 주장한다.

그러나 성경의 전체적 사상에 비추어 볼 때 오히려 "원수(시 45:3~5)=세상(계 6:2)"이라는 등식이 성경적 해석임을 알 수 있다. 왜냐하면 성경은 여러 곳에서 세상은 예수 그리스도와 원수 되는 대상으로 표현하고 있기 때문이다.

> "이것을 너희에게 이름은 너희로 내 안에서 평안을 누리게 하려 함이라 세상에서는 너희가 환난을 당하나 담대하라 내가 세상을 이기었노라 하시니라"(요 16:33).

> "세상이 너희를 미워하면 너희보다 먼저 나를 미워한 줄을 알라 너희가 세상에 속하였으면 세상이 자기의 것을 사랑할 터이나 너희는 세상에 속한 자가 아니요 도리어 세상에서 나의 택함을 입은 자인 고로 세상이 너희를 미워하느니라"(요 15:18~19).

> "대저 하나님께로서 난 자마다 세상을 이기느니라 세상을 이긴 이김은 이것이니 우리의 믿음이니라 예수께서 하나님의 아들이심을 믿는 자가 아니면 세상을 이기는 자가 누구뇨"(요일 5:4~5).

> "또 아는 것은 우리는 하나님께 속하였고 온 세상은 악한 자 안에 처한 것이며"(요일 5:19).

> "간음하는 여자들이여 세상과 벗 된 것이 하나님의 원수임을 알지 못하느뇨 그런즉 누구든지 세상과 벗이 되고자 하는 자는 스스로 하나님과 원수 되게 하는 것이니라"(약 4:4).

이상의 성경 구절들을 보더라도 세상은 예수 그리스도의 원수와 동일시되고 있음을 알 수 있다. 그러므로 시편 45편의 노래가 예수 그리스도의 모습을 예언하고 있고, 계시록 6장의 흰말 탄 자와 짝이 되는 말씀으로 해석함이 오히려 성경의 증거와 조화를 이루는 해석임을 알 수 있다.

VI

십사만 사천과 흰옷 입은 큰 무리에 대한 Q&A

성경 본문은 계시록 7장 1~17절 말씀이다.

"이 일 후에 내가 네 천사가 땅 네 모퉁이에 선 것을 보니 땅의 사방의 바람을 붙잡아 바람으로 하여금 땅에나 바다에나 각종 나무에 불지 못하게 하더라 또 보매 다른 천사가 살아 계신 하나님의 인을 가지고 해 돋는 데로부터 올라와서 땅과 바다를 해롭게 할 권세를 얻은 네 천사를 향하여 큰 소리로 외쳐 가로되 우리가 우리 하나님의 종들의 이마에 인치기까지 땅이나 바다나 나무나 해하지 말라 하더라 내가 인 맞은 자의 수를 들으니 이스라엘 자손의 각 지파 중에서 인 맞은 자들이 십사만 사천이니 유다 지파 중에 인 맞은 자가 일만 이천이요 르우벤 지파 중에 일만 이천이요 갓 지파 중에 일만 이천이요 아셀 지파 중에 일만 이천이요 납달리 지파 중에 일만 이천이요 므낫세 지파 중에 일만 이천이요 시므온 지파 중에 일만 이천이요 레위 지파 중에 일만 이천이요 잇사갈 지파 중에 일만 이천이요 스불론 지파 중에 일만 이천이요 요셉 지파 중에 일만 이천이요 베냐민 지파 중에 인 맞은 자가 일만 이천이라 이 일 후에 내가 보니 각 나라와 족속과 백성과 방언에서 아무라도 능히 셀 수 없는 큰 무리가 흰옷을 입고 손에 종려 가지를 들고 보좌 앞과 어린양 앞에 서서 큰 소리로 외쳐 가로되 구원하심이 보좌에 앉으신 우리 하나님과 어린양에게 있도다 하니 모든 천사가 보좌와 장로들과 네 생물의 주위에 섰다가 보좌 앞에 엎드려 얼굴을 대고 하나님께 경배하여 가로되 아멘 찬송과 영광과 지혜와 감사와 존귀와 능력과 힘이 우리 하나님께 세세토록 있을지로다 아멘 하더라 장로 중에 하나가 응답하여 내게 이르되 이 흰옷 입은 자들이 누구며 또 어디서 왔느뇨 내가 가로되 내 주여 당신이 알리이다 하니 그가 나더러 이르되 이는 큰 환난에서 나오는 자들인데 어린양의 피에 그 옷을 씻

> 어 희게 하였느니라 그러므로 그들이 하나님의 보좌 앞에 있고 또 그의 성전에서 밤낮 하나님을 섬기매 보좌에 앉으신 이가 그들 위에 장막을 치시리니 저희가 다시 주리지도 아니하며 목마르지도 아니하고 해나 아무 뜨거운 기운에 상하지 아니할지니 이는 보좌 가운데 계신 어린양이 저희의 목자가 되사 생명수 샘으로 인도하시고 하나님께서 저희 눈에서 모든 눈물을 씻어 주실 것임이러라"(계 7:1~17).

7장에서는 "'하나님의 인 맞은 십사만 사천의 종들'이 누구인가?"라는 것과 "'아무라도 능히 셀 수 없는 흰옷 입은 큰 무리'가 누구를 나타내는가?"라는 질문에 올바른 성경적 대답을 정립하기 위한 Q&A가 필요하다.

1

십사만 사천은 누구인가?

하나님의 인 맞은 십사만 사천(ἑκατὸν τεσσεράκοντα τέσσαρες χιλιάδες, 헤카톤 텟세라콘타 텟사레스 킬리아데스)의 종들이 누구를 지칭하는지에 대해 다양한 견해가 주장되고 있다. Q&A를 통해 과연 어떤 주장이 본문에 충실한 견해인지 확실히 정립할 수 있기를 바란다.

1) 구원받은 구약 교회 모든 성도들로 보는 견해

이 견해를 주장하는 사람들은, 하나님의 인 맞은 십사만 사천의 종들은 문자 그대로 육적 이스라엘 열두 지파 사람들로 구원받은 구약 교회 모든 성도들의 총수를 나타내는 상징적 숫자라고 해석한다.

이 견해는 다음과 같은 문제점을 가지고 있다.

⑴ 사도 요한에게 계시된 4장 이후의 사건들은 "이후에 마땅히 될 일"(계 4:1)이지 구약의 사건이 아니기 때문에, 하나님의 인 맞은 십사만 사천의 종들은 '구원받은 구약 교회 성도들 총수의 상징'으로 볼 수 없다.

"이 일 후에 내가 보니 하늘에 열린 문이 있는데 내가 들은 바 처음에 내게 말하던 나팔 소리 같은 그 음성이 가로되 이리로 올라오라 이후에 마땅히 될 일을 내가 네게 보이리라 하시더라"(계 4:1).

(2) 천사가 하나님의 인을 가지고 종들의 이마에 인치는 사건은 역사의 종말에 몰아닥칠 전쟁의 바람이 불기 직전의 시기에 발생할 사건이다. 그러므로 하나님의 인 맞는 십사만 사천의 종들을 구약 교회 성도들로 보는 것은 본문의 계시 내용과 거리가 먼 비성경적 해석이다.

144,000명을 구약 교회로, '셀 수 없는 큰 무리'(9절)를 신약 교회로 보는 이도 있다(예, 월마우트, 1994:57). …이 144,000명은 데가볼리의 펠라로 도망간 예루살렘 교인들을 상징하고, 이들은 복음의 '처음 익은 열매'로 불릴 만하다(참조. 마 9:37 이하; 요 4:35~38; 약 1:1, 18; 계 14:4; 보라, Adams, 1969:65). 구약 12지파에서 각각 12,000(12×1,000)명이 선발되었다는 말은(4절), 예루살렘(유대인) 교회가 구약의 이스라엘 백성의 대를 잇는 참된(혹은 새로운) 이스라엘이라는 의미가 있다.

이 예루살렘 교인들이 첫 열매이기에 열방의 이방인 성도들은 두 번째, 세 번째 복음의 열매들로 이해된다.[92]

우리는 주님의 해석대로 십사만 사천이 구약 성도인 이스라엘의 구원받은 총수로 보면 된다.[93]

"이 일 후에 내가 네 천사가 땅 네 모퉁이에 선 것을 보니 땅의 사방의 바람을 붙잡아 바람으로 하여금 땅에나 바다에나 각종 나무에 불지 못하게 하더라

---

92) 요한계시록, SFC, 송영목, p. 171.

93) 읽기만 해도 열리는 요한계시록, 솔로몬, 강신원·김현종, p. 146.

또 보매 다른 천사가 살아 계신 하나님의 인을 가지고 해 돋는 데로부터 올라와서 땅과 바다를 해롭게 할 권세를 얻은 네 천사를 향하여 큰 소리로 외쳐 가로되 우리가 우리 하나님의 종들의 이마에 인치기까지 땅이나 바다나 나무나 해하지 말라 하더라"(계 7:1~3).

(3) 하나님의 인 맞은 십사만 사천의 종들은 이스라엘 각 지파(12지파)에서 각각 일만 이천 명씩 선택된 특별한 종들이기 때문에, 구약 성도인 육적 이스라엘의 구원받은 총수를 상징한다는 해석은 본문에 충실하지 못한 해석이다.

"내가 인 맞은 자의 수를 들으니 이스라엘 자손의 각 지파 중에서 인 맞은 자들이 십사만 사천이니 유다 지파 중에 인 맞은 자가 일만 이천이요 르우벤 지파 중에 일만 이천이요 갓 지파 중에 일만 이천이요 아셀 지파 중에 일만 이천이요 납달리 지파 중에 일만 이천이요 므낫세 지파 중에 일만 이천이요 시므온 지파 중에 일만 이천이요 레위 지파 중에 일만 이천이요 잇사갈 지파 중에 일만 이천이요 스불론 지파 중에 일만 이천이요 요셉 지파 중에 일만 이천이요 베냐민 지파 중에 인맞은 자가 일만 이천이라"(계 7:4~8).

본문은 하나님의 인 맞은 십사만 사천 명의 종들이 이스라엘 12지파에서 '각 지파마다' 일만 이천 명씩 뽑힌 자들임을 보여주고 있다. 그러므로 십사만 사천의 종들을 구약 성도인 이스라엘의 구원받은 총수로 볼 수 없다.

(4) 요한계시록 9장은 다섯째 나팔 재앙인 황충 재앙(첫째 화) 사건 때 하나님의 인 맞은 종들이 이 땅에 함께 있을 것을 계시해 주고 있다.

> "다섯째 천사가 나팔을 불매 내가 보니 … 황충이 연기 가운데로부터 땅 위에 나오매 저희가 땅에 있는 전갈의 권세와 같은 권세를 받았더라 저희에게 이르시되 땅의 풀이나 푸른 것이나 각종 수목은 해하지 말고 오직 이마에 하나님의 인 맞지 아니한 사람들만 해하라 하시더라"(계 9:1~4).

다섯째 나팔 재앙은 첫째 화의 사건으로 7년 대환난 동안에 벌어질 황충 재앙 사건이다. 그러므로 하나님의 인 맞은 십사만 사천의 종들을 구약 성도인 이스라엘의 구원받은 총수로 해석하는 것은 요한계시록의 계시 내용과 상충(相衝)되는 비성경적 주장이다.

2) 종말에 구원받게 될 육적 이스라엘 열두 지파 사람들로 보는 견해

미래주의 해석법을 취하는 사람들 특히 세대주의 전천년설에서 주장하는 이론이다. 이들은 인 맞은 십사만 사천의 종들을 교회가 휴거된 후 7년 대환난의 전 3년 반 동안 택함 받을 문자적 이스라엘 열두 지파의 후손이라는 해석법을 취한다.

> 본문 속의 지파와 그 숫자를 문자 그대로 받아들이고 대환난의 기간 동안 교회가 휴거된 후에 멸망으로부터 보호받도록 인침을 받은 144,000명의 문자적인 유대인으로 보는 견해이다. 이들의 견해에 의하면, 십사만 사천은 이스라엘의 선택된 남은 자(the elect remnant of Israel, 롬 11:5 비교)를 의미한다고 한다. …인 맞은 십사만 사천을 문자적인 이스라엘로 보는 이론은 미래주의 해석법을 취하는 자로 특히 세대주의 전천년설에서 주장하는 이론이다. 그들은 이스라엘과 교회

의 관계만큼은 지나칠 정도로 엄격한 문자주의를 적용하고 있다.[94)]

이 견해는 다음과 같은 문제점을 가지고 있다.

⑴ 신약의 범위에서 더 이상 존재하지 않는 종족의 구분을 야기(惹起)시켜 성경의 가르침과 배치(背馳)되는 문제점을 드러낸다.

요한계시록 7장에 계시되고 있는 이스라엘의 12지파는 구약성경에 증거되고 있는 이스라엘 12지파와 그 구성이 다르다.

창세기 29장부터 30장에 증거되고 있는 야곱(이스라엘)의 12아들의 차서(次序)는 르우벤, 시므온, 레위, 유다, 단, 납달리, 갓, 아셀, 잇사갈, 스불론, 요셉, 베냐민 순이다. 이스라엘 12지파의 원형이다. 그런데 가나안 땅에 들어가 땅을 분배 받는 과정에서 12지파의 원형이 변형된다.

여호수아 13장 이하를 보면, 가나안 땅에 들어가 기업을 분배받은 이스라엘 12지파는 르우벤, 갓, 므낫세, 유다, 에브라임, 베냐민, 시므온, 스불론, 잇사갈, 아셀, 납달리, 단 지파다.

이는 처음 이스라엘 12아들로 이루어진 원형이 변형된 지파 구성을 보이고 있다. 요셉이 낳은 두 아들 므낫세와 에브라임이 이스라엘의 지파에 포함되어 땅을 분배받게 된다. 이는 창세기 48장 5~6절 말씀에 기인한다.

"내가 애굽으로 와서 네게 이르기 전에 애굽에서 네게 낳은 두 아들 에브라임과 므낫세는 내 것이라 르우벤과 시므온처럼 내 것이 될 것이요 이들 후의 네 소생이 네 것이 될 것이며 그 산업은 그 형의 명의하에서 함께하리라"(창

---

94) 계시록 난해 해설, 흰돌, 이광복, p. 233.

48:5~6).

이스라엘 12지파의 원형이 변형된 것은 장차 육적 이스라엘 열두 아들을 기반으로 하는 12지파가 영원히 지속되지 않고 변하게 될 것을 보여주는 모형적 사건이라 할 수 있다. 영원한 천국의 영적 12지파의 이름이 또다시 변형될 것을 보여주는 예표적 사건이다.

요한계시록 7장인 본문에 계시되고 있는 하나님의 인침을 받은 하나님의 종들이 속하게 된 이스라엘 12지파는 유다, 르우벤, 갓, 아셀, 납달리, 므낫세, 시므온, 레위, 잇사갈, 스불론, 요셉, 베냐민 지파다.

본장에 계시된 이스라엘 12지파 내용은 유다 지파가 르우벤 지파보다 앞서 있고, 단 지파가 빠지고 므낫세 지파가 들어있다. 이는 본문의 계시가 구약의 육적 이스라엘 서열을 따르는 것이 아니라 영적 의미가 주어져 있는 계시 내용임을 보여준다.

하나님께로부터 하늘에서 내려오는 거룩한 새 예루살렘 성에는 동서남북에 각각 세 문씩 열두 문이 있음을 계시해 주고 있다.

> "일곱 대접을 가지고 마지막 일곱 재앙을 담은 일곱 천사중 하나가 나아와서 내게 말하여 가로되 이리 오라 내가 신부 곧 어린양의 아내를 네게 보이리라 하고 성령으로 나를 데리고 크고 높은 산으로 올라가 하나님께로부터 하늘에서 내려오는 거룩한 성 예루살렘을 보이니 하나님의 영광이 있으매 그 성의 빛이 지극히 귀한 보석 같고 벽옥과 수정같이 맑더라 크고 높은 성곽이 있고 열두 문이 있는데 문에 열두 천사가 있고 그 문들 위에 이름을 썼으니 이스라엘 자손 열두 지파의 이름들이라 동편에 세 문, 북편에 세 문, 남편에 세 문, 서편에 세 문이니 그 성에 성곽은 열두 기초석이 있고 그 위에 어린양의 십이 사도의 열두 이름이 있더라"(계 21:9~14).

영원한 천국의 새 예루살렘 성의 12지파는 요한계시록에 계시된 이름들이다. 새 예루살렘 성의 열두 문에 기록된 이스라엘 열두 지파의 이름도 요한계시록 7장에 계시된 12지파 이름일 것이 확실하다.

신약성경의 강조 내용은 더 이상 구약적 이스라엘 민족 중심의 지파 개념이 무너지고, 영적 유대인인 그리스도인들이 참 이스라엘임을 강조해서 증거해 주고 있다.

> "요한이 많은 바리새인과 사두개인이 세례 베푸는 데 오는 것을 보고 이르되 독사의 자식들아 누가 너희를 가르쳐 임박한 진노를 피하라 하더냐 그러므로 회개에 합당한 열매를 맺고 속으로 아브라함이 우리 조상이라고 생각지 말라 내가 너희에게 이르노니 하나님이 능히 이 돌들로도 아브라함의 자손이 되게 하시리라"(마 3:7~9).

아브라함을 믿는 자들의 조상으로 세우신 것이 성경이 증거하는 말씀이라면, 그의 자손으로 세워진 12지파도 믿음의 자손을 지칭하는 것으로 보는 것이 타당하다. 신약성경은 이 진리에 대해 여러 곳에 증거하고 있다.

> "대저 표면적 유대인이 유대인이 아니요 표면적 육신의 할례가 할례가 아니라 오직 이면적 유대인이 유대인이며 할례는 마음에 할지니 신령에 있고 의문에 있지 아니한 것이라 그 칭찬이 사람에게서가 아니요 다만 하나님에게서니라" (롬 2:28~29).

> "만일 율법에 속한 자들이 후사이면 믿음은 헛것이 되고 약속은 폐하여졌느니라 율법은 진노를 이루게 하나니 율법이 없는 곳에는 범함도 없느니라 그러므로 후사가 되는 이것이 은혜에 속하기 위하여 믿음으로 되나니 이는 그 약속을 그 모든 후손에게 굳게 하려 하심이라 율법에 속한 자에게뿐 아니라 아브라함의 믿음에 속한 자에게도니 아브라함은 하나님 앞에서 우리 모든

사람의 조상이라 기록된바 내가 너를 많은 민족의 조상으로 세웠다 하심과 같으니 … "(롬 4:14~17).

"곧 육신의 자녀가 하나님의 자녀가 아니라 오직 약속의 자녀가 씨로 여기심을 받느니라"(롬 9:8).

"너희가 다 믿음으로 말미암아 그리스도 예수 안에서 하나님의 아들이 되었으니 누구든지 그리스도와 합하여 세례를 받은 자는 그리스도로 옷 입었느니라 너희는 유대인이나 헬라인이나 종이나 자유자나 남자나 여자 없이 다 그리스도 예수 안에서 하나이니라 너희가 그리스도께 속한 자면 곧 아브라함의 자손이요 약속대로 유업을 이을 자니라"(갈 3:26~29).

"할례나 무할례가 아무것도 아니로되 오직 새로 지으심을 받은 자뿐이니라 무릇 이 규례를 행하는 자에게와 하나님의 이스라엘에게 평강과 긍휼이 있을지어다"(갈 6:15~16).

"개들을 삼가고 행악하는 자들을 삼가고 손할례당을 삼가라 하나님의 성령으로 봉사하며 그리스도 예수로 자랑하고 육체를 신뢰하지 아니하는 우리가 곧 할례당이라"(빌 3:2~3).

"너희는 나의 모든 시험 중에 항상 나와 함께한 자들인즉 내 아버지께서 나라를 내게 맡기신 것같이 나도 너희에게 맡겨 너희로 내 나라에 있어 내 상에서 먹고 마시며 또는 보좌에 앉아 이스라엘 열두 지파를 다스리게 하려 하노라"(눅 22:28~30).

예수님이 성만찬 자리에서 교훈하신 누가복음 22장 28절 이하의 말씀에 증거된 이스라엘 열두 지파는 하나님의 교회에 속한 모든 그리스도인들을 의미하는 말씀임에 틀림없다.

우리가 육적 이스라엘 12지파에 대해 간과(看過)해서는 안 될 한 가지 사실은, 현재 유대인들에게 '지파 개념'은 거의 무의미하게 되었다는 것이다.

이스라엘 열두 지파 가운데 열 지파는 이미 앗수르의 침략과 이방 땅으로의 분산으로 인하여 지파 개념이 모호하게 되었고, 나머지 지파 역시 주후 70년 로마의 디도 장군에게 정복되어 유대인들이 전 세계에 흩어짐으로 그 의미가 퇴색되었다. 이처럼 2천여 년 각 대륙에 흩어져 사는 동안 유대인들에게 폐하여진 것 두 가지가 있다. 한 가지는 짐승을 희생시켜 피의 제사를 드리는 제사 제도이고, 또 한 가지는 이스라엘 12지파의 혈통 관계이다.

지금 이스라엘은 법적으로 부계(父系) 혈통이 아니라 모계(母系) 혈통이다. 아버지가 어떤 혈통의 족속이든 무관하고 그 대신 어머니가 유대인이면 유대인이 되는 것이다. 유대인의 순결한 혈통을 이어받은 유대인 남자라 할지라도, 이방 여자와 결혼하여 자녀를 낳게 되면 그 자녀는 유대인이 될 수 없다. 이와 같은 모계 혈통은 전체 유대인을 '혼혈아'로 만들었으며, 혈통적으로 그들의 조상을 찾아갈 수 없는 자리에 이르게 되었다.

이런 현실 속에서 육적 이스라엘 백성들이 과연 "12지파의 구별을 갖고 자기에게 속한 지파를 찾을 수 있을 것인가?" 하는 의문을 간과해서는 안 된다. 그러므로 본문에 계시되고 있는 이스라엘 12지파가 육적 의미를 갖는 유대인들에 한정된 계시라고 해석하는 것은 본문의 계시 의도를 제대로 파악하지 못한 비성경적 해석으로 여겨진다.

⑵ 십사만 사천을 육적 이스라엘의 구속받을 숫자로 보면 성경의 증거와 조화를 이루지 못한다.

요한계시록 5장 9~10절 말씀을 보면 "새 노래를 노래하여 가로되 책을 가지시고 그 인봉을 떼기에 합당하시도다 일찍 죽임을 당하사 각 족속과 방언과 백성과 나라 가운데서 사람들을 피로 사서 하나님께 드리시고 저희로 우리 하나님 앞에서 나라와 제사장을 삼으셨으니 저희가 땅에서 왕 노릇 하리로다"라고 증거하고 있다.

14장 3절 말씀에서는 "저희가 보좌와 네 생물과 장로들 앞에서 새 노래를 부르니 땅에서 구속함을 얻은 십사만 사천 인밖에는 능히 이 노래를 배울 자가 없더라"고 계시해 주고 있다. 여기에 계시된 '땅'(γη, earth, world)은 우리가 살고 있는 지구 온 땅을 나타내는 말씀이다.

14장에서 어린양과 함께 십사만 사천의 하나님의 인 맞은 종들이 서 있는 '시온산'은 이 땅의 육적 이스라엘 땅에 있는 시온산이 아니라 하늘에 새롭게 조성된 새 예루살렘 성에 속한 시온산을 나타낸다.

> "또 내가 보니 보라 어린양이 시온산에 섰고 그와 함께 십사만 사천이 섰는데 그 이마에 어린양의 이름과 그 아버지의 이름을 쓴 것이 있도다 내가 하늘에서 나는 소리를 들으니 많은 물소리도 같고 큰 뇌성도 같은데 내게 들리는 소리는 거문고 타는 자들의 그 거문고 타는 것 같더라 저희가 보좌와 네 생물과 장로들 앞에서 새 노래를 부르니 땅에서 구속함을 얻은 십사만 사천인밖에는 능히 이 노래를 배울 자가 없더라 이 사람들은 여자로 더불어 더럽히지 아니하고 정절이 있는 자라 어린양이 어디로 인도하든지 따라가는 자며 사람 가운데서 구속을 받아 처음 익은 열매로 하나님과 어린양에게 속한 자들이니 그 입에 거짓말이 없고 흠(欠)이 없는 자들이더라"(계 14:1~5).

하나님이 새롭게 조성해 하늘에서 내려오는 '새 예루살렘 성'은 어린양 예수 그리스도의 신부다.

> "또 내가 보매 거룩한 성 새 예루살렘이 하나님께로부터 하늘에서 내려오니

그 예비한 것이 신부가 남편을 위하여 단장(丹粧)한 것 같더라 … 일곱 대접을 가지고 마지막 일곱 재앙을 담은 일곱 천사 중 하나가 나아와서 내게 말하여 가로되 이리 오라 내가 신부 곧 어린양의 아내를 네게 보이리라 하고 성령으로 나를 데리고 크고 높은 산으로 올라가 하나님께로부터 하늘에서 내려오는 거룩한 성 예루살렘을 보이니 하나님의 영광이 있으매 그 성의 빛이 지극히 귀한 보석 같고 벽옥과 수정같이 맑더라"(계 21:2~11).

성경이 증거하는 예수 그리스도의 신부는 누구인가?

"내가 하나님의 열심으로 너희를 위하여 열심 내노니 내가 너희를 정결한 처녀로 한 남편인 그리스도께 드리려고 중매함이로다"(고후 11:2).

"남편들아 아내 사랑하기를 그리스도께서 교회를 사랑하시고 위하여 자신을 주심같이 하라 이는 곧 물로 씻어 말씀으로 깨끗하게 하사 거룩하게 하시고 자기 앞에 영광스러운 교회로 세우사 티나 주름잡힌 것이나 이런 것들이 없이 거룩하고 흠이 없게 하려 하심이니라"(엡 5:25~27).

"우리가 즐거워하고 크게 기뻐하여 그에게 영광을 돌리세 어린양의 혼인 기약이 이르렀고 그 아내가 예비하였으니 그에게 허락하사 빛나고 깨끗한 세마포를 입게 하셨은즉 이 세마포는 성도들의 옳은 행실이로다 하더라"(계 19:7~8).

예수 그리스도의 신부를 증거하는 위의 말씀들은 모두 온 땅의 모든 백성들 중에서 구속함을 받은 영적 이스라엘 된 교회와 성도들에 관한 이야기다. 그러므로 십사만 사천 명을 문자적으로 해석해서 육적 이스라엘 열두 지파에서 구원받을 문자적 십사만 사천 명이라는 견해는 성경의 증거와 조화를 이루지 못하고 상충되는 해석이다.

(3) 본문의 계시 목적에 부합(符合)되지 않는 해석이다.

요한계시록의 일차적 수신자는 아시아에 있는 일곱 교회다. 주님께서는 이 말씀을 받고 있는 초대교회 성도들을 위로하고 믿음의 용기를 회복시키고자 하는 일차적 목적을 가지고 계시된 내용을 아시아에 있는 일곱 교회에 편지하도록 하셨다.

초대교회 당시 성도들을 가장 핍박했던 무리들은 로마 사람들과 육적 유대인들이었다. 그런데 초대교회를 핍박하는 데 앞장서고 있는 유대인들의 혈통적 후손들만이 하나님의 인으로 인침을 받은 종들이 된다고 받아들인다면, 초대교회 성도들에게 위로와 용기를 주는 말씀이 되기보다는 오히려 시험이 되는 말씀이 될 것이다.

요한계시록에서 예수님은 육적 유대인들에 대해 매우 강한 어조로 육적 이스라엘과 영적 이스라엘(교회) 사이의 뚜렷한 구별을 보여주고 있다.

"내가 네 환난과 궁핍을 아노니 실상은 네가 부요한 자니라 자칭 유대인이라 하는 자들의 훼방도 아노니 실상은 유대인이 아니요 사탄의 회라"(계 2:9).

"보라 사탄의 회 곧 자칭 유대인이라 하나 그렇지 않고 거짓말하는 자들 중에서 몇을 네게 주어 저희로 와서 네 발앞에 절하게 하고 내가 너를 사랑하는 줄을 알게 하리라"(계 3:9).

본 장의 계시 말씀을 전해 들은 초대교회 성도들은 분명 큰 위로를 받고 힘과 용기를 얻었을 것이 분명하다. 왜냐하면 어린양 예수 그리스도와 함께 시온산에 서 있는 자신들의 모습을 그려 볼 수 있었기 때문이다.

본 장의 계시 말씀은 초대교회와 종말의 교회에 이르기까지 모든 교회와 성도들에게 위로와 능력이 되는 말씀임에 틀림없다.

주님께서 본 장을 계시하신 목적이 거기에 있었음을 의심할 필요가 있겠는가? 그러므로 본 장에 계시된 십사만 사천의 하나님의 인 맞은 종들을 육적 이스라엘 백성으로 해석하는 것은 계시 목적에 부합되지 않은 주장이다.

⑷ 본문 자체의 계시 말씀에 충실하지 못한 해석이다.

본문 자체에서 하나님의 인으로 인침을 받은 대상을 정확하게 밝히고 있다. 3절 말씀을 보면 "가로되 우리가 우리 하나님의 종들의 이마에 인치기까지 땅이나 바다나 나무나 해하지 말라 하더라"고 계시하고 있다.

믿지 않는 자들에게 인치는 것이 아니고, 유대인들의 이마에 인치는 것도 아니고, 모든 그리스도인들의 이마에 인치는 것도 아니다. '하나님의 종들의 이마'에 인을 친다고 그 대상을 뚜렷하게 지칭하고 있다.

하나님의 종들은 누구를 가리키는가? 하나님의 복음을 증거하기 위해 하나님께서 기름 부어 세우신 특별한 사역자들을 지칭하는 말씀이다.

그 하나님의 종들이 사역하는 장소는 어디인가? 인류가 살고 있는 온 땅이다. 하나님의 인을 가지고 올라온 천사가 땅의 사방의 바람을 붙잡아 바람으로 하여금 땅에나 바다에나 각종 나무에 불지 못하게 하는 네 천사에게 '우리가 우리 하나님의 종들의 이마에 인치기까지 땅이나 바다나 나무나 해하지 말라'고 외치고 있다.

그러므로 하나님의 인침을 받을 종들이 육적 이스라엘 12지파에 한정된 대상이 아니라 온 세상 가운데서 복음을 증거할 하나님의 종들로 보아야 타당하다.

> "새 노래를 노래하여 가로되 책을 가지시고 그 인봉을 떼기에 합당하시도다 일찍 죽임을 당하사 각 족속과 방언과 백성과 나라 가운데서 사람들을 피로 사서 하나님께 드리시고 저희로 우리 하나님 앞에서 나라와 제사장을 삼으셨으니 저희가 땅에서 왕 노릇 하리로다 하더라"(계 5:9~10).

3) 유대인과 이방인들로 이루어진 완성(完成)된 신·구약 교회로 보는 견해

이 견해를 주장하는 사람들은 두 가지 각기 다른 공식으로 144,000을 산출하는 해석 방법을 취한다.

첫째, $(3\times4)^2\times10^3$ = 144,000이라는 산출 방식이다.

3은 하나님의 수이고 4는 땅의 수로서 이 둘을 곱한 수가 완전수인 12이며, 이 12의 제곱과 충만수 10의 세제곱이 곱해진 수가 144,000인 것이다. 이는 하나님의 구원의 충만함을 의미하는 수를 나타낸다고 해석한다.

> 14만 4천은 실수가 아닌 상징적 숫자이다. 이를 분해하면 $(3\times4)^2\times10^3$ = 144,000이 된다. 3은 하나님의 수, 4는 땅(동서남북)의 수, 그러므로 이를 더한 7이나 곱한 12는 모두 만수이나, 전자는 주로 성서적 또는 신성한 사건의 만수로 사용되나, 후자는 신성함과 세속적인 사건에 같이 사용된다.
>
> 12의 자승인 144는 최고의 만수를 표시하고, 거기에다 세속적인 만수인 1,000배를 하여 이루어진 144,000은 결국 하늘과 땅에 공통되는 큰 숫자요 만수로 하나님께서 구원하실 사람의 수가 많은 것을 표시

하는 것이다![95]

144,000에 대한 상징적 숫자 해석은 $(3\times4)^2\times10^3$ = 144,000이다. 3은 하나님의 수이며 4는 땅의 수로서 곱한 수가 완전수인 12이며, 이 12의 제곱과 충만수 10의 세제곱이 곱해진 것이다. 이는 하나님의 구원의 충만함을 의미한다(Greij-danus, Lohmeyer, Ladd, Johson).[96]

둘째, 12×12×1000=144,000이라는 공식이다.

12는 구약의 12지파이며 이에 신약의 12사도를 곱하고 충만수를 상징하는 1,000을 곱하여 144,000의 구원받은 성도 총수가 산출된다고 주장한다.

렌스키(R.C. Lenski)는, '그 수는 상징적이고 12×12×1,000으로 이루어진다. … 여기서는 12×12의 곱수로서 10의 제곱이 첨가되니, 즉 10×10×10이다. 이 표현은 최고의 경지의 완전을 표현한 것이다. 하나님 백성의 완료된 수를 상징한다'고 하였으며, 헨드릭슨(William Hendrik-sen)은 '고로 계시록 7장의 인치심을 받은 무리는 구약과 신약시대를 걸친 전체 지상의 모든 교회를 상징함이 분명하다. 부분적인 교회를 말하는 것이 아니고 세상과 싸우는 전체 교회를 의미한다는 것을 강조하기 위하여 이 숫자 144는 1,000으로 곱하여졌다. 일천은 10×10×10으로 완전한 입방체이며, 이는 완전한 세제곱을 말한다. 문제 그대로 이스라엘의 열두 지파에서 나온 144,000은 영적 이스라엘, 즉 지상의 하나님의 교회를 상징한다'고 하였다.[97]

---

95) 신약 주해 요한계시록, 성등사, 이상근, p. 126.

96) 호크마 종합 주석, 요한일서-요한계시록, 기독지혜사, 강병도, p. 309.

97) 계시록 난해 해설, 흰돌, 이광복, p. 234.

…144,000의 경우에도 12×12×1000이라는 구성을 쉽게 떠올릴 수 있다. 이 숫자는 문자적으로 열두 지파로부터 차출(差出)된 유대인들을 가리키는 것이 아니다(이것을 강하게 주장하는 학자로는 세대주의자로 분류되는 Walroord가 있다). 이미 신약성경 저자들은 더 이상 이스라엘과 이방인들을 구분하여 기록하지 않으며(참조, 롬 2:29; 갈 3:29; 빌 3:3; 벧전 2:9, Longeneker, 312), 요한도 이러한 신약성경 저자들의 보편적 이해의 연장선상에 있다면, 이 문맥에서 하나님의 종들로서 144,000을 유대인으로 문자 해석하는 것은 옳지 않다. 그렇다면 여기에서 이십사 장로의 경우와 동일한 의미로 두 개의 12(12×12)에 의해 약속으로 구약 백성과 그 성취로서의 신약 백성을 함께 포함하는 하나님의 교회 공동체 전체를 상징적으로 보여주는 숫자라는 해석이 더욱 힘을 얻게 된다.[98)]

십사만 사천을 신·구약의 완성된 교회 전체 무리를 상징하는 숫자로 해석하면 다음과 같은 문제점을 드러낸다.

(1) 이 견해는 흰옷을 입고 손에 종려나무 가지를 들고 서 있는 무리들이 "큰 환난에서 나오는 자들"(계 7:14)임을 증거하고 있는 본문의 계시 말씀과 조화를 이루지 못한다.

십사만 사천의 인 맞은 자들을 구약과 신약의 구원받은 모든 성도들을 상징한다고 해석하는 사람들의 견해에 따르면, 십사만 사천의 무리가 뒤에 이어지는 흰옷 입은 무리들과 동일한 영적 이스라엘을 상징하는 무리라고 주장한다.

하나님의 인 맞은 십사만 사천의 종들이나 큰 환난에서 나오는 흰

98) 내가 속히 오리라, 이레서원, 이필찬, pp. 362~363.

옷 입은 큰 무리는 모두 장차 종말에 임할 마지막 한 이레 동안의 환난 기간을 통과한 자들이다. 그러므로 십사만 사천이나 흰옷 입은 큰 무리의 성도들은 신·구약 교회의 전체 교회를 상징한다고 해석하는 것은 성경 말씀과 조화되지 않는 해석이다.

⑵ 십사만 사천은 '이스라엘 열두 지파 중에서' 각각 일만 이천 명씩 뽑은 자들로 구성된 숫자임을 잊어서는 안 된다.

이스라엘 열두 지파가 육적 이스라엘을 의미하는 것이 아니라 예수 그리스도 안에서 구원의 백성으로 선택된 모든 성도를 상징하고 있다.

이스라엘 12지파가 하나님이 선택한 모든 구원의 백성을 상징하고 있기 때문에, 하나님의 인을 맞은 십사만 사천의 종들이 신·구약 전체의 완성된 교회 성도 모두를 지칭하는 상징적 숫자를 나타낸다는 주장은 본문 말씀에 충실하지 못한 주장임을 알 수 있다.

왜냐하면 십사만 사천은 이스라엘 열두 지파 중에서 각각 일만 이천 명씩 '뽑은 자들'이기 때문이다. 그러므로 십사만 사천을 지상에 있는 신·구약 모든 교회의 구원받은 무리들 전체를 나타낸다는 해석은 본문 자체의 말씀에서 거부되는 해석이다.

이 견해는 12(구약 12지파)×12(신약 12사도)×1000(만수)=144,000으로, 구원받은 신·구약 교회 모든 성도들을 나타내는 상징적 숫자라고 해석한다. 그러나 그렇게 자의적(自意的)으로 상징적 해석을 하는 것은 성경의 언어적 계시를 무시한 비성경적 주장이다.

본문은 12(이스라엘 12지파)×12,000(각 지파에서 인 맞은 자의 수)으로 십사만 사천의 하나님의 인 맞은 종들이 이루어졌음을 명백하게 계시해 주고 있기 때문이다.

⑶ 십사만 사천은 '처음 익은 열매'로 하나님께 드려지는 자들이다.

십사만 사천(ἑκατὸν τεσσεράκοντα τέσσαρες χιλιάδες, 헤카톤 텟세라콘타 텟사레스 킬리아데스)은 성경에서 요한계시록에만 세 번 나오는데 7장 4절, 14장 1절과 3절에 사용되고 있다. 세 곳에 사용된 헬라어 원문은 모두 동일하고, 그 대상도 동일한 대상을 나타내고 있다.

계시록 14장 4~5절 말씀을 보면 "이 사람들은 여자로 더불어 더럽히지 아니하고 정절이 있는 자라 어린양이 어디로 인도하든지 따라가는 자며 사람 가운데서 구속을 받아 처음 익은 열매로 하나님과 어린양에게 속한 자들이니 그 입에 거짓말이 없고 흠이 없는 자들이더라"고 증거하고 있다.

"여자로 더불어 더럽히지 아니하고 정절이 있는 자"를 여자와 한 번도 성적 관계를 하지 않고 순결을 지키고 있는 동정(童貞)인 남자를 의미하는 것으로 잘못 해석하는 사람들이 있다. 이는 요한계시록 전체 흐름을 제대로 파악하지 못한 상태에서 본문의 의미를 오해(誤解)하는 것이다.

위의 말씀에 계시된 "여자"는 요한계시록 17장에 계시된 종말에 나타날 짐승인 적그리스도를 탄 "큰 음녀"를 나타낸다.

> "또 일곱 대접을 가진 일곱 천사 중 하나가 와서 내게 말하여 가로되 이리 오라 많은 물위에 앉은 큰 음녀의 받을 심판을 네게 보이리라 땅의 임금들도 그로 더불어 음행하였고 땅에 거하는 자들도 그 음행의 포도주에 취하였다 하고 곧 성령으로 나를 데리고 광야로 가니라 내가 보니 여자가 붉은 빛 짐승을 탔는데 그 짐승의 몸에 참람된 이름들이 가득하고 일곱 머리와 열 뿔이 있으며"(계 17:1~3).

"여자로 더불어 더럽히지 아니하고 정절이 있는 자"는 종말의 때에 바다에서 올라온 짐승(적그리스도)을 올라탄 '음녀' 바벨론과 더불어 음행하지 않고 신앙의 정절을 지킨 사람들인 하나님의 신실한 종들을 나타낸다.

하나님의 인 맞은 십사만 사천은 후 3년 반 동안 예언 사역을 감당하다 순교할 하나님의 종들을 지칭하며, 이들은 첫째 부활에 참예하여 천년왕국에서 주님과 함께 왕 노릇 하게 되는 축복을 받게 될 사람들이다. 그러므로 십사만 사천의 인 맞은 종들을 신·구약 전체의 구원받은 총수로 해석하는 것은 본문에 충실하지 못한 해석이다.

"또 내가 보좌들을 보니 거기 앉은 자들이 있어 심판하는 권세를 받았더라 또 내가 보니 예수의 증거와 하나님의 말씀을 인하여 목 베임을 받은 자의 영혼들과 또 짐승과 그의 우상에게 경배하지도 아니하고 이마와 손에 그의 표를 받지도 아니한 자들이 살아서 그리스도로 더불어 천년 동안 왕 노릇 하니 (그 나머지 죽은 자들은 그 천년이 차기까지 살지 못하더라) 이는 첫째 부활이라"(계 20:4~5).

"아담 안에서 모든 사람이 죽은 것같이 그리스도 안에서 모든 사람이 삶을 얻으리라 그러나 각각 자기 차례대로 되리니 먼저는 첫 열매인 그리스도요 다음에는 그리스도 강림하실 때에 그에게 붙은 자요 그 후에는 나중이니 저가 모든 정사와 모든 권세와 능력을 멸하시고 나라를 아버지 하나님께 바칠 때라 저가 모든 원수를 그 발아래 둘 때까지 불가불 왕 노릇 하시리니 맨 나중에 멸망 받을 원수는 사망이니라"(고전 15:22~26).

4) 기록 당대의 교회에 닥칠 환난으로부터 보호받을 무리로 보는 견해

하나님의 인 맞은 십사만 사천의 종들을 요한 당대에 곧 닥칠 대환난에서 인침을 받아 생존할 자들을 지칭하는 것으로 보는 견해다.

> 바클레이(William Barclay)는 "그 숫자가 모든 세대에 걸친 성도의 수가 아니라는 것은 확실하다. 십사만 사천이라는 수는 요한이 살고 있던 시대에 곧 닥쳐올 대재난으로부터 인침을 받아 생존한 자들을 의미한다.
>
> 때가 차면 우리가 9절에서 보듯이 그들은 지상의 모든 나라와 민족으로부터 나와 헤아릴 수 없이 많은 큰 무리로 모일 것이다. 십사만 사천은 요한이 보는 대로 지상에 곧 닥쳐올 공포와 환난을 안전하게 벗어 나온 사람들이다"라고 하였다.[99]

이 주장은 다음과 같은 문제점이 있다.

⑴ 본문의 내용들이 요한 당대의 독자들에게만 적용되는 말씀으로 본다면 당대의 독자들에게는 위로가 되겠지만, 그 이후에 계속되는 교회에게는 위로와 용기를 심어주는 말씀의 능력을 제한하는 해석이 된다.

본문의 말씀은 당대의 독자들에게뿐만 아니라 금세기를 살아가는 교회와 성도들에게도 동일한 생명의 양식이 되는 말씀이다. 그뿐만 아니라 장차 임할 대환난의 때에도 생명의 양식으로 위로와 용기를 더해줄 말씀으로 주어졌음을 믿어야 할 것이다.

99) 계시록 난해 해설, 흰돌, 이광복, p. 236.

(2) 본문에 나온 십사만 사천 명은 온 땅에 임할 7년 대환난을 통과한 무리들이다.

요한 당대에 닥칠 대환난으로부터 인침을 받아 생존한 자들을 지칭한다면, 요한 당대에 7년 대환난이 임하고 주님의 구원과 심판이 한 당대에 끝을 맞이해야 했을 것이다. 그러나 주님의 복음이 땅끝까지 증거되고 이방인의 충만한 수가 차기까지는 종말의 때가 오지 않을 것임을 성경이 계시하고 있음을 간과(看過)해서는 안 된다. 그러므로 십사만 사천의 하나님의 인 맞은 종들을 요한 당대의 교회로 국한시켜 해석하는 방법은 성경의 지지를 받지 못한다.

> "이 천국 복음이 모든 민족에게 증거되기 위하여 온 세상에 전파되리니 그제야 끝이 오리라"(마 24:14).

> "형제들아 너희가 스스로 지혜 있다 함을 면키 위하여 이 비밀을 너희가 모르기를 내가 원치 아니하노니 이 비밀은 이방인의 충만한 수가 들어오기까지 이스라엘의 더러는 완악하게 된 것이라"(롬 11:25).

5) 마지막 때에 순교하도록 예정된 자들로 보는 견해

이 견해는 144,000의 하나님의 인 맞은 무리를 마지막 때 순교하도록 표시된 모든 교회의 순교자들로 본다.

이들은 그 근거로, 다섯째 인을 뗄 때에 순교자들의 호소에 대하여 "저희 동무 종들과 형제들도 자기처럼 죽임을 받아 그 수가 차기까지 하라"(계 6:11)에서 찾는다.

키들(Kiddle)은 각 지파의 12,000명은 그 운명의 책(계 6:9~11)에 순교자로 새겨진 그 그리스도인들을 나타낸다고 하였으며, 캐어드(Caird)는 요한이 앞으로 있을 새로운 출애굽(계 15:2~4)으로서의 큰 순교-그 순교자들은 만일 그의 피로써가 아니면 어린양의 이름으로 표시되었다-를 직시直視하였다고 하였다.[100)]

"여기 14만 4천은 그리스도인 중에 특수한 계급, 즉 순교자(Rist)나 선지자(Kiddle)로 지목된다."[101)]

6) 7년 대환난 때 추수할 사명을 감당할 종들로 보는 견해

이 견해는 하나님의 인 맞은 십사만 사천의 종들은 환난기에 두 증인(계 11:3)과 같이 다시 오실 예수님에 대한 소망을 불러일으키는 사역을 감당할 종들로 본다. 마지막 추수를 감당할 하나님의 인 맞은 십사만 사천의 무리나 두 증인 사역 기간은 7년 대환난 시기다.

11장 말씀은 두 증인의 부활 승천의 사건 때, 하나님의 말씀과 예수 그리스도의 말씀을 믿지 않던 자들이 회개하고 하늘의 하나님을 두려워하고 하나님께 영광을 돌리는 모습을 계시하고 있다. 두 증인이 생명을 걸고 하나님 말씀과 예수 그리스도의 복음을 증거하고 예언하는 복음의 농사를 짓는 결과 마지막 추수를 거두게 된다.

"저희가 그 증거를 마칠 때에 무저갱으로부터 올라오는 짐승이 저희로 더불어 전쟁을 일으켜 저희를 이기고 저희를 죽일 터인즉 … 삼 일 반 후에 하나님

---

100) 계시록 난해 해설, 흰돌, 이광복, p. 236.
101) 신약주해, 요한계시록, 성등사, 이상근, p. 125.

께로부터 생기가 저희 속에 들어가매 저희가 발로 일어서니 구경하는 자들이 크게 두려워하더라 하늘로부터 큰 음성이 있어 이리로 올라오라 함을 저희가 듣고 구름을 타고 하늘로 올라가니 저희 원수들도 구경하더라 그 시에 큰 지진이 나서 성 십분의 일이 무너지고 지진에 죽은 사람이 칠천이라 그 남은 자들이 두려워하여 영광을 하늘의 하나님께 돌리더라"(계 11:7~13).

그러면 이들 144,000명은 누구인가?

이들은 이스라엘 12지파라고 하는 세계적인 하나님의 교회에서 '우리 하나님의 종들'이라고 하는 충성되고 지혜 있는 종들에게 권능의 인을 쳐주신 것이다. 이들은 많은 하나님의 종들 중에서 뽑아낸 '알곡'들이다.

계 14장에 나오는 이들의 자격을 볼 때, 이들은 종말에 하나님에 의해 쓰임 받을 순교적인 사명자들이다(이들에 대하여 '처음 익은 열매'라고 나와 있다, 계 14:4). 144,000명에 대한 언급은 계 7장과 계 14장에 나오는데, 이들은 계 14장에 이미 하늘의 '시온산'에 올라가 어린양과 함께 새 노래를 부르고 있다(계 14:3).[102]

본 저자의 견해는, 인 맞은 자의 수 144,000명은 대환난 전반기에 있을 추수의 종들인 두 증인의 무리로 본다. 이들은 마지막 대환난기의 전반부에 나타나 일천이백육십 일 동안 다시 오실 예수님에 대하여 예언할 사명을 지닌 종들로 본다.[103]

이상의 여섯 가지 견해 중에서 마지막 두 견해가 계시록 자체가

---

102) 요한계시록 심층분석 주해와 연구, 신생, 민병석, p. 158.
103) 계시록 난해 해설, 흰돌, 이광복, p. 237.

증거하는 앞뒤 문맥과 가장 조화를 이루는 해석으로 받아들일 수 있다.

짐승이 다스리는 후 3년 반 동안 하나님의 인침을 받은 십사만 사천의 순교자들 외에 다른 모든 성도들(해 입은 여자)은 하나님이 예비하신 광야 예비처에 피신하여 하나님의 지키심과 보호하심을 받으며 양육을 받게 된다.

짐승은 광야로 피신한 해 입은 여자를 포기하고, 여자의 남은 자손인 두 증인들인 십사만 사천의 하나님의 인 맞은 자들과 싸우게 된다.

> "용이 여자에게 분노하여 돌아가서 그 여자의 남은 자손 곧 하나님의 계명을 지키며 예수의 증거를 가진 자들로 더불어 싸우려고 바다 모래 위에 섰더라" (계 12:17).

계시록 14장에서는 하나님의 인 맞은 종들인 십사만 사천 명을 '처음 익은 열매'라 칭하고 있다.

> "또 내가 보니 보라 어린양이 시온산에 섰고 그와 함께 십사만 사천이 섰는데 그 이마에 어린양의 이름과 그 아버지의 이름을 쓴 것이 있도다 … 이 사람들은 여자로 더불어 더럽히지 아니하고 정절이 있는 자라 어린양이 어디로 인도하든지 따라가는 자며 사람 가운데서 구속을 받아 처음 익은 열매로 하나님과 어린양에 속한 자들이니 그 입에 거짓말이 없고 흠(欠)이 없는 자들이더라"(계 14:1~5).

'처음 익은 열매'를 계시록 20장에서는 '첫째 부활에 참예한 자들'이라 표현하고 있다. '처음 익은 열매'와 '첫째 부활에 참예한 자들'은 같은 의미의 다른 표현임을 알 수 있다. 계시록 20장 4~6절 말씀은 증거하기를 "또 내가 보좌들을 보니 거기 앉은 자들이 있어 심판하는 권세를 받았더라 또 내가 보니 예수의 증거와 하나님의 말씀을 인하여 목 베임을 받은 자의 영혼들과 또 짐승과 그의 우상에게 경배하지도 아니하고 이마와 손에 그의 표를 받지도 아니한 자들이 살아서 그리스도로 더불어 천년 동안 왕 노릇 하니(그 나머지 죽은 자들은 그 천년이 차기까지 살지 못하더라) 이는 첫째 부활이라 이 첫째 부활에 참예하는 자들은 복이 있고 거룩하도다 둘째 사망이 그들을 다스리는 권세가 없고 도리어 그들이 하나님과 그리스도의 제사장이 되어 천년 동안 그리스도로 더불어 왕 노릇 하리라"고 계시해 주고 있다.

첫째 부활에 참예하는 자들의 구성이 어떻게 이루어져 있는가? 6장에서 하나님께 자신들의 피를 신원해 주실 것을 호소했던 순교자들의 영혼과, 대환난 때 짐승의 표를 받지 아니하고 짐승과 그 우상에게 경배하지도 않고 신앙의 정절을 지키다가 죽임을 당한 순교자들로 이루어져 있다.

죽음으로 신앙의 정절을 지킨 순교자들은 그 신앙을 검증받게 된 성도들이며, 그들은 첫째 부활에 참예하여 처음 익은 열매로 하나님과 어린양에게 속하게 되어 천년왕국 동안 왕 같은 제사장으로 살아가게 될 영광을 허락해 주신다.

주께서 본문을 통해 주시는 은혜는 무엇인가? 하나님께서 인쳐 주시는 자들은 어떤 환난과 핍박 속에서도 하나님의 지키심과 보호하심을 받아 신앙의 정절을 지키며 거룩한 믿음을 가지고 승리의 삶을 살아갈 수 있다는 것이다.

그러므로 성도들은 종말의 때에 하나님의 인 맞기를 사모해야 하며, 하나님의 말씀과 예수 그리스도의 복음 증거의 사명을 감당하다 순교하는 것이 복임을 믿고 죽도록 충성하는 종들이 되어야 한다.

" … 맡은 자들에게 구할 것은 충성(忠誠)이니라"(고전 4:2).

" … 네가 죽도록 충성하라 그리하면 내가 생명의 면류관을 네게 주리라"(계 2:10).

"우리 중에 누구든지 자기를 위하여 사는 자가 없고 자기를 위하여 죽는 자도 없도다 우리가 살아도 주를 위하여 살고 죽어도 주를 위하여 죽나니 그러므로 사나 죽으나 우리가 주의 것이로라"(롬 14:7~8).

"형제들아 내가 그리스도 예수 우리 주 안에서 가진 바 너희에게 대한 나의 자랑을 두고 단언하노니 나는 날마다 죽노라"(고전 15:31).

2

아무나 능히 셀 수 없는 흰옷 입은 큰 무리는 누구인가?

1) 환난 전 휴거 후에 이 땅의 신자로 보는 견해

십사만 사천의 하나님의 인 맞은 종들은 교회의 환난 전 휴거 직후의 유대 그리스도인들이며, 큰 무리들은 천년왕국의 보좌 앞에 있는 이 땅의 이방 그리스도인들이거나, 혹은 미래주의자들이 믿고 있듯이 영광 중에 있는 이방 그리스도인들로 보는 견해다.[104)]

이 견해는 다음과 같은 문제점이 있다.

(1) 환난 전 휴거설은 성경에서 벗어난 주장이다.

요한계시록 자체가 하나님의 인 맞은 종들로 환난을 통과함을 입증하고 있다. 다섯째 나팔 재앙인 '첫째 화' 재앙이 황충 재앙이다. 황충 재앙 때 이 땅에 하나님의 인 맞은 종들이 함께 통과한다.

"저희에게 이르시되 땅의 풀이나 푸른 것이나 각종 수목은 해하지 말고 오직

104) 계시록 난해 해설, 흰돌, 이광복, p. 245.

이마에 하나님의 인 맞지 아니한 사람들만 해하라 하시더라"(계 9:4).

본문은 아무나 능히 셀 수 없는 흰옷 입은 큰 무리들이 환난을 통과한 자들임을 계시하고 있다.

"장로 중에 하나가 응답하여 내게 이르되 이 흰옷 입은 자들이 누구며 또 어디서 왔느뇨 내가 가로되 내 주여 당신이 알리이다 하니 그가 나더러 이르되 이는 큰 환난에서 나오는 자들인데 어린양의 피에 그 옷을 씻어 희게 하였느니라"(계 7:13~14).

⑵ 십사만 사천의 하나님의 인 맞은 종들이 유대 그리스도인이라는 주장은 앞에서 살펴본 것처럼 성경적 견해가 될 수 없다.

⑶ 예수 그리스도 안에서 하나 된 교회(영적 이스라엘)를 유대인과 이방인으로 구분하여 흰옷 입은 큰 무리가 '이방 그리스도인들'이라 보는 것은 성경의 증거에 맞지 않는 주장이다.

"대저 표면적 유대인이 유대인이 아니요 표면적 육신의 할례가 할례가 아니라 오직 이면적 유대인이 유대인이며 할례는 마음에 할지니 신령에 있고 의문에 있지 아니한 것이라 그 칭찬이 사람에게서가 아니요 다만 하나님에게서니라" (롬 2:28~29).

"너희가 다 믿음으로 말미암아 그리스도 예수 안에서 하나님의 아들이 되었으니 누구든지 그리스도와 합하여 세례를 받은 자는 그리스도로 옷 입었느니라 너희는 유대인이나 헬라인이나 종이나 자주자나 남자나 여자 없이 다 그리스도 예수 안에서 하나이니라 너희가 그리스도께 속한 자면 곧 아브라함의 자손이요 약속대로 유업을 이을 자니라"(갈 3:26~29).

"너희는 나의 모든 시험 중에 항상 나와 함께한 자들인즉 내 아버지께서 나라를 내게 맡기신 것같이 나도 너희에게 맡겨 너희로 내 나라에 있어 내 상에서 먹고 마시며 또는 보좌에 앉아 이스라엘 열두 지파를 다스리게 하려 하노라"(눅 22:28~30).

"내가 네 환난과 궁핍을 아노니 실상은 네가 부요한 자니라 자칭 유대인이라 하는 자들의 훼방도 아노니 실상은 유대인이 아니요 사탄의 회라"(계 2:9).

"보라 사탄의 회 곧 자칭 유대인이라 하나 그렇지 않고 거짓말하는 자들 중에서 몇을 네게 주어 저희로 와서 네 발앞에 절하게 하고 내가 너를 사랑하는 줄을 알게 하리라"(계 3:9).

2) 십사만 사천과 동일한 무리로 보는 견해

십사만 사천 명은 유대 그리스도인들이며 큰 무리들은 유대와 이방 그리스도인들이다. 따라서 십사만 사천 명은 큰 무리들 가운데 포함되는 것으로 보는 견해다. 즉 십사만 사천이나 흰옷 입은 큰 무리는 동일하게 구원받은 모든 성도를 지칭하는 것으로 보는 견해다.

존슨(Alan F. Johnson)은 "우리는 요한이 1~8절에서는 어떤 무리도 전혀 보지 못했으며 다만 인 맞은 자들의 수를 들은 말이지만, 9~17절에서는 그가 실제로 무리를 보고 또한 그가 보고 들은 것을 기술하고 있음을 유의하여야 한다. 이렇게 보면 두 무리의 통일성을 주장할 수 있으며, 9~17절은 십사만 사천을 해석하기 위한 열쇠로 이해할 수 있다"고 주장한다.

모리스(C. L. Morris)는 "요한은 무리의 범세계성을 나타내기 위해 중복적인 표현을 사용한 것이다. 이 표현은 십사만 사천이 육적인 의미가 아니라 영적인 의미라는 것을 더욱 확정해 주었다. 왜냐하면, 이것이 육적인 의미로 사용되었다면 본문의 큰 무리는 각 나라가 아니라 이방 나라만의 백성이라고 기록되어야 하기 때문이다"라고 주장한다.[105)]

(1) 본문에서 십사만 사천은 셀 수 있는 숫자임을 계시하고, 흰옷 입은 큰 무리는 아무도 능히 셀 수 없는 무리임을 강조하여 계시하고 있는데도 불구하고, 두 무리를 동일한 무리라고 해석하는 것은 본문에 충실하지 못한 주장이다.

(2) 십사만 사천은 이스라엘 각 지파에서 일만 이천씩 뽑아 하나님의 인으로 인침 받은 종들로 특별히 구별된 무리들이기 때문에, 이스라엘 전체의 무리와 동일한 무리라고 주장하는 것은 본문의 계시 문맥에 전혀 조화되지 않는 문제점이 드러난다.

3) 천년왕국에 입성할 변화체 성도로 보는 견해

흰옷 입은 무리는 그 복장의 상징적 의미가 성경의 완성을 의미하는 바, 이것은 주님의 재림(환난 통과 후)으로 변화받은 성도들이 천년왕국에서 그리스도와 함께 왕 같은 제사장이 되어 천년 동안 왕 노릇 하기 위한 자세로 보여진다. 즉 초림의 주님이 예루살렘에 나귀를 타고 입성하실 때에(마 21:1~10) 종려가지를 손에 들고 백성들이 주님을 영접하며 함께 들어갔듯이, 재림 때에도 손에 종려가지를 들고서 주

---

105) 계시록 난해 해설, 흰돌, 이광복, p. 246.

님을 찬양할 것을 보여주는 장면이라고 생각된다. "아무라도 능히 셀 수 없는 큰 무리"를 천년왕국에 입성할 변화체의 성도로 보는 이유는 "흰옷을 입고"와 "어린양 앞에 서서"라는 동사의 의미에서 입증되기 때문이다.

"입고"라는 헬라어 페리베블레메누스(περιβεβλημένους)는 '입다'(to put on)를 의미하는 페리발로(περιβάλλω)의 완료 수동 분사로서 이들이 입고 있는 옷은 이 세상의 그 누구도 벗길 수 없는 완벽한 승리의 복장을 묘사하기 때문이다. 그러므로 이들이 입은 옷은 예수 그리스도의 공로로 말미암아 구원함을 입은 성도들이 주님의 재림으로 부활(휴거)한 상태임을 암시하고 있다.

그리고 "서서"라는 헤스토테스(ἑστῶτες)는 '서다'(to stand)를 의미하는 히스테미(ἵστημι)의 현재 완료 분사로서, 하나님의 긍휼하신 사랑과 그 은혜에 대한 감사를 드릴 준비가 완료된 상태를 암시하고 있다. 그러므로 흰옷 입은 무리는 변화체의 몸을 입은 천년왕국에 입성할 성도들로 본다.[106]

(1) "흰옷 입은 큰 무리"가 천년왕국에 들어가 번성하게 될 구원의 백성으로 보는 것은 동의한다. 하지만 그들이 예수 그리스도의 재림 때 부활의 몸을 입었거나, 변화체 성도라고 보는 견해에는 동의할 수 없다. 부활체나 변화체는 생육하고 번성하지 않는 영생체(永生體)이기 때문이다.

"부활 때에는 장가도 아니가고 시집도 아니가고 하늘에 있는 천사들과 같으니라"(마 22:30).

---

106) 계시록 난해 해설, 흰돌, 이광복, p. 249.

(2) 예수 그리스도의 재림 때 첫째 부활에 참예하는 사람들이 모든 성도들이라는 견해는 성경적 견해라 볼 수 없다. 그러므로 흰옷 입은 큰 무리가 예수 그리스도의 재림 때 부활하거나 변화된 성도들이라는 견해는 성경적 지지를 받지 못한다. 성경은 첫째 부활에 참예하는 사람들이 순교자들임을 분명하게 증거해 주고 있다.

"또 내가 보좌들을 보니 거기 앉은 자들이 있어 심판하는 권세를 받았더라 또 내가 보니 예수의 증거와 하나님의 말씀을 인하여 목 베임을 받은 자의 영혼들과 또 짐승과 그의 우상에게 경배하지도 아니하고 이마와 손에 그의 표를 받지도 아니한 자들이 살아서 그리스도로 더불어 천년 동안 왕 노릇 하니 (그 나머지 죽은 자들은 그 천년이 차기까지 살지 못하더라) 이는 첫째 부활이라 이 첫째 부활에 참예하는 자들은 복이 있고 거룩하도다 둘째 사망이 그들을 다스리는 권세가 없고 도리어 그들이 하나님과 그리스도의 제사장이 되어 천년 동안 그리스도로 더불어 왕 노릇 하리라"(계 20:4~6).

부활장이라 불리는 고린도전서 15장 20절 이하의 증거를 보면, 예수 그리스도 안에서 삶을 얻게 될 부활이 각각 자기 차례대로 될 것을 증거해 주고 있다.

"그러나 이제 그리스도께서 죽은 자 가운데서 다시 살아 잠자는 자들의 첫 열매가 되셨도다 사망이 사람으로 말미암았으니 죽은 자의 부활도 사람으로 말미암는도다 아담 안에서 모든 사람이 죽은 것같이 그리스도 안에서 모든 사람이 삶을 얻으리라 그러나 각각 자기 차례대로 되리니 먼저는 첫 열매인 그리스도요 다음에는 그리스도 강림하실 때에 그에게 붙은 자요 그 후에는 나중이니 저가 모든 정사와 모든 권세와 능력을 멸하시고 나라를 아버지 하나님께 바칠 때라 저가 모든 원수를 그 발아래 둘 때까지 불가불 왕 노릇 하시리니 맨 나중에 멸망받을 원수는 사망이니라"(고전 15:20~26).

위의 말씀에서 예수 그리스도께서 강림하실 때 부활하게 될 성도들은 계시록 20장에 계시되고 있는 첫째 부활에 참예하는 순교자들을 나타내고, 그 후에 즉 천년왕국이 끝나고 사망이 불못에 던져지고 백보좌 심판 때 부활하게 될 사람들은 계시록 20장에 계시되고 있는 "그 나머지 죽은 자들"임을 나타내고 있다.

> "만일 여자가 긴 머리가 있으면 자기에게 영광이 되나니 긴 머리는 쓰는 것을 대신하여 주신 연고니라 변론하려는 태도를 가진 자가 있을지라도 우리에게나 하나님의 모든 교회에는 이런 규례가 없느니라 내가 명하는 이 일에 너희를 칭찬하지 아니하나니 이는 저희의 모임이 유익이 못되고 도리어 해로움이라 첫째는 너희가 교회에 모일 때에 너희 중에 분쟁이 있다 함을 듣고 대강 믿노니"(고전 11:15~18).

> "또 내가 크고 흰 보좌와 그 위에 앉으신 자를 보니 땅과 하늘이 그 앞에서 피하여 간데없더라 또 내가 보니 죽은 자들이 무론 대소하고 그 보좌 앞에 섰는데 책들이 펴 있고 또 다른 책이 펴졌으니 곧 생명책이라 죽은 자들이 자기 행위를 따라 책들에 기록된 대로 심판을 받으니 바다가 그 가운데서 죽은 자들을 내어주고 또 사망과 음부도 그 가운데서 죽은 자들을 내어주매 각 사람이 자기의 행위대로 심판을 받고 사망과 음부도 불못에 던지우니 이것은 둘째 사망 곧 불못이라 누구든지 생명책에 기록되지 못한 자는 불못에 던지우더라"(계 20:11~15).

4) 필자의 견해

필자는 "흰옷 입은 큰 무리"는 7년 대환난의 전 3년 반 동안의 환난 기간을 통과한 후 짐승(적그리스도)이 통치하는 후 3년 반 동안 큰 독수리의 두 날개를 받아 광야 예비처에 피신하여 하나님의 특별 양육을 받다가, 천년왕국에 들어가 번성의 축복을 누리게 될 '예비처 성도들'로 본다.

⑴ "흰옷 입은 큰 무리"는 큰 환난에서 나오는 자들이라고 계시해 주고 있음이 이를 입증해 준다.

> " … 이는 큰 환난에서 나오는 자들인데 어린양의 피에 그 옷을 씻어 희게 하였느니라"(계 7:14).

광야 예비처 성도들은 전 3년 반의 환난을 통과한 큰 무리들이다. 전 3년 반의 환난 가운데서 십사만 사천의 하나님의 인 맞은 종들(두 증인)을 배출한 "해 입은 여자"(교회)는 후 3년 반이 시작되기 직전에 하나님이 예비하신 광야 예비처에 피신하여 특별 양육을 받다가 예수 그리스도의 재림 때에 천년왕국에 들어가 번성하는 축복을 누리게 될 것이다.

> "여자가 아들을 낳으니 이는 장차 철장으로 만국을 다스릴 남자라 그 아이를 하나님 앞과 그 보좌 앞으로 올려가더라 그 여자가 광야로 도망하매 거기서 일천이백육십 일 동안 저를 양육하기 위하여 하나님의 예비하신 곳이 있더라"(계 12:5~6).

> "용이 자기가 땅으로 내어쫓긴 것을 보고 남자를 낳은 여자를 핍박하는지라 그 여자가 큰 독수리의 두 날개를 받아 광야 자기 곳으로 날아가 거기서 그 뱀의 낯을 피하여 한 때와 두 때와 반 때를 양육 받으매 여자의 뒤에서 뱀이 그 입으로 물을 강같이 토하여 여자를 물에 떠내려가게 하려 하되 땅이 여자를 도와 그 입을 벌려 용의 입에서 토한 강물을 삼키니 용이 여자에게 분노

하여 돌아가서 그 여자의 남은 자손 곧 하나님의 계명을 지키며 예수의 증거를 가진 자들로 더불어 싸우려고 바다 모래 위에 섰더라"(계 12:13~17).

(2) "흰옷 입은 큰 무리" 위에 하나님이 장막을 쳐 주심이 이를 입증해 준다.

"그러므로 그들이 하나님의 보좌 앞에 있고 또 그의 성전에서 밤낮 하나님을 섬기매 보좌에 앉으신 이가 그들 위에 장막(帳幕)을 치시리니"(계 7:15).

"흰옷 입은 큰 무리"는 시공간을 초월할 수 있는 부활체나 변화체를 입은 것이 아니라, 건강한 몸으로 회복된 '회복체'(回復體)를 지니고 예비처에서 양육받다가 천년왕국에 들어가 생육하고 번성하는 축복을 누리게 될 것이다.

하나님께서 "흰옷 입은 큰 무리" 위에 장막을 쳐 주실 것을 언약하고 계신 것은 그들을 지켜 보호하시고 양육하실 것을 계시하는 계시록 13장 6절 말씀이다. 그들이 광야 예비처 성도들임을 입증해 주는 계시록의 내증(內證)이다.

"짐승이 입을 벌려 하나님을 향하여 훼방하되 그의 이름과 그의 장막 곧 하늘에 거하는 자들을 훼방하더라"(계 13:6).

"그때에 소경의 눈이 밝을 것이며 귀머거리의 귀가 열릴 것이며 그때에 저는 자는 사슴같이 뛸 것이며 벙어리의 혀는 노래하리니 이는 광야에서 물이 솟겠고 사막에서 시내가 흐를 것임이라"(사 35:5~6).

Ⅶ

두 증인에 대한 Q&A

성경 본문은 계시록 11장 1~14절 말씀이다.

"또 내게 지팡이 같은 갈대를 주며 말하기를 일어나서 하나님의 성전과 제단과 그 안에서 경배하는 자들을 척량하되 성전 밖 마당은 척량하지 말고 그냥 두라 이것을 이방인에게 주었은즉 저희가 거룩한 성을 마흔두 달 동안 짓밟으리라 내가 나의 두 증인에게 권세를 주리니 저희가 굵은 베옷을 입고 일천이백육십 일을 예언하리라 이는 이 땅의 주 앞에 섰는 두 감람나무와 두 촛대니 만일 누구든지 저희를 해하고자 한즉 저희 입에서 불이 나서 그 원수를 소멸할지니 누구든지 해하려 하면 반드시 이와 같이 죽임을 당하리라 저희가 권세를 가지고 하늘을 닫아 그 예언을 하는 날 동안 비 오지 못하게 하고 또 권세를 가지고 물을 변하여 피 되게 하고 아무 때든지 원하는 대로 여러 가지 재앙으로 땅을 치리로다 저희가 그 증거를 마칠 때에 무저갱으로부터 올라오는 짐승이 저희로 더불어 전쟁을 일으켜 저희를 이기고 저희를 죽일 터인즉 저희 시체가 큰 성 길에 있으리니 그 성은 영적으로 하면 소돔이라고도 하고 애굽이라고도 하니 곧 저희 주께서 십자가에 못 박히신 곳이니라 백성들과 족속과 방언과 나라 중에서 사람들이 그 시체를 사흘 반 동안을 목도하며 무덤에 장사하지 못하게 하리로다 이 두 선지자가 땅에 거하는 자들을 괴롭게 한 고로 땅에 거하는 자들이 저희의 죽음을 즐거워하고 기뻐하여 서로 예물을 보내리라 하더라 삼 일 반 후에 하나님께로부터 생기가 저희 속에 들어가매 저희가 발로 일어서니 구경하는 자들이 크게 두려워하더라 하늘로부터 큰 음성이 있어 이리로 올라오라 함을 저희가 듣고 구름을 타고 하늘로 올라가니 저희 원수들도 구경하더라 그 시에 큰 지진이 나서 성 십분의 일이 무너지고 지진에 죽은 사람이 칠천이라 그 남은 자들이 두려워하여 영광을 하늘의 하나님께 돌리더라 둘째 화는 지나갔으나 보라 셋째 화가 속히 이르는도다"(계 11:1~14).

두 증인에 대한 Q&A는 세 가지 주제로 나누어 살펴보아야 한다.

1. 두 증인은 누구를 의미하는가?
2. 두 증인의 사역 기간과 승천의 때는 언제인가?
3. 두 증인의 시체가 있을 큰 성은 어디인가?

1

두 증인은 누구를 의미하는가?

1) 에녹과 엘리야로 보는 견해

에녹과 엘리야는 다 같이 죽지 않고 승천한 인물들이기에 이들이 장차 다시 와서 본문에 예언된 내용대로 사역할 것으로 보는 견해인데, 이들은 에녹1서 90장 11절을 근거로 이들이 다시 나타나게 될 것이라고 주장한다. 데이크(F. J. Dake), 페팅일(Petingill) 등이 지지하는 이론이다.[107)]

에녹과 엘리야: 외경(I Enoch 90:11)에 그들이 장차 다시 온다는 말이 있고, 또 그들이 다같이 죽지 않고 승천하였으므로 고려될 수 있으나 별 지지자가 없다.[108)]

'두 증인'을 두 사람(에녹과 엘리야 또는 모세와 엘리야)이라 해석하는 견해는 본문의 증거 내용과 조화를 이루지 못한다.

107) 계시록 난해 해설, 흰돌, 이광복, p. 328.
108) 신약주해, 요한계시록, 성등사, 이상근, p. 156.

⑴ 7절 말씀에 "저희가 그 증거를 마칠 때에 무저갱으로부터 올라오는 짐승이 저희로 더불어 전쟁을 일으켜 저희를 이기고 저희를 죽일 터인즉"이라는 말씀이 이 견해를 거부한다.

만일 두 증인이 두 사람을 나타낸다면 무저갱에서 올라온 짐승이 두 사람과 '전쟁을 일으켜 저희를 이긴다'고 표현하겠는가? 전쟁을 일으킨다는 표현보다는 그들과 '싸워서 이긴다'는 표현을 사용함이 적절하다. 그런데 본장은 '전쟁을 일으킨다'는 표현을 사용하고 있다. 이는 두 증인이 두 사람이 아니라 다수의 사람을 의미하고 있다고 해석함이 본문의 의미에 충실한 해석이라 여겨진다.

⑵ 9절 말씀에 "백성들과 족속과 방언과 나라 중에서 사람들이 그 시체를 사흘 반 동안을 목도(目睹)하며 무덤에 장사하지 못하게 하리로다"라는 말씀과도 조화를 이루지 못한다.

'두 증인'이 '두 사람'을 나타낸다면, 그들의 시체를 온 세상 백성과 족속들이 사흘 반 동안 목도하는 일이 어렵고, 또 두 선지자가 온 땅에 거하는 자들을 괴롭게 하는 사역을 했다는 말씀도 쉽게 이해할 수 없게 된다.

⑶ 에녹과 엘리야라고 주장하는 이유는 성경의 지지를 얻지 못한다.

① 육체를 입고 태어난 사람은 반드시 한 번 죽어야 되기 때문이라고 주장한다.

두 증인이 에녹과 엘리야 두 사람이라고 주장하는 가장 큰 이유는, 그들이 죽지 않고 승천했으므로 "한 번 죽는 것은 사람에게 정하신 것이요"(히 9:27)라는 하나님의 말씀을 이루기 위해 이 땅에 내려와 육체의 죽음을 당하고 부활체를 입어야 한다고 주장한다. 하지만 그 이유는 성경적 지지를 받지 못한다. 육체를 입고 탄생한 사람은 반드시 죽었다가 부활해야 영생을 얻을 수 있는 것이 아니기 때문이다.

성경은 무엇이라 증거하는가? 성경은 예수 그리스도의 재림 때 죽은 사람들이 모두 영원히 죽지 않는 부활의 몸을 입게 될 것과 살아있는 사람들은 변화체를 입게 될 것을 증거한다.

"이를 기이히 여기지 말라 무덤 속에 있는 자가 다 그의 음성을 들을 때가 오나니 선한 일을 행한 자는 생명의 부활로 악한 일을 행한 자는 심판의 부활로 나오리라"(요 5:28~29).

"저희의 기다리는 바 하나님께 향한 소망을 나도 가졌으니 곧 의인과 악인의 부활이 있으리라 함이라"(행 24:15).

"형제들아 내가 이것을 말하노니 혈과 육은 하나님 나라를 유업으로 받을 수 없고 또한 썩은 것은 썩지 아니한 것을 유업으로 받지 못하느니라 보라 내가 너희에게 비밀을 말하노니 우리가 다 잠잘 것이 아니요 마지막 나팔에 순식간에 홀연히 다 변화하리니 나팔 소리가 나매 죽은 자들이 썩지 아니할 것으로 다시 살고 우리도 변화하리라 이 썩을 것이 불가불 썩지 아니할 것을 입겠고 이 죽을 것이 죽지 아니함을 입으리로다"(고전 15:50~53).

"형제들아 자는 자들에 관하여는 너희가 알지 못함을 우리가 원치 아니하노니 이는 소망 없는 다른 이와 같이 슬퍼하지 않게 하려 함이라 우리가 예수의 죽었다가 다시 사심을 믿을진대 이와 같이 예수 안에서 자는 자들도 하나님이 저와 함께 데리고 오시리라 우리가 주의 말씀으로 너희에게 이것을 말하노니 주 강림하실 때까지 우리 살아 남아 있는 자도 자는 자보다 결단코 앞서지 못하리라 주께서 호령(號令)과 천사장의 소리와 하나님의 나팔로 친히 하늘로 좇아 강림(降臨)하시리니 그리스도 안에서 죽은 자들이 먼저 일어나고 그 후에 우리 살아 남은 자도 저희와 함께 구름 속으로 끌어 올려 공중에서 주를 영접하게 하시리니 그리하여 우리가 항상 주와 함께 있으리라"(살전 4:13~17).

누가복음 9장 28절 이하에 증거되고 있는 변화산 교훈은 예수님이 제자들에게 변화체의 비밀을 계시해 주는 사건이라 할 수 있다.

"이 말씀을 하신 후 팔 일쯤 되어 예수께서 베드로와 요한과 야고보를 데리시고 기도하시러 산에 올라가사 기도하실 때에 용모가 변화되고 그 옷이 희어져 광채가 나더라 문득 두 사람이 예수와 함께 말하니 이는 모세와 엘리야라 영광 중에 나타나서 장차 예수께서 예루살렘에서 별세하실 것을 말씀할새 베드로와 및 함께 있는 자들이 곤하여 졸다가 아주 깨어 예수의 영광과 및 함께 선 두 사람을 보더니 두 사람이 떠날 때에 베드로가 예수께 여짜오되 주여 우리가 여기 있는 것이 좋사오니 우리가 초막 셋을 짓되 하나는 주를 위하여, 하나는 모세를 위하여, 하나는 엘리야를 위하여 하사이다 하되 자기의 하는 말을 자기도 알지 못하더라"(눅 9:28~33).

에녹과 엘리야는 죽음을 보지 않고 하나님의 데려감을 받았다. 그 두 사람은 부활체를 입지 않았지만 영생할 수 있는 변화체를 입고 승천했음을 변화산에 나타난 엘리야의 모습을 통해 알 수 있다.

에녹과 엘리야가 영생하는 변화체를 입지 않았다면 천국에서 몇천 년을 어떻게 살 수 있겠는가?

이미 시공간을 초월하는 영생의 몸으로 변화하여 몇천 년을 하늘에 살던 에녹과 엘리야가, 다시 육체의 몸을 입고 이 땅에 내려와 두 증인의 사명을 감당하다가 죽임을 당하고 다시 살아나야 한다는 주장은 성경적 지지를 받지 못한다.

육체의 죽음을 보지 않고 승천한 에녹과 엘리야는 지금까지 어디에 머물고 있는가? 하나님이 데려가셨으므로 하나님 계신 천국에 머물고 있지 않겠는가?

천국에 들어간 에녹과 엘리야는 죄 사함을 받은 의인인가? 아니면 죄 사함을 받지 못한 죄인인가? 죄인의 신분이라면 거룩하신 하나님 나라에 들어갈 수 없었을 것이다. 성경(요 3:5; 고전 6:9~11; 계 21:22~27)은 죄 사함을 받지 못했다면 거룩하신 하나님 계신 천국에 들어갈 수 없음을 증거하고 있다. 에녹과 엘리야는 하나님께 의롭다 인정받은 사람들이었기에 천국에 들어갈 수 있었다고 보아야 타당하다. 하나님께 의롭다 인정받은 사람은 더 이상 사망에 매이지 않는다. 사망은 죄의 삯으로 정해진 것이기 때문이다.

> "죄의 삯은 사망이요 하나님의 은사는 그리스도 예수 우리 주 안에 있는 영생이니라"(롬 6:23).

> "누가 능히 하나님의 택하신 자들을 송사하리요 의롭다 하신 이는 하나님이시니 누가 정죄하리요 … "(롬 8:33~34).

② 증인의 자격 조건을 갖추어야 하기 때문이라고 주장한다.

두 증인(μάρτυσίν, witnesses)이 되기 위해서는 예수 그리스도의 탄생과 십자가 죽음과 부활·승천하는 모습을 모두 본 사람이어야 된다는 주장을 펼친다. '증인'(μάρτυσίν)이란 단어가 법적 용어이기 때문에 증인이 되려면 반드시 직접 보고 들은 사람이 되어야 한다. 에녹과 엘리야는 하늘에서 예수님의 탄생부터 부활·승천에 이르기까지 모든 것을 보았기 때문에 증인이 될 수 있다고 주장한다. 예수님의 복음을 증거하는 증인의 자격 조건으로 내세우는 위의 주장은 성경에 합치(合致)하지 않는 주장이다.

첫째, '증인'(μάρτυσίν, witness)이란 단어의 사용에 대한 설명이 지나치게 협의적(狹義的)이다.

원어 사전을 살펴보면, 증인이란 단어가 70인 역본에 약 55회 히브리어 에드(עֵד, 증인)의 역어로 사용되었다. 이 단어가 사건이나 사실들에 대한 법적 증인이란 용어로 사용되기도 하지만, 사실들에 대한 증인이란 일반적인 의미도 있고, 진리나 견해들과 신념들에 대한 증인이란 의미로 사용되었다고 설명하고 있다.

증인이란 단어를 광의적(廣義的)으로 적용하면, 두 증인이 예수 그리스도의 진리의 복음을 증거하는 증인의 조건에 부합(符合)하다.

둘째, 예수님의 일생을 직접 보고 들은 사람이 아니면 증인이 될 수 없다는 주장은 요한계시록 2장 13절 말씀과 조화를 이루지 못한다.

> "네가 어디 사는 것을 내가 아노니 거기는 사탄의 위(位)가 있는 데라 네가 내 이름을 굳게 잡아서 내 충성된 증인 안디바가 너희 가운데 곧 사탄의 거하는 곳에서 죽임을 당할 때에도 나를 믿는 믿음을 저버리지 아니하였도다"(계 2:13).

우리가 잘 아는 것처럼 '안디바'는 버가모에 있던 대형 도서관의 도서관장이었다. 그는 예수 그리스도의 복음을 듣고 전도되어 순교하기까지 신실한 믿음을 지키며 복음의 증인 된 삶을 살았다. 위의 성경 말씀은 예수님이 친히 안디바를 "내 충성된 증인"이라 인정하시며 증거해 주고 있다.

안디바는 예수님의 일생을 지켜본 사람이 아니다. 그럼에도 불구하고 순교하기까지 충성스런 복음의 증인으로 살았다고 예수님이 칭찬하시며, 성경에 그의 이름을 기록해 주고 있다. 왜 예수님이 안디바의 이름을 지명(指名)하여 칭찬하고 성경에 기록해 계시해 주시는가? 너희도 안디바처럼 순교하기까지 충성하는 복음의 증인이 되어 이기는 자의 반열에 서기를 바란다는 권면이 아니겠는가?

⑷ 4절의 본문 "이는 이 땅의 주 앞에 섰는 두 감람나무와 두 촛대니"라는 계시 말씀과 상충(相衝)된다.

"가장 바람직한 성경 해석은 성경을 성경으로 해석하는 것이다"라는 말은 너무도 많이 들은 이야기이다. 그래서 우리는 가능하면 성경의 말씀에 근거를 두고 해석하려 최선을 다한다. 두 증인에 대한 해석도 성경의 증거에 지지 기반을 두고 해석함이 좋을 것이다.

> "네 본 것은 내 오른손에 일곱 별의 비밀과 일곱 금 촛대라 일곱 별은 일곱 교회의 사자요 일곱 촛대는 일곱 교회니라"(계 1:20).

사도 요한이 본 비밀은 주님의 장중에 붙잡힌 '주의 종들'과 주님이 다스리시는 '일곱 교회'에 대한 것이다. 요한계시록 본문에서 '촛대'는 '교회'를 지칭한다. 우리는 성경에서 '둘'은 '증인'의 숫자를 나타낸다는 사실을 잘 알고 있다. 요한계시록 11장에 계시되고 있는 두 증인을 "두 감람나무와 두 촛대"라 계시하신 것은, '두 사람'을 의미하기보다 순교하기까지 충성스럽게 복음 증거의 사명을 감당할 주의 종들과 교회들을 나타내는 말씀으로 해석함이 성경의 지지를 받는 해석이라 여겨진다.

2) 모세와 엘리야로 보는 견해

당시 유대인들의 보편적 신념이었고 2세기까지 교회들의 일반적 견해이기도 했다. 이들의 주장은 본문에 나타난 두 증인의 권세가 모세와 엘리야가 행했던 능력과 유사한 점과 모세(신 8:18; 요 6:14, 7:40)와 엘리야(말 4:5; 마 11:14; 막 9:11)의 다시 올 것에 대한 성경의 증거들을 근거로 들며 주장한다. 바클레이(William Barclay), 파우셋(Fauset), 베데(Bede) 등의 학자들이 지지하는 이론이다.[109)]

이미 신령한 부활체와 변화체를 입은 모세와 엘리야가 낙원에서부터 이 세상에 다시 와서 순교한다는 것은 성경의 지지를 받지 못한다.

모세와 엘리야: 당시 유대인들의 보편적 신념이었고, 2세기까지 교회의 일반적 견해이기도 했다. 현대에도 이를 문자적으로 지지하는 학자들이 있다(Barclay 등). … 그러나 모세와 엘리야가 낙원에서 다시 와서 전도하다가 순교한다는 것은 상상할 수 없는 일이다.[110)]

…이 두 감람나무와 두 촛대는 분명히 모세와 엘리야입니다. 하나님께서 그들이 육체를 가지고 이 땅에 다시 와서 후 3년 반 동안 그리스도를 증거하게 하신 것입니다.[111)]

---

109) 계시록 난해 해설, 흰돌, 이광복, p. 328.
110) 신약주해, 요한계시록, 성등사, 이상근, p. 156.
111) 평신도를 위한 요한계시록 강해, 서울서적, 조용기, pp. 204~205.

3) 율법과 선지자로 보는 견해

두 증인 정체를 비유화하여 율법의 대표자로 상징되는 모세와 선지자의 대표자인 엘리야를 인격화하여 그들이 전도하게 될 것이라고 해석하는 견해가 있으나 지나친 해석으로 비판받고 있다. 즉 율법은 모세의 글이고 선지서는 예언의 글인데, 이 둘이 하나님을 증거하는 두 증인이라는 것이다.[112)]

율법과 선지서: 모세와 엘리야를 대표하는 것이나 그것이 인격화하여 전도한다는 것은 역시 지나친 것이다.[113)]

4) 구약과 신약으로 보는 견해

두 증인을 두 선지자라고 했고, 순교했다가 부활 승천한다고 했는데 구약과 신약으로 해석한다는 것은 본문의 의도를 너무 외면한 비성경적 주장이다.

구약과 신약: 문의에서 먼 듯하다.[114)]

5) 교회로 보는 견해

두 증인의 정체에 대해 본 장에서 "두 감람나무와 두 촛대"라고 밝

112) 계시록 난해 해설, 흰돌, 이광복, p. 329.
113) 신약주해, 요한계시록, 성등사, 이상근, p. 156.
114) 신약주해, 요한계시록, 성등사, 이상근, p. 156.

히고 있기 때문에 하나님의 말씀을 전파하는 교회로 보는 것이 가장 타당하다고 보는 견해다.

저는 두 증인이 의미하는 것은 그리스도의 복음을 증거하며 세상과 싸우는 교회라고 봅니다. 두 증인은 하나님의 말씀과 예수 그리스도의 증거에 신실한 교회를 의미합니다. 예수의 환난과 나라와 참음에 동참하는 모든 주의 백성들을 의미하는 상징입니다.[115)]

교회는 모든 증인들(Greijdanus, Plummer): 상당히 유력하나 정관사의 설명은 불가능하다.[116)]

두 증인의 정체가 "두 감람나무와 두 촛대"라는 말씀을 근거로 하여 하나님의 말씀을 전파하는 교회로 보는 견해가 있는데, 헨드릭슨(William Hendriksen), 로버트 H. 마운스(Rodert H. Mounce), 석원태 박사, 박수암 교수 등이 지지하는 이론이다. 그들이 두 증인을 교회로 보는 이유는 다음의 몇 가지로 소개하고 있다.

① 두 감람나무와 두 촛대

복음시대에도 교회는 복음을 전파하고 하나님의 기관으로서 이 세상에 선교를 수행한다.

② 두 명씩 파송

전도자가 둘씩 파송되었듯(눅 10:1), 현재의 복음시대에도 교회는 복음을 전파하는 하나의 기관으로서 이 세상의 선교를 수행한다.

---

115) 일곱 나팔, 하나, 정근두, p. 77.

116) 신약주해, 요한계시록, 성등사, 이상근, p. 156.

③ 두 증인의 권세

교회가 그 직분을 통하여 하나님의 말씀을 근거로 하여 악행하는 자들을 정하고 있는데, 이는 악인들의 멸망으로 귀착된다(마 18:18).

④ 교회가 세상을 심판하고 정죄

엘리야의 능력과 모세의 능력처럼 복음시대에도 선포되는 말씀이 배척될 때, 능력 있게 선교하는 교회가 세상을 정죄하고 심판할 권리를 갖는다.[117]

이 이론에 대해 이견(異見)을 가지는 이들은 두 증인에 대해 본 장에서 두 선지자라 밝히고 있는데, 성경에서 교회를 선지자라 칭한 곳이 한 곳도 없다는 것과, 두 증인이 짐승에게 죽임을 당했다가 부활 승천한다고 증거하고 있는데, 지옥의 권세를 이기는 교회가(마 16:18) 짐승에게 죽임을 당했다가 부활 승천한다는 것은 조화를 이루지 못하는 주장이라 지적한다.

6) 모세와 엘리야의 정신을 계승한 종으로 보는 견해

두 증인을 상징으로 보아 모세와 엘리야의 정신을 계승한 주의 종들이 일어나 한 이레의 절반인 1,260일 동안 하나님의 말씀을 예언하는 사명을 감당할 것으로 보는 견해다.

벵겔(John A. Bengel), 개벨레인(A.C. Gaeblein), 이상근, 이광복 목사 등이 지지하는 이론이다.

---

117) 계시록 난해 해설, 흰돌, 이광복, p. 329.

둘(二)은 성경적으로 충분한 법정 증인을 의미하며(신 17:6, 19:15; 요 8:18; 22:6), 신약에서 두 증인의 맥이 흐르기 때문이다(마 17:3; 눅 24:5; 행 1:10).[118]

본 저자는 '두 증인'을 종말의 추수기에 하나님의 말씀을 증거하며 대환난의 전반기 동안에 추수의 사명을 감당할 종들로 본다. 그러므로 두 증인을 문자적인 두 사람 혹은 모세와 엘리야, 혹은 상징적으로 교회라는 주장은 본문의 내증으로부터 지지받지 못하는 것으로 본다. …① 엘리야와 모세의 정신을 계승한 자라야 한다. ② 두 증인은 순교하는 자이다. …③ 두 증인은 두 선지자이다.[119]

상징적으로 모세와 엘리야의 정신을 계승한 종(Bengel, Gaeblein): 가장 적절한 해석이라고 생각된다. 즉 종말에 가서 모세와 엘리야의 정신과 능력을 받은 사자들이 일어나 대환난기에도 불굴의 전도를 할 것을 가리키는 것이다.[120]

이들 두 증인은 성령의 능력을 받은 하나님의 종들이다. …두 감람나무를 두 촛대와 연결시킨 것은 이들 두 증인들이 하나님의 교회 중에서 나온다는 사실을 보여주고 있는 것이다.[121]

7) 복음 증거의 사명을 감당하는 교회와 하나님의 종들로 보는 견해

118) 계시록 난해 해설, 흰돌, 이광복, pp. 330~331.
119) 계시록 난해 해설, 흰돌, 이광복, pp. 332~333.
120) 신약주해, 요한계시록, 성등사, 이상근, p. 156.
121) 요한계시록 심층분석 주해와 연구, 신생, 민병석, p. 242.

4절에 의하면 이 두 증인은 '두 촛대'이다. 그런데 본서에서 촛대는 오직 교회를 상징한다(계 1:12, 20, 2:1). 이것은 제2, 3장에 언급된 일곱 교회를 나타내는 일곱 촛대를 상기시킨다. 일곱 촛대가 전체로서의 교회를 상징한다면, 두 촛대는 증거의 역할을 담당하고 있는 신실한 교회를 상징한다. 왜냐하면 둘은 증거의 신실성을 입증하기 위해 채택되는 상징적 숫자이기 때문이다(민 35:30; 신 17:6; 마 18:16; 요 5:31, 8:17, 15:26~27). 그러므로 두 증인은 모세와 엘리야와 같은 권세를 지니고 복음을 증거하는 신실한 교회 및 그 교회에 속한 신실한 하나님의 종들을 상징한다.[122)]

두 증인은 두 선지자이고, 또한 주님의 해석대로 두 교회이다. …주님의 설명은 주의 종과 교회라는 도식이다. 그러므로 두 교회는 그 교회의 사자와 교회로 병행되어 설명하고 있는 대로, 그 두 증인이 마지막 때 예언의 사명을 다해야 한다.[123)]

이상의 견해 중에서 교회와 모세와 엘리야의 정신을 계승한 주의 종들로 보는 두 견해를 모두 수용한 것이 본서의 전체적 흐름에 가장 조화를 이룰 뿐 아니라, 본 장의 계시 내용에도 충실한 해석으로 여겨진다. 그 이유를 들자면 다음과 같다.

⑴ 요한계시록 1장 20절 말씀은 계시록 전체의 증거가 무엇에 대한 계시인지를 대언하는 말씀과도 같다.

"네 본 것은 내 오른손의 일곱 별의 비밀과 일곱 금촛대라 일곱 별은 일곱 교

122) 옥스퍼드 원어 성경대전, 요한계시록 제1-11장, 제자원, p. 641.
123) 읽기만 해도 열리는 요한계시록, 솔로몬, 강신권·김형종, p. 173.

회의 사자요 일곱 금촛대는 일곱 교회니라"(계 1:20).

사도 요한이 본 비밀은, 주님의 장중에 붙잡힌 '주의 종들'과 주님이 다스리시는 '일곱 교회'에 대한 것이다. 그러므로 요한계시록 전체에 증거되고 있는 사건들의 흐름 속에는 '주의 종들과 그 교회'에 대한 동시적 계시들로 보아야 할 것을 시사해 준다.

⑵ 아시아의 일곱 교회에 보내진 편지의 수신자는 각 교회의 '사자' 즉 그 교회의 '주의 종'이다. 그렇다고 그 편지의 내용이 그 교회 사자인 주의 종 개인에 해당하는 말씀이 아니라 그 교회 전체에 전하는 메시지임을 알 수 있다.

'주의 종'과 '그 교회'는 둘로 표현할 수 있지만 결코 둘일 수 없다. 주의 종과 그 교회는 손등과 손바닥처럼 뗄 수 없는 연합된 주님의 지체다.

두 증인은 개별적으로 행동하지 않고, 언제 어디서나 모든 행동을 함께하고 있다. 함께 예언하고, 함께 이적을 행하고, 함께 고난을 당하고, 함께 죽임을 당하고, 함께 살아나고, 함께 승천한다. 한 몸이 아니고는 결코 불가능한 일이다.

본문에 언급된 시체는 분명히 두 증인의 시체이다. 그러므로 이것은 당연히 복수형으로 표기되어야 마땅하다. 그러나 여기서는 단수형 '프토마'(πτῶμα)로 표기되었다. 이와 같은 표기 방식은 요한이 두 증인을 개별적 존재가 아니라 종말에 하나님의 비밀을 증거하는 사명을 지닌 신실한 하나의 교회를 상징하고 있는 것이다.[124)]

124) 옥스퍼드 원어 성경대전, 요한계시록 제1-11장, 제자원, p. 649.

두 증인의 사역을 통해 볼 때, 두 증인은 각 개인이 될 수 없고, 한 지체를 이룬 '주의 종과 그 교회'를 상징하고 있다고 해석함이 요한계시록 전체적 계시 내용과 가장 조화를 이루는 해석이다.

(3) 요한계시록 여러 구절들이 주의 종과 성도들을 동시에 언급하고 있다.

"각각 저희에게 흰 두루마기를 주시며 가라사대 아직 잠시 동안 쉬되 저희 동무 종들과 형제들도 자기처럼 죽임을 받아 그 수가 차기까지 하라 하시더라" (계 6:11).

" … 종 선지자들과 성도들과 또 무론대소하고 주의 이름을 경외하는 자들에게 상 주시며 … "(계 11:18).

"저희가 성도들과 선지자들의 피를 흘렸으므로 저희로 피를 마시게 하신 것이 합당하니이다 하더라"(계 16:6).

"선지자들과 성도들과 및 땅 위에서 죽임을 당한 모든 자의 피가 이 성중에서 보였느니라 하더라"(계 18:24).

"저가 내게 말하기를 나는 너와 네 형제 선지자들과 또 이 책의 말을 지키는 자들과 함께 된 종이니 그리하지 말고 오직 하나님께 경배하라 하더라"(계 22:9).

이상의 모든 구절들이 주의 종과 성도들을 동시에 언급하고 있는 것으로 볼 때, 두 증인이 상징하고 있는 대상이 주의 종과 성도들(교회) 모두를 포함하고 있다고 보는 것이 전체적 흐름과 조화를 이룬다.

⑷ 본 장 4절 말씀에서 두 증인은 "…이 땅의 주 앞에 섰는 두 감람나무와 두 촛대…", 또 10절 말씀에서는 "이 두 선지자…"라고 말한다.

두 감람나무와 두 선지자는 '주의 종'을 상징하는 단어이다. 그리고 두 촛대는 '교회'를 상징하는 단어이다. 그러므로 두 감람나무와 두 촛대, 두 선지자로 계시되는 두 증인은 마지막 한 이레의 절반인 후 3년 반 동안 하나님의 말씀을 예언할 신실한 '주의 종과 그 교회'를 상징한다고 해석함이 본문에 가장 충실한 해석이다.

2

두 증인의 사역 기간과 승천의 때는 언제인가?

"두 증인의 사역 기간과 승천의 때를 어느 시점으로 보는 것이 타당한가?" 하는 문제는 대단히 중요한 문제다. 두 증인의 사역 기간을 어느 때로 보느냐에 따라 계시록 전체의 해석 틀이 크게 달라진다. 두 증인의 사역과 승천의 때는 계시록을 성경적으로 해석할 수 있는 매우 중요한 맥(脈)이 되므로 Q&A를 통해 심도(深到) 있게 궁구해서 올바른 성경적 견해를 갖는 것이 중요하다.

두 증인의 사역 기간에 관해서는 크게 세 가지 견해가 있다.

1) 두 증인이 예언 사역을 감당할 1,260일을 예수 그리스도의 초림부터 재림 때까지의 기간으로 보는 견해

이 견해는 무천년설을 주장하는 사람들이 따르는 견해이다. 이들은 두 증인의 사역 기간인 1,260일을 예수 그리스도 초림부터 재림까지 기간을 나타내는 상징적 기간이라고 해석한다.

> 교회는 '두 증인'으로 1,260일 동안, 즉 그리스도 초림부터 재림 어간에 복음을 전(예언)하는데, 교회는 반석 위에 세워져서 음부의 권세

가 이기지 못한다.[125)]

두 증인의 예언 사역은 초림부터 재림 사이에 주어지는 예언 사역이라는 것이 분명해진다.[126)]

2) 두 증인이 예언할 일천이백육십 일을 전 3년 반으로 보는 견해

두 증인의 예언 시기를 전 3년 반이라고 주장하는 이들에 따르면, 이방인이 거룩한 성을 짓밟을 마흔두 달(계 11:2)은 적그리스도가 통치하는 마흔두 달(계 13:5)과 일치되는 기간으로 보아야 하기 때문에, 두 증인이 예언할 일천이백육십 일은 그에 앞서 오는 것이 당연하다고 주장한다.

적그리스도가 통치하게 될 짐승의 때가 이르기 전에 두 증인이 그들에게 미혹되지 말 것을 외치는 선지자적 사명을 감당한다고 보는 견해다.

대환난의 전반기에 있어 이들 두 증인들은 힘써 회개를 가르쳐 많은 회심자를 얻는 것으로 믿어진다.[127)]

본 저자는 '두 증인'을 종말의 추수기에 하나님의 말씀을 증거하며 대환난의 전반기 동안 추수의 사명을 감당할 종들로 본다.[128)]

---

125) 요한계시록, 선교횃불, 권성수, p. 257.
126) 내가 속히 오리라, 이레서원, 이필찬, p. 482.
127) 신약주해, 요한계시록, 성등사, 이상근, p. 157.
128) 계시록 난해 해설, 흰돌, 이광복, p. 332.

두 증인이 예언하는 1,260일간은 하나님의 교회의 회개를 위한 전 3년 반 기간을 의미하고, 적그리스도에 의해 통치를 받는 마흔두 달은 짐승에 의해 짐승의 표를 받게 하는 후 3년 반 기간임을 알 수 있게 된다.[129)]

예수 그리스도의 재림 이전에 있을 7년 대환난기 가운데 전 3년 반에 해당하는 기간에 두 증인이 계속하여 예언할 수 있었던 것은….[130)]

3) 두 증인의 사역 기간을 후 3년 반으로 보는 견해

두 증인의 예언 기간이 후 3년 반이라 주장하는 견해는 요한계시록의 순서 그대로 이방인이 거룩한 성의 이방인의 뜰을 짓밟는 기간은 전 3년 반 동안이고, 두 증인의 예언 사역 기간은 후 3년 반인 일천이백육십 일이 될 것이라고 생각하는 견해와, 이방인이 거룩한 성의 이방인의 뜰을 짓밟는 기간과 두 증인의 사역 기간이 동일하게 후 3년 반 동안이라고 주장하는 견해로 갈라진다.

그들이 예언하는 동안에는 아무도 감히 해칠 수가 없어서 적그리스도가 괴로움을 당하다가 후 3년 반이 거의 끝날 즈음에는 마침내 일어나 대적합니다. 이때는 두 증인이 그 증거를 마치고 사명을 끝내었을 때입니다.[131)]

이상의 견해 중에서 두 증인이 적그리스도의 통치 기간인 후 3년

129) 요한계시록 심층분석 주해와 연구, 신생, 민병석, p. 240.
130) 옥스퍼드 원어성경대전, 요한계시록 제1-11장, 제자원, p. 642.
131) 평신도를 위한 요한계시록 강해, 서울서적, 조용기, p. 205.

반(42달, 1,260일) 동안 복음 증거 사역을 감당하고 죽었다가 사흘 반 만에 다시 살아나 부활 승천하게 될 것이라는 견해가 성경의 지지를 받는 주장이다. 이 견해가 성경적이라고 생각하는 세 가지 타당성을 살펴보자.

⑴ 증인의 승천 사건이 여섯째 나팔인 둘째 화(禍)에 속한 사건이기 때문이다.

다섯째 나팔부터 일곱째 나팔까지가 세 가지 화를 계시하는 사건이다.

8장 13절 말씀에 "내가 또 보고 들으니 공중에 날아가는 독수리가 큰 소리로 이르되 땅에 거하는 자들에게 화, 화, 화가 있으리로다 이 외에도 세 천사의 불 나팔소리를 인함이로다 하더라"고 계시하고 있다. 이중에 두 증인의 승천 사건은 둘째 화에 속한 사건임을 본 장은 계시하고 있다.

> "둘째 화는 지나갔으나 보라 셋째 화가 속히 이르는도다"(계 11:14).

우리가 우선적으로 생각해야 할 일은, 다섯째 나팔부터 일곱째 나팔까지의 '세 가지 화(禍)'는 '이 땅에 거하는 자들' 곧 불신자들에게 내려지는 화(禍)라는 사실이다. 다섯째 나팔을 통해 선포되고 있는 첫째 화의 내용이 이를 보여 주고 있다.

> "저희에게 이르시되 땅의 풀이나 푸른 것이나 각종 수목은 해하지 말고 오직 이마에 하나님의 인 맞지 아니한 사람들만 해하라 하시더라"(계 9:4).

첫째 화인 다섯째 나팔 사건은 7년 대환난의 후 3년 반이 시작되는 시점에 성취될 사건이다. 왜냐하면 하나님의 인을 맞지 아니한 사람들만 해하라고 말씀하고 있기 때문이다.

전 3년 반이 끝날 때 하나님의 인 맞은 주의 종들 외에 하나님의 택함 받은 모든 성도들은 광야 예비처로 옮겨져 하나님의 특별 보호 아래서 양육을 받게 된다.

> "그 여자가 광야로 도망하매 거기서 일천이백육십 일 동안 저를 양육하기 위하여 하나님의 예비하신 곳이 있더라"(계 12:6)

> "그 여자가 큰 독수리의 두 날개를 받아 광야 자기 곳으로 날아가 거기서 그 뱀의 낯을 피하여 한 때와 두 때와 반 때를 양육 받으매"(계 12:14).

> "네가 나의 인내의 말씀을 지켰은즉 내가 또한 너를 지키어 시험의 때를 면하게 하리니 이는 장차 온 세상에 임하여 땅에 거하는 자들을 시험할 때라"(계 3:10).

다섯째 나팔인 첫째 화는 그 이후에 이 땅에 남아 있는 불신자들에게 내려지는 하나님의 진노이기 때문에, 전 3년 반이 끝나고 후 3년 반이 시작되는 초기에 이루어지는 사건임을 알 수 있다. 성도들은 환난(전 3년 반)은 통과하나, 하나님의 진노의 화(후 3년 반)는 받지 않는다.

예수님은 택하신 자들을 위해서 환난(患難)의 날들을 감하시리라고 말씀하신다.

> "이는 그때에 큰 환난(患難)이 있겠음이라 창세로부터 지금까지 이런 환난이 없었고 후에도 없으리라 그날들을 감하지 아니할 것이면 모든 육체가 구원을 얻지 못할 것이나 그러나 택하신 자들을 위하여 그날들을 감하시리라"(마

24:21~22).

환난은 사탄이 적그리스도나 세상적인 권세를 이용하여 성도에게 가해 오는 것이고, 진노는 하나님이 적그리스도와 거짓 선지자와 불신자에게 가하시는 것이다.[132]

다섯째 나팔이 울려 퍼짐으로 시작되는 황충 재앙 사건(첫째 화)은 후 3년 반이 시작되면서 다섯 달 동안 계속된다. 그리고 여섯째 나팔인 둘째 화(유브라데 전쟁) 사건은 후 3년 반이 끝나는 시점에 발생하는 사건임을 알 수 있다.

두 증인의 사역 기간은 일천이백육십 일 동안으로 정해져 있다. 두 증인은 후 3년 반인 일천이백육십 일 동안 예언 사역을 감당하고, 후 3년 반이 끝나는 시기에 죽임을 당했다가 다시 살아나 승천하는 사건이 성취될 것으로 보는 것이 첫째 화(다섯째 나팔 재앙), 둘째 화(여섯째 나팔 재앙)의 계시 내용과 자연스런 조화를 이룬다.

두 증인의 승천 사건은 첫째 부활에 참여하는 자들(계 20:4~5)에 대한 계시 내용이 성취되는 사건으로, 7년 대환난이 끝나고 천년왕국이 시작되기 직전에 성취될 사건으로 보아야 한다.

마지막 나팔인 일곱째 나팔의 세 번째 화(禍)는 천년왕국이 끝나고 곡과 마곡의 전쟁 때에 불신자들에게 임하게 될 멸망 사건임을 알 수 있다.

마지막 나팔에는 모든 죽은 자들의 부활이 있을 것이며, 백보좌 심판이 있을 것이며, 예수 그리스도께서 그 나라를 아버지 하나님께 바치게 될 것이다.

셋째 화인 마지막 일곱째 나팔에 대한 계시 내용을 보면, 그 시점

132) 쉽게 이해되는 요한계시록, 하나, 노우호, p. 247.

이 백보좌 심판의 때요 그리스도의 나라가 완성되어 하나님께서 친히 그 나라를 영원토록 다스리게 되는 천년왕국 이후의 시점임을 보여준다.

> "일곱째 천사가 나팔을 불매 하늘에 큰 음성들이 나서 가로되 세상 나라가 우리 주와 그 그리스도의 나라가 되어 그가 세세토록 왕 노릇 하시리로다 하니 하나님 앞에 자기 보좌에 앉은 이십사 장로들이 엎드려 얼굴을 대고 하나님께 경배하여 가로되 감사하옵나니 옛적에도 계셨고 시방도 계신 주 하나님 곧 전능하신 이여 친히 큰 권능을 잡으시고 왕 노릇 하시도다 이방들이 분노하매 주의 진노가 임하여 죽은 자를 심판하시며 종 선지자들과 성도들과 또 무론대소하고 주의 이름을 경외하는 자들에게 상 주시며 또 땅을 망하게 하는 자들을 멸망시키실 때로소이다 하더라"(계 11:15~18).

마지막 일곱 번째 천사가 나팔을 부는 셋째 화의 사건은 천년왕국이 끝나고 예수 그리스도께서 모든 정사와 모든 권세와 능력을 멸하시고 나라를 아버지 하나님께 바치실 때이다.

성도들은 의의 부활로 부활하여 상급의 심판을 받고, 불신자들은 악인의 부활로 부활하여 영원한 지옥 형벌을 받는 둘째 사망의 화를 당하게 된다. 사망 권세를 잡은 사탄이 지옥 불에 던져지는 마지막 곡과 마곡의 전쟁 때에 마지막 일곱 번째 나팔이 울리고 마지막 화인 세 번째 화(禍)가 집행된다.

> "일곱째 천사가 소리 내는 날 그 나팔을 불게 될 때에 하나님의 비밀이 그 종 선지자들에게 전하신 복음과 같이 이루리라"(계 10:7).

이 사실에 대해 바울 사도는 부활장이라고 일컬어지는 고린도전서 15장에서 증거하고 있다.

"아담 안에서 모든 사람이 죽은 것같이 그리스도 안에서 모든 사람이 삶을 얻으리라 그러나 각각 자기 차례대로 되리니 먼저는 첫 열매인 그리스도요 다음에는 그리스도 강림하실 때에 그에게 붙은 자요 그 후에는 나중이니 저가 모든 정사와 모든 권세와 능력을 멸하시고 나라를 아버지 하나님께 바칠 때라 저가 모든 원수를 그 발아래 둘 때까지 불가불 왕 노릇 하시리니 맨 나중에 멸망 받을 원수는 사망이니라"(고전 15:22~26).

"보라 내가 너희에게 비밀을 말하노니 우리가 다 잠잘 것이 아니요 마지막 나팔에 순식간에 홀연히 다 변화하리니 나팔 소리가 나매 죽은 자들이 썩지 아니할 것으로 다시 살고 우리도 변화하리라 이 썩을 것이 불가불 썩지 아니할 것을 입겠고 이 죽을 것이 죽지 아니함을 입으리로다 이 썩을 것이 썩지 아니함을 입고 이 죽을 것이 죽지 아니함을 입을 때에는 사망이 이김의 삼킨 바 되리라고 기록된 말씀이 응하리라"(고전 15:51~54).

다섯째 나팔부터 일곱째 나팔까지의 세 가지 화가 어느 시점에 일어날 사건인지 성경 말씀과 상충되지 않고 잘 조화되는지를 살펴서 해석함이 필요하다.

두 증인의 예언 기간을 후 3년 반 동안으로 보고, 두 증인의 죽음과 부활 승천 시점이 첫째 부활에 참예하는 성도들의 부활 승천 사건으로 보아, 예수 그리스도의 재림 사건이 있을 7년 대환난 후 즉 천년왕국이 시작되기 직전의 사건으로 보는 것이 성경의 증거에 가장 타당한 해석임을 알 수 있다.

⑵ 남은 자들의 행위를 통해 이 사실을 확증할 수 있다.

남은 자들이 하늘의 하나님을 두려워하고 영광 돌리는 모습을 통해 두 증인의 부활 승천 사건이 후 3년 반 후에 있을 사건임을 알 수 있다.

13절 말씀은 계시하기를 "그 시에 큰 지진이 나서 성 십분의 일이 무너지고 지진에 죽은 사람이 칠천이라 그 남은 자들이 두려워하여 영광을 하늘의 하나님께 돌리더라"고 말한다.

만일 두 증인의 부활 승천 사건이 전 3년 반 후의 사건이라면, 그 남은 자들이 하나님을 두려워하고 하늘의 하나님께 영광 돌리는 모습을 전혀 기대할 수 없다.

후 3년 반 동안은 짐승이 권세를 잡고 이 땅에 거하는 자들에게 짐승의 표인 666표를 받게 하고 짐승의 우상에게 경배하도록 강요하는 기간이기 때문이다. 이때 짐승의 표를 받지 않고 우상에게 절하지 않는 자, 즉 신앙의 정절을 지키는 성도들은 모두 죽임을 당하게 된다. 순교할 수 있는 성도, 즉 하나님의 인 맞은 주의 종들 외에 하늘의 하나님께 영광을 돌리는 사람들이 없는 기간이다. 그러므로 남은 자들의 행위를 통해 두 증인이 예언하는 일천이백육십 일은 후 3년 반 동안이며, 두 증인의 부활 승천 사건은 첫째 부활에 참예하는 성도들의 모습으로 보아야 하고, 예수 그리스도께서 재림하시는 천년왕국 직전의 사건으로 해석함이 타당하다.

> "저가 권세를 받아 그 짐승의 우상에게 생기를 주어 그 짐승의 우상으로 말하게 하고 또 짐승의 우상에게 경배하지 아니하는 자는 몇이든지 다 죽이게 하더라 저가 모든 자 곧 작은 자나 큰 자나 부자나 빈궁한 자나 자유한 자나 종들로 그 오른손에나 이마에 표를 받게 하고 누구든지 이 표를 가진 자 외에는 매매를 못하게 하니 이 표는 곧 짐승의 이름이나 그 이름의 수라 지혜가 여기 있으니 총명 있는 자는 그 짐승의 수를 세어 보라 그 수는 사람의 수니 육백 육십 륙이니라"(계 13:15~18).

⑶ 요한계시록의 내증과 가장 잘 조화되기 때문이다.

두 증인은 주님의 재림이 임박한 종말의 7년 대환난 기간 중 후 3년 반 동안 하나님의 말씀과 예수 그리스도의 복음을 증거하며 예언 사역을 감당한 후 무저갱에서 올라온 짐승에게 죽임을 당하고, 죽은 지 사흘 반 후에 부활 승천하게 될 것이라고 해석함이 요한계시록의 내증과 가장 잘 조화를 이루는 해석이다.

두 증인에 대한 요한계시록의 내증을 들자면, 하나님의 인 맞은 십사만 사천 명을 들 수 있다. 성경학자들은 두 증인과 하나님의 인 맞은 십사만 사천 명이 같은 대상을 상징한다고 해석함에 큰 이견(異見)이 없다.

하나님의 인 맞은 십사만 사천 명의 종들과 두 증인이 동일한 대상에 대한 다른 상징적 표현임을 인정하는 사람이라면, 두 증인의 부활 승천은 곧 "처음 익은 열매로 하나님과 어린양에게 속한"(계 14:4) 자들의 부활인 "첫째 부활"(계 20:4~6) 사건임을 또한 인정할 것이다.

> "또 내가 보좌들을 보니 거기 앉은 자들이 있어 심판하는 권세를 받았더라 또 내가 보니 예수의 증거와 하나님의 말씀을 인하여 목 베임을 받은 자의 영혼들과 또 짐승과 그의 우상에게 경배하지도 아니하고 이마와 손에 그의 표를 받지도 아니한 자들이 살아서 그리스도로 더불어 천년 동안 왕 노릇 하니 (그 나머지 죽은 자들은 그 천년이 차기까지 살지 못하더라) 이는 첫째 부활이라 이 첫째 부활에 참예하는 자들은 복이 있고 거룩하도다 둘째 사망이 그들을 다스리는 권세가 없고 도리어 그들이 하나님과 그리스도의 제사장이 되어 천년 동안 그리스도로 더불어 왕 노릇 하리라"(계 20:4~6).

두 증인(하나님의 인 맞은 십사만 사천의 하나님의 종들, 해 입은 여자 곧 교회가 전 3년 반의 환난을 통과하면서 낳은 남자아이)의 예언 사역 기간은 7년 대환난의 후 3년 반인 일천이백육십 일 동안이며, 이들은 교회(해 입은 여자)가 광야 예비처에서 보호받고 양육되는 후 3년 반 동안 이 땅에 남아 하나님의 말씀과 예수 그리스도의 복음을 증거하며 예언 사역을 감당할 것으로 봄이 타당하다.

두 증인은 후 3년 반 동안 예언 사역을 마친 후 주님을 대적하기 위해 일어난 짐승과의 싸움에서 죽임을 당했다가, 예수님이 재림하실 때 첫째 부활에 참예하여 천년왕국에서 예수 그리스도와 더불어 왕 노릇 하게 될 것이다.

> "용이 여자에게 분노하여 돌아가서 그 여자의 남은 자손 곧 하나님의 계명을 지키며 예수의 증거를 가진 자들로 더불어 싸우려고 바다 모래 위에 섰더라" (계 12:17).

3

두 증인의 시체가 있을 큰 성은 어디인가?

1) 예루살렘으로 보는 견해

두 증인의 시체가 있는 '큰 성'(城)을 예루살렘으로 보는 이유는 "곧 저희 주께서 십자가에 못 박히신 곳이니라"(8절)는 말씀 때문이다. 그리고 두 증인들이 사역하는 장소와 성전의 척량하는 일 등은 그 장소가 거룩한 성 예루살렘임을 입증하고 있다고 주장한다.

큰 성 소돔과 애굽: "저희 주께서 십자가에 못 박히신 곳"이란 주가 붙은 이 성이 어디를 가리키는지 여러 견해가 있다. ① 예루살렘(Bengel, Milligan, Ch arles, Moffatt, Walroord, Barclay) ② 로마(Spitta, Wellhausen, Vincent) ③ 현재의 도시(Kiddle, Rist) ④ 영적인 의미(Plummer) 등.

첫째 설이 단연코 우세하고, 또 역사적으로 지지를 받아 왔다. 본서에서 "큰 성"(16:19, 17:18, 18:10, 18, 19, 20) 또는 "큰 바벨론"(14:8, 16:19, 17:5, 18:2)은 늘 로마를 가리키고 있으나, 본문의 경우는 예루살렘으로 보는 것이다. 그 근거로 ① 구약에서 소돔을 유대인에게 비한 것(사 1:9, 렘 23:14), ② "저희 주께서 십자가에 못 박히신 곳"은 분명히 예루살렘인 것, ③ 외경 등에 예루살렘도 "큰 성"으로 불려진 것(5:6, Ora. 5:154, 226, 413, Josephus, Apion 1:22), ④ 모세와 엘리야는 로마가 아니라 예루살렘에 관련된 것 ⑤ 계시적 전설에서 증언자는 늘 예루살렘에서 나타나는 것(눅 13:33 참조) 등을 들 수 있다.[133]

래드(G. E. Ladd)는 "이 성이 예루살렘 성이라는 것이 명백하다. 그 절에서 우리는 '거룩한 성'이 성전 건물과 내부 뜰과 대조적으로 성전의 바깥 뜰과 동의적으로 사용되었으며, 유대 백성 전체를 가리키는 상징적인 해석을 필요로 한다고 확신할 만한 이유를 살펴보았다. … 이와 같이 예루살렘은 이스라엘 백성들을 메시아께로 돌리도록 하기 위하여 하나님의 보내심을 받은 두 선지자들의 증거를 철저히 거절하였다"고 하였으며, 릴제(Hanns Lije)는 "이와 같이 여기서 예루살렘은 단지 공허한 이론적인 비유로만 언급된 것이 아니다. 어떠한 방식으로든지 지상적이고 지리학적이고 역사적인 예루살렘은 최후의 날에 역사에서 그 위치를 차지하게 될 것이다"라고 하였으며, 비더울프(W. E. Biederwolf)는 "문맥의 전후 관계와 그것의 영적인 호칭, 그리고 8절의 마지막 문장은 이것이 예루살렘을 가리키고 있음을 뒷받침해 주고 있다"라고 하였다.[134]

이 두 증인은 이제 그때가 되었습니다. 그래서 그들이 죽임을 당하니까 적그리스도는 그 시체를 예루살렘 거리에 내어던져 놓았습니다. 이 성은 영적으로 '소돔과 고모라'라고 했습니다. 하나님을 대적한 도시, 적그리스도의 우상이 들어선 음란한 도시가 바로 예루살렘이었기 때문입니다.[135]

예수님께서 못 박히신 곳이라면 그것은 바로 예루살렘을 의미한

---

133) 신약 주해, 요한계시록, 성등사, 이상근, pp. 158~159.

134) 계시록 난해 해설, 흰돌, 이광복, p. 338.

135) 평신도를 위한 요한계시록 강해, 서울서적, 조용기, p. 205.

다. 여기에서 저자 요한은 예루살렘을 선지적으로 해석하여 소돔과 애굽과 같은 곳이라고 한다. 예루살렘을 소돔과 애굽과 같은 존재로 간주하는 것은, 바로 그곳에서 예수님이 죽임을 당했기 때문에 이러한 정황을 소돔과 애굽이라는 함축적인 표현으로 나타낸다.[136)]

2) 로마로 보는 견해

두 증인의 시체가 있는 '큰 성(城)'을 로마로 보는 이유는, 요한계시록에서 그 성(城)이 한결같이 로마를 지칭하기 때문이라고 하는 견해다. 두 증인의 시체가 있는 큰 성을 로마로 보는 또 다른 이유는, 후기 순교 중심지가 바로 로마였다는 사실에서 찾아볼 수 있기 때문이라고 주장한다.

박수암 교수는 "큰 성은 예루살렘을 가리키지 않고, 로마를 가리킨다. 구약 어디에서도 예루살렘을 소돔이나 애굽이라 부른 데가 없으며, 본서에서는 7회나 로마를 가리켜 큰 성이라 부르기 때문이다(계 16:19, 17:18, 18:10, 16, 18, 19, 21). 이는 미래적으로는 로마와 같은 적그리스도의 모든 도시를 가리킨다"고 주장하고 있다.[137)]

본문에서 언급된 큰 성은 어디를 지칭하는가? 본서에서는 일관되게 바벨론을 큰 성으로 호칭하고 있다(계 14:8, 16:19, 17:5, 18:2, 10, 16, 18, 19, 21). 그리고 큰 성 바벨론은 곧 로마를 상징한다.[138)]

---

136) 내가 속히 오리라, 이레서원, 이필찬, p. 491.
137) 계시록 난해 해설, 흰돌, 이광복, p. 338.
138) 옥스퍼드 원어성경대전, 요한계시록 제1-11장, 제자원, p. 650.

3) 현재의 도시들로 보는 견해

두 증인의 시체가 있는 '큰 성(城)'을 현재의 도시들로 보는 이유는 요한계시록에서 실제의 역사적 장소들로 명시하기 때문이라고 하는 견해다.

> 모리스(C. L. Morris)는 "상징적인 의미로 쓰인 것으로서 어떤 특정한 성을 가리키는 것이 아니다. 즉, 큰 성이란 어느 특정한 도시가 아니라 모든 도시를 가리키는 말로 그 사회 속에 살고 있는 모든 문명인을 가리킨다"고 하였다.[139]

> 본절에 나타난 '큰 성'은 단순히 예루살렘이 아니라 시공간을 초월하여 하나님을 대적하고 그의 백성들을 핍박하는 사탄의 도시나 음녀의 어미들이 있는 곳을 가리킨다(Johnson, Morris, Beasley, Murruay).[140]

4) 영적으로 보는 견해

두 증인의 시체가 있는 '큰 성(城)'을 영적으로 보는 이유는 "그 성(城)은 영적으로 하면"(8절)이라는 단서를 달고 있으므로, 그 장소가 문자적인 장소를 의미하기보다는 영적으로 타락한 이 세상을 암시하는 것이라고 하는 견해다.

---

139) 계시록 난해 해설, 흰돌, 이광복, p. 339.

140) 호크마 종합 주석, 요한일서-요한계시록, 기독지혜사, 강병도, p. 377.

석원태 박사는 "이 큰 성 길, 곧 소돔과 애굽은 어떤 특정지역을 가리킴이 아니라 사악한 이 세상을 총칭하는 말이다. 그래서 큰 성을 요한계시록 16장, 17장, 18장에는 바벨론이라고 표현했다"라고 하였다.[141)]

큰 성이란 '큰 성 바벨론'을 가리키는 말로 종말에 인류들이 살아가고 있는 이 세상(지구)을 의미한다(계 16:19). 이들의 시체는 전 세계에 있는 길거리에 흩어져 있게 된다.[142)]

5) 대환난기에 등장하게 될 배교하는 교회로 보는 견해

두 증인의 시체가 있는 '큰 성(城)'을 대환난기에 등장하게 될 배교한 교회로 보는 이유는, 계시록 17장에서 "내가 본 바 여자는 땅의 임금들을 다스리는 큰 성"(계 17:18)이라고 증거하고 있기 때문이라고 주장하는 견해다.

두 증인이 죽임을 당한 후에 버려진 '큰 성(城)'은 바로 대환난기에 등장하게 될 배교 교회를 상징하는 것으로 본다. 왜냐하면, 사도 요한은 "내가 본 바 여자 = 땅의 임금들을 다스리는 큰 성(城)"(계 17:18)이라고 증거하기 때문이다. 그러므로 "큰성 = 많은 물 위에 앉은 음녀"(계 17:1)가 되는 것이다. 따라서 본 저자가 두 증인의 시체가 버려진 큰 성을 배도하는 교회를 상징하는 음녀로 보는 이유를 밝히면 다음과 같다.

---

141) 계시록 난해 해설, 흰돌, 이광복, p. 339.
142) 요한계시록 심층 분석 주해와 연구, 신생, 민병석, p. 246.

⑴ 두 증인의 시체로부터 지지받기 때문이다.

두 증인의 시체가 버려진 큰 성 길을 문자적인 위치로 보게 되면, 두 증인 또한 문자적인 두 사람으로 보아야 한다. 왜냐하면, 문자적인 위치(예루살렘)로 볼 경우 두 증인의 시체가 문자적 두 사람을 넘을 필요가 없기 때문이다.

…두 증인은 문자적인 두 사람이 아니라 추수기의 사역을 감당할 수많은 주의 종들을 상징하는 것으로 본다. … 두 증인이 추수기의 사명을 감당할 주의 종들을 상징하는 것이라면, 큰 성 길도 배도하는 교회로 상징되는 수많은 음녀들로 볼 수가 있다. 이는 많은 물 위에 앉은 음녀의 이마에 기록된 비밀의 이름이 "큰 바벨론 = 땅의 음녀들 = 가증한 것들의 어미"(계 17:5)라는 말씀에서도 밝혀지고 있다.

⑵ 영적으로 보면 소돔과 애굽이기 때문이다.

두 증인의 시체가 버려진 '큰 성 길'에 대하여 요한은 "영적으로 하면 소돔이라고도 하고 애굽이라고도 하니"(8절)라고 함으로써 본문의 해석은 문자적인 의미를 초월하여 영적인 의미로 이해되어야 함을 전제하고 있다.

그렇다면, 소돔과 애굽이 본서에 나타난 종말론적 의미로 무엇을 암시하려는 것이었을까? 아마도 그것은 '큰 성 길'에 대한 보충적인 설명일 것으로 본다. 즉 '큰 성 길 = 영적인 소돔 = 영적인 애굽'으로 설명하려는 것으로 본다. …그러므로 두 증인의 시체가 버려진 '큰 성 길'은 소돔과 고모라 성의 타락한 주민들이 롯을 조롱하고 멸시하였듯이, 애굽의 바로가 이스라엘의 사시는 하나님을 경멸하고 하나님의 선지자 모세와 그 백성들을 조롱하였듯이, 마지막 대환난기에 추수의 사명을 감당할 종들을 조롱하며 죽이는 일에 앞장설 배도하는 음녀 교회의 거처로 본다.

⑶ 저희 주께서 십자가에 못 박히신 곳이기 때문이다.

두 증인의 시체가 버려진 '큰 성 길'에 대한 보충 설명적 표현은 "저희 주께서 십자가에 못 박히신 곳이니라"(8절)는 말씀에서 그 절정을 이루고 있다. 혹자는 '십자가에 못 박히신 곳'이라는 말씀에서 원어적으로는 과거시제라는 사실이 문자적 의미로서의 그때 사건을 회상시켜 주는 것으로, 그리고 문맥적인 의미로는 그곳이 골고다 언덕 위의 십자가 사건으로 돌아가기를 원하고 있다. 그러므로 두 증인의 시체가 있는 큰 성 길은 예루살렘이라는 것이다.

그러나 본 저자는 "저희 주께서 십자가에 못 박히신 곳이니라"는 보충적 설명의 표현이 이 용어를 그 사건이 벌어진 장소적 의미로 이해하기보다는, 그 사건이 벌어진 상황적 의미로 이해되어야 한다고 본다. 즉 이 표현을 우리 주님께서 골고다 언덕에서 십자가에 못 박힌 사건은 거룩한 성 예루살렘의 배도하는 무리로 인하여 일어날 사건이듯이, 마지막 대환난기의 추수의 사명을 감당할 두 증인들도 주님이 십자가형을 당하셨던 예루살렘의 상황과 유사한 음녀들에 의하여 죽임을 당할 것으로 본다.[143]

두 증인의 시체가 있는 '큰 성(城)'은 두 증인을 죽이기에 앞장서는 세상 모든 거민들이 사는 도시의 배교하는 교회들을 모두 포함하고 있다고 보는 것이 타당하다.

"그 성은 영적으로 하면 소돔이라고도 하고 애굽이라고도 하니 곧 저희 주께서 십자가에 못 박히신 곳이니라"(계 11:8)는 말씀이 이를 나타낸다.

소돔은 동성애가 성행한 육적으로 타락한 도시(창 19:4~11)의 대표이고, 애굽은 선민 이스라엘을 종살이시키며 핍박했던 나라의 원조

143) 계시록 난해 해설, 흰돌, 이광복, pp. 340~341.

이며, 골고다는 소경 된 종교지도자들과 그들의 소리에 동조하여 예수님을 십자가에 못 박도록 주장한 무지몽매한 이스라엘 백성들의 영적 대명사임을 알 수 있다.

10절을 보면, 두 증인의 죽음을 보고 기뻐하며 서로 예물을 보내는 무리들이 이 땅에 거하는 모든 자들이라 증거하고 있다.

그러므로 두 증인의 시체가 있는 '큰 성 길'은, 예수 그리스도를 등지고 세상과 하나 되어 두 증인을 죽이기에 앞장설 배도한 교회와 이 세상을 통치할 적그리스도의 나라에 속한 모든 거민들의 도시를 상징한다고 본다.

Ⅷ

해를 입은 한 여자와 광야 예비처에 대한 Q&A

성경 본문은 계시록 12장 1~17절 말씀이다.

"하늘에 큰 이적이 보이니 해를 입은 한 여자가 있는데 그 발아래는 달이 있고 그 머리에는 열두 별의 면류관을 썼더라 이 여자가 아이를 배어 해산하게 되매 아파서 애써 부르짖더라 하늘에 또 다른 이적이 보이니 보라 한 큰 붉은 용이 있어 머리가 일곱이요 뿔이 열이라 그 여러 머리에 일곱 면류관이 있는데 그 꼬리가 하늘 별 삼분의 일을 끌어다가 땅에 던지더라 용이 해산하려는 여자 앞에서 그가 해산하면 그 아이를 삼키고자 하더니 여자가 아들을 낳으니 이는 장차 철장으로 만국을 다스릴 남자라 그 아이를 하나님 앞과 그 보좌 앞으로 올려가더라 그 여자가 광야로 도망하매 거기서 일천이백육십 일 동안 저를 양육하기 위하여 하나님의 예비하신 곳이 있더라 하늘에 전쟁이 있으니 미가엘과 그의 사자들이 용으로 더불어 싸울새 용과 그의 사자들도 싸우나 이기지 못하여 다시 하늘에서 저희의 있을 곳을 얻지 못한지라 큰 용이 내어 쫓기니 옛 뱀 곧 마귀라고도 하고 사탄이라고도 하는 온 천하를 꾀는 자라 땅으로 내어 쫓기니 그의 사자들도 저와 함께 내어 쫓기니라 내가 또 들으니 하늘에 큰 음성이 있어 가로되 이제 우리 하나님의 구원과 능력과 나라와 또 그의 그리스도의 권세가 이루었으니 우리 형제들을 참소하던 자 곧 우리 하나님 앞에서 밤낮 참소하던 자가 쫓겨났고 또 여러 형제가 어린양의 피와 자기의 증거하는 말을 인하여 저를 이기었으니 그들은 죽기까지 자기 생명을 아끼지 아니하였도다 그러므로 하늘과 그 가운데 거하는 자들은 즐거워하라 그러나 땅과 바다는 화 있을진저 이는 마귀가 자기의 때가 얼마 못된 줄을 알므로 크게 분내어 너희에게 내려갔음이라 하더라 용이 자기가 땅으로 내어 쫓긴 것을 보고 남자를 낳은 여자를 핍박하는지라 그 여자가 큰 독수리의 두 날개를 받아 광야 자기 곳으로 날아가 거기서 그 뱀의 낯을 피하여 한 때와 두 때와 반 때를 양육받으매 여자의 뒤에서 뱀이 그 입으로 물을 강같이 토하여 여자를 물에 떠내려가게 하려 하되 땅이 여자를 도와 그 입을 벌려 용의 입에서 토한 강물을 삼키니 용이 여자에게 분노하여 돌아가서 그 여자의 남은 자손 곧 하나님의 계명을 지키며 예수의 증거를 가진 자들로 더불어 싸우려고 바다 모래 위에 섰더라"(계 12:1~17).

12장에 계시되고 있는 해를 입은 한 여자에 대한 내용은 네 가지의 Q&A로 나누어 살펴보자.

1. 해를 입은 한 여자는 누구를 나타내는가?
2. 여자가 낳은 남자아이는 누구를 지칭하는가?
3. 광야 예비처는 어디인가?
4. 여자의 남은 자손은 누구인가?

1
해를 입은 한 여자는 누구를 나타내는가?

1) 마리아로 보는 견해

'해를 입은 여자'는 마리아를 의미하고, 그녀가 낳은 아이는 예수 그리스도를 상징한다고 보는 견해다. 이 견해는 이그나티우스(Ignatius) 등의 교부들에 의해 주장되었으며, 최근에는 천주교 계통의 신학자들이 지지하는 견해다.

해를 입은 여자가 낳은 아이, 그 아이를 해산할 때 붉은 용이 박해한 사건, 그 아이가 보좌 앞으로 올려간 사건 등은 예수 그리스도를 낳은 마리아를 설명하는 것이라는 견해가 있다. 이 주장은 새들러(Sadler), 버나드(Bernard), 아레타스(Aretas), 라피데(Lapide) 등과 가톨릭 계통의 학자들이 지지하는 이론이다.

후로스트(Henry W. Forst)는 "여자는 마리아를 가리키고, 마리아는 유대인이면서 기독신자였으니만큼, 세상 끝날에 있을 유대인 기독 교회(教會)를 상징한다"고 하였으며, 하인리히 크라프트(Heinrick Kraft)는 "우리는 그 여인이 메시아의 어머니라는 것을 알고 있다. 메시아의 어

머니라면 그 여인은 교회(敎會)다"라고 하였다.[144)]

이 견해는 다음과 같은 문제점을 보인다.

⑴ 원어상 차이점을 드러내고 있다.

예수님의 어머니인 마리아에게는 처녀(vergin)를 뜻하는 파르데노스(παρθενύος)가 사용된 반면에, 해를 입은 여자는 출산(出産) 경험이 있는 부인(a woman)을 뜻하는 귀네(γυνή)가 사용되고 있으므로 원어상 차이점을 드러내고 있다.

⑵ 예수님 초림 사건과 계시록 본문의 내용이 전혀 다르다.

이 견해를 주장하는 사람들은, 해를 입은 여자가 붉은 용으로부터 핍박받고 붉은 용이 여자가 낳은 아이를 삼키려고 한 사건은, 헤롯 왕이 아기 예수를 죽이기 위해 베들레헴과 그 지경에 있는 두 살 이하의 남아들을 모두 살해한 사건으로 보고(마 2:16 이하), 여인이 예비처로 피신하여 일천이백육십 일을 양육받은 사건은 마리아가 애굽으로 피신한 사건으로 해석한다. 그러나 본 장의 계시를 자세히 고찰해 보면, 이 해석은 앞뒤 문맥과 조화를 이루지 못한다.

본 장의 계시는 붉은 용이 직접 여자가 낳은 아이를 삼키려고 여자 앞에서 기다리고 있으므로, 예수 그리스도의 초림 때 아기 예수를 죽이려고 베들레헴과 그 지경에 있는 두 살 이하의 남자아이들을 모두 살해한 헤롯 왕의 사건과 상황이 전혀 다른 것을 알 수 있다.

헤롯을 비롯한 그 무리들은 아기 탄생의 비밀을 전혀 모르고 있

144) 계시록 난해 해설, 흰돌, 이광복, p. 354.

다가 무방비 상태에서 메시아 탄생에 대한 소식을 듣고 일격을 맞은 자와 같은 행동을 보이고 있는 반면에, 본문에 계시되고 있는 "붉은 용"은 아이를 삼키려는 완료된 상태의 자세로 아기 탄생을 기다리고 서 있는 모습을 보이고 있다. 아기 예수의 탄생을 전혀 알지 못하다가 동방 박사들의 소식을 듣고 아기 예수를 죽이기 위해 베들레헴과 그 지경에 있는 두 살 이하의 남아들을 모두 살해하도록 명령한 헤롯 왕은 '붉은 용'(사탄)이 취하고 있는 자세와 전혀 다른 모습이다. 그러므로 이 두 사건은 전혀 다른 사건임을 드러낸다.

⑶ 마리아가 애굽에 피신할 때는 요셉과 아기 예수가 함께 동행했으나, 해 입은 여자는 아이와 동행하지 않고 있어 두 사건이 서로 다른 사건임을 보여준다.

마리아가 애굽으로 피신할 때는 아이와 함께했으나, 해를 입은 여자가 예비처에 피신하여 일천이백육십 일을 양육받는 동안에도 '그 여자의 남은 자손'들이 이 땅에서 용의 핍박을 받게 된다(17절). 그러므로 요한계시록이 계시하고 있는 '해를 입은 여자'를 '마리아'로 해석함이 타당하지 못한 결정적 이유가 된다.

⑷ 요한계시록의 계시 내용이 장차 일어날 종말에 대한 계시 예언임을 강조하는 본문의 말씀에 조화를 이루지 못한다.

"해를 입은 한 여자"를 예수의 어머니 마리아로 본다면 사도 요한이 환상 중에(A.D. 95년경) 이미 복음서에 기록된 과거를 보았다는 이야기가 된다. 이는 요한계시록이 장차 종말에 있을 사건들을 계시하고 있는 특성과 전혀 조화되지 않는 해석이다. '장차 될 일'을 계시해 주고 있는 본문을 '과거에 있었던 일'로 해석하는 것은 본문의 계시

의미를 완전히 왜곡시키는 해석이다.

⑸ 사도 요한의 태도가 마리아가 아님을 입증한다.

계시를 받고 있는 사도 요한은 예수님의 어머니인 마리아를 오랫동안 섬겼던 제자다. 만일 해를 입은 여자가 마리아였다면 요한이 쉽게 알아보았을 것이고 본문에 계시했을 것이 분명하다. 사도 요한이 해를 입은 한 여자의 계시를 증거하면서 마리아에 대한 이야기를 전혀 언급하고 있지 않는 것으로 보아도 본문에 계시되고 있는 해를 입은 한 여자는 마리아와 거리가 먼 것을 보여준다.

⑹ "해를 입은 한 여자"를 '마리아'로 해석할 경우 그 뒤에 이어지는 계시 말씀들을 해석하기 어렵다.

6절 말씀에 "그 여자가 광야로 도망하매 거기서 일천이백육십 일 동안 저를 양육하기 위하여 하나님의 예비하신 곳이 있더라"고 계시하고 있다. 이 여인이 도망한 '광야'를 마리아가 피신한 '애굽'(마 2:14)이라 해석하는 사람들이 있다. 이는 요한계시록의 증거 내용과 상반(相反)된 주장이다.

요한계시록에서는 '애굽'이 영적으로 사탄이 다스리는 나라임을 밝히고 있다. 계시록 11장 8절 말씀에 "저희 시체가 큰 성 길에 있으리니 그 성은 영적으로 하면 소돔이라고도 하고 애굽이라고도 하니 곧 저희 주께서 십자가에 못 박히신 곳이니라"고 계시해 주고 있다.

요한계시록 12장 13~14절 말씀에서는 "용이 자기가 땅으로 내어쫓긴 것을 보고 남자를 낳은 여자를 핍박하는지라 그 여자가 큰 독수리의 두 날개를 받아 광야 자기 곳으로 날아가 거기서 그 뱀의 낯을 피하여 한 때와 두 때와 반 때를 양육받으매"라고 계시하고 있다.

12장에서 계시된 해를 입은 한 여인을 '마리아'라 해석하면, 17절 말씀 "용이 여자에게 분노하여 돌아가서 그 여자의 남은 자손 곧 하나님의 계명을 지키며 예수의 증거를 가진 자들로 더불어 싸우려고 바다 모래 위에 섰더라"는 말씀을 풀어낼 방법이 없다. 용이 싸울 "그 여자의 남은 자손"은 누구를 나타내는가?

여인이 용의 낯을 피하여 날아간 '광야'를 '애굽'이라고 해석하는 것은 성경의 영적 흐름에 역류(逆流)하는 해석이다.

2) 이스라엘 또는 유대교를 가리킨다고 보는 견해

'해를 입은 여자'가 유대 민족 또는 유대교 또는 구약 교회인 이스라엘을 상징하고, 여자가 낳은 아이를 예수 그리스도라고 주장하는 견해다.

> 먼저 여인이 누구냐 하는 것이다. 어떤 이들은 만국을 다스릴 자인 그리스도를 낳은 마리아가 아닌가 하고 말하나 그것은 잘못이다. 왜냐하면 마리아는 예수님이 승천한 후에 얼마 안 되어 별세했는데, 이 여인은 1,260일(즉 전 3년 반)을 생존하였기 때문이다. 따라서 이 여인이란 구약 교회로 보는 것이 옳다.[145)]

> 여기 여자의 모습은 이스라엘 민족을 가리키고 있음을 우리는 확실히 알 수 있습니다.[146)]

145) 요한계시록 강해, 엠마오, 신성종, p. 91.
146) 평신도를 위한 요한계시록, 서울서적, 조용기, p. 211.

여기 나타난 '여자'의 환상에 대한 이설들이다. ① 고대 교부 간에는 여자는 마리아, 그가 낳은 아들은 예수 그리스도, 즉 그리스도의 탄생의 역사를 가리킨다고 보았다(Ignatius, Plummer 등). ② 여자는 유대 민족, 아들은 교회, 즉 유대교에서 그리스도교가 발생한 사실을 가리킨다(Moffatt, Walvoord). ③ 여자는 교회이며 아들은 교회의 회원들(Alford, Bemgel, Charles, Greijdanus) 등의 해석으로 대별된다. 현재는 마지막 설이 지배적이나 오히려 둘째 설이 내용을 선명히 해준다.[147]

이 견해 또한 다음과 같은 문제점을 드러낸다.

⑴ 계시록의 증거 내용과 상충(相衝)되는 해석이다.

'해를 입은 여자'는 아기를 낳은 뒤 붉은 용인 사탄의 핍박을 피하여 큰 독수리의 두 날개로 하나님의 예비처에 피신하여 일천이백육십 일을 양육받는다는 본문의 계시 내용으로 볼 때, 해를 입은 여자가 구약 교회나 유대 민족 또는 유대교를 상징한다고 보는 해석은 성경의 증거와 맞지 않는 견해다.

해를 입은 여자가 뱀의 낯을 피하여 하나님이 예비하신 광야 예비처로 도망하여 1,260일 동안 양육받는 시기는 종말의 7년 대환난 때의 후 3년 반(42달) 동안이기 때문에 해를 입은 여자는 결코 구약 교회가 될 수 없다.

"그 여자가 광야로 도망하매 거기서 일천이백육십 일 동안 저를 양육하기 위하여 하나님의 예비하신 곳이 있더라"(계 12:6).

147) 신약주해, 요한계시록, 성등사, 이상근, p. 168.

"용이 자기가 땅으로 내어쫓긴 것을 보고 남자를 낳은 여자를 핍박하는지라 그 여자가 큰 독수리의 두 날개를 받아 광야 자기 곳으로 날아가 거기서 그 뱀의 낯을 피하여 한 때와 두 때와 반 때를 양육받으매"(계 12:13~14).

교회사의 기록이나 성경의 증거로 볼 때, 초대교회가 로마의 핍박을 받을 동안 유대인들(유대교, 구약 교회)은 핍박을 받지 않았을 뿐만 아니라, 오히려 로마와 결탁하여 교회를 괴롭히고 핍박함으로 '사탄의 회'라 칭함받고 있다.

"내가 네 환난과 궁핍을 아노니 실상은 네가 부요한 자니라 자칭 유대인이라 하는 자들의 훼방도 아노니 실상은 유대인이 아니요 사탄의 회라"(계 2:9).

⑵ 이 견해도 17절 말씀에 계시되고 있는 '그 여자의 남은 자손'을 해석하는 데 문제를 드러낸다.

구약 교회(이스라엘)나 유대교가 '하나님의 계명을 지키며 예수의 증거를 가진 남은 자손들을 낳았다'고 해석하는 것은 무리다.
하나님의 계명을 지키며 예수의 증거를 가진 자손들을 낳은 교회는 신약 교회를 일컫는 말씀으로 해석하는 것이 타당하다.
구약 교회 사건을 '장차 될 일'(A.D. 95년 이후)에 포함시킬 수 없다는 것은 너무도 상식적인 논리다. 구약 교회가 예수 그리스도를 낳은 것이 아니라 예수 그리스도를 통해 신부 된 신약 교회가 탄생하게 되었고, 신부 된 교회가 예수 그리스도의 복음의 씨앗을 받아 장차 철장으로 만국을 다스릴 믿음의 자녀들을 낳게 될 것을 증거하는 것이 본문의 계시 내용이다.

"이기는 자와 끝까지 내 일을 지키는 그에게 만국을 다스리는 권세를 주리니 그가 철장을 가지고 저희를 다스려 질그릇 깨뜨리는 것과 같이 하리라 나도 내 아버지께 받은 것이 그러하니라"(계 2:26~27).

3) 신·구약의 통일된 교회로 보는 견해

구약은 이스라엘을 아내로, 신약은 여인을 교회로 보기 때문에 본문 속의 '해 입은 여자'는 신·구약의 통일된 교회를 상징한다고 보는 견해로 국내외 많은 목회자들이 주장하고 있다.

국내 목회자들 중 노우호, 김상복, 이동원, 정근두, 김서택, 권성수, 이필찬, 송영목, 문창길 등 다수가 이 견해를 지지하고 있다.

> '여자'는 신약과 구약의 모든 교회를 포괄하는 전체 하나님의 교회를 상징하는 것으로 볼 수 있다.[148)]

> 오늘 본문에 나오는, 태양을 입고 그 발아래 달이 있고 그 머리에 열두 별의 면류관을 쓴 여인은 신구약 모든 시대에 걸친 신앙 공동체를 가리킵니다. 교회는 신구약에 걸쳐서 택함 받은 한 족속이요, 고귀한 제사장이요, 거룩한 나라요, 하나님의 소유된 백성이요, 그리스도의 아름다운 신부라고 성경은 묘사합니다. 이 여자를 묘사한 1절의 기록은 그리스도의 신부로 불리는 교회의 영광과 아름다움을 보여줍니다.[149)]

이 견해도 구약 교회가 포함되어 있기 때문에 앞에 있던 견해가 가

148) 옥스퍼드 원어성경대전, 요한계시록 제12-22장, 제자원, p. 30.
149) 일곱 나팔, 하나, 정근두, p. 125.

지고 있는 결점을 가진다.

여인을 신·구약 교회의 통일된 교회로 보는 것이 부당한 이유를 본 장에서 찾을 수 있다. 6절 말씀을 보면 "그 여자가 광야로 도망하매 거기서 일천이백육십 일 동안 저를 양육하기 위하여 하나님의 예비하신 곳이 있더라"고 말하고 있다. 여자가 아이를 낳은 후에 사탄의 핍박을 피해 광야의 예비처로 피신하여 일천이백육십 일을 양육받는다는 6절 말씀은, 그 여자가 신·구약의 통일된 교회로 보는 해석 방법을 전적으로 부정하는 말씀이다.

일천이백육십 일은 7년 대환난 절반에 해당하는 후 3년 반 기간이기 때문에, 상징적으로 신약시대 전 기간이라든지 또는 일수를 연수로 계산해서 일천이백육십 년으로 계수하는 모든 해석은 다니엘의 칠십 이레 예언 해석에 조화를 이루지 못하는 해석이다.

다니엘의 70이레 예언의 마지막 한 이레는 종말에 성취될 7년 대환난의 사건임을 예수님이 종말장인 마태복음 24장에 직접 인용하신 말씀이다.

> " … 너희가 선지자 다니엘의 말한 바 멸망의 가증한 것이 거룩한 곳에 선 것을 보거든 (읽는 자는 깨달을진저) 그때에 유대에 있는 자들은 산으로 도망할지어다 … 이는 그때에 큰 환난이 있겠음이라 창세로부터 지금까지 이런 환난이 없었고 후에도 없으리라"(마 24:15~21).

12절에 계시된 말씀에도 사탄과 그의 사신들이 미가엘 천사장과 그 사신들과의 하늘 전쟁에서 패배한 뒤에 하늘에서 땅으로 내어 쫓기니 "마귀가 자기의 때가 얼마 못 된 줄을 알므로 크게 분내어 너희에게 내려갔음이라"고 증거하고 있다.

요한계시록 12장에 계시된 '하늘 전쟁'은 종말의 때에 일어날 사건임이 분명하다. 그러므로 "해를 입은 한 여자"의 계시는 예수 그리스도의 재림 사건이 성취될 종말의 때에 있을 사건임을 보여주고 있다.

해를 입은 한 여자를 신·구약의 통일된 교회로 해석하는 것은 본문의 의도에 충실한 해석이 될 수 없고, 또한 앞에서도 자세히 살펴본 바와 같이, 그 여인이 낳은 아이를 초림 예수 그리스도로 해석하는 것 또한 성경의 증거 말씀과 조화를 이루지 못한다.

4) 복음으로 보는 견해

"해를 입은 한 여자"를 '복음'으로 보는 견해가 있다. 이 견해는 다음과 같은 문제점을 보인다.

⑴ 해를 입은 여자는 아이를 낳은 여인이다.

해를 입은 여자는 아이를 배어 남자아이를 해산하였다. 또 13절 말씀에서는 "여자의 남은 자손"이 있다고 계시하고 있다. 해를 입은 여자가 아이를 잉태하여 자녀를 낳는 모체(母體)이기 때문에 '복음'이라 해석하면 성경과 조화를 이루지 못하고 충돌하는 문제가 발생한다. 성경에서 하나님의 말씀인 복음은 '씨'라고 증거하고 있다.

> "씨를 뿌리는 자가 그 씨를 뿌리러 나가서 뿌릴새 더러는 길가에 떨어지매 밟히며 공중의 새들이 먹어버렸고 더러는 바위 위에 떨어지매 났다가 습기가 없으므로 말랐고 더러는 가시떨기 속에 떨어지매 가시가 함께 자라서 기운을 막았고 더러는 좋은 땅에 떨어지매 나서 백배의 결실을 하였느니라 이 말씀을 하시고 외치시되 들을 귀 있는 자는 들을지어다 제자들이 이 비유의 뜻을 물으니 가라사대 하나님 나라의 비밀을 아는 것이 너희에게는 허락되었으나 다른 사람에게는 비유로 하나니 이는 저희로 보아도 보지 못하고 들어도 깨닫

지 못하게 하려 함이니라 이 비유는 이러하니라 씨는 하나님의 말씀이요"(눅 8:5~11).

하나님의 말씀인 예수 그리스도의 복음은 '씨'이기 때문에 '여자'가 될 수 없다. 해 입은 여자가 남자아이를 잉태한 것은 복음의 씨로 말미암은 것이다. 해를 입은 여자는 하나님의 말씀인 복음의 씨를 받아 믿음의 자녀를 낳는 모체이기 때문에 복음이라 해석하기보다 교회로 해석함이 성경과 조화되는 자연스런 해석이다.

사도 바울은 고린도전서 4장 15절 말씀에서 "그리스도 안에서 일만 스승이 있으되 아비는 많지 아니하니 그리스도 예수 안에서 복음으로써 내가 너희를 낳았음이라"고 증거하고 있다.

사도 바울의 증거 말씀에서 '너희를 낳은 주체'가 누구인가? "내가"라고 고백하고 있는 사도 바울이다. 해산의 수고를 하여 고린도 교회 성도들을 복음의 씨로 낳은 모체(母體)는 사도 바울이다.

갈라디아서 4장 19절 말씀을 보면 이 사실이 더 구체적으로 증거된다.

"나의 자녀들아 너희 속에 그리스도의 형상이 이루기까지 다시 너희를 위하여 해산하는 수고를 하노니"(갈 4:19).

예수 그리스도의 복음으로 예수 그리스도 닮은 성도들을 낳기 위해 해산하는 수고를 한 사도 바울은 갈라디아교회 성도들을 "나의 자녀들"이라 부르고 있다.

갈라디아서 4장 21절 이하에는 두 여자와 두 언약의 비유에 관해 증거하고 있다.

"내게 말하라 율법 아래 있고자 하는 자들아 율법을 듣지 못하였느냐 기록된 바 아브라함이 두 아들이 있으니 하나는 계집 종에게서, 하나는 자유하는 여자에게서 났다 하였으나 계집 종에게서는 육체를 따라 났고 자유하는 여자에게서는 약속으로 말미암았느니라 이것은 비유니 이 여자들은 두 언약이라 하나는 시내산으로부터 종을 낳은 자니 곧 하가라 이 하가는 아라비아에 있는 시내산으로 지금 있는 예루살렘과 같은 데니 저가 그 자녀들로 더불어 종노릇 하고 오직 위에 있는 예루살렘은 자유자니 곧 우리 어머니라 기록된바 잉태치 못한 자여 즐거워하라 구로치 못한 자여 소리질러 외치라 이는 홀로 사는 자의 자녀가 남편 있는 자의 자녀보다 많음이라 하였으니 형제들아 너희는 이삭과 같이 약속의 자녀라 그러나 그때에 육체를 따라 난 자가 성령을 따라 난 자를 핍박한 것같이 이제도 그러하도다 그러나 성경이 무엇을 말하느뇨 계집 종과 그 아들을 내어 쫓으라 계집 종의 아들이 자유하는 여자의 아들로 더불어 유업을 얻지 못하리라 하였느니라 그런즉 형제들아 우리는 계집 종의 자녀가 아니요 자유하는 여자의 자녀니라"(갈 4:21~31).

위의 말씀에서 아브라함의 계집 종 하가는 아라비아에 있는 시내산으로 지금 있는 땅의 예루살렘을 비유하고, 아브라함의 아내 사라는 자유자로 하늘의 예루살렘을 비유한다고 증거하고 있다.

아브라함의 계집 종 하가는 시내 산에서 받은 율법의 씨로 말미암아 종을 낳은 여자로 구약 교회(행 7:38)를 상징하고, 성령을 따라 언약의 자녀 이삭을 낳은 사라는 자유하는 여자로 신약 교회(행 20:28)를 상징한다.

26절 말씀은 "오직 위에 있는 예루살렘은 자유자니 곧 우리 어머니라"고 표현하고 있다. '우리 어머니'라 칭하는 하늘 예루살렘은 복음으로 우리를 낳은 승리한 교회를 나타낸다.

교회를 나타내는 헬라어 에클레시아(ἐκκλησία)가 여성명사인 것도 교회가 복음의 씨로 성도들을 낳는 어머니임을 뒷받침한다.

해를 입은 여자에 사용된 헬라어 '귀네'(γυνή)는 아내, 애인, 과부,

내연의 처 등의 의미를 가지는 단어다. 해를 입은 여인에게 귀네(영: woman)라는 단어를 사용함은 지극히 타당하다. 왜냐하면 그녀는 남자아이를 잉태하여 해산하고, 남은 자손들을 낳았다고 증거하고 있기 때문이다. 교회가 복음의 씨를 받아 자녀들을 잉태하고 해산하는 여자이기 때문에 '귀네'라는 단어를 사용함이 합당하다.

사도 바울은 "내가 하나님의 열심으로 너희를 위하여 열심 내노니 내가 너희를 정결한 처녀로 한 남편인 그리스도께 드리려고 중매함이로다"(고후 11:2)라고 말한다.

이 말씀에서 '처녀'에 해당하는 헬라어 '파르데노스'(παρθενός)는 '소녀'(maiden), '처녀'(virgin)를 의미한다. 사도 바울이 중매하는 시점에서는 당연히 정결한 처녀를 중매함이 맞다. 그런데 예수 그리스도의 복음을 듣고 예수를 신랑으로 받아들여 믿음을 고백하고 혼인을 하면 그때부터는 단어가 바뀌는 것이다. 약혼한 여인은 신부라 불리며 아내라 호칭하게 된다.

> "일곱 대접을 가지고 마지막 일곱 재앙을 담은 일곱 천사중 하나가 나아와서 내게 말하여 가로되 이리 오라 내가 신부(νύμφη, 뉨프헤) 곧 어린양의 아내(γυνή, 귀네)를 네게 보이리라 하고 성령으로 나를 데리고 크고 높은 산으로 올라가 하나님께로부터 하늘에서 내려오는 거룩한 성 예루살렘을 보이니"(계 21:9~10).

야고보서 1장 18절 말씀에 "그가 그 조물 중에 우리로 한 첫 열매가 되게 하시려고 자기의 뜻을 좇아 진리의 말씀으로 우리를 낳으셨느니라"고 증거하는 말씀은, 아버지 하나님께서 진리의 말씀의 씨로 우리를 낳았다는 말씀이다.

그러므로 우리를 낳으신 분은 복음이 아니라 아버지 하나님이시다. 복음이 여자가 아니라 '하나님의 씨'라는 사실을 정각해야 한다.

⑵ 해를 입고, 발아래는 달이 있고, 그 머리에는 열두 별의 면류관을 썼다.

머리부터 발까지 하늘의 광명체로 꾸며진 여인의 모습은 복음의 모습이 아니라 교회의 모습으로 해석함이 성경의 증거와 조화를 이룬다.

① 해를 입은 모습

하나님의 진리의 말씀인 예수 그리스도의 복음은 그 자체가 광채이기 때문에 하나님의 은혜의 복음인 예수 그리스도의 복음의 옷을 입는 대상이 될 수 없다.

> "그중에 이 세상 신이 믿지 아니하는 자들의 마음을 혼미(昏迷)케 하여 그리스도의 영광의 복음의 광채가 비취지 못하게 함이니 그리스도는 하나님의 형상이니라"(고후 4:4).

> "태초에 말씀이 계시니라 이 말씀이 하나님과 함께 계셨으니 이 말씀은 곧 하나님이시니라 그가 태초에 하나님과 함께 계셨고 만물이 그로 말미암아 지은 바 되었으니 지은 것이 하나도 그가 없이는 된 것이 없느니라 그 안에 생명이 있었으니 이 생명은 사람들의 빛이라 빛이 어두움에 비취되 어두움이 깨닫지 못하더라 하나님께로서 보내심을 받은 사람이 났으니 이름은 요한이라 저가 증거하러 왔으니 곧 빛에 대하여 증거하고 모든 사람으로 자기를 인하여 믿게 하려 함이라 그는 이 빛이 아니요 이 빛에 대하여 증거하러 온 자라 참빛 곧 세상에 와서 각 사람에게 비취는 빛이 있었나니 그가 세상에 계셨으며 세상은 그로 말미암아 지은 바 되었으되 세상이 그를 알지 못하였고 자기 땅에 오매 자기 백성이 영접지 아니하였으나 영접하는 자 곧 그 이름을 믿는 자들

에게는 하나님의 자녀가 되는 권세를 주셨으니 이는 혈통으로나 육정으로나 사람의 뜻으로 나지 아니하고 오직 하나님께로서 난 자들이니라 말씀이 육신이 되어 우리 가운데 거하시매 우리가 그 영광을 보니 아버지의 독생자의 영광이요 은혜와 진리가 충만하더라"(요 1:1~14).

"하나님이 세상을 이처럼 사랑하사 독생자를 주셨으니 이는 저를 믿는 자마다 멸망치 않고 영생을 얻게 하려 하심이니라 하나님이 그 아들을 세상에 보내신 것은 세상을 심판하려 하심이 아니요 저로 말미암아 세상이 구원을 받게 하려 하심이라 저를 믿는 자는 심판을 받지 아니하는 것이요 믿지 아니하는 자는 하나님의 독생자의 이름을 믿지 아니하므로 벌써 심판을 받은 것이니라 그 정죄는 이것이니 곧 빛이 세상에 왔으되 사람들이 자기 행위가 악하므로 빛보다 어두움을 더 사랑한 것이니라 악을 행하는 자마다 빛을 미워하여 빛으로 오지 아니하나니 이는 그 행위가 드러날까 함이요 진리를 좇는 자는 빛으로 오나니 이는 그 행위가 하나님 안에서 행한 것임을 나타내려 함이라 하시니라"(요 3:16~21).

"시므온이 아기를 안고 하나님을 찬송하여 가로되 주재여 이제는 말씀하신 대로 종을 평안히 놓아 주시는도다 내 눈이 주의 구원을 보았사오니 이는 만민 앞에 예비하신 것이요 이방을 비추는 빛이요 주의 백성 이스라엘의 영광이니이다 하니 그 부모가 그 아기에 대한 말들을 기이히 여기더라"(눅 2:28~33).

"예수께서 요한의 잡힘을 들으시고 갈릴리로 물러가셨다가 나사렛을 떠나 스불론과 납달리 지경 해변에 있는 가버나움에 가서 사시니 이는 선지자 이사야로 하신 말씀을 이루려 하심이라 일렀으되 스불론 땅과 납달리 땅과 요단강 저편 해변 길과 이방의 갈릴리여 흑암에 앉은 백성이 큰 빛을 보았고 사망의 땅과 그늘에 앉은 자들에게 빛이 비취었도다 하였느니라"(마 4:12~16).

“우리가 저에게서 듣고 너희에게 전하는 소식이 이것이니 곧 하나님은 빛이시라 그에게는 어두움이 조금도 없으시니라 만일 우리가 하나님과 사귐이 있다 하고 어두운 가운데 행하면 거짓말을 하고 진리를 행치 아니함이거니와 저가 빛 가운데 계신 것같이 우리도 빛 가운데 행하면 우리가 서로 사귐이 있고 그 아들 예수의 피가 우리를 모든 죄에서 깨끗하게 하실 것이요”(요일 1:5~7).

“성안에 성전을 내가 보지 못하였으니 이는 주 하나님 곧 전능하신 이와 및 어린양이 그 성전이심이라 그 성은 해나 달의 비침이 쓸데없으니 이는 하나님의 영광이 비치고 어린양이 그 등이 되심이라 만국이 그 빛 가운데로 다니고 땅의 왕들이 자기 영광을 가지고 그리로 들어오리라 성문들을 낮에 도무지 닫지 아니하리니 거기는 밤이 없음이라”(계 21:22~25).

예수 그리스도는 하나님의 말씀이 육신이 되어 하나님의 영광의 광채요 생명의 빛으로 오셨다. 하나님의 복음은 그 자체가 광명한 빛이기 때문에 해를 입는 대상이 될 수 없다. 하나님의 은혜의 복음인 예수 그리스도의 복음의 옷을 상징하는 해를 입어야 하는 대상은 하나님의 핏값으로 세우신 교회(행 20:28)라고 해석함이 성경과 조화를 이룬다.

“예수께서 또 일러 가라사대 나는 세상의 빛이니 나를 따르는 자는 어두움에 다니지 아니하고 생명의 빛을 얻으리라”(요 8:12).

“오직 너희는 택하신 족속이요 왕 같은 제사장들이요 거룩한 나라요 그의 소유된 백성이니 이는 너희를 어두운 데서 불러내어 그의 기이한 빛에 들어가게 하신 자의 아름다운 덕을 선전하게 하려 하심이라”(벧전 2:9).

“밤이 깊고 낮이 가까웠으니 그러므로 우리가 어두움의 일을 벗고 빛의 갑옷을 입자 낮에와 같이 단정히 행하고 방탕과 술취하지 말며 음란과 호색하지 말며 쟁투와 시기하지 말고 오직 주 예수 그리스도로 옷입고 정욕을 위하여 육신의 일을 도모하지 말라"(롬 13:12~14).

"너희가 다 믿음으로 말미암아 그리스도 예수 안에서 하나님의 아들이 되었으니 누구든지 그리스도와 합하여 세례를 받은 자는 그리스도로 옷입었느니라 너희는 유대인이나 헬라인이나 종이나 자주자나 남자나 여자 없이 다 그리스도 예수 안에서 하나이니라 너희가 그리스도께 속한 자면 곧 아브라함의 자손이요 약속대로 유업을 이을 자니라"(갈 3:26~29).

② 발아래 달이 있는 모습

해를 입은 여자가 복음이라 주장하는 견해는 여인이 밟고 있는 '달'이 완성된 율법을 나타내고, 여자가 달을 밟고 있는 것은 복음이 완성된 율법을 벗어난 모습을 상징한다고 주장한다.

복음은 생명 나무요, 예수 그리스도요, 생명을 얻게 하고, 천국으로 인도하는 반면에 율법은 선악 나무요, 사탄 마귀에 속한 것이요, 죽게 하는 것이요, 지옥으로 끌고 간다고 주장한다. 이와 같은 주장은 성경의 증거와 상충(相衝)된다.

성경은, 선악을 알게 하는 나무를 나게 하신 분이 하나님이시고, 이 나무는 보기에 아름답고 먹기에 좋은 나무에 속했다고 증거한다(창 2:9).

율법은 하나님께서 주신 계명이고, 율법을 완전케 하신 이도 예수님이시다. 성경은 율법이 결코 악한 것이 아니라 거룩한 것이며, 우리를 그리스도에게로 인도하는 몽학선생으로 주신 것임을 증거하고 있다.

"내가 율법이나 선지자나 폐하러 온 줄로 생각지 말라 폐하러 온 것이 아니요 완전케 하려 함이로라 진실로 너희에게 이르노니 천지가 없어지기 전에는 율법의 일점 일획이라도 반드시 없어지지 아니하고 다 이루리라 그러므로 누구든지 이 계명 중에 지극히 작은 것 하나라도 버리고 또 그같이 사람을 가르치는 자는 천국에서 지극히 작다 일컬음을 받을 것이요 누구든지 이를 행하며 가르치는 자는 천국에서 크다 일컬음을 받으리라"(마 5:17~19).

"그런즉 우리가 믿음으로 말미암아 율법을 폐하느뇨 그럴 수 없느니라 도리어 율법을 굳게 세우느니라"(롬 3:31).

"그런즉 우리가 무슨 말 하리요 율법이 죄냐 그럴 수 없느니라 율법으로 말미암지 않고는 내가 죄를 알지 못하였으니 곧 율법이 탐내지 말라 하지 아니하였더면 내가 탐심을 알지 못하였으리라 그러나 죄가 기회를 타서 계명으로 말미암아 내 속에서 각양 탐심을 이루었나니 이는 법이 없으면 죄가 죽은 것임이니라 전에 법을 깨닫지 못할 때에는 내가 살았더니 계명이 이르매 죄는 살아나고 나는 죽었도다 생명에 이르게 할 그 계명이 내게 대하여 도리어 사망에 이르게 하는 것이 되었도다 죄가 기회를 타서 계명으로 말미암아 나를 속이고 그것으로 나를 죽였는지라 이로 보건대 율법도 거룩하며 계명도 거룩하며 의로우며 선하도다 그런즉 선한 것이 내게 사망이 되었느뇨 그럴 수 없느니라 오직 죄가 죄로 드러나기 위하여 선한 그것으로 말미암아 나를 죽게 만들었으니 이는 계명으로 말미암아 죄로 심히 죄되게 하려 함이니라 우리가 율법은 신령한 줄 알거니와 나는 육신에 속하여 죄 아래 팔렸도다 나의 행하는 것을 내가 알지 못하노니 곧 원하는 이것은 행하지 아니하고 도리어 미워하는 그것을 함이라 만일 내가 원치 아니하는 그것을 하면 내가 이로 율법의 선한 것을 시인하노니 이제는 이것을 행하는 자가 내가 아니요 내 속에 거하는 죄니라 내 속 곧 내 육신에 선한 것이 거하지 아니하는 줄을 아노니 원함은 내게 있으나 선을 행하는 것은 없노라 내가 원하는 바 선은 하지 아니하고 도리어 원치 아니하는 바 악은 행하는도다 만일 내가 원치 아니하는 그 것을 하면 이를 행하는 자가 내가 아니요 내 속에 거하는 죄니라"(롬 7:7~20).

"그런즉 율법은 무엇이냐 범법함을 인하여 더한 것이라 천사들로 말미암아 중보의 손을 빌어 베푸신 것인데 약속하신 자손이 오시기까지 있을 것이라 중보는 한편만 위한 자가 아니니 오직 하나님은 하나이시니라 그러면 율법이 하나님의 약속들을 거스리느냐 결코 그럴 수 없느니라 만일 능히 살게 하는 율법을 주셨더면 의가 반드시 율법으로 말미암았으리라 그러나 성경이 모든 것을 죄 아래 가두었으니 이는 예수 그리스도를 믿음으로 말미암은 약속을 믿는 자들에게 주려 함이니라 믿음이 오기 전에 우리가 율법 아래 매인 바 되고 계시될 믿음의 때까지 갇혔느니라 이같이 율법이 우리를 그리스도에게로 인도하는 몽학선생이 되어 우리로 하여금 믿음으로 말미암아 의롭다 함을 얻게 하려 함이니라 믿음이 온 후로는 우리가 몽학선생 아래 있지 아니하도다 너희가 다 믿음으로 말미암아 그리스도 예수 안에서 하나님의 아들이 되었으니 누구든지 그리스도와 합하여 세례를 받은 자는 그리스도로 옷입었느니라"(갈 3:19~27).

예수님은 우리를 속량하시기 위해 율법 아래 오셔서 율법을 마침으로 모든 믿는 자에게 의를 이루게 해주셨다.

"때가 차매 하나님이 그 아들을 보내사 여자에게서 나게 하시고 율법 아래 나게 하신 것은 율법 아래 있는 자들을 속량하시고 우리로 아들의 명분을 얻게 하려 하심이라 너희가 아들인고로 하나님이 그 아들의 영을 우리 마음 가운데 보내사 아바 아버지라 부르게 하셨느니라 그러므로 네가 이후로는 종이 아니요 아들이니 아들이면 하나님으로 말미암아 유업을 이을 자니라" (갈 4:4~7).

“예수께서 대답하여 가라사대 이제 허락하라 우리가 이와 같이 하여 모든 의를 이루는 것이 합당하니라 하신대 이에 요한이 허락하는지라”(마 3:15).

“예수께서 신 포도주를 받으신 후 가라사대 다 이루었다 하시고 머리를 숙이시고 영혼이 돌아가시니라”(요 19:30).

“그리스도는 모든 믿는 자에게 의를 이루기 위하여 율법의 마침이 되시니라”(롬 10:4).

“한 사람의 순종치 아니함으로 많은 사람이 죄인 된 것같이 한 사람의 순종하심으로 많은 사람이 의인이 되리라 율법이 가입한 것은 범죄를 더하게 하려 함이라 그러나 죄가 더한 곳에 은혜가 더욱 넘쳤나니 이는 죄가 사망 안에서 왕 노릇 한 것같이 은혜도 또한 의로 말미암아 왕 노릇 하여 우리 주 예수 그리스도로 말미암아 영생에 이르게 하려 함이니라”(롬 5:19~21).

“그런즉 어찌하리요 우리가 법 아래 있지 아니하고 은혜 아래 있으니 죄를 지으리요 그럴 수 없느니라 너희 자신을 종으로 드려 누구에게 순종하든지 그 순종함을 받는 자의 종이 되는 줄을 너희가 알지 못하느냐 혹은 죄의 종으로 사망에 이르고 혹은 순종의 종으로 의에 이르느니라 하나님께 감사하리로다 너희가 본래 죄의 종이더니 너희에게 전하여 준바 교훈의 본을 마음으로 순종하여 죄에게서 해방되어 의에게 종이 되었느니라 너희 육신이 연약하므로 내가 사람의 예대로 말하노니 전에 너희가 너희 지체를 부정과 불법에 드려 불법에 이른 것같이 이제는 너희 지체를 의에게 종으로 드려 거룩함에 이르라 너희가 죄의 종이 되었을 때에는 의에 대하여 자유하였느니라 너희가 그때에 무슨 열매를 얻었느뇨 이제는 너희가 그 일을 부끄러워하나니 이는 그 마지막이 사망임이니라 그러나 이제는 너희가 죄에게서 해방되고 하나님께 종이 되어 거룩함에 이르는 열매를 얻었으니 이 마지막은 영생이라 죄의 삯은 사망이요 하나님의 은사는 그리스도 예수 우리 주 안에 있는 영생이니라"(롬 6:15~23).

이상에서 살펴본 것처럼, 성경은 율법이 우리의 죄를 깨닫게 하여 예수 그리스도의 복음으로 인도하는 몽학선생 역할을 위해 하나님께서 주신 거룩한 것이지, 복음이 율법을 발로 밟고 벗어나야 하는 악한 것이 아님을 증거하고 있다.

해를 입은 여자의 발아래 달이 있는 모습은, 하나님의 은혜의 복음을 입은 교회의 복음을 증거하는 발이 아름답고 영광스러운 모습임을 상징한다고 해석하는 것이 성경과 조화를 이루는 해석이다.

"또 궁창의 확실한 증인 달같이 영원히 견고케 되리라 하셨도다 (셀라)"(시 89:37).

"좋은 소식을 가져오며 평화를 공포하며 복된 좋은 소식을 가져오며 구원을 공포하며 시온을 향하여 이르기를 네 하나님이 통치하신다 하는 자의 산을 넘는 발이 어찌 그리 아름다운고"(사 52:7).

"바울과 바나바가 담대히 말하여 가로되 하나님의 말씀을 마땅히 먼저 너희에게 전할 것이로되 너희가 버리고 영생 얻음에 합당치 않은 자로 자처하기로 우리가 이방인에게로 향하노라 주께서 이같이 우리를 명하시되 내가 너를 이방의 빛을 삼아 너로 땅끝까지 구원하게 하리라 하셨느니라 하니 이방인들이 듣고 기뻐하여 하나님의 말씀을 찬송하며 영생을 주시기로 작정된 자는 다 믿더라 주의 말씀이 그 지방에 두루 퍼지니라 이에 유대인들이 경건한 귀부인들과 그 성내 유력자들을 선동하여 바울과 바나바를 핍박케 하여 그 지경에서 쫓아내니 두 사람이 저희를 향하여 발에 티끌을 떨어 버리고 이고니온으로 가거늘 제자들은 기쁨과 성령이 충만하니라"(행 13:46~52).

"사람이 마음으로 믿어 의에 이르고 입으로 시인하여 구원에 이르느니라 성경에 이르되 누구든지 저를 믿는 자는 부끄러움을 당하지 아니하리라 하니 유대인이나 헬라인이나 차별이 없음이라 한 주께서 모든 사람의 주가 되사 저를 부르는 모든 사람에게 부요하시도다 누구든지 주의 이름을 부르는 자는 구원을 얻으리라 그런즉 저희가 믿지 아니하는 이를 어찌 부르리요 듣지도 못한 이를 어찌 믿으리요 전파하는 자가 없이 어찌 들으리요 보내심을 받지 아니하였으면 어찌 전파하리요 기록된바 아름답도다 좋은 소식을 전하는 자들의 발이여 함과 같으니라"(롬 10:10~15).

③ 머리에 열두 별의 면류관을 쓴 모습

해를 입은 여자가 복음이라고 주장하는 견해는, 자녀는 부모의 영광이듯 복음이 열두 제자를 낳은 것을 상징한다고 해석한다. 이와 같은 해석은 성경의 지지를 얻지 못하는 부자연스러운 해석이라 여겨진다.

성경은 복음이 열두 제자를 낳았다는 뉘앙스를 보이지 않는다. 열두 제자를 하나님의 진리 복음으로 낳은 분은 예수님이시다. 해를 입은 여자의 머리에 열두 별의 면류관을 쓴 모습은 교회의 머리가 되시는 예수님이 열두 사도를 낳아 교회를 세우신 영광의 주가 되심을 보여주는 모습이라고 해석하는 것이 성경의 증거와 상통(相通)하는 해석이라 여겨진다.

"이때에 예수께서 기도하시러 산으로 가사 밤이 맟도록 하나님께 기도하시고 밝으매 그 제자들을 부르사 그중에서 열둘을 택하여 사도라 칭하셨으니 곧 베드로라고도 이름 주신 시몬과 및 그 형제 안드레와 및 야고보와 요한과 빌립과 바돌로매와 마태와 도마와 및 알패오의 아들 야고보와 및 셀롯이라 하는 시몬과 및 야고보의 아들 유다와 및 예수를 파는 자 될 가룟 유다라"(눅 6:12~16).

"너희는 자기를 위하여 또는 온 양 떼를 위하여 삼가라 성령이 저들 가운데 너희로 감독자를 삼고 하나님이 자기 피로 사신 교회를 치게 하셨느니라"(행 20:28).

"그 능력이 그리스도 안에서 역사하사 죽은 자들 가운데서 다시 살리시고 하늘에서 자기의 오른편에 앉히사 모든 정사와 권세와 능력과 주관하는 자와 이 세상뿐 아니라 오는 세상에 일컫는 모든 이름 위에 뛰어나게 하시고 또 만물을 그 발아래 복종하게 하시고 그를 만물 위에 교회의 머리로 주셨느니라 교회는 그의 몸이니 만물 안에서 만물을 충만케 하시는 자의 충만이니라"(엡 1:20~23).

"오직 사랑 안에서 참된 것을 하여 범사에 그에게까지 자랄지라 그는 머리니 곧 그리스도라"(엡 4:15).

"그리스도를 경외함으로 피차 복종하라 아내들이여 자기 남편에게 복종하기를 주께 하듯 하라 이는 남편이 아내의 머리 됨이 그리스도께서 교회의 머리 됨과 같음이니 그가 친히 몸의 구주시니라 그러나 교회가 그리스도에게 하듯 아내들도 범사에 그 남편에게 복종할지니라 남편들아 아내 사랑하기를 그리스도께서 교회를 사랑하시고 위하여 자신을 주심같이 하라 이는 곧 물로 씻어 말씀으로 깨끗하게 하사 거룩하게 하시고 자기 앞에 영광스러운 교회로 세우사 티나 주름 잡힌 것이나 이런 것들이 없이 거룩하고 흠이 없게 하려 하심이니라 이와 같이 남편들도 자기 아내 사랑하기를 제 몸같이 할지니 자기 아내를 사랑하는 자는 자기를 사랑하는 것이라 누구든지 언제든지 제 육체를 미워하지 않고 오직 양육하여 보호하기를 그리스도께서 교회를 보양함과 같이 하나니 우리는 그 몸의 지체임이니라"(엡 5:21~30).

"그는 몸인 교회의 머리라 그가 근본이요 죽은 자들 가운데서 먼저 나신 자니 이는 친히 만물의 으뜸이 되려 하심이요"(골 1:18).

⑶ 독수리의 두 날개를 받아 뱀의 낯을 피하여 광야로 도망간다.

해를 입은 여자가 뱀의 낯을 피하여 광야로 도망가는 모습은 해를 입은 여자가 복음이 아니라는 사실을 보여주는 말씀이다.

'도망간다'는 헬라어 'φευγω'(퓨고)는 '도망하다, 피하다, 사라지다' 등의 의미를 가진다. 하나님의 진리 말씀인 복음이 뱀의 핍박을 피하여 광야로 도망한다는 주장은 성경의 지지를 받지 못하는 해석이다.

성경은 하나님의 영원한 복음이 세상 모든 사람에게 세상 끝날까지 끊임없이 증거될 것임을 증거한다. 요한계시록 자체 말씀에서 여인이 뱀의 낯을 피하여 광야로 도망한 이후에도 영원한 복음은 여전히 남아서 용과의 전쟁을 피하지 않고 끊임없이 증거하고 있다.

"용이 여자에게 분노하여 돌아가서 그 여자의 남은 자손 곧 하나님의 계명을 지키며 예수의 증거를 가진 자들로 더불어 싸우려고 바다 모래 위에 섰더라"(계 12:17).

"또 보니 다른 천사가 공중에 날아가는데 땅에 거하는 자들 곧 여러 나라와 족속과 방언과 백성에게 전할 영원한 복음을 가졌더라"(계 14:6).

"예수께서 나아와 일러 가라사대 하늘과 땅의 모든 권세를 내게 주셨으니 그러므로 너희는 가서 모든 족속으로 제자를 삼아 아버지와 아들과 성령의 이름으로 세례를 주고 내가 너희에게 분부한 모든 것을 가르쳐 지키게 하라 볼지어다 내가 세상 끝날까지 너희와 항상 함께 있으리라 하시니라"(마

28:18~20).

해를 입은 여자가 뱀의 낯을 피하여 큰 독수리의 두 날개를 받아 광야로 도망하는 본문의 계시 내용은 구약의 출애굽기 19장 4절 말씀과 병행을 이룬다.

"나의 애굽 사람에게 어떻게 행하였음과 내가 어떻게 독수리 날개로 너희를 업어 내게로 인도하였음을 너희가 보았느니라"(출 19:4).

하나님께서 독수리의 날개로 애굽에서 종살이하던 이스라엘 민족을 광야로 인도하셨다. 성경은 광야로 인도된 이스라엘 자손들을 '교회'라 증거한다.

"시내산에서 말하던 그 천사와 및 우리 조상들과 함께 광야 교회에 있었고 또 생명의 도를 받아 우리에게 주던 자가 이 사람이라"(행 7:38).

그러므로 뱀의 낯을 피하여 큰 독수리의 두 날개로 광야 예비처로 도망하는 해 입은 여자는 교회로 보는 것이 성경과 상통(相通)하는 해석이다.

(4) 광야 예비처에서 1,260일을 양육받는다.

해를 입은 여자는 뱀의 낯을 피하여 도망한 광야 예비처에서 1,260(한 때 두 때 반 때)일 동안 양육을 받게 된다. 이 말씀은 두 가지 측면에서 복음이라 해석하는 것이 본문의 의도와 맞지 않음을 보여 준다.

① 복음이 광야에 예비하신 한 장소에 피신한다고 보기 어렵다.

해 입은 여자가 뱀의 낯을 피하여 도망쳐 1,260일 동안 양육받을 장소인 광야는 헬라어 'ἔρημος'(에레모스)다. 에레모스는 '버림받은, 고독한, 황막한, 황폐한'의 의미를 갖고 있다.

예비처는 헬라어 'τόπον ἡτοιμασμενόν'(토폰 헤토이마스메논)이다. 'τοπος'(토포스)는 주변 공간으로부터 구별되는 어떤 부분의 공간적 장소, 곳(영: place)을 나타낸다.

'ἑτοιμάζω'(헤토이마조)는 '준비하다, 준비를 갖추다'는 의미를 나타낸다.

광야 '예비처'는 하나님께서 해 입은 여자를 피신시켜 1,260일 동안 양육하기 위해 준비하신 특별한 장소를 나타내고 있다. 광야 예비처에 대해서는 뒤에서 별도로 살펴보기로 하겠다.

앞에서 언급한 것처럼 성경이 영원한 복음은 온 세상 나라와 족속과 방언(方言)과 백성에게 전해질 것을 증거하고 있다. 복음이 일천이백육십 일 동안 광야 예비처에 피신해 있을 것이라고 해석하는 것은 성경과 상충(相衝)되는 견해다.

> "복음을 인하여 내가 죄인과 같이 매이는 데까지 고난을 받았으나 하나님의 말씀은 매이지 아니하니라"(딤후 2:9).

② 복음이 양육을 받는다는 주장은 성경적 해석이라 할 수 없다.

하나님의 진리 말씀인 복음이 한 때 두 때 반 때 동안 뱀의 낯을 피하여 도망간 광야 예비처에서 양육을 받아야 한다는 해석은 비성경적인 주장이라 여겨진다. 하나님의 진리 말씀인 복음이 뱀의 낯을 피하여 도망간 광야 예비처에서 1,260일 동안 양육받게 된다는 것은 복음이 약하고 부족한 부분이 있는 것처럼 생각하게 만든다. 하나님의 진리 말씀인 복음은 완전하고 충분하기에 더 이상 양육받을 것이 없다고 믿는다.

"하나님의 도는 완전하고 여호와의 말씀은 정미하니 저는 자기에게 피하는 모든 자에게 방패시로다"(삼하 22:31; 시 18:30).

"여호와의 율법은 완전하여 영혼을 소성케 하고 여호와의 증거는 확실하여 우둔한 자로 지혜롭게 하며 여호와의 교훈은 정직하여 마음을 기쁘게 하고 여호와의 계명은 순결하여 눈을 밝게 하도다 여호와를 경외하는 도는 정결하여 영원까지 이르고 여호와의 규례는 확실하여 다 의로우니 금 곧 많은 정금보다 더 사모할 것이며 꿀과 송이꿀보다 더 달도다 또 주의 종이 이로 경계를 받고 이를 지킴으로 상이 크니이다"(시 19:7~11).

"또 네가 어려서부터 성경을 알았나니 성경은 능히 너로 하여금 그리스도 예수 안에 있는 믿음으로 말미암아 구원에 이르는 지혜가 있게 하느니라 모든 성경은 하나님의 감동으로 된 것으로 교훈과 책망과 바르게 함과 의로 교육하기에 유익하니 이는 하나님의 사람으로 온전케 하며 모든 선한 일을 행하기에 온전케 하려 함이니라"(딤후 3:15~17).

"하나님의 말씀은 살았고 운동력이 있어 좌우에 날선 어떤 검보다도 예리하여 혼과 영과 및 관절과 골수를 찔러 쪼개기까지 하며 또 마음의 생각과 뜻을 감찰하나니 지으신 것이 하나라도 그 앞에 나타나지 않음이 없고 오직 만물이 우리를 상관하시는 자의 눈앞에 벌거벗은 것같이 드러나느니라"(히 4:12~13).

"너희가 거듭난 것이 썩어질 씨로 된 것이 아니요 썩지 아니할 씨로 된 것이니

하나님의 살아 있고 항상 있는 말씀으로 되었느니라 그러므로 모든 육체는 풀과 같고 그 모든 영광이 풀의 꽃과 같으니 풀은 마르고 꽃은 떨어지되 오직 주의 말씀은 세세토록 있도다 하였으니 너희에게 전한 복음이 곧 이 말씀이니라"(벧전 1:23~25).

5) 종말에 있을 신령한 교회로 보는 견해

"해(太陽)를 입은 여자"를 마지막 대환난기에 하나님의 계명과 예수 그리스도의 복음을 믿고 증거하는 신실한 교회로 보는 견해다. 이 견해는 '여자가 낳은 아이'를 '두 증인'과 같은 추수기의 사명을 감당할 일꾼들을 상징하는 것으로 해석한다.

요한계시록이 '장차 될 일'(계 1:1, 19, 4:1, 22:6)의 내용을 계시하는 책이기 때문에, 해를 입은 여자는 과거나 현재의 어떤 교회, 인물, 민족 등을 상징하는 것이 아니라, 장차 임할 대환난기를 앞두고 일천이백육십 일을 예언할 두 증인과 같은 추수의 일꾼들을 배출할 참된 교회를 예표하는 것으로 보는 견해다.

> 계시록에는…진리를 파수(把守)하고 음녀의 음행의 포도주를 마시기를 거부하는 진정한 교회가 존재한다. 이 교회가 계 12:1에 나오는 '해를 입은 여자'이다. …종말에 적그리스도와 음녀의 세력과 대적하여 진리로 싸우는 진실한 하나님의 교회다.[150]

본 저자는 "해를 입은 여자"의 정체가 임박한 재림을 앞두고 하나님의 계명과 예수 믿음을 따라서 살게 될 참 교회를 예표하는 것으로

---

150) 요한계시록 심층분석 주해와 연구, 신생, 민병석, p. 260.

본다. 왜냐하면 "해를 입고", "달을 딛고", "머리에 열두 별의 면류관" 으로 무장한 것은 특별히 진리로 무장한 교회이며, 시기적으로 장차 될 일의 원리로 볼 때에 종말에 있을 신령한 교회를 예표하는 것이기 때문이다.[151)]

이상의 네 가지 견해 중에 종말에 대해 예언하고 있는 다니엘서와 마태복음 24장 말씀과 본문의 내용에 가장 충실한 견해는 네 번째 견해이다.

12장에 계시되고 있는 '해 입은 여자'는 종말에 있을 7년 대환난기에 하나님의 인 맞은 십사만 사천 명의 순교자를 낳게 될 신실한 교회를 상징하고 있다.

사도 요한이 하늘에 있는 큰 이적 가운데 본 한 여자의 모습은 해를 입고 있었고, 그 발아래는 달이 있고, 그 머리에는 열두 별의 면류관을 쓴 아름다운 모습이었다.

여인은 하늘의 모든 광채로 머리에서 발끝까지 영광스럽게 장식하고 있다. 가장 아름답고 화사하게 화장한 신부처럼, 예수 그리스도의 신부 된 교회가 하늘에 가지고 있는 모든 발광체를 가지고 머리에서 발끝까지 아름답고 고귀하게 치장하고 영광스러운 자태를 선보이고 있다.

세상의 눈으로는 교회가 아름답거나 영광스럽게 보이지 않을지 모른다. 그러나 하나님의 관점에서 보면 지극히 아름답고 고귀하고 영광스러운 존재가 교회임을 보여주고 있다.

다른 사람 눈에는 그렇게 보이지 않을지 모르겠지만 부모의 눈에는 자녀의 모든 것이 예쁘게 보이고, 사랑스럽게 느껴지고, 귀하게만 생각되는 것처럼, 하나님의 자녀들이 모인 교회는 하나님 보시기에

151) 계시록 난해 해설, 흰돌, 이광복, p. 359.

가장 예쁘고, 사랑스럽고, 고귀하게만 여겨진다는 것이다.

교회는 여호와께서 기쁨을 이기지 못해하시며 잠잠히 사랑하시는 대상이요, 즐거이 부르며 기뻐하시는 대상이다.

> "너의 하나님 여호와가 너의 가운데 계시니 그는 구원을 베푸실 전능자시라 그가 너로 인하여 기쁨을 이기지 못하여 하시며 너를 잠잠히 사랑하시며 너로 인하여 즐거이 부르며 기뻐하시리라 하리라"(습 3:17).

시편 기자는 87편에서 "여호와께서 야곱의 모든 거처보다 시온의 문들을 사랑하시는도다 하나님의 성이여 너를 가리켜 영광스럽다 말하는도다"(시 87:2~3)라고 교회의 아름다움을 노래하고 있다.

교회를 볼 때 어떤 시야를 가지고 바라보고 있는가? 세상의 눈으로 교회를 바라보며 실망하거나 무시하거나 외면했다면 시각을 교정할 필요가 있다. 교회를 바라볼 때는 하나님의 관점에서 믿음의 시각으로 살펴보아야 한다. 그렇게 볼 때 교회의 아름다움과 소중함과 영광스러움을 볼 수 있을 것이다.

교회는 복음으로 영혼을 잉태하고 해산하는 고통을 인내하며 기뻐하는 예수 그리스도의 신부이며, 성도들의 영적 어머니다. 교회를 향한 아름다움과 고귀함과 영광스러움을 바라볼 수 있는 영혼의 시력이 밝아지길 바란다.

> " … 내가 신부 곧 어린양의 아내를 네게 보이리라 하고 성령으로 나를 데리고 크고 높은 산으로 올라가 하나님께로부터 하늘에서 내려오는 거룩한 성 예루살렘을 보이니"(계 21:9~10).

> "오직 위에 있는 예루살렘은 자유자니 곧 우리 어머니라"(갈 4:26).

"내 형제들아 영광의 주 곧 우리 주 예수 그리스도를 믿는 믿음을 너희가 받았으니 사람을 외모로 취하지 말라 … 내 사랑하는 형제들아 들을지어다 하나님이 세상에 대하여는 가난한 자를 택하사 믿음에 부요하게 하시고 또 자기를 사랑하는 자들에게 약속하신 나라를 유업으로 받게 아니하셨느냐 … 만일 너희가 외모로 사람을 취하면 죄를 짓는 것이니 율법이 너희를 범죄자로 정하리라"(약 2:1, 5, 9).

한 여인이 해를 입었다는 말씀은 교회가 의의 태양이신 예수 그리스도로 옷 입었음을 상징하는 말씀이다.

"내 이름을 경외하는 너희에게는 의로운 해가 떠올라서 치료하는 광선을 발하리니 너희가 나가서 외양간에서 나온 송아지같이 뛰리라"(말 4:2).

"해는 그 방에서 나오는 신랑과 같고 그 길을 달리기 기뻐하는 장사 같아서"(시 19:5).

"밤이 깊고 낮이 가까웠으니 그러므로 우리가 어두움의 일을 벗고 빛의 갑옷을 입자 낮에와 같이 단정히 행하고 방탕과 술 취하지 말며 음란과 호색하지 말며 쟁투와 시기하지 말고 오직 주 예수 그리스도로 옷입고 정욕을 위하여 육신의 일을 도모하지 말라"(롬 13:12~14).

"너희가 다 믿음으로 말미암아 그리스도 예수 안에서 하나님의 아들이 되었으니 누구든지 그리스도와 합하여 세례를 받은 자는 그리스도로 옷 입었느니라"(갈 3:26~27).

2

여자가 낳은 남자아이는 누구를 지칭하는가?

"여자가 낳은 남자아이는 누구를 나타내는가?"라는 물음의 대답에는 "예수 그리스도, 회심한 하나님의 모든 자녀, 이방인 중에서 하나님의 자녀가 된 성도, 유대교에서 개종한 기독교 신자, 종말에 있을 대환난 때 추수의 사명을 감당할 종들"로 보는 등 다양한 견해가 주장되고 있다.

국내외 목회자들은 대부분 예수 그리스도로 보는 견해를 지지하고 있고, 종말에 있을 대환난 때 추수의 사명을 감당할 종들로 보는 견해를 지지하는 부류가 있다. 여기서는 두 가지 견해만 살펴보기로 한다.

1) 예수 그리스도로 보는 견해

국내외의 많은 목회자들이 이 견해를 지지하고 있다. 국내의 목회자들 중 이상근, 신성종, 조용기, 이동원, 정근두, 이필찬, 노우호, 김상복, 권성수 등 다수가 이 견해를 주장하고 있다.

이 아들은 예수 그리스도입니다. 그는 보통 남자가 아니고 장차 철

장으로 만국을 다스릴 남자입니다.[152]

이 아이는 "만국을 다스릴 남자"라고 했으니 의심할 것도 없이 그리스도를 의미한다. 그 후 "그 아이를 하나님 앞과 그 보좌 앞으로 올려가더라"고 한 것은 주님이 부활하신 후에 승천할 것을 말한 것이다.[153]

이 아이가 그리스도를 가리킴은 분명하다(5절).[154]

이 아이는 주 예수 그리스도를 가리키는 것임에 틀림없습니다. … 이 아이를 주 예수 그리스도로 보는 것이 옳다는 것은, 이 아이가 "철장으로 만국을 다스릴 자"라는 5절의 말씀으로도 입증이 됩니다.[155]

그 아이는 분명히 예수 그리스도를 지칭한다. 그러나 사실상 교회가 그리스도를 낳았다고 보는 것보다는 그리스도가 교회를 낳았다고 보는 것이 더욱 자연스럽다. 그럼에도 불구하고 교회가 그리스도를 낳았다는 것은 "이 아들로 말하면 육신으로는 다윗의 혈통에서 나셨고"(롬 1:3)라는 어구와 관련된다. 즉 예수 그리스도께서는 하나님의 본체로서 존재론적으로는 다윗 이전에 존재하셨으나, 역사적으로는 그의 후손으로 이 땅에 오셨다. 말하자면 예수 그리스도께서는 구약 교회가 해산하는 것과 같은 고통으로 간절히 고대했던 바로 그 메시아였던 것이다(사 26:17, 18, 66:7; 미 4:10, 5:3).[156]

---

152) 평신도를 위한 요한계시록 강해, 서울서적, 조용기, p. 212.
153) 요한계시록 강해, 엠마오, 신성종, p. 93.
154) 신약주해, 요한계시록, 성등사, 이상근, p. 169.
155) 일곱 나팔, 하나, 정근두, pp. 127~128.
156) 옥스퍼트 원어성경대전, 요한계시록 제12-22장, 제자원, p. 29.

2) 종말에 있을 대환난 때 추수의 사명을 감당할 종들로 보는 견해

> 여자가 낳은 이 아들은 교회가 해산한 아들로 이스라엘 각 지파 중에서 하나님에 의하여 뽑아 낸 144,000의 '우리 하나님의 종들'을 의미한다. …'우리 하나님의 종들'은 이들 12지파 가운데서 종말의 두 증인의 사역자로 하나님에 의해 선발된 예언의 종들이다.[157]

> 본 저자는 여자가 낳은 아이를 대환난의 전반부에 다시 오실 예수를 증거할 11장의 두 증인이요, 더 나아가서는 7장의 인 맞은 144,000명의 종들로서 종말의 추수기의 사명을 받은 종들로 본다.[158]

위의 주장 가운데 마지막 후자의 견해가 본서의 증거 내용과 가장 잘 조화를 이루는 견해라 할 수 있다.

필자는 해를 입은 한 여자가 낳을 "남자아이"는 교회가 7년 대환난의 전 3년 반을 통과하면서 고난 가운데 참고 인내하며 낳게 될 '하나님의 인 맞은 종들' 즉 십사만 사천 명의 종들이요(계 7장), 짐승의 통치 기간인 후 3년 반 동안 신앙의 정절을 지키며 죽기까지 복음을 증거하는 사명을 감당할 두 증인(계 11장)과 동일한 대상을 상징한다고 본다.

⑴ "장차 될 일"이라는 계시 말씀이 이를 입증한다.

해를 입은 한 여자가 "장차 철장으로 만국을 다스릴 남자아이"를 낳는 사건은 과거의 사건이 아니라 장차, 즉 미래에 성취될 사건이므

---

157) 요한계시록 심층분석 주해와 연구, 신생, 민병석, p. 261.
158) 계시록 난해 해설, 흰돌, 이광복, p. 365.

로 마리아가 예수 그리스도를 낳는 사건이 될 수 없다.

사도 요한이 본문의 환상을 본 것은 예수 그리스도의 초림 이후의 사건이다. 사도 요한이 본문을 계시받는 시점은 이미 예수 그리스도의 탄생, 공생애 기간, 십자가의 죽으심과 부활 승천하심이 이루어지고 60년 가까운 시간이 흐른 뒤이다. 그러므로 여자가 낳은 남자아이를 예수 그리스도의 탄생으로 볼 수 없다.

계시록 6장 이하의 사건은 종말에 있을 7년 대환난에 성취될 "장차 될 일"을 계시하고 있으므로 예수 그리스도의 탄생으로 보기에는 적합하지 않고, 장차 있을 종말의 때에 추수의 사명을 감당할 하나님의 인 맞은 종들과 두 증인들을 상징한다고 보는 것이 본서의 내증과 자연스럽게 조화를 이루는 견해다.

> "이기는 자와 끝까지 내 일을 지키는 그에게 만국(萬國)을 다스리는 권세를 주리니 그가 철장을 가지고 저희를 다스려 질그릇 깨뜨리는 것과 같이 하리라 나도 내 아버지께 받은 것이 그러하니라"(계 2:26~27).

⑵ 용의 때가 입증해 준다.

본 장에서 '해를 입은 여자'가 아이를 낳으면 삼키고자 여자 앞에서 기다리고 있는 용이 하늘 전쟁에서 미가엘 군대에게 패배하고 땅으로 내어 쫓긴 때가 언제인가?

붉은 큰 용과 그 사자들이 하늘의 군대 장관 미가엘과 그 사자들과의 하늘 전쟁에서 패배하고 땅으로 내어 쫓기는 사건은 종말에 성취될 사건이다. 본 장의 계시 내용이 이를 입증해 주고 있기 때문이다.

"그때에 네 민족을 호위하는 대군 미가엘이 일어날 것이요 또 환난이 있으리니 이는 개국 이래로 그때까지 없던 환난일 것이며 그때에 네 백성 중 무릇 책에 기록된 모든 자가 구원을 얻을 것이라"(단 12:1).

"하늘에 전쟁이 있으니 미가엘과 그의 사자들이 용으로 더불어 싸울새 용과 그의 사자들도 싸우나 이기지 못하여 다시 하늘에서 저희의 있을 곳을 얻지 못한지라 큰 용이 내어 쫓기니 옛 뱀 곧 마귀라고도 하고 사탄이라고도 하는 온 천하를 꾀는 자라 땅으로 내어 쫓기니 그의 사자들도 저와 함께 내어 쫓기니라 내가 또 들으니 하늘에 큰 음성이 있어 가로되 이제 우리 하나님의 구원과 능력과 나라와 또 그의 그리스도의 권세가 이루었으니 우리 형제들을 참소하던 자 곧 우리 하나님 앞에서 밤낮 참소하던 자가 쫓겨났고 또 여러 형제가 어린양의 피와 자기의 증거하는 말을 인하여 저를 이기었으니 그들은 죽기까지 자기 생명을 아끼지 아니하였도다 그러므로 하늘과 그 가운데 거하는 자들은 즐거워하라 그러나 땅과 바다는 화 있을진저 이는 마귀가 자기의 때가 얼마 못된 줄을 알므로 크게 분내어 너희에게 내려갔음이라 하더라"(계 12:7~12).

위의 말씀을 보면 용이 하늘 전쟁에서 미가엘 군대에 패배하고 땅으로 내어 쫓긴 시점은 역사의 마지막 시점임을 계시해 주고 있다. 용이 땅으로 쫓겨나면서 크게 분내고 있는 것은 이제 그가 멸망받아 지옥에 던져질 시간인 역사의 종말이 얼마 남지 않았음을 알기 때문이라고 계시해 주고 있다. 그러므로 본 장에 계시된 해를 입은 여자가 낳은 남자아이는 마리아가 낳은 예수 그리스도를 상징한다고 볼 수 없고, 장차 종말에 예수 그리스도(의의 태양)의 복음으로 무장한 예수 그리스도의 신부 된 교회가 믿음으로 승리할 주의 종들인 두 증인을 낳게 될 것임을 상징한다고 해석함이 본 장의 계시 문맥과 자연스럽게 조화되는 해석임을 알 수 있다.

(3) 문맥상으로 입증된다.

본 장은 '해를 입은 여자'가 장차 철장으로 만국을 다스릴 남자아이를 낳게 될 것을 계시해 주고 있다. 그리고 그 여자가 낳은 후손은 한 사람이 아니라 다수의 사람들이다.

본 장 5절 "여자가 아들을 낳으니 이는 장차 철장으로 만국을 다스릴 남자라 그 아이를 하나님 앞과 그 보좌 앞으로 올려가더라"는 계시 말씀에서 "아들", "남자", "아이"라는 헬라어 단어 의미를 볼 때에 한 개인을 지칭하기보다는 대표 단수로서 복수의 성격을 나타내는 집합체의 의미가 있다. 17절 말씀이 이를 입증해 준다.

> "용이 여자에게 분노하여 돌아가서 그 여자의 남은 자손 곧 하나님의 계명을 지키며 예수의 증거를 가진 자들로 더불어 싸우려고 바다 모래 위에 섰더라"(계 12:17).

아담의 갈비뼈로 신부인 하와를 만드신 것처럼, 예수 그리스도가 십자가에 달려 옆구리가 창에 찔리고 피 흘리심으로 신부 된 신약교회를 탄생시키신 것이 성경이 전하는 진리다.

> "너희는 자기를 위하여 또는 온 양 떼를 위하여 삼가라 성령이 저들 가운데 너희로 감독자를 삼고 하나님이 자기 피로 사신 교회를 치게 하셨느니라"(행 20:28).

신약교회는 예수 그리스도의 신부다. 신부는 신랑의 생명의 씨를 받아 잉태함으로 씨를 받은 대로 자녀를 낳기 마련이다. 그러므로 본문에 계시되고 있는 해를 입은 한 여인이 해산의 고통을 통해 낳은 '장차 철장으로 만국을 다스릴 남자'는 예수 그리스도의 신부 된 교회가 장차 철장으로 만국을 다스릴 권세를 가지신 예수 그리스도의 씨를 받아 잉태함으로 그분과 같은 믿음의 자녀들을 낳게 될 것을 보여준다.

> "이기는 자와 끝까지 내 일을 지키는 그에게 만국(萬國)을 다스리는 권세를 주리니 그가 철장을 가지고 저희를 다스려 질그릇 깨뜨리는 것과 같이 하리라 나도 내 아버지께 받은 것이 그러하니라"(계 2:26~27).

주님이 버가모 교회에 주신 이 언약의 말씀을 보면 '장차 철장으로 만국을 다스릴 권세'의 약속이 이기는 성도들에게 주어질 것으로 언약되고 있다.

해를 입은 한 여인이 해산의 고통을 통해 장차 철장으로 만국을 다스릴 남자를 낳게 되는 본 장의 계시는, 예수 그리스도의 신부 된 교회가 대환난 가운데서도 두 증인과 같은 순교자적 사명을 가진 복음의 증인들을 배출하여 끝까지 사명을 완수하고 승리하게 될 것을 보여준다.

주님은 이 계시를 통해 하나님의 말씀과 예수 그리스도의 복음을 믿고 증거하다가 고난과 환난을 당하고 있는 성도들에게 끝까지 참고 인내하며 죽기까지 충성할 것을 권면하는 동시에, 반드시 예수 그리스도의 영광에 동참케 될 소망을 바라보며 힘과 용기를 가지고 승리할 것을 격려하고 있다.

> "저희가 어린양으로 더불어 싸우려니와 어린양은 만주의 주시요 만왕의 왕이시므로 저희를 이기실 터이요 또 그와 함께 있는 자들 곧 부르심을 입고 빼내심을 얻고 진실한 자들은 이기리로다"(계 17:14).

예수님이 우리를 복음으로 낳으셨다.

> "그가 그 조물 중에 우리로 한 첫 열매가 되게 하시려고 자기의 뜻을 좇아 진리의 말씀으로 우리를 낳으셨느니라"(약 1:18).

우리의 구원은 결코 쉽게 이루어진 것이 아니다. 하나님은 죄인 된 우리를 사랑하시는 당신의 마음을 확인하기 위해 독생자 예수 그리스도를 십자가에 못 박아 죽이시는 아픔과 슬픔을 참으셨고(롬 5:8), 예수님은 우리의 모든 죄와 허물을 감당하기 위해 십자가에 못 박혀 물과 피를 다 흘리고 죽기까지 모든 아픔과 고통을 감당하셨다.

> "우리가 아직 죄인 되었을 때에 그리스도께서 우리를 위하여 죽으심으로 하나님께서 우리에게 대한 자기의 사랑을 확증하셨느니라"(롬 5:8).

> "그는 실로 우리의 질고를 지고 우리의 슬픔을 당하였거늘 우리는 생각하기를 그는 징벌을 받아서 하나님에게 맞으며 고난을 당한다 하였노라 그가 찔림은 우리의 허물을 인함이요 그가 상함은 우리의 죄악을 인함이라 그가 징계를 받음으로 우리가 평화를 누리고 그가 채찍에 맞음으로 우리가 나음을 입었도다 우리는 다 양 같아서 그릇 행하여 각기 제 길로 갔거늘 여호와께서는 우리 무리의 죄악을 그에게 담당시키셨도다"(사 53:4~6).

새 생명을 잉태하고 출산하기 위해서는 어머니가 반드시 힘들고 고통하는 일을 겪어야 하듯이, 우리의 영혼을 거듭나게 하는 구원의 길은 예수 그리스도께서 십자가에 죽기까지 고통을 당하심으로 성취된 것임을 잊어서는 안 된다. 우리 영혼을 하나님의 자녀로 거듭나게 하기 위해 십자가의 길을 앞에 두고 겟세마네 동산에서 땀방울이 핏방울같이 되도록 애써 기도하던 예수님의 모습을 기억하는가? 예수님이 우리를 진리의 복음으로 낳기 위해 걸어가신 십자가의 길은 힘들고 고통스러운 고난의 길이었다.

"만물이 인하고 만물이 말미암은 자에게는 많은 아들을 이끌어 영광에 들어가게 하시는 일에 저희 구원의 주를 고난으로 말미암아 온전케 하심이 합당하도다 거룩하게 하시는 자와 거룩하게 함을 입은 자들이 다 하나에서 난지라 그러므로 형제라 부르시기를 부끄러워 아니하시고 이르시되 내가 주의 이름을 내 형제들에게 선포하고 내가 주를 교회 중에서 찬송하리라 하셨으며 또 다시 내가 그를 의지하리라 하시고 또 다시 볼지어다 나와 및 하나님께서 내게 주신 자녀라 하셨으니"(히 2:10~13).

이제 우리가 하나님 사랑과 주님의 은혜에 감사하며 보답할 길은 신랑 되신 예수 그리스도의 진리의 복음으로 옷 입고 복음의 씨앗을 받아 영혼을 복음으로 낳기 위해 해산하는 여인의 고통처럼 구로하며 부르짖어 기도하고, 하나님의 말씀과 예수 그리스도의 복음을 전하는 거룩한 예수 그리스도의 신부로 살아가는 것이다.

신랑 되신 예수 그리스도의 오심을 사모하는 재림 신앙으로 무장한 신부 된 교회가 신랑 되신 예수님을 가장 기쁘게 하는 일은 예수님 닮은 자녀를 낳는 것이다.

"딸 시온이여 해산하는 여인처럼 애써 구로하여 낳을지어다"(미 4:10).

"여호와여 잉태한 여인이 산기가 임박하여 구로하며 부르짖음같이 우리가 주의 앞에 이러하니이다"(사 26:17).

사도 바울은 고린도 교회에 편지하면서 "그리스도 예수 안에서 복음으로써 내가 너희를 낳았다"고 말한다(고전 4:15). 임신한 여인의 고통과 같이 복음으로 영혼을 낳기 위해 구로하는 공동체인 교회를 통해 하나님 나라가 확장된다는 사실을 깨달은 사도 바울은 전 생애를 하나님 말씀과 예수 그리스도의 복음 증거를 위해 바친 전도자였다. 오늘도 사도 바울의 사상을 이어받은 거룩한 성도를 배출하는 교회를 위해 열두 별의 면류관이 준비되고 있음을 믿자.

> “너희는 사도들과 선지자들의 터 위에 세우심을 입은 자라 그리스도 예수께서 친히 모퉁이 돌이 되셨느니라”(엡 2:20).

3

광야 예비처는 어디인가?

광야 예비처에 대해 종교개혁, 애굽, 광야 같은 세상에서의 보호, 교회 휴거 후 유대인들이 대환난 중에 보호받을 페트라(Pertra) 성, 상징적 비유 등 다양한 견해들이 주장되고 있다.

1) 종교개혁으로 보는 견해

개혁자 간에는 여자를 법왕의 핍박 아래 놓인 교회로, 광야를 보헤미야 지방의 유럽으로, 1,260일은 종교개혁이 완성될 때까지로 보는 강한 견해가 있었다(Bengel 등).[159)]

벵겔(John A. Bengel)은 "여인은 광야, 유럽에서, 특히 보헤미야 지방에서 확실한 장소를 얻었고, 거기서 종교개혁을 통하여 더 자유로워지고 더 풍부한 식물이 허락될 때까지 특별히 양육되었다. 1,260일이 끝날 때 종교개혁이 일어났다. 한 때 두 때 반 때가 끝날 때 천년왕국이 시작된다. 종교개혁과 천년왕국 사이에는 종교개혁 자체보다 더 주목할 만한 변혁은 없다. 종교개혁이 중요하다는 것은 이것으로 충

159) 신약주해, 요한계시록, 성등사, 이상근, p. 171.

분히 밝혀졌다"고 말했다.[160)]

2) 애굽의 피신으로 보는 견해

이 모자를 마리아와 그리스도로 보는 편에서는 이 도피를 애굽 피난으로 본다(Barclay 등).[161)]

3) 광야 같은 세상에서 보호받는 것으로 보는 견해

이상근, 신성종, 이동원, 정근두, 이필찬 교수 등이 이 견해를 지지한다.

여인(교회)은 광야로 도망하여 1,260일 동안 하나님의 양육을 받게 된다고 했다. 이것은 후 3년 반 동안에 공산주의 국가에서처럼 유형적 교회가 점차로 사라지고 지하 교회 교인들로서 하나님의 보호를 받는다는 말이다.[162)]

4) 휴거 후 유대인들이 대환난 중에 보호받는 페트라(Pertra) 성으로 보는 견해

극단주의 미래적 해석법을 취하는 자들은…유대 사람들의 일부분

160) 계시록 난해 해설, 흰돌, 이광복, p. 370.
161) 신약주해, 요한계시록, 성등사, 이상근, p. 171.
162) 요한계시록강해, 엠마오, 신성종, p. 93.

이 환난 중에 보전되었다가 그리스도의 재림을 기다리는 장소로서 이스라엘 남동쪽에 있는 페트라(Pertra) 성으로 보는 견해가 있다.

이 주장은 세대주의 학파의 학자들이 많이 주장하는데, 교회는 4장에서 휴거되었기에 12장의 예비처는 유대인밖에 들어갈 자가 없다고 한다.[163)]

모압 땅은 적그리스도가 침범해 들어올 때, 하나님께서 이스라엘에게 주신 피난처가 됩니다. …적그리스도가 온 세계를 다 지배해도 모압 땅만은 이 멸절하는 자 앞에서 도피성이 되리라고 했습니다. …그 광야 가운데 이 세상에서 가장 튼튼한 요새(要塞)가 하나 있습니다. 그 성 이름은 페트라(Pertra)입니다.[164)]

광야의 위치는 정확히 알 수 없으나 사해 남서쪽일 것이라 짐작됩니다. 사해 지방에서 남쪽으로 약 200리쯤 내려가면 '페트라'라는 곳이 있습니다.[165)]

5) 상징적 비유로 보는 견해

광야의 하나님이 예비하신 곳을 상징적 비유로 보아 안전과 훈련과 시련의 장소를 상징하는 것으로 보는 견해가 있다.[166)]

본절의 광야는 하나님의 백성들로 구성된 교회에 대한 하나님의

---

163) 계시록 난해 해설, 흰돌, 이광복, p. 371.
164) 평신도를 위한 요한계시록 강해, 서울서적, 조용기, pp. 219~220.
165) 당신은 확실히 준비하십니까, 나침반, 김상복, p. 147.
166) 계시록 난해 해설, 흰돌, 이광복, p. 371.

끊임없는 보호와 양육하심에 대한 상징으로 해석할 수 있다.[167]

6) 필자의 견해

이상의 모든 견해는 나름대로 의미를 부여하지만 요한계시록 본문 말씀과 상충(相衝)되고, 본문의 의미에 충실한 해석으로 여겨지지 않는다.

필자는 종말에 용이 미가엘 군대와의 싸움에서 패하여 이 땅으로 내어 쫓긴 뒤(계 12:7~17) 해를 입은 여인을 핍박할 때, 용으로부터 권세를 받아 이 땅을 통치하는 적그리스도 핍박을 피하여 숨을 예비처가 이 땅이 될 수 없다고 본다.

해를 입은 여인이 적그리스도의 핍박을 피할 예비처는 사탄이 쫓겨난 하늘(공중)로 보는 것이 요한계시록의 증거 내용과 가장 조화를 이룬다.

⑴ 요한계시록의 내증이 이를 입증해 주고 있다.

① 본서의 계시 말씀들이 성도들이 하늘(οὐρανός, 우라노스)에 거할 것을 증거해 주고 있다.

12장 12절 말씀은 “그러므로 하늘과 그 가운데 거하는 자들은 즐거워하라 그러나 땅과 바다는 화 있을진저 이는 마귀가 자기의 때가 얼마 못 된 줄을 알므로 크게 분내어 너희에게 내려갔음이라 하더라”고 증거해 주고 있다.

---

167) 옥스포드 원어성경대전, 요한계시록 제12-22장, 제자원, p. 37.

공중 권세 잡았던 마귀가 하늘 전쟁에서 패배하고 땅으로 내어 쫓김으로 하늘이 정결케 되어 하나님의 신실한 백성들을 피신시키는 예비처로 준비되었음을 보여주고 있다.

13장 5~6절 말씀은 "또 짐승이 큰 말과 참람된 말 하는 입을 받고 또 마흔두 달 일할 권세를 받으니라 짐승이 입을 벌려 하나님을 향하여 훼방하되 그의 이름과 그의 장막 곧 하늘에 거하는 자들을 훼방하더라"고 계시해 주고 있다.

이상의 계시 말씀은 적그리스도의 통치 기간인 후 3년 반(마흔두 달) 동안 성도들이 피신하여 하나님의 양육과 보호를 받는 광야 예비처가 하늘임을 계시해 주고 있다.

② 이 땅은 땅으로 쫓겨난 마귀와 그 사자들의 통치 아래 놓임이 이를 입증한다.

이 땅 어디도 피난처가 될 수 없음은, 마흔두 달 동안 적그리스도인 짐승이 통치하는 권세를 받아 다스리게 될 것이기 때문이다.

> "용이 짐승에게 권세를 주므로 용에게 경배하며 짐승에게 경배하여 가로되 누가 이 짐승과 같으뇨 누가 능히 이로 더불어 싸우리요 하더라 또 짐승이 큰 말과 참람된 말하는 입을 받고 또 마흔두 달 일할 권세를 받으니라"(계 13:4~5).

인공위성과 정보통신 기술이 발달한 현대 문명 속에서 지구 어느 곳에 피신하여 뱀의 낯을 피할 수 있겠는가? 이 땅 어디에도 뱀의 낯을 피해 살 수 있는 예비처가 없을 것이다. 그러므로 광야 예비처는 이 땅이 아닌 하늘이 될 것이라 여겨진다.

"용이 자기가 땅으로 내어쫓긴 것을 보고 남자를 낳은 여자를 핍박하는지라 그 여자가 큰 독수리의 두 날개를 받아 광야 자기 곳으로 날아가 거기서 그 뱀의 낯을 피하여 한 때와 두 때와 반 때를 양육받으매"(계 12:13~14).

⑵ 출애굽 과정이 이를 입증해 준다.

이스라엘 백성이 애굽에 들어가 살며 번성했던 고센 땅을 광야 예비처의 모형으로 해석하며, 애굽이 세상을 상징하므로 광야 예비처도 이 세상에 속한 곳이라고 주장하는 견해가 있다.

이스라엘 백성이 거하는 고센 땅에는 넷째 재앙인 파리 떼의 재앙이 없었으나 애굽의 온 지경에는 바로의 궁중은 물론이려니와 전국이 파리 떼의 재앙으로 큰 환난을 당하게 되었다.

마지막 대환난기의 황충의 재앙 때에도 구별된 백성들이 거하는 '하나님이 예비하신 곳'에는, 파리 떼처럼 귀찮게 하는 괴로운 일이나 죽기를 구하는 전갈의 고통을 받지 아니하는 하나님의 은총이 임하실 것이다.[168]

이스라엘 자손이 들어가 살던 애굽의 고센 땅이 해를 입은 여자가 뱀의 낯을 피하여 도망가 1,260일 동안 양육받게 될 광야 예비처의 모형이라는 주장은 성경의 지지를 받지 못한다.

성경은 이스라엘 자손이 애굽의 고센 땅에 들어가 사는 사건을 독수리 날개로 업어 피신시킨 사건이라 말하지 않고, 애굽(세상)에서 광야로 나오는 출애굽 사건을 독수리 날개로 업어 인도한 사건이라 증거하기 때문이다.

---

168) 휴거와 하나님이 예비하신 곳, 흰돌, 이광복, pp. 180~181.

"나의 애굽 사람에게 어떻게 행하였음과 내가 어떻게 독수리 날개로 너희를 업어 내게로 인도하였음을 너희가 보았느니라"(출 19:4).

하나님께서는 일찍이 하나님의 백성인 이스라엘 백성들을 종살이 하던 애굽 왕 바로의 핍박 가운데서 광야로 이끌어 내시고, 불과 구름 기둥으로 보호하시며, 하늘의 만나와 반석의 생수로 그들을 먹이시며, 40년 동안을 양육하시며 가나안으로 인도하셨다.

이스라엘 백성을 애굽에서 광야로 이끌어 내시고 광야에서 특별 보호 양육하신 뒤 가나안으로 인도하신 사건은 종말에 이 땅(세상)에서 광야 예비처(공중)로 이끌어 특별 보호와 양육하심을 받은 해 입은 여자(교회)를 새 하늘과 새 땅으로 인도하실 것을 보여주는 모형이라 해석함이 타당하다.

애굽(이 세상) → 광야(하늘 예비처) → 가나안(새 하늘과 새 땅)

4

여자의 남은 자손은 누구인가?

그 여자의 남은 자손에 대해서 이방인으로서의 그리스도인, 유대인의 남은 성도, 예비처로 피신하지 못하고 남겨진 성도들, 그리스도의 계명을 따르는 교회 공동체의 개개인의 성도들, 예수 그리스도의 계명을 따르는 신실한 종들로 보는 등의 다양한 견해가 있다.

1) 이방인들로서의 그리스도인으로 보는 견해

'그 여자의 남은 자손'을 이방인 중에서 그리스도로 개종한 자들로 보는 견해가 있는데, 이는 글리아슨 아처(Gleason L. Archer), 로버트 H. 마운스(Robert H. Mounce), 바이드너(Weidner) 등이 지지하는 이론이다.[169]

2) 유대인의 남은 성도로 보는 견해

169) 계시록 난해 해설, 흰돌, 이광복, p. 379.

모(母)교회를 이스라엘과 동일시하는 자들은 "그 여자의 남은 자손"을 그리스도인에게로 돌아오는 유대인의 남아있는 성도로 보는 견해로서, 일반적으로 세대주의 해석학파의 학자들이 지지하는 이론이다.[170)]

저들이 모든 신자들(주로 이방인)이냐(Plummer), 유대인 신자들이냐(Walvoord)가 문제이다. 여자를 유대 민족으로 취급하더라도 어느 설이든 취할 수 있다(5절의 "아들" 참조). 원칙적으로 후설을 취한다.[171)]

3) 예비처에 피신하지 못한 남겨진 성도들로 보는 견해

"그 여자의 남은 자손"은 구원받을 성도를 암시하기보다는 세상의 것에 소망을 둠으로 말미암아 땅에 속한 자가 되어 사탄의 핍박을 받는 나쁜 의미로서의 남은 자로 본다.[172)]

이들은 후 3년 반, 1,260일간 하나님의 예비처에서 보호를 받지 못하고 대환난 중에 떨어진 성도들을 의미한다고 보아야 한다.[173)]

예수님을 믿는 사람들은 하나님이 옮기셨고, 이제 남은 유대인들은 세속적인 유대인들뿐입니다. 그러나 그들도 하나님의 계명을 지켜 우상에게는 절하지 않습니다. 그리고 이때라도 뒤늦게 예수님을 믿게 된 이방인들이 있습니다. 이제 용이 이 사람들을 잡아 죽이기 위해

---

170) 계시록 난해 해설, 흰돌, 이광복, p. 379.
171) 신약주해, 요한계시록, 성등사, 이상근, p. 177.
172) 계시록 난해 해설, 흰돌, 이광복, p. 385.
173) 요한계시록 심층분석 주해와 연구, 신생, 민병석, p. 281.

선 것입니다.[174]

4) 그리스도의 계명을 지키는 교회 공동체 개개인 성도들로 보는 견해

여자는 성도들의 '신앙공동체 전체'를 상징하는 반면 남은 자손은 신앙공동체 중에서 사탄의 핍박으로 인해 '순교당하는 개인으로서의 성도들'을 가리킨다고 주장한다(Swete, Caird, Kiddle).[175]

"그 여자의 남은 자손"이란 여자가 낳은 아이 곧 '예수 그리스도'와 구별되는 교회의 구성원들을 가리키는 것이 명백하다.[176]

5) 예수 그리스도의 계명을 따르는 신실한 종들로 보는 견해

첫째로, 하나님의 계명을 지키고 순종하는 자이고, 둘째로, 그리스도의 증거를 소유한 자입니다. 그리스도의 복음을 증언하고 있는 하나님의 백성들이 바다 모래 위에 쫙 서 있습니다. 그들 앞에서 사탄은 최후의 도전장을 내놓고 교회와 주님의 백성을 향한 마지막 공격을 시작할 것입니다.[177]

이상의 견해 중 마지막 다섯 번째 견해가 본서의 계시 내용과 가장 조화되는 해석이다.

---

174) 평신도를 위한 요한계시록 강해, 서울서적, 조용기, p. 226.
175) 호크마 종합주석, 요한일서-요한계시록, 기독지혜사, 강병도, p. 395.
176) 옥스퍼드 원어성경대전, 요한계시록 제12-22장, 제자원, p. 76.
177) 마지막 싸움 마지막 승리, 나침반, 이동원, p. 39.

본문에 계시하고 있는 "그 여자의 남은 자손"에 대해 나쁜 의미로 해석하는 사람들이 종종 있다. 그러나 본문에 계시된 "그 여자의 남은 자손"은 좋은 의미로서의 남은 자로 해석함이 타당하다.

(1) 원어적으로 입증된다.

"그 여자의 남은 자손"이란 본절 말씀에서 '자손'(子孫)을 의미하는 헬라어 '스페르마토스'(σπέρματος)는 '뿌려진'(that which is sown)을 의미한다. 그러므로 해를 입은 여자가 참 교회의 모형이라면, 그 여자로부터 뿌려진 씨앗 또한 좋은 의미로서의 남은 자라고 해석함이 타당하다.

> " … 그 그루터기는 남아 있는 것같이 거룩한 씨가 이 땅의 그루터기니라"(사 6:13).

(2) 그들의 신앙 자세가 이를 입증한다.

본문은 그 여자의 남은 자손의 신앙적 자세를 "하나님의 계명과 예수의 증거를 가진 자들"이라고 분명하게 계시해 주고 있다. "하나님의 계명과 예수의 증거를 가진 자들"은 진리에 바르게 선 신실한 성도들임이 분명하다. 그 어떤 이론이나 추측도 본문의 계시 증거보다 앞설 수 없다. 여자의 남은 자손에 대한 본문의 확실한 계시를 무시하거나 억지로 해석하는 것은 하나님 말씀을 왜곡시키는 죄를 범하는 것이다.

⑶ 사탄의 행동이 이를 입증한다.

본문은 "용이 여자에게 분노하여 돌아가서 그 여자의 남은 자손 곧 하나님의 계명과 예수의 증거를 가진 자들로 더불어 싸우려고 바다 모래 위에 섰더라"(17절)고 증거한다.

그 여자의 남은 자손들이 신앙이 나약하고 세상을 좇아가다 버림받는 무리들이라면 용이 그들과 더불어 싸우려는 임전태세를 갖출 필요가 있겠는가?

용이 그 여자의 남은 자손과 더불어 싸우려는 임전태세를 갖추고 있다는 것은 그들이 진리로 무장한 거룩한 성도들임을 입증한다.

⑷ 요한계시록의 계시 내용들과 조화를 이루는 해석이다.

요한계시록 13장의 계시 내용을 보면, 용으로부터 후 3년 반인 마흔두 달 동안 권세를 받아 다스리게 되는 짐승(적그리스도)이 성도들과 싸워 이기게 될 때, 이 땅에 남은 성도들은 죽기까지 믿음을 지키며 인내로써 하나님 말씀과 예수 그리스도의 복음을 증거하게 될 것을 계시해 주고 있다.

> "또 짐승이 … 마흔두 달 일할 권세를 받으니라 … 또 권세를 받아 성도들과 싸워 이기게 되고 … 죽임을 당한 어린양의 생명책에 창세 이후로 녹명되지 못하고 이 땅에 사는 자들은 다 짐승에게 경배하리라 … 성도들의 인내와 믿음이 여기 있느니라"(계 13:5~10).

짐승이 다스리게 될 후 3년 반인 마흔두 달 동안 이 땅에 남아 하나님의 계명을 지키며 예수 그리스도의 복음을 증거하며 인내로써 영적 싸움을 싸우게 될 "그 여자의 남은 자손들"은 짐승의 표인 666

을 받지도 아니하고 짐승의 우상에게 경배하지도 아니함으로 순교할 거룩한 믿음의 성도들을 나타낸다.

이들에 대해 본서 14장 4절 말씀은 "이 사람들은 여자로 더불어 더럽히지 아니하고 정절이 있는 자라 어린양이 어디로 인도하든지 따라가는 자며 사람 가운데서 구속을 받아 처음 익은 열매로 하나님과 어린양에게 속한 자들"이라 증거한다.

20장 4~6절 말씀에서는 "또 내가 보좌들을 보니 거기 앉은 자들이 있어 심판하는 권세를 받았더라 또 내가 보니 예수의 증거와 하나님의 말씀을 인하여 목 베임을 받은 자의 영혼들과 또 짐승과 그의 우상에게 경배하지도 아니하고 이마와 손에 그의 표를 받지도 아니한 자들이 살아서 그리스도로 더불어 천년 동안 왕 노릇 하니 (그 나머지 죽은 자들은 그 천년이 차기까지 살지 못하더라) 이는 첫째 부활이라 이 첫째 부활에 참예하는 자들은 복이 있고 거룩하도다 둘째 사망이 그들을 다스리는 권세가 없고 도리어 그들이 하나님과 그리스도의 제사장이 되어 천년 동안 그리스도로 더불어 왕 노릇 하리라"고 증거해 준다.

짐승이 다스리게 될 후 3년 반(마흔두 달) 동안 이 땅에 남게 될 "그 여자의 남은 자손들"은 순교하기까지 충성하며 복음 증거의 사명을 감당할 두 증인과 십사만 사천의 종들과 동일한 대상으로 해석함이 요한계시록의 계시 증거들과 조화를 이루는 해석이다.

⑸ 다른 성경의 증거들과 조화를 이루는 해석이다.

"여자의 남은 자손"에 대한 본문의 사건은 구약성경의 스바냐 3장 13절 말씀과 구약 열왕기상 19장의 엘리야 시대의 남은 자를 그 배경으로 하고 있다.

스바냐 3장 13절 말씀은 "이스라엘의 남은 자는 악을 행치 아니하며 거짓을 말하지 아니하며 입에 궤휼한 혀가 없으며 먹으며 누우나 놀라게 할 자가 없으리라"고 예언하고 있다.

여자의 남은 자손은 두 증인과 하나님의 인 맞은 십사만 사천의 종들과 동일한 대상으로 보는 것이 성경에 조화되는 해석이다.

> "이 사람들은 여자로 더불어 더럽히지 아니하고 정절이 있는 자라 어린양이 어디로 인도하든지 따라가는 자며 사람 가운데서 구속을 받아 처음 익은 열매로 하나님과 어린양에게 속한 자들이니 그 입에 거짓말이 없고 흠이 없는 자들이더라"(계 14:4~5).

열왕기상 19장을 보면, 시내산 굴 속에 들어가 열심히 특심하고 있는 엘리야 선지자에게 하나님의 말씀이 계시되는데, 이스라엘 백성 중에 바알에게 무릎을 꿇지 아니하고 바알에게 입을 맞추지도 아니하며 신앙의 정절을 지키는 칠천 명을 남겨 두었다고 말씀하고 있다.

> "여호와께서 가라사대 너는 나가서 여호와의 앞에서 산에 섰으라 하시더니 여호와께서 지나가시는데 여호와의 앞에 크고 강한 바람이 산을 가르고 바위를 부수나 바람 가운데 여호와께서 계시지 아니하며 바람 후에 지진이 있으나 지진 가운데도 여호와께서 계시지 아니하며 또 지진 후에 불이 있으나 불 가운데도 여호와께서 계시지 아니하더니 불 후에 세미한 소리가 있는지라 엘리야가 듣고 겉옷으로 얼굴을 가리우고 나가 굴 어귀에 서매 소리가 있어 저에게 임하여 가라사대 엘리야야 네가 어찌하여 여기 있느냐 저가 대답하되 내가 만군의 하나님 여호와를 위하여 열심이 특심하오니 이는 이스라엘 자손이 주의 언약을 버리고 주의 단을 헐며 칼로 주의 선지자들을 죽였음이오며 오직 나만 남았거늘 저희가 내 생명을 찾아 취하려 하나이다 … 내가 이스라엘 가운데 칠천인을 남기리니 다 무릎을 바알에게 꿇지 아니하고 다 그 입을 바알에게 맞추지 아니한 자니라"(왕상 19:11~18).

'남은 자의 신앙'은 죽기까지 신앙의 정절을 지키며, 믿음으로 승리한 성도들의 신앙이다.

이사야 선지자는 이들을 '거룩한 씨'요 '그루터기'라고 표현하고 있다.

"내가 가로되 주여 어느 때까지니이까 대답하시되 성읍들은 황폐하여 거민이 없으며 가옥들에는 사람이 없고 이 토지가 전폐(全廢)하게 되며 사람들이 여호와께 멀리 옮기워서 이 땅 가운데 폐한 곳이 많을 때까지니라 그중에 십분의 일이 오히려 남아 있을지라도 이것도 삼키운 바 될 것이나 밤나무, 상수리나무가 베임을 당하여도 그 그루터기는 남아 있는 것같이 거룩한 씨가 이 땅의 그루터기니라"(사 6:11~13).

에스겔서 6장 8절 말씀에서 하나님께서는 이스라엘 산들이 멸망을 당할 때에 이방 중에 남아있는 자가 있을 것을 증거하고 있다.

"그러나 너희가 열방에 흩어질 때에 내가 너희 중에서 칼을 피하여 이방 중에 남아 있는 자가 있게 할지라"(겔 6:8).

사도행전 8장을 보면, 예루살렘 교회에 큰 핍박이 가해지자 다 유대와 사마리아 땅으로 흩어져 피했지만, 사도들은 피하지 않고 예루살렘에 남아 있어 순교한 스데반 집사를 장사하고 크게 울었다고 증거하고 있다.

"사울이 그의 죽임당함을 마땅히 여기더라 그날에 예루살렘에 있는 교회에 큰 핍박이 나서 사도 외에는 다 유대와 사마리아 모든 땅으로 흩어지니라 경건한 사람들이 스데반을 장사하고 위하여 크게 울더라 사울이 교회를 잔멸할새 각 집에 들어가 남녀를 끌어다가 옥에 넘기니라"(행 8:1~3).

IX

두 짐승과 짐승의 표 666에 대한 Q&A

성경 본문은 계시록 13장 1~18절 말씀이다.

"내가 보니 바다에서 한 짐승이 나오는데 뿔이 열이요 머리가 일곱이라 그 뿔에는 열 면류관이 있고 그 머리들에는 참람된 이름들이 있더라 내가 본 짐승은 표범과 비슷하고 그 발은 곰의 발 같고 그 입은 사자의 입 같은데 용이 자기의 능력과 보좌와 큰 권세를 그에게 주었더라 그의 머리 하나가 상하여 죽게 된 것 같더니 그 죽게 되었던 상처가 나으매 온 땅이 이상히 여겨 짐승을 따르고 용이 짐승에게 권세를 주므로 용에게 경배하며 짐승에게 경배하여 가로되 누가 이 짐승과 같으뇨 누가 능히 이로 더불어 싸우리요 하더라 또 짐승이 큰 말과 참람된 말하는 입을 받고 또 마흔두 달 일할 권세를 받으니라 짐승이 입을 벌려 하나님을 향하여 훼방하되 그의 이름과 그의 장막 곧 하늘에 거하는 자들을 훼방하더라 또 권세를 받아 성도들과 싸워 이기게 되고 각 족속과 백성과 방언과 나라를 다스리는 권세를 받으니 죽임을 당한 어린양의 생명책에 창세 이후로 녹명되지 못하고 이 땅에 사는 자들은 다 짐승에게 경배하리라 누구든지 귀가 있거든 들을지어다 사로잡는 자는 사로잡힐 것이요 칼로 죽이는 자는 자기도 마땅히 칼에 죽으리니 성도들의 인내와 믿음이 여기 있느니라 내가 보매 또 다른 짐승이 땅에서 올라오니 새끼양같이 두 뿔이 있고 용처럼 말하더라 저가 먼저 나온 짐승의 모든 권세를 그 앞에서 행하고 땅과 땅에 거하는 자들로 처음 짐승에게 경배하게 하니 곧 죽게 되었던 상처가 나은 자니라 큰 이적을 행하되 심지어 사람들 앞에서 불이 하늘로부터 땅에 내려오게 하고 짐승 앞에서 받은 바 이적을 행함으로 땅에 거하는 자들을 미혹하며 땅에 거하는 자들에게 이르기를 칼에 상하였다가 살아난 짐승을 위하여 우상을 만들라 하더라 저가 권세를 받아 그 짐승의 우상에게 생기를 주어 그 짐승의 우상으로 말하게 하고 또 짐승의 우상에게 경배하지 아니하는 자는 몇이든지 다 죽이게 하더라 저가 모든 자 곧 작은 자나 큰 자나 부자나 빈궁한 자나 자유한 자나 종들로 그 오른손에나 이마에 표를 받게 하고 누구든지 이 표를 가진 자 외에는 매매를 못하게 하니 이 표는 곧 짐승의 이름이나 그 이름의 수라 지혜가 여기 있으니 총명 있는 자는 그 짐승의 수를 세어 보라 그 수는 사람의 수니 육백육십육이니라"(계 13:1~18).

요한계시록 13장에 증거되고 있는 두 짐승에 대한 내용은 세 가지 Q&A가 필요하다.

1. 바다에서 올라온 짐승은 누구를 상징하는가?
2. 땅에서 올라온 짐승은 누구를 상징하는가?
3. 짐승의 수 666은 무엇을 의미하는가?

1
바다에서 올라온 짐승은 누구를 상징하는가?

1) 로마 제국으로 보는 견해

"바다에서 올라온 짐승"을 로마 제국으로 보는 이유는, 사도 요한 당시 로마 제국은 악과 사탄 권세의 화신이었기 때문이다. 당시의 로마 제국은 바벨론을 상징하는 독수리의 날개를 가진 짐승과 메대와 바사를 상징하는 곰 같은 짐승과 헬라 제국을 상징하는 표범의 특성을 종합적으로 지닌 짐승의 모습을 연상시켜 주고 있다고 보았다.

> 이 짐승은 로마입니다. 바로 로마라고 표현을 하면 많은 형제들이 로마의 핍박을 받을 것이기 때문에 바다에서 올라온 짐승이라고 상징적으로 표현하고 있는 것입니다.[178]

바다에서 올라온 '첫 번째 짐승'을 로마 제국으로 보는 이유는, 사도 요한 당시 로마 제국은 악과 사탄 권세의 화신이었기 때문이다. 당시의 로마 제국은 바벨론을 상징하는 독수리의 날개를 가진 짐승과 메대·바사를 상징하는 곰 같은 짐승과 헬라 제국을 상징하는 표범의

178) 요한계시록 강해설교 2 하나님의 구원역사, 성서유니온, 김서택, p. 256.

특성을 종합적으로 지닌 짐승의 모습을 연상시켜 주었던 것이다. …
바클레이(William Barclay)는… "요한에게 있어서 로마 제국은 아주 악마적이요 무시무시한 존재여서 그 한 제국에 과거에 있었던 악한 제국들이 모든 악한 공포를 다 내포하고 있었다. 로마는 모든 악의 집대성이었다"고 하였으며, …김재준 박사는 "짐승은 로마 제국임에 틀림없다"고 하였다."[179]

2) 로마 제국의 황제로 보는 견해

저자 요한이 네로의 귀환이라는 전설에 근거하여 네로 황제를 대두시키는 것은, 그 황제를 통해 로마를 통치하고 교회 공동체를 핍박하는 로마 황제 전체를 포괄하는 대표자로 제시하려는 목적을 갖는다고 보는 견해다.

이 짐승을 로마 제국과는 구별하여 로마 제국의 황제를 대표하는 '네로 황제'로 규정한다. …요한이 네로의 귀환이라는 전설에 근거하여 네로 황제를 대두시키는 것은, 그 황제를 통해 로마를 통치하고 교회 공동체를 핍박하는 로마 황제 전체를 포괄하는 대표자로 제시하려는 목적을 갖는다.[180]

3) 로마 교회로 보는 견해

179) 계시록 난해 해설, 흰돌, 이광복, p. 390.
180) 내가 속히 오리라, 이레서원, 이필찬, p. 573.

"바다에서 올라온 짐승"을 상징하고 있는 정치적 권세와 땅에서 올라온 두 번째 짐승이 상징하고 있는 교회의 권세를 다 함께 행하고 있는 로마 교황제도를 취한 로마 교회로 보는 주장이다.

'바다에서 올라온 첫 번째 짐승'이 상징하고 있는 정치적 권세와 두 번째 짐승이 상징하고 있는 교회의 권세를 다 함께 행하고 있는 교황제도를 취한 로마의 교회로 보는 견해가 있는데, 바네스(Barnes), 엘리옷(Elliott), 귀네스(Guinnes) 등이 지지하는 이론이다.[181)]

4) 로마 교황으로 보는 견해

"바다에서 올라온 짐승"을 로마의 정치적, 정신적 지도자로 부상(浮上)한 로마 교황으로 보는 견해다.

'바다에서 올라온 첫 번째 짐승'을 이교 로마의 정치적, 정신적 지도자로 부상한 로마 교황으로 보는 견해가 있는데, 루터, 칼빈, 벵겔, 알포드 등 개혁주의자들이 지지하는 이론이다.[182)]

5) 정치제도를 통해 교회와 성도를 핍박하는 모든 악의 세력으로 보는 견해

'바다'는 모든 나라들과 그 정부를 총칭하는 것으로 볼 수 있다. 그

181) 계시록 난해 해설, 흰돌, 이광복, p. 390.
182) 계시록 난해 해설, 흰돌, 이광복, p. 391.

러므로 "바다에서 올라온 짐승"은 교회와 성도를 핍박하는 정치제도를 가진 정부와 나라를 나타낸다고 보는 주장이다.

> 본절의 짐승은 … 단순히 로마 제국만을 상징한다기보다는 인류 역사상 정치제도를 통해 교회와 성도를 핍박하는 모든 악의 세력을 포함하는 것으로 볼 수 있다.[183)]

> 첫째 짐승은 오늘의 적그리스도 국가인 공산주의 나라들이고….[184)]

6) 교회를 박해하는 이단의 세력으로 보는 견해

"바다에서 올라온 짐승"을 역사상 언제 어디서나 교회를 박해하는 특정의 세속적 세력으로서 장차 나타날 적그리스도의 선구자 내지는 그 당시의 이단의 위협으로 보는 견해다.

> 본문을 해석하는 또 하나의 흐름은 현존하는 이단의 위협으로서의 적그리스도를 생각할 수 있습니다. …그리스도를 대항하는, 하나님을 핍박하는 모든 세력은 다 여기 나타나는 짐승입니다.[185)]

> "바다에서 올라온 첫 번째 짐승"을 역사상 언제 어디서나 교회를 박해하는 특정의 세속적 세력으로서 장차 나타날 적그리스도의 선구자 내지는 그 당시의 이단의 위협으로 보는 견해가 있는데, 알포드(Henrt

---

183) 호크마 종합 주석, 요한일서-요한계시록, 기독지혜사, 강병도, p. 409.
184) 요한계시록 강해, 엠마오, 신성종, pp. 96~97.
185) 일곱 나팔, 하나, 정근두, p. 194.

Alford), 벤슨(Benson), 아우베린(Auberlen) 등이 지지하는 이론이다.[186)]

7) 적그리스도 왕국의 절정으로 보는 견해

"바다에서 올라온 짐승"을 다니엘서 7장에 기록된 네 짐승의 혼합체로서 이 세상 말기에 나타날 적그리스도 왕국의 절정으로 보는 견해다.

> "바다에서 올라온 첫 번째 짐승"을 다니엘서 7장에 기록된 네 짐승의 혼합체로서 이 세상 말기에 나타날 적그리스도 왕국의 절정으로 보는 견해가 있는데, 박윤선 박사가 지지하는 이론이다. 이 주장은 "바다에서 올라온 첫 번째 짐승"이 다니엘 7장에 나타난 네 나라로 상징되는 네 짐승의 특징을 한 몸에 지니고 있으므로 적그리스도 왕국의 절정이라는 것이다.[187)]

8) 마지막 한 이레의 조약을 맺을 적그리스도로 보는 견해

"바다에서 올라온 짐승"을 미래 종말에 있을 대환난기, 즉 다니엘이 예언했던 칠십 이레 중 마지막 한 이레의 시작과 함께 나타나게 될 한 인격적인 인물로서의 적그리스도로 보는 견해로, 조용기, 이상근, 김상복, 이동원, 민병석, 이광복, 권승수 등 많은 국내 목회자들이 지지하는 견해다.

---

186) 계시록 난해 해설, 흰돌, 이광복, p. 391.
187) 계시록 난해 해설, 흰돌, 이광복, p. 391.

그는 "멸망의 가증한 것"(마 24:15)으로 종말적인 적그리스도를 가리킨다.[188)]

이 짐승은 … 그리스도 재림과 관계된 미래의 예언이란 점에서 볼 때, 그리스도의 재림 직전에 이 세상의 세력들을 규합하여 하나님을 대적하기 위해 일어날 적그리스도 또는 그 세력으로 보는 것이 타당하다.[189)]

사도 요한에게 보인 계시는 네 번째 짐승으로 적그리스도의 모습만을 나타낸 것이다. … 바다에서 나오는 한 짐승은 열 뿔 중에 작은 뿔로 등장하여 그 열 뿔을 지배하므로 마흔두 달간 세계를 통치하게 될 적그리스도를 의미한다(단 7:7~8; 계 12:5).[190)]

이상의 견해 가운데서 마지막 견해가 본문에 가장 충실한 해석으로 여겨진다.

(1) 용(龍)의 모습을 닮고 용으로부터 능력과 보좌와 큰 권세를 받는 것으로 입증된다.

"바다에서 올라온 한 짐승"은 그 모습이 하늘 전쟁에서 패배하고 땅으로 내어 쫓긴 '한 큰 붉은 용'과 일치되고 있다.

"하늘에 또 다른 이적이 보이니 보라 한 큰 붉은 용이 있어 머리가 일곱이요 뿔이 열이라 그 여러 머리에 일곱 면류관이 있는데"(계 12:3).

---

188) 신약주해, 요한계시록, 성등사, 이상근, p. 178.
189) 옥스퍼드 원어성경 대전, 요한계시록 제12-22장, 제자원, p. 86.
190) 요한계시록 심층분석 주해와 연구, 신생, 민병석, p. 290.

종말의 때에 땅으로 쫓겨나 그때가 얼마 남지 않은 용(龍)이 바다에서 올라온 짐승에게 자기의 능력과 보좌와 큰 권세를 주어 하나님을 훼방하고 교회와 성도들을 훼방하는 일을 행하게 한다.

> "…용이 자기의 능력과 보좌와 큰 권세를 그에게 주었더라 … 용이 짐승에게 권세를 주므로 … 짐승이 큰 말과 참람된 말하는 입을 받고 또 마흔두 달 일할 권세를 받으니라 짐승이 입을 벌려 하나님을 향하여 훼방하되 그의 이름과 그의 장막 곧 하늘에 거하는 자들을 훼방하더라"(계 13:2~6).

그러므로 "바다에서 올라온 한 짐승"은 사탄의 하수인으로서 장차 종말에 나타나 하나님을 대적할 적그리스도임을 알 수 있다.

⑵ 그의 통치 기간으로 입증된다.

요한계시록 13장 5절 말씀은 짐승이 용(龍)으로부터 권세를 받아 큰 말과 참람된 말하는 입을 받고 또 "마흔두 달 일할 권세를 받았다"고 계시해 주고 있다.

짐승이 마흔두 달 일할 권세를 받은 것은, 다니엘이 예언한 칠십 이레의 마지막 한 이레의 절반에 "제사와 예물을 금지할 것"(단 9:27)이라는 말씀과 일치하고, 예수님이 예언하신 대환난의 증거(마 24:4~29)와도 일치하므로 장차 종말의 7년 대환난 때 나타날 적그리스도임이 입증된다.

⑶ 그의 통치 범위로 입증된다.

요한계시록 13장 7절 말씀은 짐승이 "권세를 받아 성도들과 싸워 이기게 되고 각 족속과 백성과 방언과 나라를 다스리는 권세를 받았다"고 계시해 주고 있다. 이 계시 말씀은 짐승의 통치 영역이 전 세계 모든 땅에 미칠 것을 나타내고 있어, 짐승이 장차 일어날 세계 단일 정부의 통치자인 적그리스도임을 입증해 준다.

(4) 요한계시록의 내증으로부터 입증되기 때문이다.

본문에 계시된 일곱 머리 열 뿔을 가진 짐승의 정체에 대해서 요한계시록 17장 말씀에서 자세히 계시해 주고 있기 때문에 "바다에서 올라온 한 짐승"은 곧 적그리스도를 나타냄이 명백히 입증된다.

> "천사가 가로되 왜 기이히 여기느냐 내가 여자와 그의 탄 바 일곱 머리와 열 뿔 가진 짐승의 비밀을 네게 이르리라 네가 본 짐승은 전에 있었다가 시방 없으나 장차 무저갱으로부터 올라와 멸망으로 들어갈 자니 땅에 거하는 자들로서 창세 이후로 생명책에 녹명(錄名)되지 못한 자들이 이전에 있었다가 시방 없으나 장차 나올 짐승을 보고 기이히 여기리라 지혜 있는 뜻이 여기 있으니 그 일곱 머리는 여자가 앉은 일곱 산이요 또 일곱 왕이라 다섯은 망하였고 하나는 있고 다른 이는 아직 이르지 아니하였으나 이르면 반드시 잠깐 동안 계속하리라 전에 있었다가 시방 없어진 짐승은 여덟째 왕이니 일곱 중에 속한 자라 저가 멸망으로 들어가리라 네가 보던 열 뿔은 열 왕이니 아직 나라를 얻지 못하였으나 다만 짐승으로 더불어 임금처럼 권세를 일시 동안 받으리라 저희가 한 뜻을 가지고 자기의 능력과 권세를 짐승에게 주더라 저희가 어린 양으로 더불어 싸우려니와 어린양은 만주의 주시요 만왕의 왕이시므로 저희를 이기실 터이요 또 그와 함께 있는 자들 곧 부르심을 입고 빼내심을 얻고 진실한 자들은 이기리로다 또 천사가 내게 말하되 네가 본 바 음녀의 앉은 물은 백성과 무리와 열국과 방언들이니라"(계 17:7~15).

⑸ 다른 성경의 증거로부터 입증되기 때문이다.

“바다에서 올라온 한 짐승”을 적그리스도로 보는 중요한 이유는 다른 성경의 증거 말씀들로부터 지지받기 때문이다.

① 다니엘서의 증거 내용으로부터 입증된다.

본문의 계시 배경이라 할 수 있는 다니엘서 7장 말씀은 짐승이 적그리스도를 상징하고 있음을 입증해 준다.

“다니엘이 진술하여 가로되 내가 밤에 이상을 보았는데 하늘의 네 바람이 큰 바다로 몰려 불더니 큰 짐승 넷이 바다에서 나왔는데 그 모양이 각각 다르니 첫째는 사자와 같은데 독수리의 날개가 있더니 … 둘째는 곰과 같은데 그것이 몸 한편을 들었고 그 입의 잇사이에는 세 갈빗대가 물렸는데 … 또 본즉 다른 짐승 곧 표범과 같은 것이 있는데 그 등에는 새의 날개 넷이 있고 그 짐승에게 또 머리 넷이 있으며 … 넷째 짐승은 무섭고 놀라우며 또 극히 강하며 또 큰 철 이가 있어서 먹고 부서뜨리고 그 나머지를 발로 밟았으며 이 짐승은 전의 모든 짐승과 다르고 또 열 뿔이 있으므로 내가 그 뿔을 유심히 보는 중 다른 작은 뿔이 그 사이에서 나더니 먼저 뿔 중에 셋이 그 앞에 뿌리까지 뽑혔으며 이 작은 뿔에는 사람의 눈 같은 눈이 있고 또 입이 있어 큰 말을 하였느니라 … 그때에 내가 그 큰 말하는 작은 뿔의 목소리로 인하여 주목하여 보는 사이에 짐승이 죽임을 당하고 그 시체가 상한 바 되어 붙는 불에 던진 바 되었으며 그 남은 모든 짐승은 그 권세를 빼앗겼으나 그 생명은 보존되어 정한 시기가 이르기를 기다리게 되었더라”(단 7:2~12).

“모신 자가 이처럼 이르되 넷째 짐승은 곧 땅의 넷째 나라인데 이는 모든 나라보다 달라서 천하를 삼키고 밟아 부서뜨릴 것이며 그 열 뿔은 이 나라에서 일어날 열 왕이요 그 후에 또 하나가 일어나리니 그는 먼저 있던 자들과 다르고 또 세 왕을 복종시킬 것이며 그가 장차 말로 지극히 높으신 자를 대적하며 또 지극히 높으신 자의 성도를 괴롭게 할 것이며 그가 또 때와 법을 변개코자 할 것이며 성도는 그의 손에 붙인 바 되어 한 때와 두 때와 반 때를 지내리라"(단 7:23~25).

다니엘이 본 넷째 짐승의 열 뿔에서 나오는 작은 뿔은 적그리스도를 상징하는 것이라는 견해는 무천년설이나 역사기 전천년설 학자들의 공통적인 주장이다.

우리가 다니엘서 7장에 예언된 말씀을 해석할 때 주의해야 할 점은, 7장에 계시된 네 짐승을 역사에 등장했던 적국들로 해석하는 오류를 범하기 쉽다는 것이다.

여러 사람들이 다니엘서 7장에 계시되고 있는 네 짐승을 이미 역사에 등장했던 제국들과 짝을 맞추어 설명하는 오해(誤解)를 행하고 있다.

첫째 짐승인 사자와 같은 짐승은 바벨론(B.C. 626~537년)을 상징하고, 둘째 짐승인 곰과 같은 짐승은 메대 바사(B.C. 536~332년)를 상징하고, 셋째 짐승인 표범과 같은 짐승은 헬라(B.C. 332~64년)를 상징하고, 넷째 짐승인 열 뿔 짐승은 로마[B.C. 63~A.D. 476년(서로마), A.D. 1453년(동로마)]를 지칭하는 것으로 해석한다.

그러나 다니엘서 7장의 계시 내용을 자세히 읽어보면, 네 짐승을 역사에 등장했던 제국들을 상징하는 것으로 해석하는 것은 옳지 않음이 드러난다.

다니엘서 7장에 계시되고 있는 네 짐승은 마지막 종말의 때 동시에 출현하게 될 것을 보여준다.

다니엘서 7장 17절 말씀을 보면 "그 네 큰 짐승은 네 왕이라 세상에 일어날 것이로되"라고 증거해 주고 있다. 이 계시 예언은 네 나라가 장차 이 세상에 출현하게 될 것임을 입증해 준다. "세상에 일어날 것이로되"는 미래형의 표현이다. 이미 존재했던 제국들이 아니라 장차 이 세상에 나타날 것을 예언하고 있음을 간과해서는 안 된다.

그 뒤를 이어 18절 말씀에서 "지극히 높으신 자의 성도들이 나라를 얻으리니 그 누림이 영원하고 영원하고 영원하리라"고 예언하고 있다.

이는 네 짐승의 나라가 일어난 뒤에 '하나님의 나라'가 세워질 것임을 나타낸다. 이 나라가 신약시대의 교회가 아닌 것은 그 이후에 나오는 모든 말씀들이 "넷째 짐승"으로 등장하는 "작은 뿔"인 적그리스도를 최종적으로 심판하신 후에 등장하는 나라로 "한 이레"의 후반부에 속한 "한 때와 두 때와 반 때" 즉 적그리스도의 통치기간인 후 3년 반(마흔두 달)이 지난 직후에 세워질 "하나님의 나라"를 나타내고 있기 때문이다.

다니엘서 7장 11~12절 말씀을 보면 "그때에 내가 그 큰 말하는 작은 뿔의 목소리로 인하여 주목하여 보는 사이에 짐승이 죽임을 당하고 그 시체가 상한 바 되어 붙는 불에 던진 바 되었으며 그 남은 모든 짐승은 그 권세를 빼앗겼으나 그 생명은 보존되어 정한 시기가 이르기를 기다리게 되었더라"고 증거하고 있다. 이는 넷째 짐승이 멸망한 뒤에도 앞의 세 짐승의 나라는 여전히 보존되어 있을 것을 예언하는 말씀이다. 그러므로 네 짐승을 지난 역사에 등장했던 제국들과 짝을 맞추어 해석하는 주장은 성경의 지지를 받지 못한다.

② 마태복음 24장의 예수님 예언의 말씀으로 입증된다.

예수님이 종말에 대해 예언해 주신 마태복음 24장 15절 이하의 증거 말씀을 보면 "그러므로 너희가 선지자 다니엘의 말한 바 멸망의 가증한 것이 거룩한 곳에 선 것을 보거든(읽는 자는 깨달을진저) … 그

때에 큰 환난이 있겠음이라 창세로부터 지금까지 이런 환난이 없었고 후에도 없으리라 그날들을 감하지 아니할 것이면 모든 육체가 구원을 얻지 못할 것이나 그러나 택하신 자들을 위하여 그날들을 감하시리라 그때에 사람이 너희에게 말하되 보라 그리스도가 여기 있다 혹 저기 있다 하여도 믿지 말라 거짓 그리스도들과 거짓 선지자들이 일어나 큰 표적과 기사를 보이어 할 수만 있으면 택하신 자들도 미혹하게 하리라"(마 24:15~24)고 증거하고 있다.

예수님이 예언하실 때 인용하신 다니엘서의 말씀은 다니엘서 9장 27절 말씀이다.

> "그가 장차 많은 사람으로 더불어 한 이레 동안의 언약을 굳게 정하겠고 그가 그 이레의 절반에 제사와 예물을 금지할 것이며 또 잔포하여 미운 물건이 날개를 의지하여 설 것이며 또 이미 정한 종말까지 진노가 황폐케 하는 자에게 쏟아지리라 하였느니라"(단 9:27).

이상의 말씀들은 사도 요한이 본 바다에서 올라온 짐승 사건과 한 맥락을 이루고 있다. 즉 바다에서 올라온 짐승이 용으로부터 능력과 보좌와 큰 권세를 받아 대환난기의 후 3년 반인 마흔두 달 동안을 통치하는 사건을 묘사하는 계시 예언이다. 그러므로 바다에서 올라온 짐승은 마지막 한 이레인 7년 대환난기에 등장할 적그리스도임이 입증된다.

③ 사도 바울의 가르침으로 입증된다.

바울 사도가 데살로니가 교회에 보낸 편지인 데살로니가후서 2장 3~4절 말씀을 보면 "누가 아무렇게 하여도 너희가 미혹하지 말라 먼저 배도(背道)하는 일이 있고 저 불법의 사람 곧 멸망의 아들이 나타나기 전에는 이르지 아니하리니 저는 대적하는 자라 범사에 일컫는 하나님이나 숭배함을 받는 자 위에 뛰어나 자존(自尊)하여 하나님 성전에 앉아 자기를 보여 하나님이라 하느니라"고 가르쳐 주고 있다.

이는 다니엘의 예언과 예수님의 가르침에 일치하는 내용으로 본문에 계시된 "바다에서 올라온 한 짐승"이 마지막 대환난기에 나타날 적그리스도를 상징하고 있음을 입증해 주는 말씀이다. 본문에 계시된 짐승의 모습은 다니엘서 7장에 계시되고 있는 짐승의 모습들을 모두 한 몸에 지니고 있음을 보여준다.

우리는 이 짐승이 얼마나 교활하고 신속한 공격력과 강한 힘을 가진 통치자인지를 알 수 있다. 이 짐승은 사탄으로부터 모든 능력과 보좌와 권세를 부여받았다. 세상에 등장한 모든 악의 총화, 그것을 이 짐승이 한 몸에 지니고 있음을 계시하신 이유는 성도들이 경각심을 갖고 깨어 있기를 바라시는 주님의 음성이다.

> "근신하라 깨어라 너희 대적 마귀가 우는 사자같이 두루 다니며 삼킬 자를 찾나니 너희는 믿음을 굳게 하여 저를 대적하라 이는 세상에 있는 너희 형제들도 동일한 고난을 당하는 줄을 앎이니라 모든 은혜의 하나님 곧 그리스도 안에서 너희를 부르사 자기의 영원한 영광에 들어가게 하신 이가 잠깐 고난을 받은 너희를 친히 온전케 하시며 굳게 하시며 강하게 하시며 터를 견고케 하시리라"(벧전 5:8~10).

2
땅에서 올라온 짐승은 누구를 상징하는가?

1) 교황으로 보는 견해

"바다에서 올라온 한 짐승"을 로마로 보는 사람들은 "땅에서 올라온 짐승"을 로마 교황으로 본다. 초기 개혁가들은 주로 이 견해를 주장하고 있다.

> 바다에서 올라온 첫 번째 짐승을 로마로 보는 자들은 땅에서 올라온 두 번째의 짐승을 교황으로 보는데, 이는 주로 초기의 개혁가들의 주장으로 칼빈(Calvin), 루터(Luther) 등이 지지하는 이론이다.[191]

2) 이교(異敎)의 제사장직으로 보는 견해

"바다에서 올라온 한 짐승"을 회생한 네로 황제로 보는 사람들은 "땅에서 올라온 짐승"을 황제 숭배를 강요했던 이교의 제사장직으로 본다.

---

191) 계시록 난해 해설, 흰돌, 이광복, p. 401.

우리는 이 둘째 짐승의 존재가 이 당시 로마의 황제 숭배를 주도하는 역할로 이교적 제사장의 직분과 관련되어 있음을 짐작할 수 있다(Bauckham, 1993b, 446). 왜냐하면 이러한 제사장직은 로마 황제 숭배를 종교적 차원에서 선도하는 위치이기 때문이다. 첫째 짐승이 로마 황제의 대표적 존재인 네로를 모델로 묘사된다면, 둘째 짐승은 그 황제 숭배를 촉진하는 제사장직이 그 모델로 주어진다. [192]

3) 사제(성직자)의 박해 세력으로 보는 견해

"바다에서 올라온 한 짐승"을 세속적인 박해 세력(이교도나 교황)으로 보는 사람들은 "땅에서 올라온 짐승"을 사제(성직자)의 박해 세력으로 본다.

요한 당시 로마제국은 우상을 만들어 놓고 마술을 통하여 그리스도인들을 미혹(행 8:9~11)했을 뿐만 아니라 그들로 하여금 그 우상을 경배하도록 만들었기 때문이다.

알포드(Henry Alford)는 "이것으로 내가 의미하고자 하는 것은 성직 박해 세력인데, 이 세력은 겉모양이나 말에도 온유함이 있으나 그 행동에 있어서는 잔악하였고, 그 제국의 법률, 신도, 특권들을 장악했으며, 그것이 기적으로 땅 위에 있는 모든 사람들을 미혹했으며, 포악한 세속 권력을 지탱했다. 그것은 교회적 세속 형식을 한 라틴 기독교이다. [193]

192) 내가 속히 오리라, 이레서원, 이필찬, p. 589.
193) 계시록 난해 해설, 흰돌, 이광복, p. 401.

4) 기독교 이름을 가지면서도 기독교가 아닌 단체들로 보는 견해

외모가 양과 같다고 했으니, 곧 기독교의 형태를 가지고 활동한다. 그러나 그의 입에서 나오는 말은 용의 말을 한다고 했다. 그런데 이 짐승을 한 개인으로 보기보다는 기독교의 단체로 보는 것이 더 자연스럽다. 그래서 어떤 이들은 W.C.C.라고 보기도 한다. 그러나 분명한 것은 문선명, 박태선처럼 기독교의 이름을 가지면서도 기독교가 아닌 단체들이 여기에 속한다는 것이다.[194]

5) 로마 황제로 보는 견해

"바다에서 올라온 한 짐승"을 로마 황제로 보는 사람 가운데 "땅에서 올라온 짐승" 또한 새로운 지도력을 가진 로마 황제를 나타낸다고 한다.

본문에서 다루고 있는 것은 앞에서 다룬 내용과 별개의 것이 아닙니다. 여전히 로마의 문제를 다루고 있습니다. 그래서 여기 등장하는 '새끼 양' 같은 자는 어떤 이단 지도자를 말하는 것이 아니라 로마 황제 중에서 지극히 평화를 사랑하는 자로 나타나는 것을 말합니다.[195]

6) 거짓 선지자로 보는 견해

194) 요한계시록 강해, 엠마오, 신성종, pp. 98~99.
195) 요한계시록 그 하나님의 구원 역사, 성서유니온, 김서택, p. 270.

“바다에서 올라온 한 짐승”을 마지막 종말에 있을 대환난기에 나타날 적그리스도로 보는 사람들은 “땅에서 올라온 짐승”을 적그리스도를 도와 사람들을 미혹하는 거짓 선지자로 본다. 국내의 목회자들은 대부분 이 견해를 가지고 있다.

위의 견해 중에서 마지막 견해가 가장 성경적 주장이다.

⑴ 본문의 내증으로 입증되기 때문이다.

“땅에서 올라온 짐승”이 거짓 선지자를 상징한다는 증거가 본문의 계시 속에서 입증되고 있다.

① 짐승의 말이 그를 입증한다.

그 사람의 정체성이 말을 통해 드러나는 것이다.

마태복음 26장을 보면, 예수님이 가야바 법정에 끌려갔을 때 베드로가 예수님을 부인하는 장면에 증거되고 있다. 이때 베드로의 곁에 섰던 사람이 베드로에게 “너도 진실로 그 당이라 네 말소리가 너를 표명한다”(마 26:73)고 지적하고 있다.

그 사람의 말이 그의 정체성을 표명하는 것이다. 그런데 본문이 땅에서 올라온 짐승에 대해 “용처럼 말하더라”고 계시하고 있어, 그가 거짓의 아비인 사탄의 말로 사람들을 미혹하는 거짓 선지자임이 입증된다.

“너희는 너희 아비 마귀에게서 났으니 너희 아비의 욕심을 너희도 행하고자 하느니라 저는 처음부터 살인한 자요 진리가 그 속에 없으므로 진리에 서지 못하고 거짓을 말할 때마다 제 것으로 말하나니 이는 저가 거짓말쟁이요 거짓의 아비가 되었음이니라"(요 8:44).

② 그의 사역이 그를 입증한다.

"땅에서 올라온 짐승"은 "바다에서 올라온 짐승"의 모든 권세를 행하고, 땅과 땅에 거하는 자들을 처음 짐승인 바다에서 올라온 짐승에게 경배하게 하고, 짐승을 위하여 우상을 만들어 말하게 하고 또 짐승의 우상에게 경배하지 않는 자는 몇이든지 다 죽이게 하는 사역을 보여주고 있다. 땅에서 올라온 짐승은 바다에서 올라온 짐승을 우상화하여 섬기도록 미혹하는 거짓 선지자임이 그의 사역을 통해 입증된다.

⑵ 요한계시록의 내증으로 입증된다.

"땅에서 올라온 짐승"이 거짓 선지자를 나타낸다는 요한계시록의 내증으로 입증되고 있다. 요한계시록 19장 20절 말씀은 "짐승이 잡히고 그 앞에서 이적을 행하던 거짓 선지자도 함께 잡혔으니 이는 짐승의 표를 받고 그의 우상에게 경배하던 자들을 이적으로 미혹하던 자라 이 둘이 산 채로 유황 불붙는 못에 던지웠다"고 계시하고 있다.

이 계시 예언의 말씀에서 짐승은 "바다에서 올라온 한 짐승"(적그리스도)을 나타내고 있고, 그 앞에서 이적을 행하던 거짓 선지자는 본문에 계시된 "땅에서 올라온 짐승"을 나타냄으로 땅에서 올라온 짐승이 곧 거짓 선지자임이 명확히 입증되고 있다.

⑶ 예수님의 말씀으로 입증된다.

예수님은 종말장인 마태복음 24장에서 마지막 대환난기에 적그리스도와 함께 거짓 선지자들도 일어나서 큰 표적과 기사로 할 수만 있으면 택하신 자들도 미혹하게 하리라고 말씀하셨다.

"이는 그때에 큰 환난이 있겠음이라 창세로부터 지금까지 이런 환난이 없었고 후에도 없으리라 … 그때에 사람이 너희에게 말하되 보라 그리스도가 여기 있다 혹 저기 있다 하여도 믿지 말라 거짓 그리스도들과 거짓 선지자들이 일어나 큰 표적과 기사를 보이어 할 수만 있으면 택하신 자들도 미혹하게 하리라"(마 24:21~24).

또 마태복음 7장 15절 말씀에서는 거짓 선지자들이 양의 옷을 입고 성도들을 속이는 노략질하는 이리와 같이 활동할 것임을 경계하라고 가르친다.

"거짓 선지자들을 삼가라 양의 옷을 입고 너희에게 나아오나 속에는 노략질하는 이리라 "(마 7:15).

3

짐승의 수 666은 무엇을 의미하는가?

교부시대 이래로 많은 학자들이 본문에 계시된 짐승의 수인 666의 의미를 해석하기 위해 많은 노력과 수고를 기울여 왔지만 만족할 해답을 얻지는 못했다.

짐승의 이름이나 그 이름의 수(數) '육백육십육'에 대한 세 가지 견해를 살펴보자.

1) 네로로 보는 견해

"바다에서 올라온 짐승"을 과거에 죽었던 네로의 환생설(還生說)로 보는 이들은, "그의 이름의 수"라는 말씀에 근거하여 '네로 황제'를 뜻하는 'Nero Ceaser'를 히브리어로 음역할 경우 '네론 가이살'이 되고 이를 게마트리아(gematria)로 계산하면 '666'이 된다고 주장한다.

> 여기에 이 '사람'은 누구를 가리키는가? 그것은 바로 네로를 가리키는데, 이는 666이 시저 네로의 헬라어 이름을 히브리어로 음역한 후 그 이름에 내포된 모든 숫자를 합한 것과 동일하기 때문이다. 여기에서 다시 한번 짐승이 네로 황제의 모델로서 묘사되고 있음을 보여준

다(Bauckham, 1993b, 389~390).[196]

바클레이(William Barclay)는 "이제 그 수가 네로를 뜻한다는 데는 별 의문이 없다. 그리고 여기에서 요한은 적그리스도가 네로의 형태로, 즉 악의 화신으로 이 세상에 다시 되돌아오는 자로 내다보았다는 데는 의심의 여지가 없다"고 하였다.[197]

2) 영적인 것으로 보는 견해

짐승을 그리스도를 대적하는 세상의 나라들로 보는 사람들은, 짐승의 표인 '666'은 사탄의 사주를 받은 짐승 세력을 상징한다고 보는 견해로 조용기, 김상복, 이동원, 정근두, 김서택, 민병석 등 국내의 많은 목회자들이 취하고 있는 견해다.

666은 어떤 사람 이름의 알파벳 숫자와 관련된 것이 아니라 완전수인 7에서 1이 모자란 불완전한 수 6을 3번 포개 놓은 것으로, 이는 인간의 불완전성과 완전에 대한 마귀적인 모방, 현혹성, 저주 등을 의미하며 우상 숭배와 신성 모독을 상징한다고 본다(Irenaus, Minear, Newman, Hendriksen, Ladd, Mirris, Walvoord, Johnson, seiss, Gaebelein).[198]

6, 6, 6, 이 세 자리 수는 악마의 수입니다. 다시 말하면 용의 수도 6이요, 적그리스도의 수도 6이며, 거짓 선지자의 수도 6으로서 악의 삼위일체를 말합니다. 그러나 우리 하나님은 7, 7, 7입니다. 하나님 아버

---

196) 내가 속히 오리라, 이레서원, 이필찬, pp. 598~599.
197) 계시록 난해 해설, 흰돌, 이광복, p. 408.
198) 호크마 종합주석, 요한일서-요한계시록, 기독지혜사, 강병도, p. 413.

지도 일곱 숫자요, 예수님도 일곱 숫자며 성신님도 일곱 숫자입니다. 이와 같이 거짓 선지자는 삼위일체까지도 하나님의 모습을 따라 사용하고 있습니다.[199)]

3) 문자적으로 보는 견해

짐승의 이름이나 그 이름의 수인 '666'을 문자적으로 해석하여 마지막 종말의 때에 적그리스도의 통치 기간인 후 3년 반에 짐승을 추종하는 세력들에게 그 오른손이나 이마에 '666' 표를 찍어 통치 수단으로 사용할 것이라고 보는 견해다.

> 짐승의 이름이나 그 이름의 수인 육백육십육(666)에 대한 본 저자의 견해는 대환난 시기에 적그리스도가 마흔두 달 동안의 통치(계 13:5)를 위하여 믿음과 관련하여 사용할 통제의 수단이기에 문자적인 의미로 성취될 것으로 본다. 그러나 이 숫자의 의미에 대하여 히브리어, 헬라어, 영어 등의 문자적 수치로 계산하거나 오늘날 상품 판매에 흔히 사용되는 바코드(bar code) 등으로 보는 이론들은 반대한다. … 이 표가 없으면 매매를 못한다 했으니 적그리스도가 통치 수단으로 사용할 화폐의 일종으로 보아야 한다.[200)]

위의 세 가지 견해 중에서 마지막 세 번째 견해가 가장 적합한 성경적 해석이라 생각된다.

---

199) 평신도를 위한 요한계시록, 서울서적, 조용기, pp. 242-243.
200) 계시록 난해 해설, 흰돌, 이광복, p. 411.

⑴ 요한계시록의 계시 특성 때문이다.

요한계시록의 계시 말씀들은 사도 요한이 장차 반드시 속히 될 일들을 직접 보고 들은 내용을 기록하여 증거해 준 말씀임을 전제로 하고 있다.

> "예수 그리스도의 계시라 이는 하나님이 그에게 주사 반드시 속히 될 일을 그 종들에게 보이시려고 그 천사를 그 종 요한에게 보내어 지시하신 것이라 요한은 하나님의 말씀과 예수 그리스도의 증거 곧 자기의 본 것을 다 증거하였느니라"(계 1:1~2).

> "또 그가 내게 말하기를 이 말은 신실하고 참된지라 주 곧 선지자들의 영의 하나님이 그의 종들에게 결코 속히 될 일을 보이시려고 그의 천사를 보내셨도다 보라 내가 속히 오리니 이 책의 예언의 말씀을 지키는 자가 복이 있으리라 하더라 이것들을 보고 들은 자는 나 요한이니 내가 듣고 볼 때에 이 일을 내게 보이던 천사의 발 앞에 경배하려고 엎드렸더니"(계 22:6~8).

사도 요한은 본문의 계시 내용에서 짐승의 표를 가진 자 외에는 시장에서 사고파는 매매(賣買) 행위가 금지되는 현상을 직접 보았다. 사도 요한이 거짓 선지자가 등장하여 짐승의 표를 사람의 오른손이나 이마에 받게 하고 그 표를 받지 않은 자들은 매매 행위를 통제하는 것을 직접 보고 증거하고 있기 때문에 본문의 계시 내용을 문자적으로 보는 것이 타당하다.

⑵ 다른 성경과 조화를 이루기 때문이다.

요한계시록은 많은 부분이 구약을 배경으로 하고 있거나 직접 인용하고 있다. 본문의 계시 내용은 역대하 9장 13절 말씀인 "솔로몬의 세입금의 중수가 육백육십육 금 달란트요"라는 말씀을 배경으로 하고 있다.

솔로몬의 영화로운 통치는 "육백육십육 금 달란트"의 세입금을 거둔 후 그의 죽음으로 끝났다. 솔로몬의 666 금 달란트 세입금에 대한 구약의 증거는 본문을 예표하는 그림자다. 그러므로 실체가 되는 본문의 사건도 영적인 것이 아니라 실질적으로 이루어질 매매 수단과 통제 수단이 될 것을 보여준다.

⑶ 실제적인 징조와 현상들이 나타나고 있기 때문이다.

전자, 정보, 통신 산업의 발달과 유전공학의 발달로 오늘 이 시대 우리 현실 속에 통제 수단의 형태로 나타나고 있기 때문에 영적이 아니라 실질적으로 이루어질 사건으로 본다.

'666'표를 사람의 오른손이나 이마에 받게 하여 매매의 통제 수단으로 사용하고, 그 표를 받는 자는 하나님의 진노의 포도주를 마시고 밤낮 쉼을 얻지 못하는 하나님의 심판을 받게 된다고 예언하고 있는 요한계시록의 계시 예언이 오늘 이 시대에 실제적(reality)으로 이루어져 가고 있다.

> …세계 정부가 문제가 되는 것은 이 계획이 사탄의 음모라는 것이 성경에 이미 예언되어 있기 때문이다. 사탄은, 이 계획이 외면적으로는 모든 인류에게 도움이 되는 구상인 것처럼 하고 있지만, 사실은 인류를 사탄의 수하인 적그리스도의 통치를 받게끔 획책하는 것이다. 그리고 결과적으로는 사람들로 하여금 예수 그리스도와 분리시켜서 지옥으로 끌고 간다는 사실이다.
>
> 지난 2000년 동안 기독교인들은 예수를 구주로 믿고 있다. 하지만

예수께서 말씀하신 말세에 관한 것은 믿으려 하지 않는다. 설마 그런 날이 오겠는가? 무슨 수로 적그리스도가 온 인류를 자신의 노예로 묶어버리겠는가? 짐승의 표를 받지 않으면 매매를 못한다는 것은 "실제의 짐승의 표를 의미하는 것이 아니라 왕에게 미움을 사면 살기 힘들다는 암시일 뿐이다"라고 성경을 자기 편리대로 해석해 왔다. …미국의 세계미래협회(WFS)가 발행하는 〈퓨처리스트〉 지는 이미 1997년 1월호에서 21세기에는 최소형의 칩을 인간의 몸에 삽입하여 신용카드나 신분증, 여권 등을 따로 가지고 다닐 필요가 없게 될 것이라고 예측했다.

2004년 7월 AP통신 보도에 따르면, 멕시코 정부가 법무부 장관을 비롯한 검사와 수사관 160명의 몸에 전자태그 칩을 이식한 것으로 드러났다. 중요 정부기관에 출입할 때 보완 및 신원 확인을 위한 것이라고 했는데, 사용된 칩은 미국 ADS사가 생산한 것으로 주사기를 사용해 피부 밑에 이식했다.

미국 버클리 캘리포니아 대학 연구진은 2000년 2월에 인체 세포를 전자칩 회로와 결합시킨 생체칩을 개발했다고 발표했다. 그리고 미국 정보기관의 연구에 따르면, 피부의 온도 변화에 따라 재충전되는 배터리를 내장한 반도체를 이식하기 적당한 위치는 이마와 손등이라고 했다. … 생체칩은 성경에서 말한 특징과 많은 부분이 흡사하게 드러나고 있다.

그 특징을 살펴보면, 사회생활이나 경제활동을 하지 않는 사람도 주민등록증은 가지고 있는 것처럼 사람의 신분을 확인하고 관리하기 위해 모든 사람이 받게 할 것이다.

이것이 요한계시록에 명시되어 있다. 그래야만 적그리스도가 666표를 이용해 전 세계와 모든 사람을 장악할 수 있는 것이기 때문이다. …짐승에게 경배하면 표를 받는 것으로 보아 적그리스도의 지배와 사탄을 우상화하는 작업을 가능케 하기 위해서는 사람의 이성, 마음,

생각을 바꿀 수 있는 기능, 즉 인간의 뇌파를 바꾸거나 유전자 조작이 가능한 기능들이 666표에 있을 것이기 때문이다. … 666표는 현재 사용 중인 현금과 수표, 신용카드 등을 대체할 것이며, 이전에 사용하던 매매 수단보다 훨씬 더 편리함을 줄 것이다. 그래야만 현금과 수표, 신용카드 등을 사용하지 못하게 하고 666표를 통해서만 매매 활동을 가능케 할 명분을 갖게 될 것이기 때문이다. 즉, 666표는 현금과 수표, 신용카드 없이 매매, 상거래, 유통을 가능하게 하는 획기적인 발전을 이루는 기술일 것이며, 바로 이러한 특징들이 생체칩을 통해 잘 드러나고 있다. 그런데도 사람들은 짐승의 표를 받지 않으면 매매를 못한다는 것은 실제(realety)가 아니라 상징(symbol)이라고 인식하고 있다.

어떤 이들은 "예수를 믿는 사람은 이미 구원을 받았으므로 짐승의 표와는 상관이 없다", 또는 "예수 이름이 권세가 있으므로 모르고 받았으면 예수 이름으로 기도하면 그 기능이 소멸된다", 또는 "빼버리면 된다"는 식으로 예수님과 멀어지게 하는 말들을 하는데, 이런 말로 예수님의 가슴에 못을 박고 있는 이 세대를 보시는 하나님은 얼마나 분노하시겠는가? 생체칩은 새 세계질서 정책을 완수하는 데 가장 중요한 핵심 부분이다. … 1940년대에 처음으로 디지털시스템을 만들 때 알파벳 26자에 6씩 건너뛰는 숫자를 배열시킨 것이 컴퓨터 코드(Computer Code)다.

A-6, B-12, C-18, D-24, E-30, F-36, G-42, H-48, I-54, J-60, K-66, L-72, M-78, N-84, O-90, P-96, Q-102, R-108, S-114, T-120, U-126, V-132, W-138, X-144, Y-150, Z-156…. 컴퓨터 코드(Computer Code)는 사람이 만들었다.

C O M P U T E R

18 + 90 + 78 + 96 + 126 + 120 + 30 + 108 = 666

사람의 몸은 30억 개의 세포(cell)로 이루어져 있다. 세포 안에 세포핵이 있고, 그 안에는 유전정보를 담은 염색체(chromosome)가 있다. 염색체 안에 일정한 순서로 배열되어 실 모양으로 꼬여진 염색사가 유전자(DNA)다. 이러한 유전자 하나하나에 핵산이 있고, 핵산이 모여진 것을 염색체라고 하는데 염색체는 유전자의 염기 배열에 의해 결정된다. 인간의 DNA를 구성하는 DNA 염기는 아데닌(Adenine-A), 시토신(Cytosine-C), 구아닌(Guanine-G), 티민(Thymine-T) 등 네 종류로 분류된다.

단일염기변이(Single nucleotide Polymorphisms-SNP) 300만 개는 각기 그 형성에 따라 A, C, G, T로 분류되고, 매개마다 번호를 붙였다.

이렇게 붙여진 번호가 A, C, G, T 중에서 각기 짝을 찾는 것을 인간 유전자 부호(Human Genome Code 또는 DNA Code)라 하게 된다.

DNA 300만 개를 확인하고 조율하는 128개 DNA 코드가 일련번호(16자리 코드)와 함께 생체칩 안에 들어있다. … 모든 사람은 DNA가 99.9퍼센트가 같다.

30억 개의 염기 가운데 0.1퍼센트, 즉 3백만 개의 염기가 사람마다 다르다. 바로 이것이 눈과 피부색, 인종, 생김새, 체질, 질병의 감수성의 차이점을 만든다. …선진국에서 연구해왔던 프로젝트 중에서 미국은 지난 40년 동안 에너지 자원부가 지원하여 사람 몸 안에 있는 인간 유전자의 근본 뿌리에서 찾아낸 것이 유전자 지도다.

2004년 2월 4일, 〈월드 넷 데일리〉(World Net Daily)에 따르면, 그해 7월에 대통령 비서관 중의 한 명인 노먼 미네타(Norman Mineta)가 새로 개발된 128개 DNA 코드를 16자리 코드 속에 함께 포함시켜(inclusion) 생체칩 속에 넣을 것을 건의했고, 클린턴 대통령은 그것을 승인했다. 이것이 '미네타 인클루션'(mineta Inclusion)이다. 미네타 인클루션이라는 말에 숨겨진 뜻은 128개 DNA 코드를 16자리 코드에 일련번호와 함께 포함시켜(inclusion) 넣는다는 말이다.

TX-1400-B 12mm x 2mm(0.23g): 사람에게 넣는 것.(128개 DNA 코드가 들어 있음) 전류: 134.2KHZ 온도 유지: -25c~+50c…

생체칩의 생산을 총괄하는 회사가 정부에 낸 특허신청에서 자사제품인 생체칩은 사람이 어디에 있든지 GPS로 추적되며, 128개 DNA 코드로 사람의 병을 치유한다고 발표하였다. 그러므로 알지도 못하면서 단순한 추측이나 남의 말만 듣고 생체칩 안에 128개 DNA 코드가 없다거나, 666표가 아니라고 말하는 사람들의 미혹에 속지 말아야 한다.

세계를 하나로 만들어서 독재 통치를 갈망하는 자들은 앞으로 인간 유전자 코드를 역으로 이용할 것이다. 인간을 노예로 만드는 정책을 시행하려 할 때, 개개인에게 다르게 나타나는 3백만 개의 유전형질을 바꾸는 것이다.

지금은 생체칩 속에 들어있는 128개 DNA 코드 중에서 32개 코드만 움직이고, 나머지 96개 코드는 움직이지 않고 있는데, 전체를 움직이게 하면 사람의 행동과 생각까지 조정할 수 있게 된다. 이렇게 되면 체질과 행동과 마음과 생각까지 바꾸어지기 때문에 예수님은 짐승의 표를 받지 말라고 하신 것이다. 따라서 반은 사람, 반은 기계(cyborg)가 된다.

이것이 성경에서 말하는 666표 또는 짐승의 이름이라고 일컬어지는 개인번호라는 것이다. 이는 인간이 출생할 때 하나님이 주신 유전자를 지워버리고 지구정부통치자의 명령체계에 따르게 만드는 DNA 코드로 바꾸게 된다는 것이다.

삼각통치를 만드는 데 주역을 담당했던 브레진스키는 자신의 저서 《두 시대 사이》에서 "인간이 성숙된 생명을 유지하려고 창조적인 재연의 활동을 전개시키는 것은 인간이 창조주를 이겼다고 확신하는 것"이라 하였다. … 하나님이 만든 인간의 유전자를 다시 바꾸는 것이 666표다. 그들은 하나님께서 각 사람마다 다르게 만들어 놓은 유전형질을 지구정부통치자만을 섬기는 DNA로 바꾸려 하는 것이다.

인간이란 하나님을 경배하며 자유롭게 삶을 영위하는 존재다. 그러한 인간이 하나님을 대적하고, 대신에 짐승이라 일컫는 지구정부통치자를 섬기면서 찬양하고 666표를 받으면 인간은 로봇이 되는 것이다. 인체의 유전자지도를 만든 것은 인류를 파멸로 몰아넣는 결과를 가져오게 될 것이다. 이것을 세뇌(brainwash) 또는 전향(convert)이라 한다.

하나님께서 주신 인간 본래의 마음을 지워버리고 지구정부통치자의 뜻대로 움직이도록 하려는 무서운 일이 666 제도다. 그런데도 많은 사람이 666표는 단순히 상징이라 한다.

더러는 예수 믿는 교인들은 대환난 전에 다 휴거되므로 그런 것은 몰라도 된다고 말한다.

요한계시록 16장으로 넘어가면, 하나님께서 대접재앙으로 진노할 때 진노를 받는 대상은 짐승의 표를 받고 지구정부통치자에게 경배하는 자들이다. 그들의 육신은 불로 태움을 당하고 영은 유황으로 타는 불못으로 들어간다고 경고한다. 이래도 짐승의 표가 우리와 상관이 없고 단순한 상징인가?[201]

컴퓨터의 사용이 일반화되고, 인터넷 정보망이 전 세계에 깔리고, 인간의 유전자가 해독되고 게놈 지도가 완성되면서, 세계정부 통치자가 인류를 통제할 수 있는 기틀이 급속하게 현실화되고 있다.

본문에 계시된 666표가 단순한 상징이거나 영적인 의미가 아니라 실제적인 징조들로 현실 속에서 상용화되고 있는 이 시대를 살아가고 있는 성도들은, 성경의 음성에 귀를 기울이고 바르게 알고 바르

201) 지혜의 일곱 기둥, 더 마크, 장조셉 지음, pp. 142~154.

게 믿어 미혹하는 거짓 선지자들의 속임수에 넘어가지 않도록 깨어 있어야 할 것이다.

"근신하라 깨어라 너희 대적 마귀가 우는 사자같이 두루 다니며 삼킬 자를 찾나니 너희는 믿음을 굳게 하여 저를 대적하라 이는 세상에 있는 너희 형제들도 동일한 고난을 당하는 줄을 앎이니라"(벧전 5:8~9).

"또 다른 천사 곧 셋째가 그 뒤를 따라 큰 음성으로 가로되 만일 누구든지 짐승과 그의 우상에게 경배하고 이마에나 손에 표를 받으면 그도 하나님의 진노의 포도주를 마시리니 그 진노의 잔에 섞인 것이 없이 부은 포도주라 거룩한 천사들 앞과 어린양 앞에서 불과 유황으로 고난을 받으리니 그 고난의 연기가 세세토록 올라가리로다 짐승과 그의 우상에게 경배하고 그 이름의 표를 받는 자는 누구든지 밤낮 쉼을 얻지 못하리라 하더라 성도들의 인내가 여기 있나니 저희는 하나님의 계명과 예수 믿음을 지키는 자니라"(계 14:9~12).

X

큰 음녀 바벨론에 대한 Q&A

성경 본문은 계시록 17장 1~18절이다.

"또 일곱 대접을 가진 일곱 천사 중 하나가 와서 내게 말하여 가로되 이리 오라 많은 물위에 앉은 큰 음녀의 받을 심판을 네게 보이리라 땅의 임금들도 그로 더불어 음행하였고 땅에 거하는 자들도 그 음행의 포도주에 취하였다 하고 곧 성령으로 나를 데리고 광야로 가니라 내가 보니 여자가 붉은 빛 짐승을 탔는데 그 짐승의 몸에 참람된 이름들이 가득하고 일곱 머리와 열 뿔이 있으며 그 여자는 자줏빛과 붉은 빛 옷을 입고 금과 보석과 진주로 꾸미고 손에 금잔을 가졌는데 가증한 물건과 그의 음행의 더러운 것들이 가득하더라 그 이마에 이름이 기록되었으니 비밀이라, 큰 바벨론이라, 땅의 음녀들과 가증한 것들의 어미라 하였더라 또 내가 보매 이 여자가 성도들의 피와 예수의 증인들의 피에 취한지라 내가 그 여자를 보고 기이히 여기고 크게 기이히 여기니 천사가 가로되 왜 기이히 여기느냐 내가 여자와 그의 탄바 일곱 머리와 열 뿔 가진 짐승의 비밀을 네게 이르리라 네가 본 짐승은 전에 있었다가 시방 없으나 장차 무저갱으로부터 올라와 멸망으로 들어갈 자니 땅에 거하는 자들로서 창세 이후로 생명책에 녹명되지 못한 자들이 이전에 있었다가 시방 없으나 장차 나올 짐승을 보고 기이히 여기리라 지혜 있는 뜻이 여기 있으니 그 일곱 머리는 여자가 앉은 일곱 산이요 또 일곱 왕이라 다섯은 망하였고 하나는 있고 다른 이는 아직 이르지 아니하였으나 이르면 반드시 잠깐 동안 계속하리라 전에 있었다가 시방 없어진 짐승은 여덟째 왕이니 일곱 중에 속한 자라 저가 멸망으로 들어가리라 네가 보던 열 뿔은 열 왕이니 아직 나라를 얻지 못하였으나 다만 짐승으로 더불어 임금처럼 권세를 일시 동안 받으리라 저희가 한 뜻을 가지고 자기의 능력과 권세를 짐승에게 주더라 저희가 어린양으로 더불어 싸우려니와 어린양은 만주의 주시요 만왕의 왕이시므로 저희를 이기실 터이요 또 그와 함께 있는 자들 곧 부르심을 입고 빼내심을 얻고 진실한 자들은 이기리로다 또 천사가 내게 말하되 네가 본바 음녀의 앉은 물은 백성과 무리와 열국과 방언들이니라 네가 본 바 이 열 뿔과 짐승이 음녀를 미워하여 망하게 하고 벌거벗게 하고 그 살을 먹고 불로 아주 사르리라 하나님이 자기 뜻대로 할 마음을 저희에게 주사 한 뜻을 이루게 하시고 저희 나라를 그 짐승에게 주게 하시되 하나님 말씀이 응하기까지 하심이니라 또 네가 본바 여자는 땅의 임금들을 다스리는 큰 성이라 하더라"(계 17:1~18).

1

큰 음녀 바벨론은 무엇을 상징하는가?

땅의 임금들과 더불어 행음한 여인, 땅에 사는 자들을 음행의 포도주에 취하도록 미혹한 여자, 많은 물 위에 앉았고 붉은빛 짐승을 탄 여자, 땅의 음녀들과 가증한 것들의 어미 등 한결같이 부정적인 이미지로 표현되고 있는 큰 음녀의 비밀을 들추어내서 그 정체(正體)를 밝히는 것은 영적 싸움을 싸우는 교회와 성도들에게 매우 중요한 사안(査案)이다. 그래서 "큰 음녀가 무엇을 상징하는가?" 하는 문제를 놓고 많은 성경학자들이 심사숙고하여 견해(見解)를 밝혀 왔다.

1) 로마로 보는 견해

"많은 물 위에 앉은 큰 음녀"를 고대 사회에서 세계 제국의 정치적, 종교적 수도였던 바벨론으로 상징되는 로마 제국으로 보는 견해로, 바클레이(William Barclay), 듀스터디에크(Dusterdieck), 헹스텐버그(Hengstenberg), 신성종, 김서택, 이필찬 교수 등이 지지하는 이론이다.

> 바클레이(William Barclay)는 "그 여인은 바벨론, 즉 로마이다. …바벨론이라는 상징하에서 나타난 로마의 장면에서 요한은 과거의 역사적

바벨론에 관해 선지자들의 말한 여러 가지를 인용하고 있다. …음녀가 앉은 물들은 로마가 통치하는 많은 나라와 백성과 방언들이다"라고 하였다.[202)]

요한은 당시 로마가 전 세계의 구석에 이르기까지 두루 미쳤던 막강한 영향력을 염두에 두고 이런 표현을 사용한 것이다. 그러므로 본문은 당시 로마 제국이 엄청난 사치와 음행으로 제국에 편입된 전 지역을 악으로 물들였던 역사를 회상시킴으로써 종말에 영적 바벨론이 얼마나 휘황찬란한 사치와 종교적 음행을 조장하고 하나님을 대적할지를 가늠케 한다. 역사적 바벨론의 사치와 음행은 로마로 계승되고, 로마의 그것은 이제 오늘날 우리 시대를 경유한다. 아울러 그것은 향후 도래할 또 다른 영적 로마와 바벨론에게로 계승되어 결국 파국에 직면할 것이다.[203)]

2) 이 세상으로 보는 견해

"많은 물 위에 앉은 큰 음녀"를 바벨론의 찬란한 문화 같은 것으로 인간들을 꾀어 유혹하는 이 세상으로 보는 견해로 헨드릭슨(William Hendriksen), 래드(G. E. Ladd), 존슨(Alan F. Johnson), 박윤선, 석원태, 이동원, 권성수 목사 등이 지지하는 이론이다.

헨드릭슨(William Hendriksen)은 "음녀는 바벨론으로 상징되는데, 이 상징은 유혹하고 시험하며, 사람들을 미혹하여 하나님으로부터 이끌

202) 계시록 난해 해설, 흰돌, 이광복, p. 491.
203) 옥스퍼드 원어성경대전, 요한계시록 제12-22장, 제자원, p. 316.

어내는 것을 말한다. 이 음녀는 세상의 도성(都城), 곧 바벨론임을 잊어서는 안 된다. 바벨론은 산업, 상업, 예술, 문화의 중심으로서의 세상이라 사치, 악독, 그리고 온갖 유혹에 전념하는 것을 상징하며 육신의 정욕과 이생의 자랑(요일 2:16)이 구체화된 세상으로 간주할 수 있다. 이와 같은 상태의 바벨론은 과거, 현재, 미래에도 그 형태는 변할지라도 본질은 변함이 없다"고 하였다.[204)]

성경에 음녀라는 말을 사용하면 우리는 곧바로 타락한 하나님의 백성들의 이미지를 떠올립니다. 그러나 여기 17장에서는 그 이미지가 좀 다릅니다. 즉, 본문에서는 이 타락한 여인의 이미지가 사람들이 만들고 있는 인간 왕국의 상징으로 등장합니다. 여기서 타락은 종교적 타락이라는 것을 본문을 통해 짐작할 수 있습니다. …세상이 최후의 순간을 향해서 가면 갈수록, 세상은 단순히 세속화되어 가는 것이 아니라 점점 더 종교화되어 갈 것입니다. 종교화되어 간다는 것은 우상 종교화되는 것을 의미합니다.[205)]

3) 도시 문명으로 보는 견해

"많은 물 위에 앉은 음녀"를 고대의 바벨론과 요한 당대의 로마로 대표되는 도시문명으로 보는 견해다.

여자는 역사상 모든 큰 성을 상징하고 있습니다. 역사에 나타났던 모든 도시들을 상징하고 있습니다. 하나님 없이 인간이 세운 문명 그

204) 계시록 난해 해설, 흰돌, 이광복, p. 490.
205) 마지막 싸움 마지막 승리, 나침반, 이동원, p. 152.

자체입니다. 최초의 도시 바벨론에서 기원해 소돔과 애굽으로 불려지기도 하였습니다. 고대의 바벨론과 요한 당대의 로마로 대표되는 도시 문명입니다. 역사적인 한 도시라기보다는 말세에 나타날 종말론적인 도시 바벨론을 상징하고 있습니다. 1세기에 로마가 그 역할을 감당했다고 하면 마지막 시대에는 종말론적인 바벨론이 그 역할을 수행할 것입니다.[206]

4) 타락한 종교 단체로 보는 견해

"많은 물 위에 앉은 음녀"를 적그리스도와 하나 되어 하나님을 대적하는 타락한 세계적 종교단체로 보는 견해로, 조용기, 민병석 목사 등이 지지하는 이론이다.

이 음녀는 거대한 종교 단체를 구성하여 용, 다시 말하면 적그리스도를 이용하고 섬깁니다. 그리고 적그리스도는 이 음녀, 즉 타락한 종교단체를 정치적으로 이용합니다.[207]

음녀는 적그리스도 사상에 물든 교회가 주축이 되어 하나의 거대한 세계적 종교 기구로 탄생하게 되는데, 이 종교 세력이 교회는 말할 것도 없고 인류들에게 금잔에 담긴 음행의 포도주(독물)을 먹여 이 세계를 큰 음녀의 성으로 만든다. 요한계시록에서는 이 성을 또한 '큰 성 바벨론'이라고도 말한다.[208]

---

206) 일곱 대접, 하나, 정근두, pp. 221~222.
207) 요한계시록 강해, 서울말씀사, 조용기, p. 232.
208) 요한계시록 심층분석 주해와 연구, 신생, 민병석, p. 389.

5) 미래의 배교할 교회로 보는 견해

"많은 물 위에 앉은 음녀"를 말세지말에 있을 대환난 중에 배도할 타락한 교회로 보는 견해로, 왈부르드(John F. Walvoord), 파우셋(Fausset), 김응조, 이광복 목사 등이 지지하는 이론이다.

> 파우셋(Fausset)은 18장 2절의 심판과 18장 3절의 영적 음행이 교황제도의 로마로서 그 절정을 이루었지만, 그것은 교황제도의 로마에만 한정되는 것이 아니라, 오히려 하늘의 신랑이신 그리스도를 향한 첫 사랑에서 떠나도록 유혹을 받고 세속적인 영화와 우상숭배에 이끌린 모든 배교한 교회, 즉 로마 가톨릭, 그리스 정교회와 심지어는 개신교까지도 포함된다고 생각한다"고 하였으며, …이광복 목사는 "많은 물 위에 앉은 음녀는 마지막 대환난기에 출현하여 적그리스도와 거짓 선지자를 도와 비진리로 온갖 사치와 타락의 직분을 서슴지 않고 이행할 배교하는 교회를 예표하는 것으로 본다고 하였다.[209]

6) 로마 가톨릭 교회 신학 사상으로 보는 견해

"많은 물 위에 앉은 큰 음녀"를 로마 가톨릭 교회의 신학정신으로 보는 견해가 있는데, 교회 역사상 로마 가톨릭 교회의 잘못된 신학사상이 준 영향은 매우 크며, 정치와 종교의 혼합된 체제와 근세에 이르러서는 종교 통합의 일원으로 활동하는 것이 음녀라는 것이다.

이 견해는 벵겔(John A. Bengel), 알포드(Henry Alford), 엘리옷(Elliott), 바너스(Barnes), 워즈워드(Wordswerth), 개벨라인(Gaebelein), 글래스고우

---

209) 계시록 난해 해설, 흰돌, 이광복, pp. 492~493.

(Glasgow) 등이 지지하는 이론이다.

알포드(Henry Alford)는 "그러므로 나는 이 환상에 나오는 음녀를 이교도의 로마가 아니라 로마 교황청으로 간주하는 해석을 주장하는 데 망설이지 않는다"고 하였으며, 피터 S. 럭크만(Peter S. Ruckman)은 "1825년 교황 메달을 만들었는데, 한 면에는 자신의 모습을 그리고 이면에는 잔을 든 한 여자가 새겨졌다. 그 여자의 모습이 새겨진 이면에 'Sefet Suoer Universum'이 기록되어 있다. 이는 라틴어로서 "온 세상이 그녀의 보좌이다"라는 뜻이다. 더 쉽게 말해서 그는 온 세상 위에 앉아 있는 여자의 모습과 그다음 자신의 모습을 새긴 메달을 만든 것이다.

가톨릭 교회가 사람은 자신이 참되다고 믿는 어떤 종교든지 자유롭게 가질 수 있다고 가르치는 것은 거짓된 가르침이라고 이미 확언했다. 가톨릭 교회는 사람이 스스로의 종교를 선택하는 데 있어 강제력을 사용하고, 직접적으로 간섭할 수 있는 권리를 갖고 있다고 주장한다. …그 여자는 의심할 여지없이 로마교회이다! 그녀는 신비들로 가득 차고 성경을 이해하지 못하는 교활한 로마 종교이다"라고 하였다.[210]

이상에서 살펴본 국내외 저자들의 견해(見解)는 음녀의 정체를 파악할 수 있는 충분한 정보를 제공해 준다.

위의 여러 견해가 나름 타당성을 가지지만 마지막 로마 가톨릭으로 보는 견해가 본 장의 계시에 가장 부합(符合)되는 해석이라 할 수 있다.

---

210) 계시록 난해 해설, 흰돌, 이광복, pp. 491~492.

⑴ 많은 물 위에 앉은 큰 음녀는 땅의 음녀들과 가증한 것들의 어미다(계 17:5).

5절 말씀을 보면 "땅의 음녀들과 가증한 것들의 어미"라고 계시해 주고 있다. 성경에서 음녀는 하나님의 사랑을 등지고 우상을 섬기는 영적 간음자를 지칭한다.

계시록 17장 15절 말씀은 음녀가 앉은 많은 물에 대해 "…음녀의 앉은 물은 백성과 무리와 열국과 방언들이니라"고 설명을 제공해 주고 있다. 이는 하나님의 말씀과 예수 그리스도의 복음을 등지고 배교(背教)할 음녀가 장차 마지막 종말의 때에 민족과 사상과 나라와 문화를 초월해서 혼합 세계단일종교를 만들고, 그 세력의 구심점이 될 것을 시사(示唆)해 주는 말씀이다.

본문의 계시 내용을 통해 볼 때, 음녀의 정체는 모든 종교를 하나로 통합하여 하나님을 대적하는 데 주도적 역할을 하는 거대한 종교 단체임이 확실하다.

이 거대한 종교 단체는 적그리스도와 연합했다가 적그리스도에게 배신당해 사탄의 지배 아래 놓이게 될 것이라는 결론을 내릴 수 있다.

기독교의 관심사 중 하나는 마지막 종말의 때에 나타날 세계 종교의 연합조직 출현이다. 왜냐하면 예수님의 계시 말씀 중에 마지막 추수 때가 되면 거짓 종교인 가라지들이 하나로 연합되는 사건이 이루어질 것이라는 말씀이 있기 때문이다.

> "둘 다 추수(秋收) 때까지 함께 자라게 두어라 추수 때에 내가 추수꾼들에게 말하기를 가라지는 먼저 거두어 불사르게 단으로 묶고 곡식은 모아 내 곳간에 넣으라 하리라"(마 13:30).

"밭은 세상이요 좋은 씨는 천국의 아들들이요 가라지는 악한 자의 아들들이요 가라지를 심은 원수는 마귀요 추수 때는 세상 끝이요 추수꾼은 천사들이니 그런즉 가라지를 거두어 불에 사르는 것같이 세상 끝에도 그러하리라 인자가 그 천사들을 보내리니 저희가 그 나라에서 모든 넘어지게 하는 것과 또 불법을 행하는 자들을 거두어 내어 풀무 불에 던져 넣으리니 거기서 울며 이를 갊이 있으리라 그때에 의인들은 자기 아버지 나라에서 해와 같이 빛나리라 귀 있는 자는 들으라"(마 13:38~43).

이 세상 종교가 하나로 묶여지는 연합 사건이 이루어지면, 그것은 곧 세상 끝이 이르렀다는 징조 중의 하나임을 성경은 예언하고 있다. 그런데 우리에게 경각심(警覺心)을 불러일으키는 중대한 사건이 우리가 살고 있는 이 시대의 역사 위에 성취되어 나타났다. 세계 종교가 하나로 연합하는 세계단일종교회(United Religion Organization-URO)가 1994년 인도 델리(Delhi)에서 발족(發足)된 사건이 그것이다.

1994년 12월 인도 델리에서 세계의 종교 지도자들이 모인 가운데 제7회 세계종교회의가 열렸다. 그곳에는 유대교, 기독교, 천주교, 유교, 정교회, 모슬렘, 불교, 유교, 힌두교 등 세계의 종교지도자들이 모두 모였다. 그들은 한자리에서 세계단일종교단체를 출범시키고, 그 종교단체를 UN 산하 기구에 두기로 서명했다.

세계 모든 종교를 하나로 묶는 종교통합운동은 1962년부터 천주교가 제창(提唱)했던 에큐메니칼 운동(ecumenical movement)으로부터 시작되었다. 1962년 가톨릭 제2바티칸회의에서 다음과 같은 내용을 결정했다.

- 모든 종교 간의 대화를 결정
- 바른 삶을 위해 애쓰면 복음 없이도 구원이 가능함
- 이방 종교의 선과 아름다운 것들은 절대자에게로 접근하는 길

• 예수 그리스도는 하나님께로 가는 하나의 길
• 다른 모든 종교도 하나님께 나아가는 하나의 길

천주교 바티칸 회의의 이와 같은 결정은 혼합주의를 합리화시키는 결정적인 증거다. 천주교는 모든 종교와의 대화를 모색하고 전 세계 모든 종교를 통합하여 하나의 혼합된 통합종교를 만들기 위해 성경의 가르침과는 전혀 상반(相反)된 비진리를 거침없이 쏟아내며 배도(背道)의 길을 걷고 있다.

> 로마 카톨릭의 모습은 교회라기보다는 말세에 나타날 배도하는 교회의 상징인 음녀로 본다. 칼빈도 계시록 17장의 음녀는 로마 가톨릭이라고 했다. 말세에 나타날 음녀의 상징인 가톨릭이 지금 종교 혼합주의의 배후에서 일하고 있음을 우리는 알아야 한다.[211]

로마 카톨릭의 종교연합운동은 최근에 와서 세계 단일정부 출범을 꾀하는 자들이 주창(主唱)하는 '종교다원주의(宗教多元主義) 사상'과 맥을 같이하여 세계단일종교회를 발족(發足)시키게 되었다. 세계단일종교회는 거대한 맘모스 단체다. 세계 단일종교회가 탄생한 것은 이 땅에 '많은 물 위에 앉은 큰 음녀'가 등장한 사건이다.

종교다원주의는 종교와 인류의 화합을 위해 모든 종교에 구원이 있다고 인정하는 반기독교적 사상으로, 뉴에이지운동(New age movement)을 펼치는 세계주의자들이 내세우는 종교 통합을 위한 사상이다.

세계단일정부 출범을 적극 지지하며 후원하고 있는 그들은 세계의 급변한 변화와 교통의 발달, 통신의 혁명, 자유무역 질서의 확립, 환

---

211) 성경종말론, 흰돌, 이광복, p. 341.

경과 자원의 인류 공유의식으로 인하여 획일적인 사고에서 탈피하여 자기와 견해가 다른 사상, 제도 등을 인정해야 한다는 이론에 근거하여 종교도 서로가 인정하는 공존의 삶을 살자는 이론을 펼친다.

타종교와의 다양성을 인정하고, 동질성을 혼합시켜 세계화를 이루기 위해 종교도 하나로 통합하자는 주장이다.

종교다원주의가 반기독교적 사상인 것은, 예수 그리스도의 복음이 아니고도 모든 종교에 구원이 있다고 인정하자는 사상이기 때문이다. 즉 예수 그리스도를 구주로 믿는 기독교는 인간이 구원을 얻고 하나님께 나아가는 유일한 길이 아니라, 절대자에게 이르는 특수한 한 길에 불과하다고 주장하는 비성경적 사상이다.

하나님의 말씀인 성경은 예수 그리스도 한 분 외에 다른 구원의 길이 없음을 분명히 선포하고 있다.

> "예수께서 가라사대 내가 곧 길이요 진리요 생명이니 나로 말미암지 않고는 아버지께로 올 자가 없느니라"(요 14:6).

> "다른 이로서는 구원을 얻을 수 없나니 천하 인간에 구원을 얻을 만한 다른 이름을 우리에게 주신 일이 없음이니라 하였더라"(행 4:12).

종교다원주의는 로마 카톨릭의 교황청이 선봉장 역할을 감당하고 있다. 가톨릭이 땅의 음녀들과 가증한 것들의 어미로 활동하고 있음이 입증된다.

기독교 내에서 세계단일정부 출현과 세계단일종교회 출범을 선도(先導)하는 단체는 세계교회협의회(W.C.C.=World Council of Church)다.

국민일보 기사(2006. 05. 22)에 세계교회협의회와 로마 교황청이 개종에 대한 행동 규범을 마련 중이어서 기독교 내에서 비관론이 제기되고 있다는 내용이 실렸다.

기사 내용에 따르면, 타종교와 상호 이해를 도모하고 평화적인 관계를 유지하기 위해 개종에 대한 행동 규범을 마련하여 2009년쯤 제도화할 방침이라고 밝히고 있다.

W.C.C와 로마 교황청은 최근 이슬람교, 불교 등 타종교 지도자들과 '개종'과 관련된 회의를 열어, '타종교인을 개종해야 한다는 강박관념이 그동안 타종교의 권리를 침해했던 부분이 많다'면서 "종교는 신성한 인권이며 개종에 대한 강박관념은 치유돼야 마땅하다"고 권고했다고 보도하였다.

지난 3월, 기독교로 개종했다는 이유로 사형 위기에 처했다가 석방된 아프가니스탄 압둘 라흐만 사건 이후, 종교계 현안으로 급부상한 개종 논란을 해결하기 위해 타종교인의 개종에 대한 공동 행동 규범을 마련 중인 것으로 그 이유를 밝히고 있지만, 종교다원주의를 확산시키고 기독교의 선교 활동을 위축시키려는 종교다원주의자들의 고도의 전략전술적 행동임을 직시(直視)해야 한다.

우리 시대에 혼합주의와 종교다원주의를 토대로 종교 통합을 이뤄 세계단일종교회를 출범시킨 종교적 주도세력으로는 로마 교황청과 W.C.C.(세계교회협의회)를 들 수 있다. 1991년 2월 7일부터 호주 캔버라에서 개최된 제7차 세계교회협의회에는 각국 316개 교회에서 899명의 기독교 대표와 힌두교, 모하메드교, 유교, 불교, 시크교 등 14개 종교 대표가 참석했는데, W.C.C. 닥터 웨슬레이 회장은 "모든 종교가 다 하나님 앞으로 나아갈 수 있게 되었다. 진짜 신앙인이라면 다른 종교인에게 우리만 하나님을 믿는다고 말할 수 없다. 그래서 이제 설교라는 말은 없어졌다"고 말했다. 이들의 주장이 어찌 교회의 목소리가 될 수 있는가? 혼합주의 음녀 바벨론의 사상이 아니고 무엇이겠는가? 당시 이 회의장 밖에서 I.C.C. 총재인 맥킨타이 박사는 87세의 고령임에도 불구하고 피켓을 들고 "너희는 여러 하나님을 믿으나 우리는 오

직 한 분 하나님을 믿는다. 천국 가고 싶으면 지금이라도 예수 그리스도만 믿으라"고 시위하였다.[212]

로마 교황청과 W.C.C.는 우리 주님 예수 그리스도의 말씀을 전면적으로 부인하거나 대적하는 배교(背教)한 음녀 집단임을 분명히 깨달아야 한다.

"예수께서 가라사대 내가 곧 길이요 진리요 생명이니 나로 말미암지 않고는 아버지께로 올 자가 없느니라"(요 14:6).

"이 예수는 너희 건축자들의 버린 돌로서 집 모퉁이의 머릿돌이 되었느니라 다른 이로서는 구원을 얻을 수 없나니 천하 인간에 구원을 얻을 만한 다른 이름을 우리에게 주신 일이 없음이니라 하였더라"(행 4:11~12).

바울 사도는 데살로니가후서 2장 3절 말씀을 통해 예수 그리스도의 재림의 날이 이르는 징조로 "…먼저 배도하는 일이 있을 것"이라고 증거하고 있다.

로마 교황청과 W.C.C.의 배교(背教) 행위는 곧 그 말씀이 성취되어 나타나는 종말의 징조임을 부인할 수 없다.

⑵ 땅의 임금들과 음행한 여인이다(계 17:2).

본문 2절에서 "땅의 임금들도 그로 더불어 음행하였고 땅에 거하는 자들도 그 음행의 포도주에 취하였다"고 계시해 주고 있다.

3절 말씀에서는 "여자가 붉은빛 짐승을 탔다"고 표현했고, 5절 말

---

212) 성경종말론, 흰돌, 이광복, pp. 344~345.

씀에서는 "땅의 음녀들과 가증한 것들의 어미"라고 부르고 있다.

이는 배교(背敎)한 교회인 음녀가 이 세상 나라를 다스리는 짐승의 정부와 야합(野合)하며, 하나님의 백성들을 미혹시키고, 이 세상 사람들을 자멸의 길로 이끌어 갈 것임을 의미한다.

음녀가 일곱 머리 열 뿔을 가진 붉은빛 짐승을 탔다는 것은, 어린 양의 군대와 싸우는 적그리스도 세력과 야합하는 단체가 될 것을 나타내는 상징으로, 세계단일종교회가 UN 산하 기구가 되고, 언젠가 세계종교통합 선언식이 시행된다면 이 계시 말씀이 성취되어 나타났다고 볼 수 있다.

특별히 주목할 것은 적그리스도가 통치할 정치 세력과 야합한 그 종교단체를 '여자'로 부르고 있다는 것이다.

역사를 통해 얻을 수 있는 교훈은 하나님을 반역하고 대적하는 사탄의 제국은 언제나 자유와 평등, 화합과 평화라는 슬로건을 내걸고 풍요와 쾌락의 여신(女神)을 만들어 섬기는 우상 종교의 길을 답습하고 있다는 사실이다.

현 세상에서 이상의 일들을 앞장서서 실행하고 있는 종교 단체는 어디일까? 로마 교황청이다. 카톨릭은 "땅의 음녀들과 가증한 것들의 어미"의 조건을 모두 충족시키는 종교단체다.

김성일 장로의 저서 《성경으로 여는 세계사 1권》의 내용 중에는 여신의 시작과 그 역사가 기록되어 있다.

> …신앙의 자유란 바로 이렇게 하나님을 몰아내기 위하여 만들어낸 가나안과 니므롯의 음모였다. …가나안 사람들이 하나님과 대결하기 위해 크레타섬에서 만들어낸 복수의 여신 '카르'는 '아스다롯'이라는 매력적인 이름으로 우가릿 해변에 상륙했다. 이 아스다롯은 이원론(二元論)의 논리적 바탕 위에서 사사건건 하나님과 대칭되었다. 하나님

은 엄격하나 아스다롯은 상냥했다. 하나님은 절제를 요구하시나 아스다롯은 쾌락을 권유했다. 하나님은 툭하면 징계의 채찍을 드시나 아스다롯은 풍성한 수확을 약속하였다. 사탄의 지혜를 전수받은 가나안 사람들은 이원론을 더욱 폭넓게 활용하기 시작했다.

“남자는 하늘이요 여자는 땅이다. 하나님은 하늘의 신이요 아스다롯은 땅의 신이다. 너희들의 하나님은 하늘을 지키기 위하여 하늘로 올라가셨다. 이제부터 땅은 관대한 사랑의 여신 아스다롯이 다스린다. 모든 백성은 자유와 평등과 사랑을 구가(謳歌)하면서 평화롭게 살아도 좋다.”

이렇게 해서 가나안 사람들은 땅에서 하나님을 쫓아내었다. 하나님은 본래 ‘하늘과 땅’을 창조하신 하나님이시요(창 1:1), ‘하늘의 하나님, 땅의 하나님’(창 24:3)이신데, 예루살렘이 멸망하여 이스라엘 백성들이 바벨론에 포로로 잡혀갔다가 돌아온 후에 기록된 에스라서와 느헤미야서에서는 그냥 “하늘의 하나님”(스 7:12, 21, 23; 느 1:4, 5)으로 표기된다.

그래서 예수께서는 제자들에게 모범적인 기도를 가르치실 때에 “하늘에 계신 우리 아버지여 이름이 거룩히 여김을 받으시오며 나라이 임하옵시며 뜻이 하늘에서 이룬 것같이 땅에서도 이루어지이다”(마 6:9~10)라고 그 첫머리를 시작하셨다.

이것은 곧 아스다롯의 음모에 의해 하늘로 물러가신 하나님께 어서 ‘땅의 통치권을 회복’하시도록 간구하는 기도였던 것이다.

하나님을 땅에서 몰아낸 아스다롯의 가증한 음모는 그에 그치지 않았다. 가나안 사람들은 아스다롯에 대한 제사가 끝난 후에 성대한 혼음(混淫)의 향연을 열었다. 그들의 논리에 의하면 남자는 하늘이요 여자는 땅이기 때문에 남자와 여자 사이에 교접이 많을수록 풍요가 약속된다는 것이 그 이유였다. 이때에 아스다롯 신전의 여사제들은 복을 준다는 명분으로 남자들에게 돈을 받고 쾌락을 나누어주었다.

이것이 창녀의 기원이 된 것이다. …그래서 성경은 아스다롯을 '음란'의 우상으로 규정하고 있는 것이다.

그런데 더 가증한 일이 벌어지기 시작했다. 백성에게 음란을 가르치던 아스다롯 자신도 그 섹스의 파트너가 있어야 했다. 그러나 그 파트너로서 '하늘의 하나님'은 너무 어울리지 않는 신이었다. 그래서 마침내 가나안 사람들은 아예 하나님을 없애 버리고 '바알'이라는 남자신을 만들어냈다.

이렇게 '사랑의 여신'의 섹스 파트너로 만들어진 것이 가나안의 '바알'이고, 바벨론의 '말둑'이며, 애굽의 '오시리스'이고, 나중에 그리스의 '제우스'와 로마의 '유피테르'가 되는 것이다.

소위 신들 중에 주신(主神)으로 알려진 이들 남성신들의 특징은, 그들이 반역으로 통치권을 장악한 신들이라는 점이다. 바알은 그 아버지 '엘' 신을 내몰고 권좌에 올라섰고, 말둑은 신들의 조상인 '야푸스'를 죽이고 권력을 잡았으며, 제우스는 자신의 아버지 '크로노스'에게서 통치권을 빼앗았다. 이 이야기들은 모두 하나님께 대한 니므롯의 반역을 정당화하기 위하여 만들어진 것이었다. 그러나 이렇게 남성신을 만들어 놓고 나니 '사랑의 여신'에게 문제가 생겼다.

자유분방한 프리섹스를 주장해야 하는 사랑의 여신이 '한 남성 신의 아내'로 머물러 있을 수가 없었던 것이다. 그래서 이들 남성 신에게 이원론적인 논리로 '아내' 신들이 생겨나고 사랑의 여신은 본래의 음탕한 자리로 되돌아갔다.

이렇게 해서 생겨난 여신들이 바알의 아내 '아세라'이며, 오시리스의 아내 '이시스'이고, 제우스의 아내 '헤', 유피테르의 아내 '유노'였던 것이다.

이들 아내 신들은 나중에 백성들의 어머니인 '모신'(母神)으로 승격하였다. 니므롯의 왕비였던 세미라미스가 니므롯의 유복자 '담무스'를 낳은 후로 자신의 지위를 높이기 위하여 이 여신들을 어머니 신으로 승격시켰던 것이다.

아들 호루스를 안고 있는 '이시스'의 신상이 그 대표적인 모습이며, 인도의 '데바키'도 그와 같은 것이며, 중국에서는 '서왕모'(西王母)로 나타나게 되는 것이다. … 이렇게 해서 세미라미스가 만들어낸 '모신'(母神)들은 땅의 신들이 되었고, 마침내 하늘에까지 올라가서 하나님의 자리까지 넘보게 되었다.[213]

"자식들은 나무를 줍고 아비들은 불을 피우며 부녀들은 가루를 반죽하여 하늘 황후를 위하여 과자를 만들며 그들이 또 다른 신들에게 전제를 부음으로 나의 노를 격동하느니라"(렘 7:18).

"땅의 신들을 두려워 말라"(삿 6:10).

"망령되고 허탄한 신화(神話)를 버리고 오직 경건에 이르기를 연습하라"(딤전 4:7).

이동원 목사의 저서 《마지막 싸움 마지막 승리》라는 요한계시록 강해 설교집에도 사탄의 역사인 여성 신에 대한 내용이 증거되고 있다.

알렉산더 시스로라는 학자가 쓴 《두 개의 바벨론》이라는 책에 보면, 하나님을 반역하고 있는 정치적인 바벨론에 그 우상 종교의 역사가 어디서부터 시작되었는가를 추적하는 내용이 나옵니다.

성경에 보면 바벨론 왕조의 시조가 니므롯이라고 되어 있습니다.

니므롯의 목표는 하나님을 반역하는 바벨탑을 쌓는 것이었습니다.

그런데 시스로가 그 당시의 설화나 역사를 추적하면서 발견한 재

213) 성경으로 여는 세계사, 신앙계, 김성일, pp. 195~206.

미있는 사실은, 니므롯이 자기의 부인을 신격화시켜서 사람들이 여성 신을 통해서 쉽게 우상 앞에 접근하도록 했다는 것입니다. 그 니므롯 부인의 이름이 세미라미스입니다. 그때부터 소위 여신(女神)의 역사가 시작되었다고 합니다.

앗시리아에 오면 이슈타르라는 여신이 있고, 세미티안 문화에 가면 아스페 로싯이라는 여신이 있었고, 그다음에 이집트에는 이시스라는 여신이 있었습니다.

세계가 로마 주도권하에 놓이게 되었을 때, 로마에는 비너스라는 여신이 있었습니다. 로마가 기독교 국가가 되었을 때는 어떠했습니까? 기독교에는 하나님 아버지만 있고 여성 신이 없으니까 그 당시에 성경을 모르던 사람들이 여신을 만들 필요를 느꼈습니다. 그래서 그들의 필요 때문에, 더 정확히 말하면 사탄의 음모 때문에 만들어진 여성 신이 바로 마리아입니다.

예수님의 육신의 어머니인 마리아는 우리에게서 존경을 받으셔야 할 훌륭한 여성이긴 하지만 신(神)은 아닙니다. 그가 신이 된 배경에는 이런 사탄의 음모가 있다는 사실을 잊지 말아야 합니다.

이러한 면에서의 사탄의 역사는 지금까지 계속되고 있습니다.

붉은빛 짐승을 타고 있는 여성, 음녀, 큰 음녀, 가증한 것들의 어미, 그것은 모든 종교를 하나님 없는 종교, 그리스도 없는 종교, 복음이 없는 종교, 사탄이 지배하는 종교를 만들기 위해서 역사할 것이고, 세상은 점점 더 타락한 종교 왕국이 될 것입니다.[214)]

세계 단일정부 추진을 적극 찬송하고 후원하는 뉴에이지운동(new age movement)을 고발한 더글라스 그루투의 저서 《뉴 에이지의 정체》를 보면 이 운동의 다섯 가지 구체적 목표가 나와 있는데, 그 두

---

214) 마지막 싸움 마지막 승리, 나침반, 이동원, pp. 155~156.

번째가 남녀의 성차별을 폐지하자는 운동이다.

그들이 남녀평등을 주장하는 궁극적인 목표는 모계(母系)사회 운동, 여성 신격화 운동이다.

로마 교황청이 마리아를 성모(聖母)로 추앙하고 신격화하는 것과, 뉴에이지운동가들이 모계사회 운동, 여성 신격화 운동을 펼치는 것은 곧 하나님을 배격하고 예수 그리스도의 복음을 삭제하려는 사탄의 역사임을 깨달아야 한다.

사탄은 하나님의 교회와 백성들을 현혹시키고 미혹하기 위해서 그들을 사용하여 다시 한번 이 땅의 역사 위에 여신(女神)을 부각시키고 땅의 임금들로 영적 간음에 빠지게 하며, 이 세상 사람들에게 음행의 포도주에 취해 쾌락을 추구하도록 역사하고 있다.

사회적으로 "남성이 여성으로 성(性)을 전환하고 그 법적 권리를 인정하는 것이 타당한가?"라는 문제가 이슈화되고 있다.

하나님의 창조 섭리를 인간이 인위적으로 뒤바꾸는 것은 비성경적이라 할 수 있다. 비성경적인 삶을 추구하는 사람들에 대해서 우리는 정상적인 삶을 살아가는 사람이라 말하지 않는다.

그들에게 삶의 다양성을 인정한다 하더라도 누구나 그들을 특별한 삶을 사는 사람으로 쳐다보고 그렇게 말할 것임에는 틀림없을 것이다.

"동성연애자들의 부부관계를 법적으로 인정해야 되는가?"라는 문제도 이와 같다. 이 시대가 여권이 신장되고, 여성의 사회 진출이 많아지고, 여성 정치인들이 수장(首長)이 되는 확률이 높아지는 사회 현상은 곧 영적 현상의 그림자임을 시사해 준다.

"너는 나 외에는 다른 신(神)들을 네게 있게 말지니라 너를 위하여 새긴 우상을 만들지 말고 또 위로 하늘에 있는 것이나 아래로 땅에 있는 것이나 땅 아래 물 속에 있는 것의 아무 형상이든지 만들지 말며 그것들에게 절하지 말며 그것들을 섬기지 말라 나 여호와 너의 하나님은 질투하는 하나님인즉 나를 미워하는 자의 죄를 갚되 아비로부터 아들에게로 삼사 대까지 이르게 하거니와 나를 사랑하고 내 계명을 지키는 자에게는 천 대까지 은혜를 베푸느니라"(출 20:3~6).

"여호와 외에 다른 신에게 희생을 드리는 자는 멸할지니라"(출 22:20).

⑶ 외모를 화려하게 치장한 여자다(계 17:4).

4절 말씀을 보면 "그 여자는 자줏빛과 붉은빛 옷을 입고 금과 보석과 진주로 꾸미고 손에 금잔을 가졌는데 가증한 물건과 그의 음행의 더러운 것들이 가득하더라"고 소개하고 있다.

화려한 색깔의 버섯은 주로 독버섯이므로 먹으면 안 된다. 화려한 색상과 멋진 외모로 위장하고 있는 곤충은 대부분 치명적인 독을 가지고 있다. 이와 같은 자연계시를 통해 외모를 화려하게 치장하고 있는 음녀도 사람들의 생명을 빼앗는 치명적인 독(毒)을 품고 있다는 영적 진리를 깨달을 수 있다.

예수 그리스도는 자신의 피를 흘려 그 핏값으로 인류의 죄를 속하시고 생명을 얻게 하고 더 풍성히 얻게 하는 생명의 주로 오셨다. 그러므로 성경은 예수 그리스도의 속죄 피를 찬양하고 증거하는 복음적인 교회를 사람들을 영생으로 인도하는 주님의 거룩한 신부라 부르고 있다. 그러나 사탄은 사람들을 죄에 빠지게 유혹하여 그들이 죗값으로 피 흘려 죽게 하고 자신이 들어갈 영원한 지옥 불에 함께 들어가도록 멸망으로 이끄는 도적으로 왔다. 음녀 또한 사람들의 영혼을 마비시키고 성도들의 생명을 빼앗는 사탄의 도구다. 6절 말씀은 "이 여자가 성도들의 피와 예수의 증인들의 피에 취했다"고 계시해 주고 있다.

"도적이 오는 것은 도적질하고 죽이고 멸망시키려는 것뿐이요 내가 온 것은 양으로 생명을 얻게 하고 더 풍성히 얻게 하려는 것이라"(요 10:10).

오늘도 음녀의 화려한 외모에 시선을 빼앗기고, 은밀한 유혹의 목소리에 귀 기울이며, 그녀가 따라주는 달콤한 음행의 포도주 잔을 들이키며 즐거워하는 자들은 장차 임할 하나님의 진노의 심판 날에 하나님의 진노의 포도주 잔을 받아 마시고 멸망에 빠지게 될 것이다. 외모를 화려하게 치장한 음녀의 모습 속에는 사람들을 미혹시키는 세 가지 사상이 담겨져 있다.

① 그 여자가 자줏빛과 붉은빛 옷을 입었다.

이는 사람들을 미혹하게 하는 권력선호사상(權力選好思想)을 나타낸다. 음녀가 입고 있는 자줏빛과 붉은빛 의복은 황제나 장군이나 원로원 의원들과 같은 권력자들이 입는 옷이다. 음녀가 입고 있는 자줏빛과 붉은색 옷은 고대인들에게 있어서 명예와 권력을 상징하는 옷이었고, 누구나 입고 싶어 하는 옷이었다. 음녀가 누구나가 호감을 가지고 존귀하게 바라보는 자줏빛과 붉은색 옷을 입고 있지만, 사실 그것은 예수 그리스도의 흘리신 피의 복음을 팔아 산 음란의 대가이고, 성도들의 핏값을 주고 산 멸망의 증표에 불과한 것이다.

《실낙원》(*Paradise Lost*)을 쓴 영국의 시인 밀턴(J. Millton)은 천주교를 비판하면서 "황제가 신부들에게 찬란한 법의(法衣)를 입히고 최고의 영예와 생활 보장을 부여하여 교회의 의자를 귀금속으로 꾸며 주었을 때, 하늘로부터 한 소리가 들렸다. '오늘 교회는 독소의 침입을 받아 그 영적 기능이 마비되기 시작했다'"고 말했다.

"주께서 경건한 자는 시험에서 건지시고 불의한 자는 형벌 아래 두어 심판 날까지 지키시며 육체를 따라 더러운 정욕 가운데서 행하며 주관하는 이를 멸시하는 자들에게 특별히 형벌하실 줄을 아시느니라 이들은 담대하고 고집하여 떨지 않고 영광 있는 자를 훼방하거니와 더 큰 힘과 능력을 가진 천사들이라도 주 앞에서 저희를 거스려 훼방하는 송사를 하지 아니하느니라 그러나 이 사람들은 본래 잡혀 죽기 위하여 난 이성 없는 짐승 같아서 그 알지 못한 것을 훼방하고 저희 멸망 가운데서 멸망을 당하며 불의의 값으로 불의를 당하며 낮에 연락을 기쁘게 여기는 자들이니 점과 흠이라 너희와 함께 연회할 때에 저희 간사한 가운데 연락하며 음심(淫心)이 가득한 눈을 가지고 범죄하기를 쉬지 아니하고 굳세지 못한 영혼들을 유혹하며 탐욕에 연단된 마음을 가진 자들이니 저주의 자식이라 저희가 바른길을 떠나 미혹하여 브올의 아들 발람의 길을 좇는도다 그는 불의의 삯을 사랑하다가 자기의 불법을 인하여 책망을 받되 말 못하는 나귀가 사람의 소리로 말하여 이 선지자의 미친 것을 금지하였느니라"(벧후 2:9~16).

계시록 19장에는 어린양의 혼인 잔치에 신부로 등장하는 여인이 빛나고 깨끗한 세마포를 입고 등장한다. 이 깨끗하고 하얀 세마포는 성도들의 옳은 행실이다(계 19:8).

성도들의 옳은 행실은 무엇인가? 하나님의 말씀과 어린양 예수 그리스도의 복음을 믿고 증거하는 복음의 제사장 사역을 감당하며, 이 땅에 빛과 소금의 사명을 감당하는 것이다.

예수 그리스도의 신부 된 교회와 지체 된 성도들은 신앙의 정절을 지키며 옳은 행실로 신부가 입는 하얀 세마포 옷을 입고 단장하며, 신랑 되신 예수 그리스도의 재림을 기다리며 인내하는 사람들이다.

주님이 다시 오시는 그날까지 신앙의 순결을 지키며 구속의 은혜에 감격하여 복음의 제사장 사역을 충성스럽게 감당하던 승리자들은, 주님과 함께 영원한 하나님의 나라에서 만왕의 왕으로 살아가게 될 것이다. 그러나 음녀가 입은 자줏빛과 붉은빛 부드러운 옷 입기를 사모하며 이를 삶의 목표로 삼고 살아가는 사람들은 경쟁자를 미워하고, 시기하고, 모함하고, 비난하는 언행을 일삼게 되고 그의 머리를 밟고 올라서서 잠시 동안 권세를 누리며 살다가 결국 멸망의 길로 빠지게 될 것이다.

> "민간에 또한 거짓 선지자들이 일어났었나니 이와 같이 너희 중에도 거짓 선생들이 있으리라 저희는 멸망케 할 이단을 가만히 끌어들여 자기들을 사신 주를 부인하고 임박한 멸망을 스스로 취하는 자들이라 여럿이 저희 호색(好色)하는 것을 좇으리니 이로 인하여 진리의 도(道)가 훼방을 받을 것이요 저희가 탐심을 인하여 지은 말을 가지고 너희로 이를 삼으니 저희 심판은 옛적부터 지체하지 아니하며 저희 멸망은 자지 아니하느니라"(벧후 2:1~3).

② 금과 보석과 진주로 꾸미고 있다.

이는 사탄이 심어준 외모지상주의 사상이다. 외모지상주의는 하나님의 사상이 아닌 사탄의 사상이다. 하나님은 중심을 보시는 분이다. 그런데 인생들은 외모를 보고 선택한다. 이는 아담과 하와에게 심었던 사탄의 외모지상주의 씨앗이 유전되어 내려오기 때문이다.

창세기 3장 6절 말씀을 보면, 사탄이 하와를 미혹하여 선악을 알게 하는 나무의 실과를 따먹도록 속일 때 "여자가 그 나무를 본즉 먹음직도 하고 보암직도 하고 지혜롭게 할 만큼 탐스럽기도 한 나무인지라 여자가 그 실과를 따먹고 자기와 함께한 남편에게도 주매 그도 먹은지라"고 증거하고 있다.

외모지상주의는 인생들의 안목의 정욕을 만족시켜 죄악에 빠뜨리려는 사탄이 뿌린 죄악된 사상이다. 그래서 성경은 항상 하나님은 외모를 보고 취하지 아니하심을 강조하고 우리에게 외모를 보고 사람을 취하지 말라고 강조한다.

"여호와께서 사무엘에게 이르시되 그 용모와 신장을 보지 말라 내가 이미 그를 버렸노라 나의 보는 것은 사람과 같지 아니하니 사람은 외모를 보거니와 나 여호와는 중심을 보느니라"(삼상 16:7).

"베드로가 입을 열어 가로되 내가 참으로 하나님은 사람의 외모를 취하지 아니하시고 각 나라 중 하나님을 경외하며 의를 행하는 사람은 하나님이 받으시는 줄 깨달았도다"(행 10:34~35).

"하나님께서 각 사람에게 그 행한 대로 보응하시되 참고 선을 행하여 영광과 존귀와 썩지 아니함을 구하는 자에게는 영생으로 하시고 오직 당을 지어 진리를 좇지 아니하고 불의를 좇는 자에게는 노와 분으로 하시리라 악을 행하는 각 사람의 영에게 환난과 곤고가 있으리니 첫째는 유대인에게요 또한 헬라인에게며 선을 행하는 각 사람에게는 영광과 존귀와 평강이 있으리니 첫째는 유대인에게요 또한 헬라인에게라 이는 하나님께서 외모로 사람을 취하지 아니하심이니라"(롬 2:6~11).

"무슨 일을 하든지 마음을 다하여 주께 하듯 하고 사람에게 하듯 하지 말라 이는 유업의 상을 주께 받을 줄 앎이니 너희는 주 그리스도를 섬기느니라 불의를 행하는 자는 불의의 보응을 받으리니 주는 외모로 사람을 취하심이 없느니라"(골 3:23~25).

"내 형제들아 영광의 주 곧 우리 주 예수 그리스도를 믿는 믿음을 너희가 받았으니 사람을 외모로 취하지 말라 만일 너희 회당에 금가락지를 끼고 아름다운 옷을 입은 사람이 들어오고 또 더러운 옷을 입은 가난한 사람이 들어올 때에 너희가 아름다운 옷을 입은 자를 돌아보아 가로되 여기 좋은 자리에 앉으소서 하고 또 가난한 자에게 이르되 너는 거기 섰든지 내 발등상 아래 앉으라 하면 너희끼리 서로 구별하며 악한 생각으로 판단하는 자가 되는 것이 아니냐 내 사랑하는 형제들아 들을지어다 하나님이 세상에 대하여는 가난한 자를 택하사 믿음에 부요하게 하시고 또 자기를 사랑하는 자들에게 약속하신 나라를 유업으로 받게 아니하셨느냐 너희는 도리어 가난한 자를 괄시하였도다 부자는 너희를 압제(壓制)하며 법정으로 끌고 가지 아니하느냐 저희는 너희에게 대하여 일컫는 바 그 아름다운 이름을 훼방하지 아니하느냐 너희가 만일 경에 기록한 대로 네 이웃 사랑하기를 네 몸과 같이 하라 하신 최고한 법을 지키면 잘하는 것이거니와 만일 너희가 외모로 사람을 취하면 죄를 짓는 것이니 율법이 너희를 범죄자로 정하리라"(약 2:1~9).

이상에서 살펴본 바와 같이 하나님은 사람의 외모를 보지 아니하시고 그 중심을 보고 취하시는 반면에, 우리 인생들은 외모를 보고 판단하고 선택하는 상반된 사상을 가지고 있다.

이는 우리 속에 사탄이 뿌린 외모지상주의 사상이 자리 잡고 있기 때문이다.

성경이 외모를 보고 취하는 것은 죄를 범하는 것임을 분명히 밝히고 있음에도 불구하고 이 시대는 외모지상주의가 만연(蔓延)해 있다.

여인들이 외모를 예쁘게 보이기 위해 여기저기 얼굴을 뜯어고치는 성형수술이 성행하고 있고, 억지로 굶고 살을 빼는 다이어트하는 여성이 많아졌다.

얼굴과 몸매가 따라주지 않으면 실력이 있어도 좋은 직장 구하기가 힘들고, 좋은 신랑감 구하기가 힘든 세상이기에 돈 들이고 시간 빼앗기면서 외모를 치장하느라 갖은 고생을 한다.

어디 여성뿐이겠는가? 이제는 남자들도 외모가 받쳐주지 않으면 사회에서 환영받지 못하고 찬밥 신세가 되는 세상이 되었다. 이 세상 사람들의 사고를 사탄의 외모지상주의가 완전히 사로잡고 있는 시대임을 보여준다.

이 시대 사탄의 사상을 전수받아 외모지상주의에 사로잡혀 있는 음녀 집단은 바티칸 왕국(로마교황청)이다. 교황의 화려한 의관이나 천주교의 화려한 예배 의식 등은 모두 외모지상주의 사상에 기인한 것들임을 간과(看過)해서는 안 된다.

천국을 이 땅에 건설해 왔다면 그것은 아마도 호화스러운 로마 가톨릭의 본부 건물인 베드로 성당과 박물관일 것이다. 이 박물관을 팔면 바티칸 국가가 400년간 먹고 살 수 있다고 하니 어느 정도 화려한지 알 만하지 않은가. 정말 지상에 이런 곳이 존재할 수 있는가 눈을 의심해야 할 정도의 초호화판 장식을 하고 있다. 그 자체가 하나의 거대한 예술품 같아서 마치 천국을 이 땅에 옮겨 놓은 것 같은 착각을 일으킬 정도이다. 세계를 주고 거기에 대형 박물관을 얹어서 준다 해도 안 바꾼다는 말이 그래서 나왔으리라.

시스티나 소성당이라는 곳은 교황을 뽑는 방으로 유명하다. 교황이 선출되면 하얀 연기가 나오고 그렇지 않을 경우는 검은 연기가 나온다.

그 천장에는 유명한 천지창조 그림이 있고, 벽에는 최후심판을 묘사한 천국과 지옥이 그려져 있다. 이 작품을 완성했던 유명한 미켈란젤로는 장장 4년 5개월 동안 혼자서 이 일을 해냈다고 한다.

미켈란젤로는 화가로서 '천지장조'라는 불후의 작품을 남겼고, 조각가로서 유명한 '비탄'이라는 작품을, 그리고 건축가로서 돔을 건축했다.

이렇게 만들어진 성당에서 매월 거둬들이는 입장료 수입만 해도 자그마치 40억 이상이란다. 길이가 187m, 양폭이 58m인 데다 높이가 15층 높이에 5만여 명을 수용할 수 있는 대규모를 자랑하는 이곳은 호화스럽고 사치스러운 음녀의 모습을 있는 그대로 보여주는 곳이 아닐 수 없다.[215)]

---

215) 성경종말론, 흰돌, 이광복, pp. 346~347.

음녀는 금과 보석과 진주로 외모를 꾸미고 있다. 그녀는 사탄의 외모지상주의 사상에 사로잡힌 여인이고, 그 사상을 찬미하고 사람들을 현혹시키는 데 앞장서는 존재다. 그녀의 거짓된 언행에 속지 마시기 바란다. 이 세상을 따르지 말고 하나님의 말씀에 따라 행동하는 지혜로운 예수 그리스도의 신부가 되길 바란다.

"뱀이 그 간계로 이와를 미혹케 한 것같이 너희 마음이 그리스도를 향하는 진실함과 깨끗함에서 떠나 부패할까 두려워하노라"(고후 11:3).

"너희는 이 세대를 본받지 말고 오직 마음을 새롭게 함으로 변화를 받아 하나님의 선하시고 기뻐하시고 온전하신 뜻이 무엇인지 분별하도록 하라"(롬 12:2).

"이는 세상에 있는 모든 것이 육신의 정욕과 안목의 정욕과 이생의 자랑이니 다 아버지께로 좇아 온 것이 아니요 세상으로 좇아 온 것이라 이 세상도, 그 정욕도 지나가되 오직 하나님의 뜻을 행하는 이는 영원히 거하느니라"(요일 2:16~17).

"너희 단장은 머리를 꾸미고 금을 차고 아름다운 옷을 입는 외모로 하지 말고 오직 마음에 숨은 사람을 온유하고 안정한 심령의 썩지 아니할 것으로 하라 이는 하나님 앞에 값진 것이니라"(벧전 3:3~4).

③ 가증한 물건과 그의 음행의 더러운 것들이 가득한 금잔을 가졌다.

이는 사람들의 생각을 사로잡고 있는 황금만능주의 사상을 지닌 모습이다.

돈이라면 무엇이라도 할 수 있다는 생각, 돈을 위해서라면 무슨 짓이라도 할 수 있다는 죄악된 생각이 황금만능주의 사상이다.

사도행전 8장을 보면, 돈이면 무엇이든 할 수 있다고 생각하는 대표적 인물인 마술사 시몬의 행위가 증거되고 있다.

그는 사마리아 성에서 오랫동안 마술로 백성들을 놀라게 한 장본인으로 '자칭 큰 자'였다. 그는 빌립 집사가 복음을 증거하며 세례를 베풀 때 그 나타나는 표적과 큰 능력을 보고 놀라며 믿고 세례를 받았다. 그 후 베드로와 요한이 사마리아 성에 도착해 성령 받기를 기도하고 안수할 때, 성령이 임하는 모습을 보고 그가 사도들의 능력을 돈을 주고 사려고 한다.

> "시몬이 사도들의 안수함으로 성령 받는 것을 보고 돈을 드려 가로되 이 권능을 내게도 주어 누구든지 내가 안수하는 사람은 성령을 받게 하여 주소서 하니"(행 8:18~19).

하나님의 선물을 돈으로 살 수 있다고 생각한 마술사 시몬의 생각은 사탄이 심어준 악한 생각이다. 시몬의 행동에 대해 사도 베드로는 "…네가 하나님의 선물을 돈 주고 살 줄로 생각하였으니 네 은과 네가 함께 망할지어다 하나님 앞에서 네 마음이 바르지 못하니 이 도에는 네가 관계도 없고 분깃 될 것도 없느니라 그러므로 너의 이 악함을 회개하고 주께 기도하라 혹 마음에 품은 것을 사하여 주시리라 내가 보니 너는 악독이 가득하며 불의에 매인 바 되었도다"(행 8:20~23)라고 회개하기를 촉구한다.

이 세상을 살아가는 현대인들의 의식 속에는 황금만능주의 사상이 가득 차 있음을 부인할 수 없다. 돈이면 무엇이든지 살 수 있다고 믿는 사람은 사탄의 거짓말에 속고 있는 것이다. 세상에서 참으로 아름답고 소중한 것들은 사실 돈으로 살 수 없는 것들이다. 돈을 사랑하는 마음 때문에 가장 소중하고 아름다운 것들을 빼앗기는 시험과 올무가 될 수 있는 것이다. 바울 사도는 믿음의 아들 디모데에게 돈에 대한 교훈을 편지에 자세히 썼다.

> "부하려 하는 자들은 시험과 올무와 여러 가지 어리석고 해로운 정욕에 떨어지나니 곧 사람으로 침륜과 멸망에 빠지게 하는 것이라 돈을 사랑함이 일만 악의 뿌리가 되나니 이것을 사모하는 자들이 미혹을 받아 믿음에서 떠나 많은 근심으로써 자기를 찔렀도다"(딤전 6:9~10).

돈을 사랑하거나 돈의 힘을 너무 과신하는 어리석은 사람이 되지 말아야 한다. 돈이면 무엇이든지 살 수 있고, 무엇이든지 할 수 있고, 무엇이든지 될 수 있다고 생각하는 황금만능주의 사상은 전능하신 하나님을 섬기지 못하게 하려는 사탄의 가증하고 더러운 사술(邪術)이다.

사탄의 황금만능주의 사상을 손에 붙잡고 있는 음녀는 돈을 위하여 사람들의 영혼을 사탄에게 팔아먹은 여자다. 음녀가 파는 상품의 품목을 보면 '사람들의 영혼들'(계 18:13)이 들어있다. 음녀는 돈이라면 자기 영혼뿐만 아니라 사람들의 영혼까지도 팔아먹는 사악한 여자다. 음녀는 성도들과 예수의 증인들의 핏값으로 자기를 영화롭게 하는 돈을 사랑하는 여자다. 그녀가 더럽고 가증한 모든 것을 담은 금잔을 손에 가지고 있는 모습은 음녀가 황금만능주의 사상을 붙잡고, 예수 그리스도의 복음을 배도하고 하나님을 대적하는 종교 단체임을 시사해 주고 있다.

이광복 목사의 저서 《성경종말론》을 보면 "로마 가톨릭의 베드로 성당 안에 금으로 치장한 호화스러운 모습은 바로 음녀의 모습이다"라고 지적하고 있을 뿐만 아니라 가톨릭에 대한 역사적 비판을 증거해 주고 있다.

※ 카톨릭에 대한 역사적 비판

① 칼빈(기독교 강요에서)

교황과 추기경의 신학(카톨릭 신학)은

제1조: 하나님이 없다는 것

제2조: 그리스도에 대한 모든 기록과 교훈은 허위요 기만이라는 것

제3조: 내세와 최후의 부활에 관한 교리들은 우화에 지나지 않는다.

② 로이드 존스

로마 카톨릭은 마귀의 최대 걸작품이다.

③ 웨스트민스트 신앙고백 25장 46항(1647년 장로교)

"로마 교황은 교회 안에서 그리스도와 하나님을 대적하여 자신을 높이는 자로서 적그리스도요 죄의 사람이고 멸망의 아들이다."

④ 영국 성공회 신앙개요 제7항(1615년)

"모든 왕들과 군주들 위에 군림하고 있는데 교황이 휘두르는 교황의 권력은 하나님의 말씀에 반대되는 권력이다. 그러므로 로마 교황의 이러한 권력은 왕이신 예수 그리스도 주권의 범위와 영역 내에서 반드시 제거되어야 할 가장 우선적인 목표이다."

⑤ 회중교회(사보이 선언서 26장 45항)

"로마 교황은 장차 예수 그리스도에게 대적할 죄의 사람, 혹은 불법의 아들인 적그리스도로 자기를 하나님이라 부르면서 지상의 교회에서 자기를 높이게 될 것이다."

⑥ 침례교회(침례교회 신앙고백 26장 4항, 1688년)

"지상 교회의 수장이라고 주장하는 자가 있다면 그는 죄의 사람 혹은 멸망의 아들인 적그리스도로 장차 그는 자기를 하나님이라 칭하며 예수 그리스도께 대적하게 될 것인데, 그는 재림의 때에 예수 그리스도의 광채로 반드시 죽임을 당하게 될 것이다."

⑦ 감리교회 존 웨슬리(1754년)

교황은 이중적인 사람으로 교황인 동시에 죄의 사람이며, 그는 날마다 죄의 사람의 특징을 쌓아가고 있다.[216)]

주님은 하나님과 재물(돈)을 겸하여 섬길 수 없다고 말씀하신다.

"한 사람이 두 주인을 섬기지 못할 것이니 혹 이를 미워하며 저를 사랑하거나 혹 이를 중히 여기며 저를 경히 여김이라 너희가 하나님과 재물을 겸하여 섬기지 못하느니라"(마 6:24).

만약 하나님보다 돈을 더 좋아하고, 의지하고, 사랑하며 섬긴다면 여러분은 하나님 나라와 전혀 관계가 없는 사람이 될 수 있다.

"돈을 사랑함이 일만 악의 뿌리가 되나니 이것들을 사모하는 자들이 미혹을 받아 믿음에서 떠나 많은 근심으로써 자기를 찔렀도다"(딤전 6:10).

돈이면 무엇이든지 가능하다고 생각하며 행동하는 사람은 사마리아 성의 마술사 시몬이나 다를 바 없다. 음녀가 손에 붙잡고 있는 황금만능주의 사상의 올무에 걸려 있는 것이다.

지금까지 돈이라면 능치 못할 일이 없다고 생각하는 황금만능주

216) 성경종말론, 흰돌, 이광복, pp. 349~350.

의 사상에 빠져 살았다면, 이제 더 이상 속지 말고 그 올무에서 벗어나시기 바란다. 쉽지 않을 것이지만 돈이면 능치 못할 일이 없다는 황금만능주의 사상은 사탄의 거짓말임을 깨달아야 한다. 그 사실을 알게 되었으면 하나님의 말씀과 예수 그리스도의 복음을 배도한 음녀의 사상에서 벗어나기 바란다.

> "네가 이것을 알라 말세에 고통하는 때가 이르리니 사람들은 자기를 사랑하며 돈을 사랑하며 자긍하며 교만하며 훼방하며 부모를 거역하며 감사치 아니하며 거룩하지 아니하며 무정하며 원통함을 풀지 아니하며 참소하며 절제하지 못하며 사나우며 선한 것을 좋아 아니하며 배반하여 팔며 조급하며 자고하며 쾌락을 사랑하기를 하나님 사랑하는 것보다 더하며 경건의 모양은 있으나 경건의 능력은 부인하는 자니 이 같은 자들에게서 네가 돌아서라"(딤후 3:1~5).

> "또 내가 들으니 하늘로서 다른 음성이 나서 가로되 내 백성아, 거기서 나와 그의 죄에 참예하지 말고 그의 받을 재앙들을 받지 말라"(계 18:4).

XI

여호와의 절기에 대한 Q&A

성경 본문은 레위기 23장 1~44절 말씀이다.

"여호와께서 모세에게 일러 가라사대 이스라엘 자손에게 고하여 이르라 너희가 공포하여 성회를 삼을 여호와의 절기는 이러하니라 엿새 동안은 일할 것이요 일곱째 날은 쉴 안식일이니 성회라 너희는 무슨 일이든지 하지 말라 이는 너희 거하는 각처에서 지킬 여호와의 안식일이니라 기한에 미쳐 너희가 공포하여 성회로 삼을 여호와의 절기는 이러하니라 정월 십사일 저녁은 여호와의 유월절이요 이 달 십오일은 여호와의 무교절이니 칠일 동안 너희는 무교병을 먹을 것이요 그 첫날에는 너희가 성회로 모이고 아무 노동도 하지 말지며 너희는 칠일 동안 여호와께 화제를 드릴 것이요 제 칠 일에도 성회로 모이고 아무 노동도 하지 말지니라 여호와께서 모세에게 일러 가라사대 이스라엘 자손에게 고하여 이르라 너희는 내가 너희에게 주는 땅에 들어가서 너희의 곡물을 거둘 때에 위선 너희의 곡물의 첫 이삭 한 단을 제사장에게로 가져갈 것이요 제사장은 너희를 위하여 그 단을 여호와 앞에 열납되도록 흔들되 안식일 이튿날에 흔들 것이며 너희가 그 단을 흔드는 날에 일년 되고 흠 없는 숫양을 번제로 여호와께 드리고 그 소제로는 기름 섞은 고운 가루 에바 십분 이를 여호와께 드려 화제를 삼아 향기로운 냄새가 되게 하고 전제로는 포도주 힌 사분 일을 쓸 것이며 너희는 너희 하나님께 예물을 가져오는 그날까지 떡이든지 볶은 곡식이든지 생 이삭이든지 먹지 말지니 이는 너희가 그 거하는 각처에서 대대로 지킬 영원한 규례니라 안식일 이튿날 곧 너희가 요제로 단을 가져온 날부터 세어서 칠 안식일의 수효를 채우고 제칠 안식일 이튿날까지 합 오십일을 계수하여 새 소제를 여호와께 드리되 너희 처소에서 에바 십분 이로 만든 떡 두 개를 가져다가 흔들지니 이는 고운 가루에 누룩을 넣어서 구운 것이요 이는 첫 요제로 여호와께 드리는 것이며 너희는 또 이 떡과 함께 일 년 되고 흠 없는 어린양 일곱과 젊은 수소 하나와 숫양 둘을 드리되 이들을 그 소제와 그 전제와 함께 여호와께 드려서 번제를 삼을지니 이는 화제라 여호와께 향기로운 냄새며 또 숫염소 하나로 속죄제를 드리며 일 년 된 어린 숫양 둘을 화목제 희생으로 드릴 것이요 제사장은 그 첫이삭의 떡과 함께 그 두 어린양을 여호와 앞에 흔들어 요제를 삼을 것이요 이것들은 여호와께 드리는 성물인즉 제사장에게 돌릴 것이며 이날에 너희는 너희 중에 성회를 공포하고 아무 노동도 하지 말지니 이는 너희가 그 거하는 각처에서 대대로 지킬 영원한 규례니라 너희 땅의 곡물을 벨 때에 밭 모퉁이까지 다 베지 말며 떨어진 것을 줍지 말고 너는 그것을 가난한 자와 객을 위하여 버려두라 나는 너희 하나님 여호와니라 여호와께서 모세에게 일러 가라사대 이스라엘 자손에게 고하여 이르라 칠월 곧 그 달 일일로 안식일을 삼을지니 이는 나팔을 불어 기념할 날이요 성회라 아무 노동도 하지 말고 여호와께 화제를 드릴지니라 여호와께서 모세에게 일러 가라사대 칠월 십일은 속죄일이니 너희에게 성회라 너희는 스스로 괴롭게 하며 여호와께 화제를 드리고 이날에는 아무 일도 하지 말 것은 너희를 위하여 너희 하나님 여호와 앞에 속죄할 속죄일이 됨이니라 이날에 스스로 괴롭게 하지 아니하는 자는 그 백성 중에서 끊쳐질 것이라 이날에 누구든지 아무 일이나 하는 자는 내가 백성 중에서 멸절시키리니 너희는 아무 일이든지 하지 말라 이는 너희가 그 거하는 각처에서 대대로 지킬 영원한 규례니라 이는 너희의 쉴 안식일이라 너희는 스스로 괴롭게 하고 이 달 구일 저녁 곧 그 저녁부터 이튿날 저녁까지 안식을 지킬지니라 여호와께서 모세에게 일러 가라사대 이스라엘 자손에게 고하여 이르라 칠월 십오일은 초막절이니 여호와를 위하여 칠일 동안 지킬 것이라 첫날에는 성회가 있을지니 너희는 아무 노동도 하지 말지며 칠일 동안에 너희는 화제를 여호와께 드릴 것이요 제팔일에도 너희에게 성회가 될 것이며 화제를 여호와께 드릴지니 이는 거룩한 대회라 너희는 아무 노동도 하지 말지니라 이것들은 여호와의 절기라 너희는 공포하여 성회를 삼고 번제와 소제와 희생과 전제를 각각 그날에 여호와께 화제로 드릴지니 이는 여호와의 안식일 외에, 너희의 헌물 외에, 너희의 모든 서원 예물 외에, 너희의 모든 낙헌 예물 외에 너희가 여호와께 드리는 것이니라 너희가 토지 소산 거두기를 마치거든 칠월 십오일부터 칠일 동안 여호와의 절기를 지키되 첫날에도 안식하고 제팔일에도 안식할 것이요 첫날에는 너희가 아름다운 나무 실과와 종려 가지와 무성한 가지와 시내 버들을 취하여 너희 하나님 여호와 앞에서 칠일 동안 즐거워할 것이라 너희는 매년에 칠일 동안 여호와께 이 절기를 지킬지니 너희 대대로의 영원한 규례라 너희는 칠월에 이를 지킬지니라 너희는 칠일 동안 초막에 거하되 이스라엘에서 난 자는 다 초막에 거할지니 이는 내가 이스라엘 자손을 애굽 땅에서 인도하여 내던 때에 초막에 거하게 한 줄을 너희 대대로 알게 함이니라 나는 너희 하나님 여호와니라 모세가 여호와의 절기를 이스라엘 자손에게 공포하였더라"(레 23:1~44).

레위기 23장에 증거되고 있는 '여호와의 절기'는 예수 그리스도로 말미암아 성취될 여호와 하나님의 구속사(救贖史)를 시간적 순서대로 계시해 주고 있는 말씀이다.

다시 말해 여호와의 절기는 예수 그리스도 초림부터 재림 이후의 사건까지 예수 그리스도 안에서 이루어질 하나님의 구원 역사의 시간 계획표임을 알 수 있다.

'절기'는 단순히 이스라엘 풍습이 아니다. 구약의 소쿠리에 담긴 절기는 예수 그리스도를 그림자로 담고 있다. 그 속에 예수 그리스도의 일생에 대한 예언적 의미가 담겨져 있으며, 그 예언대로 예수 그리스도를 통해 성취되었다. 이 절기를 통해 예수 그리스도의 삶이 질서 정연하게 나타나며, 정확하게 성취된 하나님 말씀의 신비함을 깨달을 수 있다.[217)]

하나님께서 이스라엘 백성들에게 영원히 지키도록 계시하신 여호와의 절기가 예수 그리스도 안에서 어떻게 성취되어 나타나는지를 제대로 깨달은 성도만이 신약에 계시된 하나님의 말씀을 제대로 알 수 있으리라.

여호와의 절기에 대한 바른 이해가 하나님의 종말 계시에 대한 말씀을 이해하는 데 큰 영향을 미친다.

지금까지 여호와의 절기를 해석하는 대부분의 사람들이 '여호와의 7대 절기'를 언급하고 있다. 이는 유월절을 첫 번째 절기로 보기 때문이다.

7대 절기 앞의 네 절기는 예수 그리스도의 초림 사역을 의미하고, 뒤의 세 절기는 재림 사역을 보여주는 것이다. 그러니까 7대 절기는 전부 예수 그리스도의 일생을 말하고 있는 것이다.[218)]

---

217) 절기로 본 초림과 재림, 이광복, 흰돌, p. 3.
218) 절기로 본 초림과 재림, 이광복, 흰돌, p. 136.

성경 레위기 23장에 계시된 여호와의 절기를 7대 절기로 보면 하나님의 종말 프로그램과 맞추는 데 어려움을 갖게 된다.

유월절부터 오순절까지 네 절기는 예수 그리스도의 초림으로 성취된 절기이기 때문에 예수 그리스도 복음과 쉽게 맞추어 해석할 수 있는 절기다.

가을 절기가 시작되는 나팔절은 우리 모두가 예수 그리스도의 재림으로 성취될 절기라고 해석하는 데 주저함이 없다. 그런데 그 뒤에 이어지는 속죄절과 마지막 절기인 초막절을 예수 그리스도의 구원 사역과 맞추는 해석에는 두루뭉술 넘어가며 혼선(混線)을 보이고 있다.

나팔절 이후의 절기 해석이 난해해지고 혼선을 가져오는 이유가 여호와의 절기를 7대 절기로 해석하기 때문에 초래되는 것이다. 레위기 23장의 증거 말씀을 자세히 살펴보면, 여호와의 절기는 안식일부터 시작됨을 알 수 있다. 안식일부터 시작하면 여호와의 절기는 '7대 절기'가 아니라 '8대 절기'가 되는 것이다.

7대 절기로 해석하면 나팔절이 다섯 번째 절기가 되고 속죄절이 여섯 번째 절기이고, 초막절이 일곱 번째 절기가 되어 하나님의 구속사에 맞춰 해석하기 어렵지만, 8대 절기로 해석하면 나팔절이 여섯 번째 절기이고, 속죄절이 일곱 번째 절기가 된다.

레위기 23장 말씀은 안식일이 여호와의 절기에 속한다고 분명하게 증거하고 있다. 그럼에도 불구하고 대부분의 사람들이 안식일을 여호와의 절기에서 빼고 유월절부터 시작하여 7대 절기로 해석하기 때문에 예수 그리스도의 재림을 상징하는 나팔절 이후의 절기들을 예수 그리스도의 구속사 복음으로 정해(正解)하지 못하는 모습을 보인다.

만일 성경이 증거하는 대로 안식일을 여호와의 절기 시작으로 해석하면 속죄절이 7번째 절기가 된다. 우리는 '7'이라는 숫자가 성경에서 '완전'을 의미하는 숫자로 쓰이고 있음을 잘 알고 있다. 속죄절이 영적으로 '완전속죄'를 의미하는 절기임을 알면서도 안식일을 빼고 여호와의 절기를 해석하다 보니, 속죄일이 7번째 절기가 아니라 6번째 절기가 되어 그 의미를 제대로 전하지 못하고 나팔절 사건에 묻어 재림으로 완전속죄가 성취된다고 주장하는 오류를 범하고 있다.

> "주님이 재림하심으로 이제 그 모든 것이 완성되는 것이다. 재림 때는 완전한 속죄가 이루어지며, 다시는 죄를 짓지 않는 축복이 임한다. 그러므로 주님의 재림을 사모하고 기다려야 한다.
>
> 재림처럼 영광스러운 것이 또 어디 있는가? 우리 신앙의 모든 것이 결실하는 정점, 그것이 재림이다. 초림 예수는 고통 중에 비참한 모습으로 죽으셔야 했다. 공의의 하나님이 거기 우리 죄악에 대한 진노를 쏟아놓으셨기 때문이다. 그러나 재림 예수는 영광 중에 구름을 타고 오실 것이다. 광야로 멀리 보내졌던 아사셀 양이신 재림 예수를 통해 우리는 영원한 속죄를 얻는다. 죄에서 완전히 분리되는 것이다. 이 놀라운 은혜가 우리의 것이다.[219]

---

219) 절기로 본 초림과 재림, 이광복, 흰돌, p. 205.

여호와의 절기에서 속죄절이 7번째 절기인 것은 백보좌 심판 때 '완전속죄'가 성취되는 구속사와 일치한다.

초막절이 여덟째 절기이므로 '8'이라는 숫자의 영적 의미인 새로운 창조와 정확히 일치한다. 처음 하늘과 처음 땅은 불에 타 사라지고, 하나님이 새롭게 창조하신 새 하늘과 새 땅인 영원한 천국에 들어가는 구속사와 일치함으로 복음으로 해석하는 데 어려움이 없다.

> 성경에서 8은 '부활' 또는 '재창조'라는 상징적인 의미가 있다. 따라서 7일 동안 장막절을 지키고, 8일째 되는 날 성회로 모인 것은 하나님께서 이스라엘과 새로운 영적 관계를 형성한 후 다시금 풍성히 축복해 주시는 것을 상징한다. 한편 7일 동안의 초막절을 지킨 후, 제8일째 되는 날 다시금 대성회로 모인 것은 그 자체가 하나님의 독특한 절기였다. 왜냐하면 이날은 단순히 초막절이 끝나는 날로서의 의미뿐만 아니라, 일 년 동안의 모든 절기를 총마무리하는 날로서의 의미도 지니기 때문이었다. … 이 8일째 날은 성회 후 초막을 헐고 각자 고향으로 돌아가는 날이기도 했다.[220]

'8'은 새로운 탄생수이다. 따라서 8일째 할례를 받았던 것은 곧 새로운 사람이 됨의 의미가 담겨져 있다. 제1일부터 제7일까지가 예수 그리스도의 구원 사역에 대한 상징적 의미라면, 제8일에 성회로 모인 것은 천국의 축복 성회로서 구원 사역 후 완성된 종합적인 축복의 개

---

220) 호크마 종합 주석, 레위기, 강병도, 기독지혜사, pp. 404~405.

념이 내포되어 있다. 즉 8일은 전체적 축복, 최고의 축복, 영원한 축복의 의미가 담겨져 있는 것이다. 그러므로 8일 안식은 곧 영원천국에서 안식을 누림의 상징인 것이다.[221)]

첫 단추를 잘못 꿰면 모든 단추가 맞지 않게 꿰어져 옷이 틀어지는 것처럼, 레위기 23장에 증거되고 있는 여호와의 절기에서 안식일을 빼고 유월절부터 시작하여 7대 절기로 해석하면 결국 그 틀이 맞지 않아 구속사와 종말 프로그램이 들어맞지 않는 결과를 낳게 된다. 그러나 성경 본문에 충실하게 해석하여 안식일을 포함해서 8대 절기로 해석하면 예수 그리스도의 구속사 복음과 정확하게 일치하는 성경적 해석을 펼칠 수 있음을 알 수 있다.

---

221) 절기로 본 초림과 재림, 이광복, 흰돌, p. 247.

1

안식일(Sabbath)의 복음적 의미는?

성경 본문은 레위기 23장 1~3절까지의 말씀으로 안식일의 주인으로 탄생하신 예수님을 상징하는 말씀이다.

"여호와께서 모세에게 일러 가라사대 이스라엘 자손에게 고하여 이르라 너희가 공포하여 성회를 삼을 여호와의 절기는 이러하니라 엿새 동안은 일할 것이요 일곱째 날은 쉴 안식일이니 성회라 너희는 무슨 일이든지 하지 말라 이는 너희 거하는 각처에서 지킬 여호와의 안식일이니라 기한에 미쳐 너희가 공포하여 성회로 삼을 여호와의 절기는 이러하니라 정월 십사일 저녁은 여호와의 유월절이요 이 달 십오일은 여호와의 무교절이니 칠일 동안 너희는 무교병을 먹을 것이요 그 첫날에는 너희가 성회로 모이고 아무 노동도 하지 말지며 너희는 칠일 동안 여호와께 화제를 드릴 것이요 제 칠일에도 성회로 모이고 아무 노동도 하지 말지니라 여호와께서 모세에게 일러 가라사대 이스라엘 자손에게 고하여 이르라 너희는 내가 너희에게 주는 땅에 들어가서 너희의 곡물을 거둘 때에 위선 너희의 곡물의 첫 이삭 한 단을 제사장에게로 가져갈 것이요 제사장은 너희를 위하여 그 단을 여호와 앞에 열납되도록 흔들되 안식일 이튿날에 흔들 것이며 너희가 그 단을 흔드는 날에 일 년 되고 흠 없는 숫양을 번제로 여호와께 드리고 그 소제로는 기름 섞은 고운 가루 에바 십분 이를 여호와께 드려 화제를 삼아 향기로운 냄새가 되게 하고 전제로는 포도주 힌 사분 일을 쓸 것이며"(레 23:1~13).

안식일은 죄와 사망의 짐을 지고 종노릇 하는 인생에게 자유와 안식을 주시기 위해 이 땅에 오신 '예수 그리스도의 탄생'을 상징하는 절기다.

"아들을 낳으리니 이름을 예수라 하라 이는 그가 자기 백성을 저희 죄에서 구원할 자이심이라 하니라"(마 1:21).

"그때에 예수께서 안식일에 밀밭 사이로 가실새 제자들이 시장하여 이삭을 잘라 먹으니 바리새인들이 보고 예수께 고하되 보시오 당신의 제자들이 안식일에 하지 못할 일을 하나이다 예수께서 가라사대 다윗이 자기와 그 함께한 자들이 시장할 때에 한 일을 읽지 못하였느냐 그가 하나님의 전에 들어가서 제사장 외에는 자기나 그 함께한 자들이 먹지 못하는 진설병을 먹지 아니하였느냐 또 안식일에 제사장들이 성전 안에서 안식을 범하여도 죄가 없음을 너희가 율법에서 읽지 못하였느냐 내가 너희에게 이르노니 성전보다 더 큰 이가 여기 있느니라 나는 자비를 원하고 제사를 원치 아니하노라 하신 뜻을 너희가 알았더면 무죄한 자를 죄로 정치 아니하였으리라 인자는 안식일의 주인이니라 하시니라"(마 12:1~8).

"수고하고 무거운 짐진 자들아 다 내게로 오라 내가 너희를 쉬게 하리라 나는 마음이 온유하고 겸손하니 나의 멍에를 메고 내게 배우라 그러면 너희 마음이 쉼을 얻으리니"(마 11:28~29).

"안식일에 예수께서 밀밭 사이로 지나가실새 그 제자들이 길을 열며 이삭을 자르니 바리새인들이 예수께 말하되 보시오 저희가 어찌하여 안식일에 하지 못할 일을 하나이까 예수께서 가라사대 다윗이 자기와 및 함께한 자들이 핍절되어 시장할 때에 한 일을 읽지 못하였느냐 그가 아비아달 대제사장 때에 하나님의 전에 들어가서 제사장 외에는 먹지 못하는 진설병을 먹고 함께한 자들에게도 주지 아니하였느냐 또 가라사대 안식일은 사람을 위하여 있는 것이요 사람이 안식일을 위하여 있는 것이 아니니 이러므로 인자는 안식일에도 주인이니라 예수께서 다시 회당에 들어가시니 한편 손 마른 사람이 거기 있는지라 사람들이 예수를 송사하려 하여 안식일에 그 사람을 고치시는가 엿보거늘 예수께서 손 마른 사람에게 이르시되 한가운데 일어서라 하시고 저희에게 이르시되 안식일에 선을 행하는 것과 악을 행하는 것, 생명을 구하는 것과 죽이는 것, 어느 것이 옳으냐 하시니 저희가 잠잠하거늘 저희 마음의 완악함을 근심하사 노하심으로 저희를 둘러 보시고 그 사람에게 이르시되 네 손을 내밀라 하시니 그가 내밀매 그 손이 회복되었더라 바리새인들이 나가서 곧 헤롯당과 함께 어떻게 하여 예수를 죽일꼬 의논하니라"(막 2:23~3:6).

"평안을 너희에게 끼치노니 곧 나의 평안을 너희에게 주노라 내가 너희에게 주는 것은 세상이 주는 것 같지 아니하니라 너희는 마음에 근심도 말고 두려워하지도 말라"(요 14:27).

"그러므로 먹고 마시는 것과 절기나 월삭이나 안식일을 인하여 누구든지 너희를 폄론하지 못하게 하라 이것들은 장래 일의 그림자이나 몸은 그리스도의 것이니라"(골 2:16~17).

성경은 안식일이 '여호와의 절기'에 속한다고 분명하게 밝혀주고 있다. 안식일의 주인으로 탄생하신 예수님의 탄생을 상징하는 절기인 안식일을 빼고 여호와의 절기를 말하는 것은, 태어난 일이 없는데 죽는 사건이 일어났다고 주장하는 것과 다를 바 없다.

2

유월절(Passover)의 복음적 의미는?

성경 본문은 레위기 23장 4~5절까지의 말씀이다. 유월절은 예수 그리스도의 십자가 죽음을 상징하는 절기다.

"기한에 미쳐 너희가 공포하여 성회로 삼을 여호와의 절기는 이러하니라 정월 십사일 저녁은 여호와의 유월절이요"(레 23:4~5).

유월절은 인류의 죄를 짊어지고 대속 죽음을 당하신 하나님의 어린양 '예수 그리스도의 십자가 죽음'을 상징하는 절기다.

"이튿날 요한이 예수께서 자기에게 나아오심을 보고 가로되 보라 세상 죄를 지고 가는 하나님의 어린양이로다"(요 1:29).

"너희의 아는 바와 같이 이틀을 지나면 유월절이라 인자가 십자가에 못 박히기 위하여 팔리우리라 하시더라"(마 26:2).

"너희는 누룩 없는 자인데 새 덩어리가 되기 위하여 묵은 누룩을 내어버리라 우리의 유월절 양 곧 그리스도께서 희생이 되셨느니라"(고전 5:7).

육적 이스라엘 민족이 애굽에서 종노릇 하고 살 때 그들을 출애굽시켜 자유한 하나님 나라 백성을 삼고 하나님을 섬기도록 하는 최후의 수단으로 유월절을 계시하셨다. 유월절(1월 14일)에 흠 없는 어린양을 잡아 그 피를 좌우 문설주와 인방에 바르고 그 집 밖으로 나오지 못하게 하시고 그 집 안에서 어린양의 고기를 먹도록 하셨다(출 12:1~28).

하나님의 계시 말씀을 믿고 순종하여 유월절 날 흠 없는 어린양을 잡아 좌우 문설주에 어린양의 피를 바르고, 그 집 안에서 어린양의 고기를 먹고 있는 집은 그날 밤 죽음의 사자가 그 집을 넘어갔다. 그러나 하나님의 말씀을 믿지 않고 어린양을 잡아 어린양의 피를 문설주와 인방에 바르지 않은 집은 죽음의 사자가 들어가 사람이나 가축이나 할 것 없이 처음 난 초태생은 모두 죽이는 장자 재앙을 맞이하게 되었다. 애굽 사람들은 장자 재앙을 받은 뒤에서야 살아 계신 하나님께 두 손을 들게 되었고, 이스라엘 백성들을 애굽에서 떠나도록 놓아 주었다.

이스라엘 백성들은 출애굽하여 광야로 나와 자유의 백성이 되었으며, 살아 계신 하나님의 인도와 보호를 받으며 하나님을 섬기는 선민이 되었다.

이는 영적으로 인류의 죄를 대속하시고 하나님과 화목하게 하는 하나님의 어린양으로 오신 예수 그리스도의 십자가에 피 흘려 죽는 사건이 자신의 죄를 속하기 위한 대속 죽음임을 믿는 자마다 죄와 사망에서 해방되어 자유를 얻고 하나님의 자녀가 되어 천국과 영생을 유업으로 상속받게 되는 영적 이스라엘 백성이 될 것을 보여주는 모형이다.

> “너희가 다 믿음으로 말미암아 그리스도 예수 안에서 하나님의 아들이 되었으니 누구든지 그리스도와 합하여 세례를 받은 자는 그리스도로 옷 입었느니라 너희는 유대인이나 헬라인이나 종이나 자주자나 남자나 여자 없이 다

그리스도 예수 안에서 하나이니라 너희가 그리스도께 속한 자면 곧 아브라함의 자손이요 약속대로 유업을 이을 자니라 내가 또 말하노니 유업을 이을 자가 모든 것의 주인이나 어렸을 동안에는 종과 다름이 없어서 그 아버지의 정한 때까지 후견인과 청지기 아래 있나니 이와 같이 우리도 어렸을 때에 이 세상 초등 학문 아래 있어서 종노릇 하였더니 때가 차매 하나님이 그 아들을 보내사 여자에게서 나게 하시고 율법 아래 나게 하신 것은 율법 아래 있는 자들을 속량하시고 우리로 아들의 명분을 얻게 하려 하심이라 너희가 아들인 고로 하나님이 그 아들의 영을 우리 마음 가운데 보내사 아바 아버지라 부르게 하셨느니라 그러므로 네가 이후로는 종이 아니요 아들이니 아들이면 하나님으로 말미암아 유업을 이을 자니라"(갈 3:26~4:7).

"예수께서 이르시되 내가 진실로 진실로 너희에게 이르노니 인자의 살을 먹지 아니하고 인자의 피를 마시지 아니하면 너희 속에 생명이 없느니라 내 살을 먹고 내 피를 마시는 자는 영생을 가졌고 마지막 날에 내가 그를 다시 살리리니 내 살은 참된 양식이요 내 피는 참된 음료로다 내 살을 먹고 내 피를 마시는 자는 내 안에 거하고 나도 그 안에 거하나니 살아 계신 아버지께서 나를 보내시매 내가 아버지로 인하여 사는 것같이 나를 먹는 그 사람도 나로 인하여 살리라 이것은 하늘로서 내려온 떡이니 조상들이 먹고도 죽은 그것과 같지 아니하여 이 떡을 먹는 자는 영원히 살리라"(요 6:53~58).

"우리가 알거니와 무릇 율법이 말하는 바는 율법 아래 있는 자들에게 말하는 것이니 이는 모든 입을 막고 온 세상으로 하나님의 심판 아래 있게 하려 함이니라 그러므로 율법의 행위로 그의 앞에 의롭다 하심을 얻을 육체가 없나니 율법으로는 죄를 깨달음이니라 이제는 율법 외에 하나님의 한 의가 나타났으니 율법과 선지자들에게 증거를 받은 것이라 곧 예수 그리스도를 믿음으로 말미암아 모든 믿는 자에게 미치는 하나님의 의니 차별이 없느니라 모든 사람이 죄를 범하였으매 하나님의 영광에 이르지 못하더니 그리스도 예수 안에 있는 구속으로 말미암아 하나님의 은혜로 값 없이 의롭다 하심을 얻은 자 되었느니라 이 예수를 하나님이 그의 피로 인하여 믿음으로 말미암는 화목 제물로 세우셨으니 이는 하나님께서 길이 참으시는 중에 전에 지은 죄를 간과하심으로 자기의 의로우심을 나타내려 하심이니 곧 이때에 자기의 의로우심을 나타내사 자기도 의로우시며 또한 예수 믿는 자를 의롭다 하려 하심이니라"(롬 3:19~26).

"우리가 아직 죄인 되었을 때에 그리스도께서 우리를 위하여 죽으심으로 하나님께서 우리에게 대한 자기의 사랑을 확증하셨느니라 그러면 이제 우리가 그 피를 인하여 의롭다 하심을 얻었은즉 더욱 그로 말미암아 진노하심에서 구원을 얻을 것이니 곧 우리가 원수 되었을 때에 그 아들의 죽으심으로 말미암아 하나님으로 더불어 화목되었은즉 화목된 자로서는 더욱 그의 살으심을 인하여 구원을 얻을 것이니라 이뿐 아니라 이제 우리로 화목을 얻게 하신 우리 주 예수 그리스도로 말미암아 하나님 안에서 또한 즐거워하느니라"(롬 5:8~11).

유월절은 죽음을 두려워함으로 죄와 사망의 권세를 쥐고 있는 사탄에 매여 일생 동안 종노릇 하는 인생들을 구속하여 죄와 사망의 올무에서 해방시켜 하나님을 섬기는 자유한 백성을 삼으려고 죄 없으신 예수 그리스도께서 자신의 핏값을 지불하는 십자가 죽음을 상징하는 절기다.

"자녀들은 혈육에 함께 속하였으매 그도 또한 한 모양으로 혈육에 함께 속하심은 사망으로 말미암아 사망의 세력을 잡은 자 곧 마귀를 없이 하시며 또 죽기를 무서워하므로 일생에 매여 종노릇 하는 모든 자들을 놓아 주려 하심이니"(히 2:14~15).

"하나님께 감사하리로다 너희가 본래 죄의 종이더니 너희에게 전하여 준 바 교훈의 본을 마음으로 순종하여 죄에게서 해방되어 의에게 종이 되었느니라 너희 육신이 연약하므로 내가 사람의 예대로 말하노니 전에 너희가 너희 지체를 부정과 불법에 드려 불법에 이른 것같이 이제는 너희 지체를 의에게 종으로 드려 거룩함에 이르라 너희가 죄의 종이 되었을 때에는 의에 대하여 자유하였느니라 너희가 그때에 무슨 열매를 얻었느뇨 이제는 너희가 그 일을 부끄러워하나니 이는 그 마지막이 사망임이니라 그러나 이제는 너희가 죄에게서 해방되고 하나님께 종이 되어 거룩함에 이르는 열매를 얻었으니 이 마지막은 영생이라 죄의 삯은 사망이요 하나님의 은사는 그리스도 예수 우리 주 안에 있는 영생이니라"(롬 6:17~23).

"그러므로 이제 그리스도 예수 안에 있는 자에게는 결코 정죄함이 없나니 이는 그리스도 예수 안에 있는 생명의 성령의 법이 죄와 사망의 법에서 너를 해방하였음이라"(롬 8:1~2).

"그리스도께서 장래 좋은 일의 대제사장으로 오사 손으로 짓지 아니한 곧 이 창조에 속하지 아니한 더 크고 온전한 장막으로 말미암아 염소와 송아지의 피로 아니하고 오직 자기 피로 영원한 속죄를 이루사 단번에 성소에 들어가셨느니라 염소와 황소의 피와 및 암송아지의 재로 부정한 자에게 뿌려 그 육체를 정결케 하여 거룩케 하거든 하물며 영원하신 성령으로 말미암아 흠 없는 자기를 하나님께 드린 그리스도의 피가 어찌 너희 양심으로 죽은 행실에서 깨끗하게 하고 살아 계신 하나님을 섬기게 못하겠느뇨 이를 인하여 그는 새 언약의 중보니 이는 첫 언약 때에 범한 죄를 속하려고 죽으사 부르심을 입은 자로 하여금 영원한 기업의 약속을 얻게 하려 하심이니라 유언은 유언한 자가 죽어야 되나니 유언은 그 사람이 죽은 후에야 견고한즉 유언한 자가 살았을 때에는 언제든지 효력이 없느니라 이러므로 첫 언약도 피 없이 세운 것이 아니니 모세가 율법대로 모든 계명을 온 백성에게 말한 후에 송아지와 염소의 피와 및 물과 붉은 양털과 우슬초를 취하여 그 책과 온 백성에게 뿌려 이르되 이는 하나님이 너희에게 명하신 언약의 피라 하고 또한 이와 같이 피로써 장막과 섬기는 일에 쓰는 모든 그릇에 뿌렸느니라 율법을 좇아 거의 모든 물건이 피로써 정결케 되나니 피 흘림이 없은즉 사함이 없느니라 그러므로 하늘에 있는 것들의 모형은 이런 것들로써 정결케 할 필요가 있었으나 하늘에 있는 그것들은 이런 것들보다 더 좋은 제물로 할지니라 그리스도께서는 참 것의 그림자인 손으로 만든 성소에 들어가지 아니하시고 오직 참 하늘에 들어가사 이제 우리를 위하여 하나님 앞에 나타나시고 대제사장이 해마다 다른 것의 피로써 성소에 들어가는 것같이 자주 자기를 드리려고 아니하실지니 그리하면 그가 세상을 창조할 때부터 자주 고난을 받았어야 할 것이로되 이제 자기를 단번에 제사로 드려 죄를 없게 하시려고 세상 끝에 나타나셨느니라 한 번 죽는 것은 사람에게 정하신 것이요 그 후에는 심판이 있으리니 이와 같이 그리스도도 많은 사람의 죄를 담당하시려고 단번에 드리신 바 되셨고 구원에 이르게 하기 위하여 죄와 상관 없이 자기를 바라는 자들에게 두 번째 나타나시리라"(히 9:11~28).

주님의 몸 된 교회는 예수 그리스도께서 자신의 핏값으로 사신 바 된 주님의 사랑 받는 성도들의 모임이며, 영적 이스라엘 백성이 된 하나님의 선택받은 천국 백성이다.

"너희는 자기를 위하여 또는 온 양 떼를 위하여 삼가라 성령이 저들 가운데 너희로 감독자를 삼고 하나님이 자기 피로 사신 교회를 치게 하셨느니라"(행 20:28).

"고린도에 있는 하나님의 교회 곧 그리스도 예수 안에서 거룩하여지고 성도라 부르심을 입은 자들과 또 각처에서 우리의 주 곧 저희와 우리의 주 되신 예수 그리스도의 이름을 부르는 모든 자들에게 하나님 우리 아버지와 주 예수 그리스도로 좇아 은혜와 평강이 있기를 원하노라"(고전 1:2~3).

"남편들아 아내 사랑하기를 그리스도께서 교회를 사랑하시고 위하여 자신을 주심같이 하라 이는 곧 물로 씻어 말씀으로 깨끗하게 하사 거룩하게 하시고 자기 앞에 영광스러운 교회로 세우사 티나 주름 잡힌 것이나 이런 것들이 없이 거룩하고 흠이 없게 하려 하심이니라"(엡 5:25~27).

"요한은 아시아에 있는 일곱 교회에 편지하노니 이제도 계시고 전에도 계시고 장차 오실 이와 그 보좌 앞에 일곱 영과 또 충성된 증인으로 죽은 자들 가운데서 먼저 나시고 땅의 임금들의 머리가 되신 예수 그리스도로 말미암아 은혜와 평강이 너희에게 있기를 원하노라 우리를 사랑하사 그의 피로 우리 죄에서 우리를 해방하시고 그 아버지 하나님을 위하여 우리를 나라와 제사장으로 삼으신 그에게 영광과 능력이 세세토록 있기를 원하노라 아멘 볼지어다 구름을 타고 오시리라 각인의 눈이 그를 보겠고 그를 찌른 자들도 볼 터이요 땅에 있는 모든 족속이 그를 인하여 애곡하리니 그러하리라 아멘"(계 1:4~7).

이상에서 살펴본 하나님의 말씀을 토대로 유월절 영적 의미를 다시 한번 성경적으로 정리해 보자.

예수 그리스도의 십자가 죽으심은 죄와 사망에 매여 일생 사탄의 종노릇 하며 마귀의 자식으로 살던 사람들에게 자유와 생명을 얻는 구원의 길이 되었으며, 하나님과 화목하게 되어 하나님의 자녀가 되는 권세를 얻을 수 있는 복음이 되었다.

누구든지 예수 그리스도의 대속 죽임인 십자가 죽음을 믿는 자는 구원을 얻으며, 하나님의 백성이 되어 천국과 영생을 유업으로 받게 되었다.

예수님은 자신의 핏값으로 사신 믿음의 자녀들을 하나님의 나라와 제사장으로 삼으셨다. 이 믿음의 자녀들의 모임이 곧 교회요, 이 교회가 곧 영적 이스라엘 백성들의 모임이 된 것이다. 그러므로 누구든지 주님의 몸 된 교회의 성도가 아니고는 하나님의 나라 백성이 아니며, 주님이 머리 되신 교회를 핍박하는 자는 주님의 저주와 심판을 받아 멸망에 이르게 됨을 명심해야 한다.

"우리 주 예수 그리스도의 하나님, 영광의 아버지께서 지혜와 계시의 정신을 너희에게 주사 하나님을 알게 하시고 너희 마음눈을 밝히사 그의 부르심의 소망이 무엇이며 성도 안에서 그 기업의 영광의 풍성이 무엇이며 그의 힘의 강력으로 역사하심을 따라 믿는 우리에게 베푸신 능력의 지극히 크심이 어떤 것을 너희로 알게 하시기를 구하노라 그 능력이 그리스도 안에서 역사하사 죽은 자들 가운데서 다시 살리시고 하늘에서 자기의 오른편에 앉히사 모든 정사와 권세와 능력과 주관하는 자와 이 세상뿐 아니라 오는 세상에 일컫는 모든 이름 위에 뛰어나게 하시고 또 만물을 그 발 아래 복종하게 하시고 그를 만물 위에 교회의 머리로 주셨느니라 교회는 그의 몸이니 만물 안에서 만물을 충만케 하시는 자의 충만이니라"(엡 1:17~23).

"교회 안에서와 그리스도 예수 안에서 영광이 대대로 영원 무궁하기를 원하노라 아멘"(엡 3:21).

"그가 우리를 흑암의 권세에서 건져내사 그의 사랑의 아들의 나라로 옮기셨으니 그 아들 안에서 우리가 구속 곧 죄 사함을 얻었도다 그는 보이지 아니하시는 하나님의 형상이요 모든 창조물보다 먼저 나신 자니 만물이 그에게 창조되되 하늘과 땅에서 보이는 것들과 보이지 않는 것들과 혹은 보좌들이나 주관들이나 정사들이나 권세들이나 만물이 다 그로 말미암고 그를 위하여 창조되었고 또한 그가 만물보다 먼저 계시고 만물이 그 안에 함께 섰느니라 그는 몸인 교회의 머리라 그가 근본이요 죽은 자들 가운데서 먼저 나신 자니 이는 친히 만물의 으뜸이 되려 하심이요 아버지께서는 모든 충만으로 예수 안에 거하게 하시고 그의 십자가의 피로 화평을 이루사 만물 곧 땅에 있는 것들이나 하늘에 있는 것들을 그로 말미암아 자기와 화목케 되기를 기뻐하심이라"(골 1:13~20).

유월절의 영적 의미에 대해 많은 성경 말씀을 기록하면서 길게 설명한 이유가 있다. 신천지 교주인 이만희 씨가 유월절과 교회에 대해 해석하는 것이 얼마나 비성경적이고, 교회를 대적하는 이단적 해석인가를 뚜렷하게 비교해 보기 위해서다.

신천지는 유월절의 영적 의미가 정통 교회(그의 해석에 따르면 애굽이라 함)에서 하나님의 백성인 이스라엘 백성(그의 해석에 따르면 교인들 중에 알곡 신자)을 신천지로 끌어내는 것이라고 해석한다. 이 얼마나 비성경적 교회관인가?

양심에 화인 맞은 사람이 아니고서야 어찌 주님의 몸 된 교회를 애굽 또는 바벨론이라 해석하고, 그곳에서 성도들을 끌어내어 신천지 교인을 만드는 것이 영적 유월절이요, 출애굽 사건이라 주장할 수 있겠는가?

정통 교회가 애굽이요 바벨론이고, 정통 교회 목사들이 거짓 목자들이라고 주장하면서 정통 교회에서 양육을 받은 성도들 가운데 알곡 신자들이 배출된다고 말하는 것은 앞뒤가 맞지 않는 모순된 주장이지 않은가?

이 씨가 주장하는 소리가 얼마나 주님의 몸 된 교회를 대적하고 영혼들을 미혹하는 교활한 소리인지 깨닫지 못하는 사람이 있다면 그 또한 사탄의 영에 미혹된 자일 것이다.

"그러나 성령이 밝히 말씀하시기를 후일에 어떤 사람들이 믿음에서 떠나 미혹케 하는 영과 귀신의 가르침을 좇으리라 하셨으니 자기 양심이 화인 맞아서 외식함으로 거짓말하는 자들이라"(딤전 4:1~2).

"저가 무식하고 미혹한 자를 능히 용납할 수 있는 것은 자기도 연약에 싸여 있음이니라"(히 5:2).

"내 사랑하는 형제들아 너희가 알거니와 사람마다 듣기는 속히 하고 말하기는 더디 하며 성내기도 더디 하라 사람의 성내는 것이 하나님의 의를 이루지 못함이니라"(약 1:19~20).

"그중에 알기 어려운 것이 더러 있으니 무식한 자들과 굳세지 못한 자들이 다른 성경과 같이 그것도 억지로 풀다가 스스로 멸망에 이르느니라 그러므로 사랑하는 자들아 너희가 이것을 미리 알았은즉 무법한 자들의 미혹에 이끌려 너희 굳센 데서 떨어질까 삼가라"(벧후 3:16~17).

3

무교절(The feast of unleavened bread)의 복음적 의미는?

성경 본문은 레위기 23장 6~8절 말씀이다. 1월 15일부터 7일간 지내는 무교절은 예수 그리스도의 장사지냄을 상징하는 절기다.

"이 달 십오일은 여호와의 무교절이니 칠일 동안 너희는 무교병을 먹을 것이요 그 첫날에는 너희가 성회로 모이고 아무 노동도 하지 말지며 너희는 칠일 동안 여호와께 화제를 드릴 것이요 제칠일에도 성회로 모이고 아무 노동도 하지 말지니라"(레 23:6~8).

무교절은 죄 없으신 예수님이 인류의 모든 죄를 한 몸에 짊어지시고 모든 죄를 없이하려고 땅 속에 묻혀 장사 지낸 바 되는 '예수 그리스도의 장사 지냄'을 상징하는 절기다.

"이날은 예비일 곧 안식일 전날이므로 저물었을 때에 아리마대 사람 요셉이 와서 당돌히 빌라도에게 들어가 예수의 시체를 달라 하니 이 사람은 존귀한 공회원이요 하나님의 나라를 기다리는 자라 빌라도는 예수께서 벌써 죽었을까 하고 이상히 여겨 백부장을 불러 죽은 지 오래냐 묻고 백부장에게 알아본 후에 요셉에게 시체를 내어 주는지라 요셉이 세마포를 사고 예수를 내려다가 이것으로 싸서 바위 속에 판 무덤에 넣어 두고 돌을 굴려 무덤 문에 놓으매 때에 막달라 마리아와 요세의 어머니 마리아가 예수 둔 곳을 보더라"(막 15:42~47).

"동이 서에서 먼 것같이 우리 죄과를 우리에게서 멀리 옮기셨으며"(시 103:12)

"또 주께서 가라사대 그날 후에 내가 이스라엘 집으로 세울 언약이 이것이니 내 법을 저희 생각에 두고 저희 마음에 이것을 기록하리라 나는 저희에게 하나님이 되고 저희는 내게 백성이 되리라 … 내가 저희 불의를 긍휼히 여기고 저희 죄를 다시 기억하지 아니하리라 하셨느니라"(히 8:10~12).

누룩(죄) 없는 떡이신 예수님이 인류의 모든 누룩(죄)를 한 몸에 짊어지시고 무덤에 장사 지낸 바 되었으므로 예수 그리스도 안에 있는 모든 성도들은 이제 죄인의 신분에서 의인의 신분으로 거듭나게 되었고, 사망에서 생명으로 그 자리를 옮긴 자들이 되었다.

"복음에는 하나님의 의가 나타나서 믿음으로 믿음에 이르게 하나니 기록된 바 오직 의인은 믿음으로 말미암아 살리라 함과 같으니라"(롬 1:17).

"예수 그리스도를 믿음으로 말미암아 모든 믿는 자에게 미치는 하나님의 의니 차별이 없느니라 모든 사람이 죄를 범하였으매 하나님의 영광에 이르지 못하더니 그리스도 예수 안에 있는 구속으로 말미암아 하나님의 은혜로 값없이 의롭다 하심을 얻은 자 되었느니라"(롬 3:22~24).

"한 사람의 범죄를 인하여 사망이 그 한 사람으로 말미암아 왕 노릇 하였은즉 더욱 은혜와 의의 선물을 넘치게 받는 자들이 한 분 예수 그리스도로 말미암아 생명 안에서 왕 노릇 하리로다"(롬 5:17).

"너희는 누룩 없는 자인데 새 덩어리가 되기 위하여 묵은 누룩을 내어 버리라 우리의 유월절 양 곧 그리스도께서 희생이 되셨느니라 이러므로 우리가 명절을 지키되 묵은 누룩도 말고 괴악하고 악독한 누룩도 말고 오직 순전함과 진실함의 누룩 없는 떡으로 하자"(고전 5:7~8).

4

초실절(The first fruit)의 복음적 의미는?

성경 본문은 레위기 23장 9~14절 말씀이다. 초실절은 예수 그리스도의 부활을 상징하는 절기다.

> "여호와께서 모세에게 일러 가라사대 이스라엘 자손에게 고하여 이르라 너희는 내가 너희에게 주는 땅에 들어가서 너희의 곡물을 거둘 때에 위선 너희의 곡물의 첫 이삭 한 단을 제사장에게로 가져갈 것이요 제사장은 너희를 위하여 그 단을 여호와 앞에 열납되도록 흔들되 안식일 이튿날에 흔들 것이며 너희가 그 단을 흔드는 날에 일 년 되고 흠 없는 숫양을 번제로 여호와께 드리고 그 소제로는 기름 섞은 고운 가루 에바 십분 이를 여호와께 드려 화제를 삼아 향기로운 냄새가 되게 하고 전제로는 포도주 힌 사분 일을 쓸 것이며 너희는 너희 하나님께 예물을 가져오는 그날까지 떡이든지 볶은 곡식이든지 생 이삭이든지 먹지 말지니 이는 너희가 그 거하는 각처에서 대대로 지킬 영원한 규례니라"(레 23:9~14).

초실절은 부활의 첫 열매가 되신 '예수 그리스도의 부활'을 상징하는 절기다. 예수님은 죽은 지 사흘 만에 부활하사 부활의 첫 열매가 되어 주셨다.

"그때에 서기관과 바리새인 중 몇 사람이 말하되 선생님이여 우리에게 표적 보여주시기를 원하나이다 예수께서 대답하여 가라사대 악하고 음란한 세대가 표적을 구하나 선지자 요나의 표적밖에는 보일 표적이 없느니라 요나가 밤낮 사흘을 큰 물고기 뱃속에 있었던 것같이 인자도 밤낮 사흘을 땅속에 있으리라"(마 12:38~40).

"이에 유대인들이 대답하여 예수께 말하기를 네가 이런 일을 행하니 무슨 표적을 우리에게 보이겠느뇨 예수께서 대답하여 가라사대 너희가 이 성전을 헐라 내가 사흘 동안에 일으키리라 유대인들이 가로되 이 성전은 사십육 년 동안에 지었거늘 네가 삼일 동안에 일으키겠느뇨 하더라 그러나 예수는 성전된 자기 육체를 가리켜 말씀하신 것이라 죽은 자 가운데서 살아나신 후에야 제자들이 이 말씀하신 것을 기억하고 성경과 및 예수의 하신 말씀을 믿었더라"(요 2:18~22).

"그리스도께서 죽은 자 가운데서 다시 살아나셨다 전파되었거늘 너희 중에서 어떤 이들은 어찌하여 죽은 자 가운데서 부활이 없다 하느냐 만일 죽은 자의 부활이 없으면 그리스도도 다시 살지 못하셨으리라 그리스도께서 만일 다시 살지 못하셨으면 우리의 전파하는 것도 헛것이요 또 너희 믿음도 헛것이며 또 우리가 하나님의 거짓 증인으로 발견되리니 우리가 하나님이 그리스도를 다시 살리셨다고 증거하였음이라 만일 죽은 자가 다시 사는 것이 없으면 하나님이 그리스도를 다시 살리시지 아니하셨으리라 만일 죽은 자가 다시 사는 것이 없으면 그리스도도 다시 사신 것이 없었을 터이요 그리스도께서 다시 사신 것이 없으면 너희의 믿음도 헛되고 너희가 여전히 죄 가운데 있을 것이요 또한 그리스도 안에서 잠자는 자도 망하였으리니 만일 그리스도 안에서 우리의 바라는 것이 다만 이생뿐이면 모든 사람 가운데 우리가 더욱 불쌍한 자리라 그러나 이제 그리스도께서 죽은 자 가운데서 다시 살아 잠자는 자들의 첫 열매가 되셨도다 사망이 사람으로 말미암았으니 죽은 자의 부활도 사람으로 말미암는도다 아담 안에서 모든 사람이 죽은 것같이 그리스도 안에서 모든 사람이 삶을 얻으리라 그러나 각각 자기 차례대로 되리니 먼저는 첫 열매인 그리스도요 다음에는 그리스도 강림하실 때에 그에게 붙은 자요 그 후에는 나중이니 저가 모든 정사와 모든 권세와 능력을 멸하시고 나라를 아버지 하나님께 바칠 때라"(고전 15:12~24).

"찬송하리로다 우리 주 예수 그리스도의 아버지 하나님이 그 많으신 긍휼대로 예수 그리스도의 죽은 자 가운데서 부활하심으로 말미암아 우리를 거듭나게 하사 산 소망이 있게 하시며"(벧전 1:3).

5

오순절(Pentecost)의 복음적 의미는?

성경 본문은 레위기 23장 15~22절 말씀이다. 초실절 이후 50일째 되는 날 지키는 절기로 성령님을 보내주신 예수님의 사역을 상징하는 절기다.

"안식일 이튿날 곧 너희가 요제로 단을 가져온 날부터 세어서 칠 안식일의 수효를 채우고 제 칠 안식일 이튿날까지 합 오십일을 계수하여 새 소제를 여호와께 드리되 너희 처소에서 에바 십분 이로 만든 떡 두 개를 가져다가 흔들지니 이는 고운 가루에 누룩을 넣어서 구운 것이요 이는 첫 요제로 여호와께 드리는 것이며 너희는 또 이 떡과 함께 일 년 되고 흠 없는 어린양 일곱과 젊은 수소 하나와 숫양 둘을 드리되 이들을 그 소제와 그 전제와 함께 여호와께 드려서 번제를 삼을지니 이는 화제라 여호와께 향기로운 냄새며 또 숫염소 하나로 속죄제를 드리며 일 년 된 어린 숫양 둘을 화목제 희생으로 드릴 것이요 제사장은 그 첫이삭의 떡과 함께 그 두 어린양을 여호와 앞에 흔들어 요제를 삼을 것이요 이것들은 여호와께 드리는 성물인즉 제사장에게 돌릴 것이며 이날에 너희는 너희 중에 성회를 공포하고 아무 노동도 하지 말지니 이는 너희가 그 거하는 각처에서 대대로 지킬 영원한 규례니라 너희 땅의 곡물을 벨 때에 밭 모퉁이까지 다 베지 말며 떨어진 것을 줍지 말고 너는 그것을 가난한 자와 객을 위하여 버려 두라 나는 너희 하나님 여호와니라"(레 23:15~22).

오순절은 초실절 이후 50일째 되는 날로 칠칠절과 맥추절이라고도 부르는 절기이다. 오순절은 예수님이 부활하신 날부터 50일이 되는 날에 약속하신 '성령님을 보내주신 예수님'을 상징하는 절기로 성령 강림절을 예언한 절기다.

예수 그리스도께서 부활의 첫 열매가 되심으로 초실절을 성취하셨다. 부활하신 예수님은 40일 동안 이 땅에 머무시며 많은 제자에게 나타나 보이시고, 천국 복음을 말씀해 주셨으며, 성령님을 보내주실 것을 언약하신 후 구름 타고 승천하셨다.

"해 받으신 후에 또한 저희에게 확실한 많은 증거로 친히 사심을 나타내사 사십 일 동안 저희에게 보이시며 하나님 나라의 일을 말씀하시니라 사도와 같이 모이사 저희에게 분부하여 가라사대 예루살렘을 떠나지 말고 내게 들은 바 아버지의 약속하신 것을 기다리라 요한은 물로 세례를 베풀었으나 너희는 몇 날이 못 되어 성령으로 세례를 받으리라 하셨느니라 … 오직 성령이 너희에게 임하시면 너희가 권능을 받고 예루살렘과 온 유대와 사마리아와 땅끝까지 이르러 내 증인이 되리라 하시니라 이 말씀을 마치시고 저희 보는 데서 올리워 가시니 구름이 저를 가리워 보이지 않게 하더라"(행 1:3~9).

예수님께서 부활하신 뒤 50일, 승천하신 뒤 10일이 되던 오순절 날에 약속하신 성령님을 보내주셨다.

"오순절날이 이미 이르매 저희가 다 같이 한 곳에 모였더니 홀연히 하늘로부터 급하고 강한 바람 같은 소리가 있어 저희 앉은 온 집에 가득하며 불의 혀같이 갈라지는 것이 저희에게 보여 각 사람 위에 임하여 있더니 저희가 다 성령의 충만함을 받고 성령이 말하게 하심을 따라 다른 방언으로 말하기를 시작하니라"(행 2:1~4).

6

나팔절(The feast of trumpets)의 복음적 의미는?

성경 본문은 레위기 23장 23~25절 말씀이다. 나팔절은 가을 절기의 시작으로 7월 1일에 지키며, 예수 그리스도의 재림을 상징하는 절기다.

> "여호와께서 모세에게 일러 가라사대 이스라엘 자손에게 고하여 이르라 칠월 곧 그 달 일일로 안식일을 삼을지니 이는 나팔을 불어 기념할 날이요 성회라 아무 노동도 하지 말고 여호와께 화제를 드릴지니라"(레 23:23~25).

나팔절은 '예수 그리스도의 재림'을 상징하는 절기다. 예수 그리스도께서 이 땅에 두 번째로 임하실 재림의 때는 오순절(칠칠절, 맥추절, 성령강림절)이 지난 뒤 네 달 동안의 농사 기간(교회시대)이 끝나고 가을 추수의 절기인 7월 1일인 '나팔절' 절기에 성취된다.

오순절까지는 이미(already) 성취된 사건이고, 오순절 이후 지금까지는 성령의 사역으로 말미암아 복음이 땅끝까지 증거되는 교회시대인 현재(now) 진행되고 있는 시대의 사건이며, 나팔절 이후의 사건들은 장차 예수 그리스도의 재림과 그 이후에 성취될 사건들로 아직 이루어지지 않은(not-yet) 사건들을 증거하는 예언 계시 말씀이다.

오순절까지는 예수 그리스도의 초림으로 이미 성취된 사건이기 때문에 해석에 난해함이 없어 성경에 벗어난 해석을 주장하는 사람이 많지 않다. 그런데 오순절 이후의 절기인 나팔절부터는 아직 이루어지지 않고 장차 있을 예수 그리스도의 재림과 그 이후의 사건을 예언하고 있는 계시 말씀이기 때문에 그 해석에 난해함이 있고 서로 다른 상반된 견해들이 주장되고 있다.

"가로되 갈릴리 사람들아 어찌하여 서서 하늘을 쳐다보느냐 너희 가운데서 하늘로 올리우신 이 예수는 하늘로 가심을 본 그대로 오시리라 하였느니라"(행 1:11).

"볼지어다 구름을 타고 오시리라 각인의 눈이 그를 보겠고 그를 찌른 자들도 볼 터이요 땅에 있는 모든 족속이 그를 인하여 애곡하리니 그러하리라 아멘"(계 1:7).

"또 내가 하늘이 열린 것을 보니 보라 백마와 탄 자가 있으니 그 이름은 충신과 진실이라 그가 공의로 심판하며 싸우더라 그 눈이 불꽃 같고 그 머리에 많은 면류관이 있고 또 이름 쓴 것이 하나가 있으니 자기밖에 아는 자가 없고 또 그가 피 뿌린 옷을 입었는데 그 이름은 하나님의 말씀이라 칭하더라 하늘에 있는 군대들이 희고 깨끗한 세마포를 입고 백마를 타고 그를 따르더라 그의 입에서 이한 검이 나오니 그것으로 만국을 치겠고 친히 저희를 철장으로 다스리며 또 친히 하나님 곧 전능하신 이의 맹렬한 진노의 포도주 틀을 밟겠고 그 옷과 그 다리에 이름 쓴 것이 있으니 만왕의 왕이요 만주의 주라 하였더라"(계 19:11~16).

"번개가 동편에서 나서 서편까지 번쩍임같이 인자의 임함도 그러하리라 주검이 있는 곳에는 독수리들이 모일지니라 그날 환난 후에 즉시 해가 어두워지며 달이 빛을 내지 아니하며 별들이 하늘에서 떨어지며 하늘의 권능들이 흔들리리라 그때에 인자의 징조가 하늘에서 보이겠고 그때에 땅의 모든 족속들이 통곡하며 그들이 인자가 구름을 타고 능력과 큰 영광으로 오는 것을 보리라 저가 큰 나팔소리와 함께 천사들을 보내리니 저희가 그 택하신 자들을 하늘 이 끝에서 저 끝까지 사방에서 모으리라"(마 24:27~31).

이상의 모든 성경 말씀들은 예수 그리스도의 재림이 영적인 재림이 아니라 부활의 몸으로 영광중에 모든 사람들이 보고 들을 수 있도록 시청각적(視聽覺的)으로 재림하실 것을 증거하고 있다.

"예수께서 감람산 위에 앉으셨을 때에 제자들이 종용히 와서 가로되 우리에게 이르소서 어느 때에 이런 일이 있겠사오며 또 주의 임하심과 세상 끝에는 무슨 징조가 있사오리이까 예수께서 대답하여 가라사대 너희가 사람의 미혹을 받지 않도록 주의하라 많은 사람이 내 이름으로 와서 이르되 나는 그리스도라 하여 많은 사람을 미혹케 하리라"(마 24:3~5).

"그때에 사람이 너희에게 말하되 보라 그리스도가 여기 있다 혹 저기 있다 하여도 믿지 말라 거짓 그리스도들과 거짓 선지자들이 일어나 큰 표적과 기사를 보이어 할 수만 있으면 택하신 자들도 미혹하게 하리라 보라 내가 너희에게 미리 말하였노라 그러면 사람들이 너희에게 말하되 보라 그리스도가 광야에 있다 하여도 나가지 말고 보라 골방에 있다 하여도 믿지 말라 번개가 동편에서 나서 서편까지 번쩍임같이 인자의 임함도 그러하리라"(마 24:23~27).

7

속죄일(A day of atonement)의 복음적 의미는?

성경 본문은 레위기 23장 26~32절 말씀이다. 7월 10일에 지키는 속죄일은 예수 그리스도의 완전 속죄를 상징하는 절기다.

"여호와께서 모세에게 일러 가라사대 칠월 십일은 속죄일이니 너희에게 성회라 너희는 스스로 괴롭게 하며 여호와께 화제를 드리고 이날에는 아무 일도 하지 말 것은 너희를 위하여 너희 하나님 여호와 앞에 속죄할 속죄일이 됨이니라 이날에 스스로 괴롭게 하지 아니하는 자는 그 백성 중에서 끊쳐질 것이라 이날에 누구든지 아무 일이나 하는 자는 내가 백성 중에서 멸절시키리니 너희는 아무 일이든지 하지 말라 이는 너희가 그 거하는 각처에서 대대로 지킬 영원한 규례니라 이는 너희의 쉴 안식일이라 너희는 스스로 괴롭게 하고 이 달 구일 저녁 곧 그 저녁부터 이튿날 저녁까지 안식을 지킬지니라"(레 23:26~32).

속죄일은 첫 창조에 속한 이 땅의 모든 죄와 허물이 용서되고, 모든 악이 영원한 지옥 형벌에 처해지는 '예수 그리스도의 백보좌 심판'을 상징하는 절기다.

천년왕국은 예수 그리스도의 재림으로 이 땅 위에 이루어지는 에덴동산의 회복 사건이며, 어린양의 혼인잔치 기간이다. 천년왕국이 끝나면 이 땅 위에서의 구원 사역이 모두 끝나고 예수 그리스도의 백보좌 심판이 있게 될 것이다. 나팔절 다음에 이어지는 여호와의 속죄일 절기는 바로 예수 그리스도의 백보좌 심판으로 성취된다.

나팔절은 7월 1일에 지키는 절기이고, 속죄일은 7월 10일에 지키는 절기이므로 두 절기 사이에는 10일의 공백 기간이 있다. 이 10일간의 공백기가 예수 그리스도의 재림 이후에 이 땅 위에 이루어지는 천년 왕국 기간이라고 볼 수 있다.

> "한 번 죽는 것은 사람에게 정하신 것이요 그 후에는 심판이 있으리니"(히 9:27).

> "아버지께서 아무도 심판하지 아니하시고 심판을 다 아들에게 맡기셨으니 이는 모든 사람으로 아버지를 공경하는 것같이 아들을 공경하게 하려 하심이라 아들을 공경치 아니하는 자는 그를 보내신 아버지를 공경치 아니하느니라 내가 진실로 진실로 너희에게 이르노니 내 말을 듣고 또 나 보내신 이를 믿는 자는 영생을 얻었고 심판에 이르지 아니하나니 사망에서 생명으로 옮겼느니라 진실로 진실로 너희에게 이르노니 죽은 자들이 하나님의 아들의 음성을 들을 때가 오나니 곧 이때라 듣는 자는 살아나리라 아버지께서 자기 속에 생명이 있음같이 아들에게도 생명을 주어 그 속에 있게 하셨고 또 인자 됨을 인하여 심판하는 권세를 주셨느니라 이를 기이히 여기지 말라 무덤 속에 있는 자가 다 그의 음성을 들을 때가 오나니 선한 일을 행한 자는 생명의 부활로, 악한 일을 행한 자는 심판의 부활로 나오리라"(요 5:22~29).

> "네가 어찌하여 네 형제를 판단하느뇨 어찌하여 네 형제를 업신여기느뇨 우리가 다 하나님의 심판대 앞에 서리라 기록되었으되 주께서 가라사대 내가 살았노니 모든 무릎이 내게 꿇을 것이요 모든 혀가 하나님께 자백하리라 하였느니라 이러므로 우리 각인이 자기 일을 하나님께 직고하리라"(롬 14:10~12).

"저희가 산 자와 죽은 자 심판하기를 예비하신 자에게 직고하리라"(벧전 4:5).

"인자가 자기 영광으로 모든 천사와 함께 올 때에 자기 영광의 보좌에 앉으리니 모든 민족을 그 앞에 모으고 각각 분별하기를 목자가 양과 염소를 분별하는 것같이 하여 양은 그 오른편에, 염소는 왼편에 두리라 그때에 임금이 그 오른편에 있는 자들에게 이르시되 내 아버지께 복 받을 자들이여 나아와 창세로부터 너희를 위하여 예비된 나라를 상속하라 … 또 왼편에 있는 자들에게 이르시되 저주를 받은 자들아 나를 떠나 마귀와 그 사자들을 위하여 예비된 영영한 불에 들어가라 … 저희는 영벌에, 의인들은 영생에 들어가리라 하시니라"(마 25:31~46).

"아담 안에서 모든 사람이 죽은 것같이 그리스도 안에서 모든 사람이 삶을 얻으리라 그러나 각각 자기 차례대로 되리니 먼저는 첫 열매인 그리스도요 다음에는 그리스도 강림하실 때에 그에게 붙은 자요 그 후에는 나중이니 저가 모든 정사와 모든 권세와 능력을 멸하시고 나라를 아버지 하나님께 바칠 때라 저가 모든 원수를 그 발아래 둘 때까지 불가불 왕 노릇 하시리니 맨 나중에 멸망 받을 원수는 사망이니라"(고전 15:22~26).

"이제 하늘과 땅은 그 동일한 말씀으로 불사르기 위하여 간수하신 바 되어 경건치 아니한 사람들의 심판과 멸망의 날까지 보존하여 두신 것이니라 사랑하는 자들아 주께는 하루가 천년 같고 천년이 하루 같은 이 한 가지를 잊지 말라"(벧후 3:7~8)

"또 내가 크고 흰 보좌와 그 위에 앉으신 자를 보니 땅과 하늘이 그 앞에서 피하여 간데없더라 또 내가 보니 죽은 자들이 무론 대소하고 그 보좌 앞에 섰는데 책들이 펴 있고 또 다른 책이 펴졌으니 곧 생명책이라 죽은 자들이 자기 행위를 따라 책들에 기록된 대로 심판을 받으니 바다가 그 가운데서 죽은 자들을 내어주고 또 사망과 음부도 그 가운데서 죽은 자들을 내어주매 각 사람이 자기의 행위대로 심판을 받고 사망과 음부도 불못에 던지우니 이것은 둘째 사망 곧 불못이라 누구든지 생명책에 기록되지 못한 자는 불못에 던지우더라"(계 20:11~15).

무덤 속에 있던 모든 자가 부활하되 선한 일을 행한 자는 생명의 부활로, 악한 일을 행한 자는 심판의 부활로 부활하여 예수 그리스도의 백보좌 앞에서 자기 행위를 자기 입으로 직고하며 자기 행위대로 공의의 심판을 받게 된다. 이때는 사탄과 모든 악한 자들이 둘째 사망인 불못에 던져지며, 사망과 음부도 불못에 던져짐으로 다시는 죽음이 없고 영생과 영벌(永罰)이 있게 될 뿐이다.

8

초막절(The feast of tabernacle)의 복음적 의미는?

성경 본문은 레위기 23장 33~43절 말씀이다. 마지막 절기인 초막절은 7월 15일에 지키는 절기로 신천신지(新天新地)인 천국 입성을 상징하는 절기다.

"여호와께서 모세에게 일러 가라사대 이스라엘 자손에게 고하여 이르라 칠월 곧 그 달 일일로 안식일을 삼을지니 이는 나팔을 불어 기념할 날이요 성회라 아무 노동도 하지 말고 여호와께 화제를 드릴지니라 여호와께서 모세에게 일러 가라사대 칠월 십일은 속죄일이니 너희에게 성회라 너희는 스스로 괴롭게 하며 여호와께 화제를 드리고 이날에는 아무 일도 하지 말 것은 너희를 위하여 너희 하나님 여호와 앞에 속죄할 속죄일이 됨이니라 이날에 스스로 괴롭게 하지 아니하는 자는 그 백성 중에서 끊쳐질 것이라 이날에 누구든지 아무 일이나 하는 자는 내가 백성 중에서 멸절시키리니 너희는 아무 일이든지 하지 말라 이는 너희가 그 거하는 각처에서 대대로 지킬 영원한 규례니라 이는 너희의 쉴 안식일이라 너희는 스스로 괴롭게 하고 이 달 구일 저녁 곧 그 저녁부터 이튿날 저녁까지 안식을 지킬지니라 여호와께서 모세에게 일러 가라사대 이스라엘 자손에게 고하여 이르라 칠월 십오일은 초막절이니 여호와를 위하여 칠일 동안 지킬 것이라 첫날에는 성회가 있을지니 너희는 아무 노동도 하지 말지며 칠일 동안에 너희는 화제를 여호와께 드릴 것이요 제 팔일에도

> 너희에게 성회가 될 것이며 화제를 여호와께 드릴지니 이는 거룩한 대회라 너희는 아무 노동도 하지 말지니라 이것들은 여호와의 절기라 너희는 공포하여 성회를 삼고 번제와 소제와 희생과 전제를 각각 그날에 여호와께 화제로 드릴지니 이는 여호와의 안식일 외에, 너희의 헌물 외에, 너희의 모든 서원 예물 외에, 너희의 모든 낙헌 예물 외에 너희가 여호와께 드리는 것이니라 너희가 토지 소산 거두기를 마치거든 칠월 십오일부터 칠일 동안 여호와의 절기를 지키되 첫날에도 안식하고 제팔일에도 안식할 것이요 첫날에는 너희가 아름다운 나무 실과와 종려 가지와 무성한 가지와 시내 버들을 취하여 너희 하나님 여호와 앞에서 칠일 동안 즐거워할 것이라 너희는 매년에 칠일 동안 여호와께 이 절기를 지킬지니 너희 대대로의 영원한 규례라 너희는 칠월에 이를 지킬지니라 너희는 칠일 동안 초막에 거하되 이스라엘에서 난 자는 다 초막에 거할지니 이는 내가 이스라엘 자손을 애굽 땅에서 인도하여 내던 때에 초막에 거하게 한 줄을 너희 대대로 알게 함이니라 나는 너희 하나님 여호와니라"(레 23:33~43).

초막절(장막절, 수장절)은 유월절, 칠칠절과 함께 유대인의 삼대 절기 중의 하나이다.

초막절은 첫 창조에 속한 처음 하늘과 땅과 바다가 초막처럼 불 심판을 받아 사라져 없어지고, 구원받은 성도들을 위해 새롭게 창조하신 새 하늘과 새 땅인 신천신지(新天新地)에 입성하여, 하나님과 및 어린양 예수 그리스도로 더불어 영생복락을 누리게 되는 천국 생활의 시작을 상징하는 절기다.

> "그러나 주의 날이 도적같이 오리니 그날에는 하늘이 큰 소리로 떠나가고 체질이 뜨거운 불에 풀어지고 땅과 그중에 있는 모든 일이 드러나리로다 이 모든 것이 이렇게 풀어지리니 너희가 어떠한 사람이 되어야 마땅하뇨 거룩한 행실과 경건함으로 하나님의 날이 임하기를 바라보고 간절히 사모하라 그날에

하늘이 불에 타서 풀어지고 체질이 뜨거운 불에 녹아지려니와 우리는 그의 약속대로 의의 거하는 바 새 하늘과 새 땅을 바라보도다"(벧후 3:10~13).

"또 내가 크고 흰 보좌와 그 위에 앉으신 자를 보니 땅과 하늘이 그 앞에서 피하여 간데없더라"(계 20:11).

"또 내가 새 하늘과 새 땅을 보니 처음 하늘과 처음 땅이 없어졌고 바다도 다시 있지 않더라 또 내가 보매 거룩한 성 새 예루살렘이 하나님께로부터 하늘에서 내려오니 그 예비한 것이 신부가 남편을 위하여 단장한 것 같더라 내가 들으니 보좌에서 큰 음성이 나서 가로되 보라 하나님의 장막이 사람들과 함께 있으매 하나님이 저희와 함께 거하시리니 저희는 하나님의 백성이 되고 하나님은 친히 저희와 함께 계셔서 모든 눈물을 그 눈에서 씻기시매 다시 사망이 없고 애통하는 것이나 곡하는 것이나 아픈 것이 다시 있지 아니하리니 처음 것들이 다 지나갔음이러라"(계 21:1~4).

초막절은 '여호와의 절기' 중 마지막 8번째 절기로 첫 창조에 속한 처음 하늘과 처음 땅의 마지막을 알리는 절기인 동시에, 새롭게 창조된 신천신지(新天新地)가 도래함으로 구원받은 성도들이 입성하여 하나님과 함께 영원한 안식을 누리게 될 것을 상징하는 절기다.

성경에서 '8'이라는 숫자는 새롭게 탄생함을 내포하는 숫자다. 이스라엘 남자아이는 낳은 지 8일 만에 할례를 받으라 하신 영적 의미가 거기에 있다. 할례는 죄가 있는 옛사람이 죽고 새사람으로 거듭남을 상징하는 의식이었다.

"대대로 남자는 집에서 난 자나 혹 너희 자손이 아니요 이방 사람에게서 돈으로 산 자를 무론하고 난 지 팔일 만에 할례를 받을 것이라"(창 17:12).

"여호와께서 그 말씀대로 사라를 권고하셨고 여호와께서 그 말씀대로 사라에게 행하셨으므로 사라가 잉태하고 하나님의 말씀하신 기한에 미쳐 늙은 아브라함에게 아들을 낳으니 아브라함이 그 낳은 아들 곧 사라가 자기에게 낳은 아들을 이름하여 이삭이라 하였고 그 아들 이삭이 난 지 팔일 만에 그가 하나님의 명대로 할례를 행하였더라"(창 21:1~4).

"팔일이 되매 아이를 할례하러 와서 그 부친의 이름을 따라 사가랴라 하고자 하더니 그 모친이 대답하여 가로되 아니라 요한이라 할 것이라 하매"(눅 1:59~60).

"할례할 팔일이 되매 그 이름을 예수라 하니 곧 수태하기 전에 천사의 일컬은 바러라 모세의 법대로 결례의 날이 차매 아기를 데리고 예루살렘에 올라가니 이는 주의 율법에 쓴 바 첫 태에 처음 난 남자마다 주의 거룩한 자라 하리라 한대로 아기를 주께 드리고 또 주의 율법에 말씀하신 대로 비둘기 한 쌍이나 혹 어린 반구 둘로 제사하려 함이더라"(눅 2:21~24).

"내가 팔일 만에 할례를 받고 이스라엘의 족속이요 베냐민의 지파요 히브리인 중의 히브리인이요 율법으로는 바리새인이요"(빌 3:5).

초막절이 여호와의 절기 중 마지막 절기이므로 예수 그리스도를 통한 하나님의 구원 사역은 이것으로 끝이 나고, 새 하늘과 새 땅 새 예루살렘에 입성한 성도들은 천국과 영생을 상속받고 영원한 안식을 누리며 영생 복락의 기쁨을 누리게 된다. 초막절은 여호와의 절기 중 가장 즐거운 절기다.

성경을 성경적으로 해석하지 않고 자의적으로 해석하는 자는 양의 우리에 문으로 들어가지 아니하고 다른 데로 넘어가는 자이며, 이는 절도며 강도임을 알아야 한다.

"내가 진실로 진실로 너희에게 이르노니 양의 우리에 문으로 들어가지 아니하고 다른 데로 넘어가는 자는 절도며 강도요 문으로 들어가는 이가 양의 목자라 문지기는 그를 위하여 문을 열고 양은 그의 음성을 듣나니 그가 자기 양의 이름을 각각 불러 인도하여 내느니라 자기 양을 다 내어 놓은 후에 앞서가면 양들이 그의 음성을 아는 고로 따라오되 타인의 음성은 알지 못하는 고로 타인을 따르지 아니하고 도리어 도망하느니라 예수께서 이 비유로 저희에게 말씀하셨으나 저희는 그 하신 말씀이 무엇인지 알지 못하니라 그러므로 예수께서 다시 이르시되 내가 진실로 진실로 너희에게 말하노니 나는 양의 문이라 나보다 먼저 온 자는 다 절도요 강도니 양들이 듣지 아니하였느니라 내가 문이니 누구든지 나로 말미암아 들어가면 구원을 얻고 또는 들어가며 나오며 꼴을 얻으리라 도적이 오는 것은 도적질하고 죽이고 멸망시키려는 것뿐이요 내가 온 것은 양으로 생명을 얻게 하고 더 풍성히 얻게 하려는 것이라"(요 10:1~10).

"형제들아 내가 너희를 위하여 이 일에 나와 아볼로를 가지고 본을 보였으니 이는 너희로 하여금 기록한 말씀 밖에 넘어가지 말라 한 것을 우리에게서 배워 서로 대적하여 교만한 마음을 먹지 말게 하려 함이라"(고전 4:6).

이상에서 살펴본 것같이, 구약 성경인 레위기 23장에 계시되고 있는 '여호와의 절기'는 예수 그리스도를 통한 여호와 하나님의 '구원 시간표'이며, 이는 예수 그리스도의 초림부터 예수 그리스도의 재림 이후에 있을 구원 사역까지 시간별로 순차적으로 성취될 8대 절기 예언 계시임을 알 수 있다.

"이제 하늘과 땅은 그 동일한 말씀으로 불사르기 위하여 간수하신 바 되어 경건치 아니한 사람들의 심판과 멸망의 날까지 보존하여 두신 것이니라 사랑하는 자들아 주께는 하루가 천년 같고 천년이 하루 같은 이 한 가지를 잊지 말라 주의 약속은 어떤 이의 더디다고 생각하는 것같이 더딘 것이 아니라 오직 너희를 대하여 오래 참으사 아무도 멸망치 않고 다 회개하기에 이르기를 원하시느니라 그러나 주의 날이 도적같이 오리니 그날에는 하늘이 큰 소리로 떠나가고 체질이 뜨거운 불에 풀어지고 땅과 그중에 있는 모든 일이 드러나리로다 이 모든 것이 이렇게 풀어지리니 너희가 어떠한 사람이 되어야 마땅하뇨 거룩한 행실과 경건함으로 하나님의 날이 임하기를 바라보고 간절히 사모하라 그날에 하늘이 불에 타서 풀어지고 체질이 뜨거운 불에 녹아지려니와 우리는 그의 약속대로 의의 거하는 바 새 하늘과 새 땅을 바라보도다 그러므로 사랑하는 자들아 너희가 이것을 바라보나니 주 앞에서 점도 없고 흠도 없이 평강 가운데서 나타나기를 힘쓰라 또 우리 주의 오래 참으심이 구원이 될 줄로 여기라 우리 사랑하는 형제 바울도 그 받은 지혜대로 너희에게 이같이 썼고 또 그 모든 편지에도 이런 일에 관하여 말하였으되 그중에 알기 어려운 것이 더러 있으니 무식한 자들과 굳세지 못한 자들이 다른 성경과 같이 그것도 억지로 풀다가 스스로 멸망에 이르느니라 그러므로 사랑하는 자들아 너희가 이것을 미리 알았은즉 무법한 자들의 미혹에 이끌려 너희 굳센 데서 떨어질까 삼가라"(벧후 3:7~17).

XII

다니엘서 9장의 70이레에 대한 Q&A

요한계시록은 구약을 배경으로 하는 내용이 많은 책이다. 어느 학자는 요한계시록의 내용 중에 구약의 유사 표현이 약 348회나 되고, 약 250회는 정확한 유사 표현을 사용하고 있다고 증거한다. 그러므로 요한계시록 해석은 구약 성경을 이해하지 못하고는 올바른 해석이 불가능하다고 말할 수 있다.

요한계시록은 성경 전체의 결론에 해당하는 마지막 책이기 때문에 신·구약 성경의 모든 증거들과 조화를 이루고 있음을 볼 수 있다. 그러므로 요한계시록을 제대로 해석하기 위해서는 신·구약 성경의 증거 말씀들을 깊이 있게 궁구해야 된다는 것은 더 이상 강조할 필요가 없다고 여겨진다.

다니엘서의 예언은 요한계시록 해석의 열쇠와 같은 중요한 예언 내용을 증거해 주고 있다. 특히 다니엘서 9장의 70이레의 예언은 요한계시록의 7년 대환난을 해석하는 기본 틀이 되는 중요한 예언이다.

다니엘서 9장에 증거되고 있는 70이레의 예언이 예수 그리스도의 초림 사역으로 이미 성취되었다고 주장하는 사람들도 있다.

다니엘서 9장 24~27절에 관한 해석파들 중 '전통적 메시아적인 해석'이 있다.

> 성 어거스틴은 이 견해가 본질적인 견해라고 진술했으며, 헹스텐버그는 그의 《구약의 기독론》이라는 책에서 이 견해를 가장 충분하게 해설하였다. 퓨저와 윌슨도 또한 이 견해를 주장했다. 최근에 와서 에드워드 영 박사는 이 견해의 가장 유능한 대표자가 되었다. 이 학파에서는 이 부분 예언이 육신을 입고 오시는 그리스도의 초림을 가리

키는 것이라고 하며, 초림의 중심점은 그의 죽음이라고 주장한다. 또한 주후 70년에 로마에 의해서 예루살렘이 멸망된 사건도 말하고 있다고 주장한다.[222)]

그러나 예수님은 마태복음 24장에서 종말에 대해 증거하시면서, 다니엘서 말씀을 직접 인용하여 70이레의 '마지막 한 이레'는 예수 그리스도의 재림 때 이루어질 사건임을 증거해 주고 있다.

"그러므로 너희가 선지자 다니엘의 말한 바 멸망의 가증한 것이 거룩한 곳에 선 것을 보거든 (읽는 자는 깨달을진저) 그때에 유대에 있는 자들은 산으로 도망할지어다 지붕 위에 있는 자는 집안에 있는 물건을 가지러 내려가지 말며 밭에 있는 자는 겉옷을 가지러 뒤로 돌이키지 말지어다 그날에는 아이 밴 자들과 젖먹이는 자들에게 화가 있으리로다 너희의 도망하는 일이 겨울에나 안식일에 되지 않도록 기도하라 이는 그때에 큰 환난이 있겠음이라 창세로부터 지금까지 이런 환난이 없었고 후에도 없으리라 그날들을 감하지 아니할 것이면 모든 육체가 구원을 얻지 못할 것이나 그러나 택하신 자들을 위하여 그날들을 감하시리라 그때에 사람이 너희에게 말하되 보라 그리스도가 여기 있다 혹 저기 있다 하여도 믿지 말라 거짓 그리스도들과 거짓 선지자들이 일어나 큰 표적과 기사를 보이어 할 수만 있으면 택하신 자들도 미혹하게 하리라 보라 내가 너희에게 미리 말하였노라 그러면 사람들이 너희에게 말하되 보라 그리스도가 광야에 있다 하여도 나가지 말고 보라 골방에 있다 하여도 믿

222) 다니엘서의 메시야 예언, 간하배, 개혁주의 신행협회, p. 179.

지 말라 번개가 동편에서 나서 서편까지 번쩍임같이 인자의 임함도 그러하리라 주검이 있는 곳에는 독수리들이 모일지니라 그날 환난 후에 즉시 해가 어두워지며 달이 빛을 내지 아니하며 별들이 하늘에서 떨어지며 하늘의 권능들이 흔들리리라 그때에 인자의 징조가 하늘에서 보이겠고 그때에 땅의 모든 족속들이 통곡하며 그들이 인자가 구름을 타고 능력과 큰 영광으로 오는 것을 보리라 저가 큰 나팔소리와 함께 천사들을 보내리니 저희가 그 택하신 자들을 하늘 이 끝에서 저 끝까지 사방에서 모으리라"(마 24:15~31).

예수님이 인용하신 다니엘서의 말씀은 9장 24~27절까지의 예언 계시 내용이다.

"네 백성과 네 거룩한 성을 위하여 칠십 이레로 기한을 정하였나니 허물이 마치며 죄가 끝나며 죄악이 영속되며 영원한 의가 드러나며 이상과 예언이 응하며 또 지극히 거룩한 자가 기름 부음을 받으리라 그러므로 너는 깨달아 알지니라 예루살렘을 중건하라는 영이 날 때부터 기름 부음을 받은 자 곧 왕이 일어나기까지 일곱 이레와 육십이 이레가 지날 것이요 그때 곤란한 동안에 성이 중건되어 거리와 해자가 이룰 것이며 육십이 이레 후에 기름 부음을 받은 자가 끊어져 없어질 것이며 장차 한 왕의 백성이 와서 그 성읍과 성소를 훼파하려니와 그의 종말은 홍수에 엄몰됨 같을 것이며 또 끝까지 전쟁이 있으리니 황폐할 것이 작정되었느니라 그가 장차 많은 사람으로 더불어 한 이레 동안의 언약을 굳게 정하겠고 그가 그 이레의 절반에 제사와 예물을 금지할 것이며 또 잔포하여 미운 물건이 날개를 의지하여 설 것이며 또 이미 정한 종말까지 진노가 황폐케 하는 자에게 쏟아지리라 하였느니라"(단 9:24~27).

요한계시록에 계시되고 있는 "한 때와 두 때와 반 때"(계 12:14), "마흔두 달"(계 11:2, 13:5), "일천이백육십 일"(계 11:3, 12:6) 등의 말씀은 모두 다니엘서의 70이레와 연계되어 있는 말씀이다. 그러므로 요한계시록을 성경적으로 해석하기 위해서는 반드시 다니엘서의 70이레 예언 계시를 중요시하고 깊이 있게 궁구해야 한다.

다니엘이 '칠십 이레'의 예언의 말씀을 깨닫게 된 시기는 갈대아 나라 왕으로 세움 받은 메대 족속 다리오 왕 원년(B.C. 538년)으로, 다니엘의 나이 약 82세가 되던 때다.

다니엘이 '칠십 이레' 계시 말씀을 깨닫게 된 동기는 그가 예레미야 선지자에게 임한 하나님의 말씀을 기록하여 서책으로 남긴 성경을 깊이 묵상하고 궁구했기 때문이며, 또한 하나님께 기도하며 간구함으로 말미암아 가능한 일이었다.

> "메대 족속 아하수에로의 아들 다리오가 갈대아 나라 왕으로 세움을 입던 원년 곧 그 통치 원년에 나 다니엘이 서책으로 말미암아 여호와의 말씀이 선지자 예레미야에게 임하여 고하신 그 연수를 깨달았나니 곧 예루살렘의 황무함이 칠십 년 만에 마치리라 하신 것이니라 내가 금식하며 베옷을 입고 재를 무릅쓰고 주 하나님께 기도하며 간구하기를 결심하고 내 하나님 여호와께 기도하며 자복하여 이르기를 크시고 두려워할 주 하나님, 주를 사랑하고 주의 계명을 지키는 자를 위하여 언약을 지키시고 그에게 인자를 베푸시는 자시여"(단 9:1~4).

> "내가 이같이 말하여 기도하며 내 죄와 및 내 백성 이스라엘의 죄를 자복하

고 내 하나님의 거룩한 산을 위하여 내 하나님 여호와 앞에 간구할 때 곧 내가 말하여 기도할 때에 이전 이상 중에 본 그 사람 가브리엘이 빨리 날아서 저녁 제사를 드릴 때 즈음에 내게 이르더니 내게 가르치며 내게 말하여 가로되 다니엘아 내가 이제 네게 지혜와 총명을 주려고 나왔나니 곧 네가 기도를 시작할 즈음에 명령이 내렸으므로 이제 네게 고하러 왔느니라 너는 크게 은총을 입은 자라 그런즉 너는 이 일을 생각하고 그 이상을 깨달을지니라 네 백성과 네 거룩한 성을 위하여 칠십 이레로 기한을 정하였나니 허물이 마치며 죄가 끝나며 죄악이 영속되며 영원한 의가 드러나며 이상과 예언이 응하며 또 지극히 거룩한 자가 기름 부음을 받으리라"(단 9:20~24).

하나님께서는 다니엘에게 '칠십 이레'의 예언의 말씀을 계시해 주시기 위해 예레미야서를 읽게 하셨고, 말씀을 깊이 있게 궁구하고 기도하도록 은총을 베푸셨다.

70년의 포로시대가 끝나갈 무렵에 다니엘에게 은총을 베푸사 예레미야서를 읽게 하시고, '칠십 이레'의 예언의 말씀을 깨달아 다니엘서에 계시해 주신 하나님께서, 이제 '칠십 이레'의 예언이 성취되기 직전의 시대인 종말의 시대를 맞이하고 있는 이 시대의 주의 종들에게도 종말에 대한 계시의 말씀들을 읽고, 깨닫기를 사모하며 기도하도록 은총을 베푸시길 소원한다.

1

'이레' 기간의 해석 방법은?

"네 백성과 네 거룩한 성을 위하여 칠십 이레로 기한(期限)을 정하였나니 … "
(단 9:24).

다니엘이 받은 '이레'의 기간을 두고 신학자들은 연수의 기간이나 상징의 기간으로 보고 있다.

다니엘서에 계시되고 있는 칠십 이레의 '이레' 기간은 '연수'의 기간으로 해석함이 타당하다. 이레의 기간을 연수로 해석하지 않으면 70 이레 예언은 성경적으로 풀리지 않는 미궁에 빠지게 된다. 이레 기간을 연수로 해석할 때 하나님의 계시 말씀이 역사 속에서 성취되어 가는 것을 확인할 수 있고, 하나님의 계시 예언이 예수 그리스도의 초림과 재림 사건으로 온전히 성취되는 진리 말씀임이 입증된다. 예수님은 아무 때나 오신 것이 아니라 하나님 말씀의 계시 예언대로 정확한 때에 오셨다.

"때가 차매 하나님이 그 아들을 보내사 여자에게서 나게 하시고 율법 아래 나게 하신 것은"(갈 4:4).

하나님의 구원 사역은 하나님의 계획과 계시 말씀의 일정표에 따라 한 치의 오차 없이 때에 따라 정확무오하게 역사 위에 성취되는 사건임을 보여준다.

예수님이 태어난 곳, 태어나는 방법, 태어난 시기, 공생애 시작 시기, 십자가에 죽으시는 날, 부활하실 날, 성령님을 보내주시는 날까지 모든 예언이 그대로 역사 속에 성취되었음을 볼 때, 하나님의 계획과 계시 말씀들이 얼마나 세밀하고 정확한 진리 말씀인가를 알 수 있다.

> "비와 눈이 하늘에서 내려서는 다시 그리로 가지 않고 토지를 적시어서 싹이 나게 하며 열매가 맺게 하여 파종하는 자에게 종자를 주며 먹는 자에게 양식을 줌과 같이 내 입에서 나가는 말도 헛되이 내게로 돌아오지 아니하고 나의 뜻을 이루며 나의 명하여 보낸 일에 형통하리라"(사 55:10~11).

2

70이레 시작 기점은?

다니엘이 계시받은 70이레의 예언은 예루살렘을 중건하라는 영(令)에서 출발하고 있다.

1) 제1차 귀환령(B.C. 536년)

첫 번째 귀환령은 고레스 왕 원년인 주전 536년에 있었다.

> "바사 왕 고레스는 말하노니 하늘의 신 여호와께서 세상 만국으로 내게 주셨고 나를 명하사 유다 예루살렘에 전을 건축하라 하셨나니 이스라엘의 하나님은 참 신이시라 너희 중에 무릇 그 백성 된 자는 다 유다 예루살렘으로 올라가서 거기 있는 여호와의 전을 건축하라 너희 하나님이 함께하시기를 원하노라"(스 1:2~3).

이사야 선지자는 고레스를 "그는 나의 목자라 나의 모든 기쁨을 성취하리라 하며 예루살렘에 대하여는 이르기를 중건되리라 하며 성전에 대하여는 이르기를 네 기초가 세움이 되리라"(사 44:28)고 예언하였는데, 그 예언이 정확히 성취되어 고레스 왕 원년인 주전 536년에 1차 귀환령이 내려졌다.

1차 귀환령을 70이레의 기점으로 보는 견해가 있지만 다음과 같은 문제점이 있다.

⑴ 성 중건이 맞지 않는다.

예루살렘으로 귀환한 유대 백성들이 조서도 없이 성을 중건하려 한다는 대적들의 고소로 고레스 2년(B.C. 536)부터 다리오 왕이 즉위(B.C. 520, 학 1:1)할 때까지 16년간 성전 건축이 중단되었기 때문에 "일곱 이레"(7×7년=49년) 동안에 성이 중건되리라는 예언에 맞지 않는다.

⑵ 예수님 공생애 시작 연대와 맞지 않는다.

- 성 중건령의 선포-일곱 이레=성 중건과 거리와 해자가 이루어짐(B.C. 536-49 년=B.C. 487년)
- 성 중건과 거리와 해자가 이루어짐-육십이 이레=한 왕의 탄생(B.C. 487~434 년=B.C. 53년)
- 한 왕의 탄생-공생애 시작=오차의 발생(B.C. 53년~A.D. 30년=23년의 오차)

예수님의 공생애 시작이 "삼십 세쯤 되시니라"(눅 3:23)는 말씀과 맞지 않는다.

2) 제2차 귀환령(B.C. 457년)을 기점으로 보는 견해

제2차 귀환령은 아닥사스다 1세(Artaxerces I, 재위 B.C. 464~424)의 제

7년(B.C. 457) 에스라에게 내려진 조서의 내용이다.

"여호와의 계명의 말씀과 이스라엘에게 주신 율례의 학사인 학사 겸 제사장 에스라에게 아닥사스다 왕이 내린 조서 초본은 아래와 같으니라 모든 왕의 왕 아닥사스다는 하늘의 하나님의 율법에 완전한 학사 겸 제사장 에스라에게 조서하노니 우리 나라에 있는 이스라엘 백성과 저희 제사장들과 레위 사람들 중에 예루살렘으로 올라갈 뜻이 있는 자는 누구든지 너와 함께 갈지어다"(스 7:11~13).

2차 귀환령을 70이레 기점으로 보는 견해에는 예수 그리스도의 공생애 시작 시간(눅 3:23)과 일치하는 장점을 갖는다.

- 성 중건령-일곱 이레=성 중건과 거리와 해자가 이루어짐(B.C. 457~49년=B.C. 408년)
- 성 중건과 거리와 해자가 이루어짐-육십이 이레=한 왕의 탄생(B.C. 408~434년=A.D. 26년)
- 한 왕의 탄생=공생애 시작(A.D. 26-30세(눅 3:23)=-4년(서력기원 4년 틀림)

3) 제3차 귀환령(B.C. 445년)을 기점으로 보는 견해

제3차 귀환령은 주전 445년 아닥사스다 왕 제20년에 내려진 조서의 내용이다.

"내가 또 왕에게 아뢰되 왕이 만일 즐겨하시거든 강 서편 총독들에게 내리시는 조서를 내게 주사 저희로 나를 용납하여 유다까지 통과하게 하시고 또 왕의 삼림 감독 아삽에게 조서를 내리사 저로 전에 속한 영문의 문과 성곽과 나의 거할 집을 위하여 들보 재목을 주게 하옵소서 하매 내 하나님의 선한 손이 나를 도우심으로 왕이 허락하고 군대 장관과 마병을 보내어 나와 함께 하게 하시기로 내가 강 서편에 있는 총독들에게 이르러 왕의 조서를 전하였더니"(느 2:7~9).

3차 귀환령 시점인 주전 445년을 70이레 기점으로 볼 때, 주전 445년에 483년(69이레)을 더하면 주후 38년이 되므로 예수님 공생애 시점인 삼십세(눅 3:23)와 일치하지 않는 문제점을 드러낸다.

아닥사스다 왕에게 고소한 사마리아인들의 호소에 의하면 주전 457년 왕이 머물고 있는 영토에 올라온 이스라엘 사람들이 이미 그 지대를 수축하고 성곽을 건축하였다고 보고하고 있다.

"왕에게 고하나이다 왕에게서 올라온 유다 사람들이 우리의 곳 예루살렘에 이르러 이 패역하고 악한 성읍을 건축하는데 이미 그 지대를 수축하고 성곽을 건축하오니"(스 4:12).

성경 66권 말씀 가운데 약 27%가 '예언'과 관련된 말씀의 계시다. 이 예언에 대한 계시 말씀 가운데 약 삼분의 일은 '초림'에 관한 예언이고, 삼분의 이는 '종말과 재림'에 관한 계시 예언이다.

성경의 약 오분의 일에 해당하는 계시 말씀이 종말과 재림에 관한 예언의 말씀으로 이루어져 있다. 그러므로 예언된 계시 말씀들을 깊이 있게 살펴 연구하고, 그 뜻을 깨달아 가르치며 지켜 행하게 하는 것은 교회를 맡은 사명자로 쓰임 받는 목회자들에게 대단히 중요한 사역임이 분명하다.

다니엘처럼 하나님의 말씀을 읽고, 예언의 말씀을 깨닫기 위해 기도하며 가르치기를 힘써야 한다. 예언의 말씀들을 덮어 버리고 가르치는 사명을 회피한다면, 이는 사실상 말씀을 가르치는 자의 직무유기가 될 것이다.

> "에스라가 여호와의 율법을 연구하여 준행하며 율례와 규례를 이스라엘에게 가르치기로 결심하였었더라"(스 7:10).

3

70이레에 대한 견해들은?

다니엘서 9장의 70이레의 계시 예언에 대한 해석에는 여러 견해들이 주장되고 있다. 70이레 해석 여하에 따라 요한계시록 해석의 방향이 달라지고, 종말론에 대한 시각이 완전히 달라지는 결정적 요인이 되기 때문에 성경적 견해를 취하는 것이 대단히 중요하다.

70이레에 대한 해석 방법론에는 연속적 해석(continuous interpretation)과 공백기적 해석(gap interpretation)으로 대별된다.

연속적 해석법을 취하는 신학자들 가운데서도 전통적인 견해, 자유주의적 견해(과거주의적 해석), 상징적 견해로 구분되고, 공백기적 해석법을 취하는 신학자들도 세대주의적 견해와 역사기 전천년적 견해로 갈라진다.

1) 연속적 해석법

이 견해는 70이레의 예언이 공백기 없이 계속 이어져서 이루어지는 사건임을 주장하는 이론이다. 이 견해는 무천년설을 주장하는 사람들이 취하는 이론이다. 이들은 70이레 해석의 초점을 예수 그리스도의 초림 사건에 맞추고 있다.

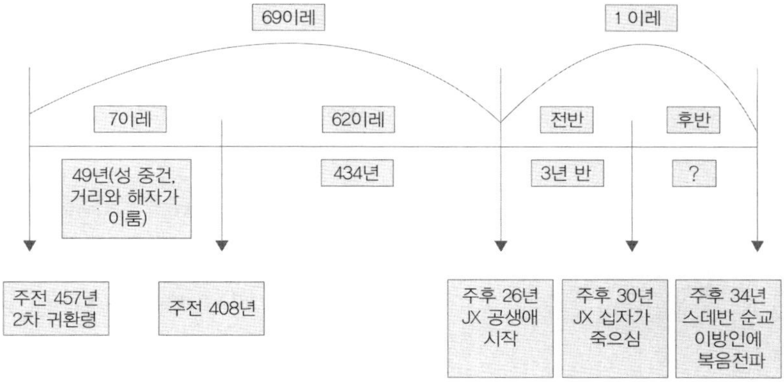

이 견해는 69이레와 마지막 한 이레 절반까지는 예수 그리스도의 십자가 죽으심으로 입증되지만, 그 나머지 이레는 절반에 대한 마무리가 맞지 않아 성경적 대답을 할 수 없는 문제점을 드러낸다.

2) 공백기적 해석법(Gap Inter Pretation)

이 견해는, 70이레의 예언 내용 가운데 7이레와 62이레까지 사건은 시간적으로 이어져 성취되는 사건이지만, 69이레 후에 남은 마지막 1이레 예언은 시간적인 공백기를 거친 후에 이루어질 것으로 보는 견해다.

역사기 전천년설을 주장하는 사람들이 이 견해를 취하며, 예수 그리스도의 재림에 초점을 맞추어 해석하는 종말론적 해석 방법이다.

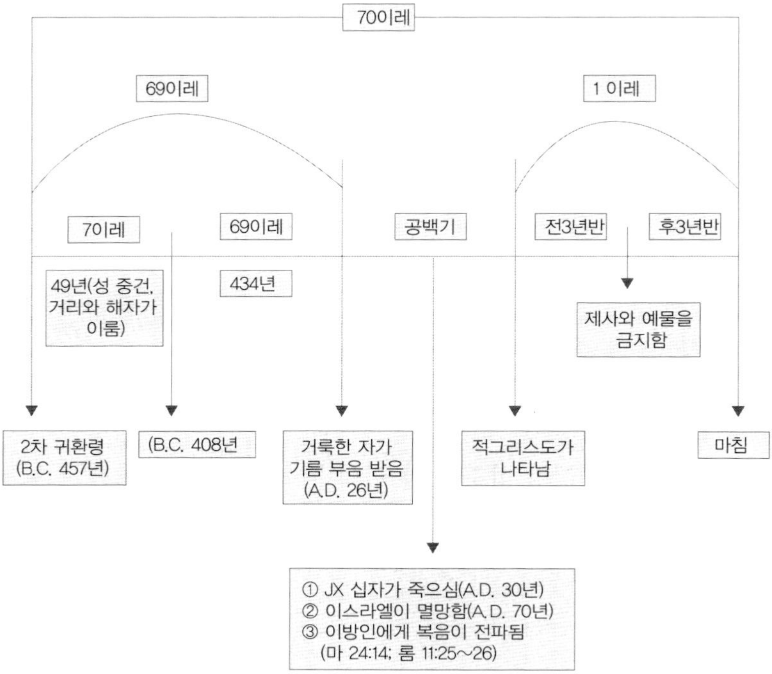
70이레
69이레
1 이레
7이레
69이레
공백기
전3년반
후3년반
49년(성 중건, 거리와 해자가 이룸)
434년
제사와 예물을 금지함
2차 귀환령 (B.C. 457년)
(B.C. 408년
거룩한 자가 기름 부음 받음 (A.D. 26년)
적그리스도가 나타남
마침
① JX 십자가 죽으심(A.D. 30년)
② 이스라엘이 멸망함(A.D. 70년)
③ 이방인에게 복음이 전파됨 (마 24:14; 롬 11:25~26)

4

70이레 말씀의 복음적 의미는?

1) 다니엘 9장 24절

"네 백성과 네 거룩한 성을 위하여 칠십 이레로 기한(期限)을 정하였나니 허물이 마치며 죄가 끝나며 죄악이 영속되며 영원한 의가 드러나며 이상과 예언이 응하며 또 지극히 거룩한 자가 기름 부음을 받으리라"(단 9:24).

70이레에 대해 계시하고 있는 24~27절 말씀까지의 사건은 문맥의 흐름으로 볼 때 연속적인 사건으로 해석함이 자연스럽다. 많은 사람들이 24절 말씀을 예수님의 재림 시기에 성취될 내용으로 해석하면서 여러 가지 말로 자신들의 주장을 변호하지만, 70이레의 계시 흐름을 볼 때, 24절의 계시 예언은 예수 그리스도의 초림으로 말미암아 성취되는 말씀으로 해석함이 보다 자연스럽고, 성경의 지지를 받는 해석이다.

⑴ 네 백성과 네 거룩한 성을 위하여

본문 말씀은 70이레 해석에 결정적인 열쇠가 된다.
"네 백성과 네 거룩한 성"이 가리키는 대상은 누구인가?

본문이 계시하는 대상을 '신약시대의 성도들과 하나님의 교회'라고 해석하는 것은 본문의 의도를 벗어난 주장이다. 본문의 의도를 제대로 파악하지 않고 상징적으로 해석하여 신약시대의 성도들과 하나님의 교회라고 해석해 버리면 70이레 해석은 미궁에 빠지게 된다.

70이레 계시는 다니엘에게 계시된 예언의 말씀이다. "네 백성과 네 거룩한 성"에서 "네"라고 하는 대상은 다니엘을 지칭하는 말이다. 그러므로 "네 백성과 네 거룩한 성"이란 말은 다니엘의 백성인 유대인과 다니엘의 고국을 의미하는 예루살렘 성을 의미한다고 해석함이 본문의 의도에 충실한 해석이다.

"네 백성"은 다니엘의 혈통적인 백성으로 이스라엘 백성을 나타내고, "네 거룩한 성"은 다니엘의 고국에 속한 예루살렘 성을 의미한다는 사실에 이의(異議)가 있을 수 없다. 어떤 이유에서든 본문의 말씀에 계시된 "네 백성과 네 거룩한 성"을 상징적으로 해석해서 성도들과 하나님의 교회라 주장하는 것은 본문의 의도를 왜곡시키는 해석이다.

(2) 칠십 이레로 기한(期限)을 정하였나니

하나님께서는 다니엘에게 "네 백성과 네 거룩한 성을 위하여 70이레로 기한을 정했다"고 계시해 주셨다.

70이레로 기한을 정한 것은 분명 이스라엘을 위한 것이다.

70이라는 숫자를 상징적 의미로 해석하는 것은 본문의 의도에 맞지 않고, 시간적 기한에 미쳐 성취된 역사적 사실에 대한 적용에도 어려움이 따르게 된다.

70이란 숫자가 상징적 의미를 지닌 것으로 보기 어려운 것은 70이레를 '7이레', '62이레', '1이레' 등의 기간으로 나누어 성취되는 사건들을 계시하고 있기 때문이다.

'7이레', '62이레', '1이레' 등은 제각기 그 시기에 성취될 사건들을 취하는 나름대로의 의미가 주어진 기한의 숫자이며, 이것들이 모두 합쳐져서 70이레의 기한(期限)을 마치게 되기 때문에 70이라는 숫자를 가지고 상징적 의미를 부여하여 해석하는 방법을 취할 수 없다.

(3) 허물이 마치며 죄가 끝나며 죄악이 영속되며 영원한 의가 드러나며 이상과 예언이 응하며 또 지극히 거룩한 자가 기름 부음을 받으리라

"본문의 말씀이 성취되는 시기가 언제인가?" 하는 대답에는 초림 때와 재림 때로 그 주장이 상충(相衝)되고 있다. 24절 전체의 문맥의 흐름으로 볼 때, 본문의 사건이 이루어지는 시기는 예수 그리스도 재림 때가 아니라 초림으로 말미암아 성취되는 내용이라 해석함이 자연스럽다. "허물이 마치고 죄가 끝나며 죄악이 영속되며 영원한 의가 드러나며 이상과 예언이 응하며 또 지극히 거룩한 자가 기름 부음을 받으리라"고 말한다. "허물이 마치고 죄가 끝나며 죄악이 영속되고 영원한 의가 드러나며 이상과 예언이 응하는" 사건은 "지극히 거룩한 자가 기름 부음을 받는" 일과 연계되어 이루어지는 사건임을 계시해 주고 있다.

"지극히 거룩한 자가 기름 부음을 받는" 사건은 예수 그리스도께서 세례 받으실 때 성령의 기름 부음을 받는 사건으로 성취된다. 그러므로 본문에 계시된 예언도 초림으로 말미암아 성취되는 사건으로 해석함이 타당하다.

① 허물이 마치며

'허물'(transgression)이라는 말의 히브리어 '페쇠아'(פֶּשַׁע)는 '이미 알려

진 법을 고의적으로 범하는 죄'라는 의미를 가진다(창 31:36, 50:17; 출 23:21; 레 16:16, 21).

'마치며'라는 말의 히브리어 '칼라'(כָּלָא)는 '제거하다, 숨기다, 가두다, 체포하다'라는 의미가 있다. 우리의 모든 허물과 죄가 숨겨지고 제거되는 일은 예수 그리스도의 재림으로 말미암는 사건으로 해석하기보다 초림으로 말미암아 이루어지는 사건으로 해석함이 성경적이라 여겨진다.

하나님이 보내신 어린양 예수 그리스도를 구주로 믿고 영접하여 세례를 받은 모든 성도들은 모든 죄와 허물을 사함 받고 의롭다 함을 얻으며, 영생을 얻고, 하나님의 자녀 된 권세를 받게 되었음에 이견(異見)을 제시할 사람이 있겠는가?

> "모세가 광야에서 뱀을 든 것같이 인자도 들려야 하리니 이는 저를 믿는 자마다 영생을 얻게 하려 하심이니라 하나님이 세상을 이처럼 사랑하사 독생자를 주셨으니 이는 저를 믿는 자마다 멸망치 않고 영생을 얻게 하려 하심이니라"(요 3:14~16).

> "영접하는 자 곧 그 이름을 믿는 자들에게는 하나님의 자녀가 되는 권세를 주셨으니 이는 혈통으로나 육정(肉情)으로나 사람의 뜻으로 나지 아니하고 오직 하나님께로서 난 자들이니라 말씀이 육신이 되어 우리 가운데 거하시매 우리가 그 영광을 보니 아버지의 독생자의 영광이요 은혜와 진리가 충만하더라"(요 1:12~14).

> "너희의 허물과 죄로 죽었던 너희를 살리셨도다 그때에 너희가 그 가운데서 행하여 이 세상 풍속을 좇고 공중의 권세 잡은 자를 따랐으니 곧 지금 불순종의 아들들 가운데서 역사하는 영이라 전에는 우리도 다 그 가운데서 우리 육체의 욕심을 따라 지내며 육체와 마음의 원하는 것을 하여 다른

이들과 같이 본질상 진노의 자녀이었더니 긍휼에 풍성하신 하나님이 우리를 사랑하신 그 큰 사랑을 인하여 허물로 죽은 우리를 그리스도와 함께 살리셨고 (너희가 은혜로 구원을 얻은 것이라) 또 함께 일으키사 그리스도 예수 안에서 함께 하늘에 앉히시니"(엡 2:1~6).

② 죄가 끝나며

'죄'(sin)라는 히브리어 '하타트'(חַטָּאת)는 '목표에서 빗나가다'라는 의미이다.

"끝나며"라는 히브리어 '하탐'(חָתַם)은 '밀폐하다, 인봉하다'라는 의미이다.

하나님의 은혜로 말미암아 우리의 죄가 사함 받아 다시는 죄의 종이 되지 않게 되는 사건은, 예수 그리스도의 재림으로 말미암는 사건이라기보다는 예수 그리스도의 초림으로 말미암아 이루어지는 구속의 사건이라 해석함이 타당하다. 예수님은 인류의 모든 죄를 전가받고 십자가에 피 흘려 죽으심으로 인류의 죄를 대속하기 위해 이 땅에 육신의 몸을 입으시고 종의 형체를 가져 사람들과 같이 되어 사람의 모양으로 이 땅에 오셨다.

"그는 근본 하나님의 본체시나 하나님과 동등됨을 취할 것으로 여기지 아니하시고 오히려 자기를 비어 종의 형체를 가져 사람들과 같이 되었고 사람의 모양으로 나타나셨으매 자기를 낮추시고 죽기까지 복종하셨으니 곧 십자가에 죽으심이라"(빌 2:6~8).

" … 성경대로 그리스도께서 우리 죄를 위하여 죽으시고 장사 지낸 바 되었다가 성경대로 사흘 만에 다시 살아나사"(고전 15:3~4).

예수 그리스도가 혈육 있는 육신의 몸을 입고 이 땅에 오셔서 세례 요한에게 세례를 받는 사건은 인류의 모든 죄가 하나님의 어린양 예수 그리스도께 전가(轉嫁)되는 사건이다.

하나님의 어린양 예수 그리스도의 머리에 인류를 대표해서 세례 요한이 안수(按手)함으로 인류의 모든 죄가 속죄양으로 오신 예수 그리스도께 전가됨으로 하나님의 의(義)를 이루는 화목제물이 되신 것이다.

"내가 진실로 너희에게 말하노니 여자가 낳은 자 중에 세례 요한보다 큰 이가 일어남이 없도다 … "(마 11:11).

"이때에 예수께서 갈릴리로서 요단강에 이르러 요한에게 세례를 받으려 하신대 요한이 말려 가로되 내가 당신에게 세례를 받아야 할 터인데 당신이 내게로 오시나이까 예수께서 대답하여 가라사대 이제 허락하라 우리가 이와 같이 하여 모든 의(義)를 이루는 것이 합당하니라 하신대 이에 요한이 허락하는지라"(마 3:13~15).

예수님이 세례 요한에게 세례를 받으시는 사건은 하나님의 어린양으로 오신 예수님이 인류의 모든 죄를 전가받는 사건이며, 장차 십자가에 피 흘려 죽게 되는 세례를 인치는 사건이었다.

예수님은 이미 세례 요한에게 물세례를 받으셨고, 또한 성령세례도 받으셨다. 그럼에도 불구하고 예수님은 장차 받아야 할 '세례'가 있음을 가르치시면서 장차 받아야 할 세례가 받기 쉽지 않은 고통의 세례임을 말씀하고 있다. 장차 받아야 할 예수님의 세례는 인류의 모든 죄를 짊어지고 십자가에 죽어야 하는 고통과 장사 지냄을 의미하고 있다.

"세베대의 아들 야고보와 요한이 주께 나아와 여짜오되 선생님이여 무엇이든지 우리의 구하는 바를 우리에게 하여주시기를 원하옵나이다 이르시되 너희에게 무엇을 하여주기를 원하느냐 여짜오되 주의 영광 중에서 우리를 하나는 주의 우편에, 하나는 좌편에 앉게 하여 주옵소서 예수께서 가라사대 너희 구하는 것을 너희가 알지 못하는도다 너희가 나의 마시는 잔을 마시며 나의 받는 세례를 받을 수 있느냐 저희가 말하되 할 수 있나이다 예수께서 이르시되 너희가 나의 마시는 잔을 마시며 나의 받는 세례를 받으려니와 내 좌우편에 앉는 것은 나의 줄 것이 아니라 누구를 위하여 예비되었든지 그들이 얻을 것이니라"(막 10:35~40).

"나는 받을 세례가 있으니 그 이루기까지 나의 답답함이 이떠하겠느냐"(눅 12:50).

"무릇 그리스도 예수와 합하여 세례를 받은 우리는 그의 죽으심과 합하여 세례 받은 줄을 알지 못하느뇨 그러므로 우리가 그의 죽으심과 합하여 세례를 받음으로 그와 함께 장사(將事)되었나니 이는 아버지의 영광으로 말미암아 그리스도를 죽은 자 가운데서 살리심과 같이 우리로 또한 새 생명 가운데서 행하게 하려 함이니라"(롬 6:3~4).

"너희가 세례로 그리스도와 함께 장사한 바 되고 또 죽은 자들 가운데서 그를 일으키신 하나님의 역사를 믿음으로 말미암아 그 안에서 함께 일으키심을 받았느니라"(골 2:12).

"친히 나무에 달려 그 몸으로 우리 죄를 담당하셨으니 이는 우리로 죄에 대하여 죽고 의에 대하여 살게 하려 하심이라 … "(벧전 2:24).

③ 죄악이 영속되며

'죄악'의 히브리어 '아온'(עָוֹן)은 범죄로서 '죄책, 형벌'을 뜻하는 말이다. '영속되다'의 히브리어 '카파르'(כָּפַר)는 '덮는다'라는 의미다.

하나님의 은혜로 말미암아 믿음을 선물을 받은 성도들은 예수 그리스도의 속죄 피가 죄악을 덮음으로 하나님께 당당히 나아갈 수 있는 복을 누리게 되었다.

"우리가 그 안에서 그를 믿음으로 말미암아 담대함과 하나님께 당당히 나아감을 얻느니라"(엡 3:12).

"그러므로 우리에게 큰 대제사장이 있으니 승천하신 자 곧 하나님 아들 예수시라 우리가 믿는 도리를 굳게 잡을지어다 … 그러므로 우리가 긍휼하심을 받고 때를 따라 돕는 은혜를 얻기 위하여 은혜의 보좌 앞에 담대히 나아갈 것이니라"(히 4:14, 16).

"저에 대하여 모든 선지자도 증거하되 저를 믿는 사람들이 다 그 이름을 힘입어 죄 사함을 받는다 하였느니라"(행 10:43).

"그 불법을 사하심을 받고 그 죄를 가리우심을 받는 자는 복이 있고 주께서 그 죄를 인정치 아니하실 사람은 복이 있도다 … "(롬 4:7~8).

"우리가 알거니와 우리 옛사람이 예수와 함께 십자가에 못 박힌 것은 죄의 몸이 멸하여 다시는 우리가 죄에게 종노릇 하지 아니하려 함이니 이는 죽은 자가 죄에서 벗어나 의롭다 하심을 얻었음이니라"(롬 6:6~7).

"그리스도께서 하나님 곧 아버지의 뜻을 따라 이 악한 세대에서 우리를 건지시려고 우리 죄를 위하여 자기 몸을 드리셨으니”(갈 1:4).

“내가 저희 불의를 긍휼히 여기고 저희 죄를 다시 기억하지 아니하리라 하셨느니라”(히 8:12).

“또 저희 죄와 저희 불법을 내가 다시 기억지 아니하리라 하셨으니 이것을 사하셨은즉 다시 죄를 위하여 제사드릴 것이 없느니라 그러므로 형제들아 우리가 예수의 피를 힘입어 성소에 들어갈 담력을 얻었나니”(히 10:17~19).

④ 영원한 의가 드러나며

‘의’(righteousness)라는 히브리어 ‘체데크’(צֶדֶק)는 사죄와 밀접하게 관계된 말이다.

본문에 “영원한 의”라 하였는데, 헹스텐버그는 두 가지 이유에서 영원하다고 말한다. 즉 그 의의 출처가 영원하신 하나님의 계획에서 왔으니 영원하고, 그 의의 존속 기간으로 볼 때에 모든 피조물과 대조하여 썩지 않는 것이니 영원하다(사 51:5~8, 45:17).

이 땅에 영원한 의(義)가 드러난 사건은 의로우신 예수 그리스도가 오심으로 성취된다. 죄 없으신 예수 그리스도가 육신의 몸을 입고 이 땅에 속죄양으로 성육하신 사건이 영원하신 하나님의 의가 드러난 사건임을 부인할 사람이 있겠는가?

“복음에는 하나님의 의(義)가 나타나서 믿음으로 믿음에 이르게 하나니 기록된바 오직 의인(義人)은 믿음으로 말마암아 살리라 함과 같으니라”(롬 1:17).

“이제는 율법 외에 하나님의 한 의가 나타났으니 율법과 선지자들에게 증거를 받은 것이라 곧 예수 그리스도를 믿음으로 말마암아 모든 믿는 자에게 미치는 하나님의 의니 차별이 없느니라 모든 사람이 죄를 범하였으매 하나님의 영광에 이르지 못하더니 그리스도 예수 안에 있는 구속으로 말미암아 하나님의 은혜로 값없이 의롭다 하심을 얻은 자 되었느니라 이 예수를 하나님이 그의 피로 인하여 믿음으로 말미암는 화목 제물로 세우셨으니 이는 하나님께서 길이 참으시는 중에 전에 지은 죄를 간과(看過)하심으로 자기의 의로우심을 나타내려 하심이니 곧 이때에 자기의 의로우심을 나타내사 자기도 의로우시며 또한 예수 믿는 자를 의롭다 하려 하심이니라"(롬 3:21~26).

"하나님이 죄를 알지도 못하신 자로 우리를 대신하여 죄를 삼으신 것은 우리로 하여금 저의 안에서 하나님의 의(義)가 되게 하려 하심이니라"(고후 5:21).

"믿음이 오기 전에 우리가 율법 아래 매인 바 되고 계시될 믿음의 때까지 갇혔느니라 이같이 율법이 우리를 그리스도에게로 인도하는 몽학 선생이 되어 우리로 하여금 믿음으로 말미암아 의롭다 함을 얻게 하려 함이니라 믿음이 온 후로는 우리가 몽학 선생 아래 있지 아니하도다 너희가 다 믿음으로 말미암아 그리스도 예수 안에서 하나님의 아들이 되었으니 누구든지 그리스도와 합하여 세례를 받은 자는 그리스도로 옷 입었느니라"(갈 3:23~27).

⑤ 이상과 예언이 응하며

'응하며'(to seal)라는 말은 히브리어 '하탐'(חָתַם)으로, 어떤 권위에 의해서 '밀폐하다, 인봉하다'를 의미한다.

"이상과 예언이 응한다"는 말은 하나님이 옛적에 하나님의 사람들에게 보여주셨던 이상과 선지자들을 통하여 백성들에게 말씀하신 예언이 실상으로 이루어짐을 나타낸다.

구약 성경에 증거되고 있는 수많은 이상과 예언은 예수 그리스도를 증거하는 예표요, 모형이며, 그림자이다.

"너희가 성경에서 영생을 얻는 줄 생각하고 성경을 상고(詳考)하거니와 이 성경이 곧 내게 대하여 증거하는 것이로다"(요 5:39).

"이에 모세와 및 모든 선지자의 글로 시작하여 모든 성경에 쓴 바 자기에 관한 것을 자세히 설명하시니라"(눅 24:27).

"그러므로 먹고 마시는 것과 절기나 월삭이나 안식일을 인하여 누구든지 너희를 폄론하지 못하게 하라 이것들은 장래 일의 그림자이나 몸은 그리스도의 것이니라"(골 2:16~17).

예수 그리스도의 초림이 구약 성경의 이상과 예언이 실상으로 응하는 사건임을 누가 부인할 수 있겠는가?

"옛적에 선지자들로 여러 부분과 여러 모양으로 우리 조상들에게 말씀하신 하나님이 이 모든 날 마지막에 아들로 우리에게 말씀하셨으니 이 아들을 만유의 후사로 세우시고 또 저로 말미암아 모든 세계를 지으셨느니라"(히 1:1~2).

⑥ 지극히 거룩한 자가 기름 부음을 받으리라

"지극히 거룩한 자가 기름 부음을 받으리라"는 예언의 성취는 예수 그리스도께서 세례 받으실 때 성령의 기름 부음을 받는 사건으로 이루어졌다는 사실에 이의(異議)를 제기할 사람이 있겠는가?

"이때에 예수께서 갈릴리로서 요단강에 이르러 요한에게 세례를 받으려 하신

대 요한이 말려 가로되 내가 당신에게 세례를 받아야 할 터인데 당신이 내게로 오시나이까 예수께서 대답하여 가라사대 이제 허락하라 우리가 이와 같이 하여 모든 의(義)를 이루는 것이 합당하니라 하신대 이에 요한이 허락하는지라 예수께서 세례를 받으시고 곧 물에서 올라오실새 하늘이 열리고 하나님의 성령이 비둘기같이 내려 자기 위에 임하심을 보시더니 하늘로서 소리가 있어 말씀하시되 이는 내 사랑하는 아들이요 내 기뻐하는 자라 하시니라"(마 3:13~17).

"이튿날 요한이 예수께서 자기에게 나아오심을 보고 가로되 보라 세상 죄를 지고 가는 하나님의 어린양이로다 내가 전에 말하기를 내 뒤에 오는 사람이 있는데 나보다 앞선 것은 그가 나보다 먼저 계심이라 한 것이 이 사람을 가리킴이라 나도 그를 알지 못하였으나 내가 와서 물로 세례를 주는 것은 그를 이스라엘에게 나타내려 함이라 하니라 요한이 또 증거하여 가로되 내가 보매 성령이 비둘기같이 하늘로서 내려와서 그의 위에 머물렀더라 나도 그를 알지 못하였으나 나를 보내어 물로 세례를 주라 하신 그이가 나에게 말씀하시되 성령이 내려서 누구 위에든지 머무는 것을 보거든 그가 곧 성령으로 세례를 주는 이인 줄 알라 하셨기에 내가 보고 그가 하나님의 아들이심을 증거하였노라 하니라 또 이튿날 요한이 자기 제자 중 두 사람과 함께 섰다가 예수의 다니심을 보고 말하되 보라 하나님의 어린양이로다"(요 1:29~36).

"하나님이 나사렛 예수에게 성령과 능력을 기름 붓듯 하셨으매 저가 두루 다니시며 착한 일을 행하시고 마귀에게 눌린 모든 자를 고치셨으니 이는 하나님이 함께하셨음이라"(행 10:38).

예수님이 세례를 받으시고 성령과 능력으로 기름 부음을 받으신 후 공생애를 시작하는 시점은 정확하게 70이레 중 7이레와 62이레가 마치는 69이레 되던 주후 26년으로 예수님이 30세 되던 때임을 알 수 있다.

"예수께서 가르치심을 시작할 때에 삼십 세쯤 되시니라 … "(눅 3:23).

"주의 성령이 내게 임하셨으니 이는 가난한 자에게 복음을 전하게 하시려고 내게 기름을 부으시고 나를 보내사 포로 된 자에게 자유를 눈먼 자에게 다시 보게 함을 전파하며 눌린 자를 자유케 하고 주의 은혜의 해를 전파하게 하려 하심이라 하였더라"(눅 4:18~19).

2) 다니엘 9장 25절

"그러므로 너는 깨달아 알지니라 예루살렘을 중건(重建)하라는 영이 날 때부터 기름 부음을 받은 자 곧 왕이 일어나기까지 일곱 이레와 육십이 이레가 지날 것이요 그때 곤란한 동안에 성이 중건되어 거리와 해자(垓字)가 이룰 것이며"(단 9:25).

예루살렘 성을 중건하라는 영(令)이 내린 날로부터 '일곱 이레'가 되는 기간이 찰 때 일어날 사건이 있고, 그 사건이 성취된 후 또다시 '육십이 이레'의 기간이 찰 때 이루어지게 될 사건이 있음을 계시해 주는 예언의 말씀이다.

⑴ 예루살렘을 중건(重建)하라는 영이 날 때부터…일곱 이레…지날 것이요 그때 곤란한 동안에 성이 중건되어 거리와 해자가 이룰 것이며

예루살렘을 중건하라는 영이 날 때부터 일곱 이레가 차는 기간에 이루어질 사건은 '성이 중건되어 거리와 해자가 이루어지는' 사건이다 이 사건은 주전 408년 안에 성취되어질 사건임을 나타낸다. 본문의 계시 예언은 예루살렘의 중건령이 내린 시점으로부터 '일곱 이레'의 기한이 차는 동안에 이루어질 사건임을 명백히 증거하고 있다.

본문이 계시하고 있는 기한이 한정성을 무시한 채 헤롯 대왕이 유다를 다스릴 때 건축한 예루살렘 성전 건축 사건을 본문의 성취 사건이라 주장하는 이론은 본문의 계시 예언과 전혀 맞지 않는 비성경적 견해임을 알 수 있다.

⑵ 예루살렘을 중건(重建)하라는 영이 날 때부터 기름 부음을 받은 자 곧 왕이 일어나기까지 일곱 이레와 육십이 이레가 지날 것이요

본문이 계시하고 있는 '기름 부음을 받은 왕'은 예수 그리스도를 지칭한다는 사실에 이의(異議)를 제기할 사람이 없을 것이다. 또 본문에 계시된 '기름 부음을 받은 왕'과 26절에 예언되고 있는 '육십이 이레 후에 끊어져 없어질 기름 부음을 받은 자'는 동일 인물임에도 모두 동의할 것이다. 그렇다면 이 왕이 기름 부음을 받는 시점은 언제인가?

예루살렘을 중건하라는 영이 내려진 날로부터 '일곱 이레'와 '육십이 이레'가 합해진 '69이레'의 기한이 차는 날이 될 것을 계시해 주고 있다.

앞에서 살펴본 바와 같이, 본문의 사건이 성취되는 시점은 예수 그리스도께서 세례를 받으시고 공생애를 시작하신 시점(A.D. 26)과 일치를 이루고 있다.

"예수께서 세례를 받으시고 곧 물에서 올라오실새 하늘이 열리고 하나님의 성령이 비둘기같이 내려 자기 위에 임하심을 보시더니"(마 3:16).

"이는 한 아기가 우리에게 났고 한 아들을 우리에게 주신 바 되었는데 그 어깨에는 정사를 메었고 그 이름은 기묘자(奇妙者)라, 모사(謀士)라, 전능하신 하나님이라, 영존하시는 아버지라, 평강의 왕이라 할 것임이라 그 정사와 평강의 더함이 무궁하며 또 다윗의 위에 앉아서 그 나라를 굳게 세우고 자금(自今) 이후 영원토록 공평과 정의로 그것을 보존하실 것이라 만군의 여호와의 열심이 이를 이루시리라"(사 9:6~7).

"하나님이 나사렛 예수에게 성령과 능력을 기름 붓듯 하셨으매 저가 두루 다니시며 착한 일을 행하시고 마귀에게 눌린 모든 자를 고치셨으니 이는 하나님이 함께 하셨음이라"(행 10:38).

"예수께서 가르치심을 시작할 때에 삼십 세쯤 되시니라 … "(눅 3:23)

"또 내가 하늘이 열린 것을 보니 보라 백마와 탄 자가 있으니 그 이름은 충신과 진실이라 그가 공의로 심판하며 싸우더라 그 눈이 불꽃 같고 그 머리에 많은 면류관이 있고 또 이름 쓴 것이 하나가 있으니 자기밖에 아는 자가 없고 또 그가 피 뿌린 옷을 입었는데 그 이름은 하나님의 말씀이라 칭하더라 하늘에 있는 군대들이 희고 깨끗한 세마포를 입고 백마를 타고 그를 따르더라 그의 입에서 이한 검이 나오니 그것으로 만국을 치겠고 친히 저희를 철장으로 다스리며 또 친히 하나님 곧 전능하신 이의 맹렬한 진노의 포도주 틀을 밟겠고 그 옷과 그 다리에 이름 쓴 것이 있으니 만왕의 왕이요 만주의 주라 하였더라"(계 19:11~16).

3) 다니엘 9장 26절

"육십이 이레 후에 기름 부음을 받은 자가 끊어져 없어질 것이며 장차 한 왕의 백성이 와서 그 성읍과 성소를 훼파(毁破)하려니와 그의 종말은 홍수에 엄몰됨 같을 것이며 또 끝까지 전쟁이 있으리니 황폐할 것이 작정되었느니라" (단 9:26).

26절 말씀은 "육십이 이레 후에" 이루어질 사건을 계시해 주고 있다. 육십이 이레 후는 '칠십 이레' 중 '육십구 이레' 이후의 시점을 말한다. 이는 예수 그리스도의 공생애 시작 이후에 성취될 사건을 나타내는 계시 예언이다.

⑴ 육십이 이레 후에 기름 부음을 받은 자가 끊어져 없어질 것이며

① 육십이 이레 후에

'후(後)에'라는 히브리어 '아하르'(אַחַר)는 '시간을 알 수 없는 장래'라는 의미가 있다.

'일곱 이레'와 '육십이 이레'의 기한(期限)이 찼을 때 즉 '육십구 이레'가 되었을 때 기름 부음을 받은 자, 곧 예수 그리스도가 '후(後)에' 죽임을 당하게 될 것임을 예언하는 말씀임에 틀림없다. 그런데 그 사건이 발생하는 시점이 나머지 '한 이레' 속에 속하는 사건이 아니라는 사실을 "육십이 이레 후에"라는 계시 언어 속에 포함시키고 있다.

"기름 부음 받은 자가 끊어지는" 사건뿐만 아니라 그 뒤에 연계되는 "장차 한 왕의 백성이 와서 그 성읍과 성소를 훼파하는" 사건, "또 끝까지 전쟁이 있으리니 황폐할 것이 작정되었느니라"는 사건 등이 이루어지는 시기(時期)는 '칠십 이레'의 기한(期限)에 속하지 않는 사건임을 "육십이 이레 후에"라는 낱말을 통해 계시하고 있음을 알 수 있다.

② 기름 부음을 받은 자가 끊어져 없어질 것이며

"육십이 이레 후에 기름 부음을 받은 자가 끊어져 없어질" 사건은 예수 그리스도가 십자가에 못 박혀 죽는 사건을 계시하는 예언의 말씀이라는 사실에는 이의(異議)가 없을 것이다.

> "빌라도가 패(牌)를 써서 십자가 위에 붙이니 나사렛 예수 유대인의 왕이라 기록되었더라"(요 19:19).

> "그는 실로 우리의 질고를 지고 우리의 슬픔을 당하였거늘 우리는 생각하기를 그는 징벌을 받아서 하나님에게 맞으며 고난을 당한다 하였노라 그가 찔림은 우리의 허물을 인함이요 그가 상함은 우리의 죄악을 인함이라 그가 징계를 받음으로 우리가 평화를 누리고 그가 채찍에 맞음으로 우리가 나음을 입었도다 우리는 다 양 같아서 그릇 행하여 각기 제 길로 갔거늘 여호와께서는 우리 무리의 죄악을 그에게 담당시키셨도다 … 그가 곤욕과 심문을 당하고 끌려갔으니 그 세대 중에 누가 생각하기를 그가 산 자의 땅에서 끊어짐은 마땅히 형벌 받을 내 백성의 허물을 인함이라 하였으리요 그는 강포를 행치 아니하였고 그 입에 궤사가 없었으나 그 무덤이 악인과 함께 되었으며 그 묘실이 부자와 함께 되었도다 … 나의 의로운 종이 자기 지식으로 많은 사람을 의롭게 하며 또 그들의 죄악을 친히 담당하리라"(사 53:4~11).

(2) 장차 한 왕의 백성이 와서 그 성읍과 성소를 훼파하려니와

이 말씀에 대한 해석에는 크게 두 가지 견해가 있다.

① 주후 70년 로마의 디도(Titus) 장군에 의해 이루어진 사건으로 보는 견해

이 예언의 능력과 정확성은 주후 70년 로마의 디도 베스파시아누스 장군의 예루살렘 침공으로 말미암아 역사 위에 실제로 이루어짐으로 확인되었다고 주장한다.

주후 69년에 베스파니안이 로마의 황제에 즉위함으로 플라비안 왕조가 시작되었다. 베스파시안은 그의 아들 디도를 사령관으로 하여 알렉산드리아에서 예루살렘으로 진격하여 예루살렘을 정복하게 된다. 주후 70년에 로마의 침략으로 예루살렘이 황폐된 사실은 유대인 역사가 요세푸스에 의해 분명하게 기술되었다. 그의 기록에 의하면 예루살렘을 포위하여 장기간의 싸움을 계속하는 동안에 110만 명이 죽었고, 97,000명이 노예로 팔렸으며, 성전은 완전히 파괴되었고, 성읍은 여지없이 무너졌다.

예수님은 장차 일어날 위의 사건을 예견하며 예루살렘 성을 바라보고 우셨다.

> "가까이 오사 성을 보시고 우시며 가라사대 너도 오늘날 평화에 관한 일을 알았더면 좋을 뻔하였거니와 지금 네 눈에 숨기웠도다 날이 이를지라 네 원수들이 토성을 쌓고 너를 둘러 사면으로 가두고 또 너와 및 그 가운데 있는 네 자식들을 땅에 메어치며 돌 하나도 돌 위에 남기지 아니하리니 이는 권고 받는 날을 네가 알지 못함을 인함이니라 하시니라"(눅 19:41~44).

위의 말씀은 분명 예루살렘 성과 그 속에 살던 이스라엘 백성들이 주후 70년 로마의 디도 장군에 의해 멸망당한 사건으로 이루어진 사실적 사건이다.

우리가 분명히 해야 할 일은, 이 사건이 '칠십 이레'에 속한 한정된 사건으로 볼 수 없다는 것이다. 이는 '일곱 이레'와 '육십이 이레'가 지난 후, 즉 '육십구 이레'가 지난 후 그리고 마지막 '한 이레'인 '칠십 번째 이레' 사이의 공백기에 성취된 사건임을 인정해야 한다는 것이다.

② 종말의 때에 적그리스도에 의해 성취될 사건으로 보는 견해

예수 그리스도의 재림에 초점을 맞춰 해석하는 견해로, 본문에 계시된 "장차 한 왕"과 27절에 계시되고 있는 '장차 많은 사람으로 더불어 한 이레 동안의 언약을 굳게 정하는 그'가 동일한 인물이라고 주장한다. 이는 다니엘서 7장에 계시되는 '작은 뿔'이요 신약에서 증거하는 '대적하는 자, 곧 적그리스도'와 같은 하나의 인물이라고 해석한다.

예수님은 이 자의 등장에 큰 의미를 두면서 "그러므로 너희가 선지자 다니엘의 말한 바 멸망의 가증한 것이 거룩한 곳에 선 것을 보거든 (읽는 자는 깨달을진저)"(마 24:15)라고 말씀하셨다. 예수님이 말씀하신 "멸망의 가증한 것"은 곧 '황폐케 하는 자'로 본문에 계시되고 있는 인물과 동일한 인물이므로, 본문에 계시된 사건은 예수 그리스도의 재림 때 성취되는 종말론적 사건으로 해석함이 타당하다고 주장한다. 예수님은 이 사건이 일어날 것을 언급하셨다.

> "너희가 예루살렘이 군대들에게 에워싸이는 것을 보거든 그 멸망이 가까운 줄을 알라 그때에 유대에 있는 자들은 산으로 도망할지며 성내에 있는 자들은 나갈지며 촌에 있는 자들은 그리로 들어가지 말지어다 이날들은 기록된 모든 것을 이루는 형벌의 날이니라 그날에는 아이 밴 자들과 젖먹이는 자들에게 화가 있으리니 이는 땅에 큰 환난과 이 백성에게 진노가 있겠음이로다 저희가 칼날에 죽임을 당하며 모든 이방에 사로잡혀 가겠고 예루살렘은 이방인의 때가 차기까지 이방인들에게 밟히리라 일월 성신에는 징조가 있겠고 땅에서는 민족들이 바다와 파도의 우는 소리를 인하여 혼란한 중에 곤고하리라 사람들이 세상에 임할 일을 생각하고 무서워하므로 기절하리니 이는 하늘의 권능들이 흔들리겠음이라 그때에 사람들이 인자가 구름을 타고 능력과 큰 영광으로 오는 것을 보리라 이런 일이 되기를 시작하거든 일어나 머

리를 들라 너희 구속이 가까웠느니라 하시더라"(눅 21:20~28).

"여호와의 날이 이르리라 그날에 네 재물이 약탈되어 너의 중에서 나누이리라 내가 열국을 모아 예루살렘과 싸우게 하리니 성읍이 함락되며 가옥이 약탈되며 부녀가 욕을 보며 성읍 백성이 절반이나 사로잡혀 가려니와 남은 백성은 성읍에서 끊쳐지지 아니하리라"(슥 14:1~2).

(3) 그의 종말은 홍수에 엄몰됨 같을 것이며 또 끝까지 전쟁이 있으리니 황폐할 것이 작정되었느니라

"본문의 대상이 누구인가?" 하는 대답에도 세 가지 의견으로 구분된다.

① 로마로 보는 견해

본문에 계시된 대상이 로마 제국을 의미한다고 보는 견해다.
예루살렘을 침략하여 성읍과 성전을 훼파한 로마 제국이 장차 게르만 민족의 침입을 받아 쇠망할 것을 예언하는 말씀으로, 게르만 민족이 침입하여 밀려오기를 홍수가 휩쓸어 가듯이 로마 제국의 영광이 그렇게 엄몰됨을 계시하는 말씀으로 해석한다.

② 이스라엘로 보는 견해

"그의 종말"은 하나님을 배반한 이스라엘에 대한 심판적 징벌을 가리키는 것으로 보는 견해다.

"그러므로 의인 아벨의 피로부터 성전과 제단 사이에서 너희가 죽인 바라갸

의 아들 사가랴의 피까지 땅 위에서 흘린 의로운 피가 다 너희에게 돌아가리라 내가 진실로 너희에게 이르노니 이것이 다 이 세대에게 돌아가리라"(마 23:35~36).

"빌라도가 아무 효험도 없이 도리어 민란(民亂)이 나려는 것을 보고 물을 가져다가 무리 앞에서 손을 씻으며 가로되 이 사람의 피에 대하여 나는 무죄하니 너희가 당하라 백성이 다 대답하여 가로되 그 피를 우리와 우리 자손에게 돌릴지어다 하거늘 이에 바라바는 저희에게 놓아주고 예수는 채찍질하고 십자가에 못 박히게 넘겨주니라"(마 27:24~26)

③ 적그리스도(작은 뿔)로 보는 견해

"그의 종말"은 "황폐케 하는 자"의 종말을 의미한다고 보는 견해다. 27절에 "이미 정한 종말까지 진노가 황폐케 하는 자에게 쏟아지리라"고 말하고 있어 "그의 종말"은 곧 장차 한 이레 동안의 언약을 굳게 정하고, 이레의 절반에 제사와 예물을 금지하며, 잔포하여 미운 물건을 세우는 일을 행하게 될 적그리스도로 해석함이 타당하다고 주장한다.

"저희가 어린양으로 더불어 싸우려니와 어린양은 만주의 주시요 만왕의 왕이시므로 저희를 이기실 터이요 또 그와 함께 있는 자들 곧 부르심을 입고 빼내심을 얻고 진실한 자들은 이기리로다"(계 17:14).

4) 다니엘 9장 27절

"그가 장차 많은 사람으로 더불어 한 이레 동안의 언약을 굳게 정하겠고 그가 그 이레의 절반에 제사와 예물을 금지할 것이며 또 잔포하여 미운 물건이 날개를 의지하여 설 것이며 또 이미 정한 종말까지 진노가 황폐케 하는 자에게 쏟아지리라 하였느니라"(단 9:27).

본문의 해석은 요한계시록 6장에 계시되고 있는 '흰말 탄 자'의 해석과 같이 '적그리스도'에 관한 계시로 보는 견해와 '예수 그리스도'로 보는 두 견해가 상충(相衝)되고 있다.

'칠십 이레' 예언을 예수 그리스도의 초림에 맞추는 무천년설 학자들은 본문의 '그'가 예수 그리스도를 의미한다고 주장한다. 그들은 '한 이레' 동안의 언약을 영적으로 보고 막연한 시간으로 해석한다. 그들은 '그'를 예수 그리스도로, '많은 사람'을 은혜 안에 들어오는 구속받은 사람으로 해석한다.

반면에 역사기 전천년설 학자들은 '칠십 이레' 예언을 예수 그리스도의 재림에 초점을 맞추어 해석하고, 본문의 '그'를 '적그리스도'로 해석하는 방법을 취한다. 그들은 '일곱 이레(49년)'와 '육십이 이레(434년)'가 실제적 기간으로 계시된 기한에 미쳐 성 중건과 예수 그리스도의 공생애 시작이 성취되었으므로, 장차 있을 '한 이레(7년)'의 기간도 문자적으로 성취될 실제적 기간으로 본다.

그들은 장차 예수 그리스도의 재림의 때가 임박할 종말의 때에 적그리스도가 나타나며, 7년 대환난이 시작될 것이며, 각종 환난의 주인공으로 활동할 것이라 주장한다.

필자는 역사기 전천년설 입장에서 본문을 해석할 때 성경과 자연스럽게 조화를 이룬다고 본다. 본문을 예수 그리스도의 재림의 때가 임박한 종말의 때에 성취될 사건으로 해석함이 성경의 지지를 받기 때문이다.

예수님이 감람산 위에 앉으셨을 때 제자들이 주의 임하심과 세상 끝에 일어날 징조를 묻는 질문에 답하시면서 다니엘 9장 27절 말씀인 본문의 사건을 인용하고 있다.

> "예수께서 감람산 위에 앉으셨을 때에 제자들이 종용히 와서 가로되 우리에게 이르소서 어느 때에 이런 일이 있겠사오며 또 주의 임하심과 세상 끝에는 무슨 징조가 있사오리이까 … 이 천국 복음이 모든 민족에게 증거되기 위하여 온 세상에 전파되리니 그제야 끝이 오리라 그러므로 너희가 선지자 다니엘의 말한 바 멸망의 가증한 것이 거룩한 곳에 선 것을 보거든 (읽는 자는 깨달을진저) 그때에 유대에 있는 자들은 산으로 도망할지어다 … 이는 그때에 큰 환난이 있겠음이라 창세로부터 지금까지 이런 환난이 없었고 후에도 없으리라 그날들을 감하지 아니할 것이면 모든 육체가 구원을 얻지 못할 것이나 그러나 택하신 자들을 위하여 그날들을 감하시리라"(마 24:3~22).

⑴ 그가 장차 많은 사람으로 더불어 한 이레 동안의 언약을 굳게 정하겠고

'칠십 이레'는 '일곱 이레'(49년, 성 중건과 거리와 해자가 이루어짐)와 '육십이 이레'(434년, 거룩한 자가 기름 부음을 받음: 예수 그리스도가 세례를 받으실 때 성령을 받음으로 성취됨)와 마지막 '한 이레'로 구별된 사건이 연계된 계시 예언이다.

무천년설 학자들은 마지막 '한 이레'를 영적 기간으로 보지만, 우리는 이를 취할 수 없다. 우리는 '일곱 이레(49년)'와 '육십이 이레(434년)'가 문자적 기한(期限)에 미쳐 역사적으로 성취되었기 때문에 마지막 '한 이레(7년)'도 문자적으로 성취될 것을 믿는다.

문자적 기한(期限)으로 성취될 사건으로 믿는 사람들을 시한부 종말론자들로 매도하거나 세대주의자라고 비판하는 어리석음을 범하는 사람이 되지 않기를 바란다.

"어느 해석이 성경적인가?" 하는 관점이 중요한 것이지, 어떤 신학

노선이냐가 중요한 것이 아니라 생각한다. 다니엘처럼 성경을 깊이 있게 연구하고 기도하는 자세를 취함으로 하나님의 계시 예언을 깨달아 아는 지혜가 있길 바란다.

다니엘서의 70이레는 요한계시록과 깊은 관계를 이루는 말씀이다. 다니엘서의 많은 부분이 요한계시록과 짝을 이루는 계시 예언임을 보여준다. 다니엘서는 종말에 대해 증거하는 요한계시록을 해석하는 열쇠와도 같은 계시 예언이다.

본문의 말씀이 예수 그리스도의 초림으로 말미암아 성취되는 사건이 아니라, 예수 그리스도의 재림 때인 인류의 종말에 이루어질 사건임을 입증하는 결정적인 성경의 증거는 종말에 대해 증거해 주신 마태복음 24장의 예수님의 말씀이다.

[한 이레 도표]

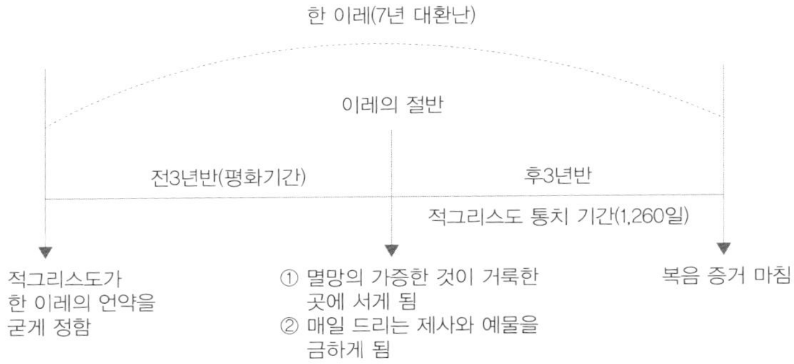

" … 주의 임하심과 세상 끝에는 무슨 징조가 있사오리이까 … 이 천국 복음이 모든 민족에게 증거되기 위하여 온 세상에 전파되리니 그제야 끝이 오리라 그러므로 너희가 선지자 다니엘의 말한 바 멸망의 가증한 것이 거룩한 곳

> 에 선 것을 보거든 (읽는 자는 깨달을진저) 그때에 유대에 있는 자들은 산으로 도망할지어다 … 이는 그때에 큰 환난이 있겠음이라 창세로부터 지금까지 이런 환난이 없었고 후에도 없으리라 그날들을 감하지 아니할 것이면 모든 육체가 구원을 얻지 못할 것이나 그러나 택하신 자들을 위하여 그날들을 감하시리라"(마 24:3~22).

예수님은 다니엘서 말씀의 성취가 "주의 임하심과 세상 끝"에 이루어질 사건임을 명백히 밝혀주심으로 그 계시 말씀에 대한 오류 해석을 미연(未然)에 방지해 주고 있다.

본문의 사건이 역사에 나타날 시기는 분명 "천국 복음이 모든 민족에게 증거되기 위하여 온 세상에 전파되는", 이 말씀이 실상으로 이루어진 후에 발생할 것을 말하고 있다.

예수님의 확실한 증거 말씀에도 불구하고, 최근까지 본문의 사건이 예수님의 초림 때 성취되었다고 주장하는 사람들이 있다. 왜 하나님의 말씀인 성경의 확실한 증거 말씀을 부인하고 자신들의 생각과 논리를 주장하는지 이해하기 어렵다. 아무리 체계적인 논리와 주장이라 할지라도, 하나님의 기록된 말씀인 성경 말씀을 넘어서지 않는 신실한 믿음과 진실되고 용기 있는 선한 마음을 갖기 바란다.

> "형제들아 내가 너희를 위하여 이 일에 나와 아볼로를 가지고 본을 보였으니 이는 너희로 하여금 기록한 말씀 밖에 넘어가지 말라 한 것을 우리에게서 배워 서로 대적하여 교만한 마음을 먹지 말게 하려 함이라"(고전 4:6).

다니엘에게 계시된 '70이레'의 예언은 유대인의 역사 기한(期限)에 대한 계시 예언이다. 70이레 도표에서 볼 수 있는 것처럼, 주전 457년 성 건축령(令)이 70이레가 시작되는 시점이고, 7이레가 지난 주전 408년에 이르는 기간에 성이 중건되고 거리와 해자가 이루어질 것이고,

그 후 62이레가 지난 주후 26년에 예수 그리스도가 세례를 받고 성령 충만함이 임한 후 공생애를 시작함으로 "지극히 거룩한 자가 기름 부음을 받으리라"는 계시 예언이 성취되었음을 알 수 있다.

이제 마지막 '한 이레' 기간을 남겨 두고 유대인의 역사는 잠정적 공백기를 갖게 된다. 이는 유대인들이 기다리며 꿈꾸던 메시아 왕국이 예수 그리스도의 초림으로 세워지지 않고 재림 때 이루어지도록 되어 있다. 우리가 잘 알고 있는 것처럼, 레위기 23장에 계시되고 있는 '여호와의 절기'는 예수 그리스도를 통해 성취되는 여호와 하나님의 '구원 시간표'라 할 수 있다.

여호와의 8대 절기가 예수 그리스도를 통해 어떻게 성취될 것인가에 대해 살펴보자.

① 안식일: 안식일의 주인으로 오신 예수님의 초림

② 유월절: 하나님의 어린양으로 오신 예수 그리스도의 십자가 대속 죽음

③ 무교절: 인류의 모든 죄를 지고 무덤에 묻힌 예수 그리스도의 장사 지냄

④ 초실절: 부활의 첫 열매가 되신 예수 그리스도의 부활하심

⑤ 오순절: 부활 승천하신 예수 그리스도께서 언약하신 성령님을 보내주심

⑥ 나팔절: 장차 천사장의 나팔소리와 함께 임하시는 예수 그리스도 재림

⑦ 속죄일: 천년왕국 이후 구속을 완성하시는 심판주 예수 그리스도

⑧ 초막절: 천국에서 영생복락을 얻게 하시는 예수 그리스도

여호와의 8대 절기 가운데 안식일부터 오순절까지의 절기는 예수

그리스도의 초림 사역으로 성취되었다. 이제 우리는 여섯 번째 절기인 나팔절의 성취를 기다리고 있다. 나팔절이 예수 그리스도의 재림을 의미하는 절기라는 사실에는 이견(異見)이 없을 것이다.

지금은 오순절 이후 나팔절이 이루어지기까지 공백기가 이어지고 있다. 이 공백기가 오순절 이후 나팔절까지 넉 달 동안의 농사 기간이며, 이방인의 구원 시대임을 보여준다.

69이레가 성취되고 그 이후의 '한 이레'가 시작되기까지 공백기가 있는 이유는, 유대인들이 예수 그리스도의 복음을 부인함으로 복음이 이방인에게 넘어갔기 때문임을 성경은 증거해 준다.

> "예수께서 들으시고 기이히 여겨 좇는 자들에게 이르시되 내가 진실로 너희에게 이르노니 이스라엘 중 아무에게서도 이만한 믿음을 만나보지 못하였노라 또 너희에게 이르노니 동서로부터 많은 사람이 이르러 아브라함과 이삭과 야곱과 함께 천국에 앉으려니와 나라의 본 자손들은 바깥 어두운 데 쫓겨나 거기서 울며 이를 갊이 있으리라"(마 8:10~12).

> "바울과 바나바가 담대히 말하여 가로되 하나님의 말씀을 마땅히 먼저 너희에게 전할 것이로되 너희가 버리고 영생 얻음에 합당치 않은 자로 자처하기로 우리가 이방인에게로 향하노라 주께서 이같이 우리를 명하시되 내가 너를 이방의 빛을 삼아 너로 땅끝까지 구원하게 하리라 하셨느니라 하니 이방인들이 듣고 기뻐하여 하나님의 말씀을 찬송하며 영생을 주시기로 작정된 자는 다 믿더라 주의 말씀이 그 지방에 두루 퍼지니라 이에 유대인들이 경건한 귀부인들과 그 성내 유력자들을 선동하여 바울과 바나바를 핍박케 하여 그 지경에서 쫓아내니 두 사람이 저희를 향하여 발에 티끌을 떨어 버리고 이고니온으로 가거늘 제자들은 기쁨과 성령이 충만하니라"(행 13:46~52).

다니엘에게 계시하신 70이레의 기한(期限)은 유대 백성들에게 준 역사의 기한이다.

70이레 가운데서 69이레까지와 그 이후 '기름 부음 받은 왕'이 끊어지는 사건까지 이 땅 위에 그대로 성취되었으므로, 마지막 '한 이레' 사건도 이 땅에서 이루어질 것이 분명하다. 그 사건은 장차 '나팔절' 절기인 예수 그리스도의 재림이 임박한 7년 대환난 시기가 될 것이 자명(自明)하다.

하나님의 백성에게 계시하신 '여호와의 8대 절기'는 반드시 성취될 하나님의 구원 시간표다. 초림까지의 사역은 오순절 성령의 임하심까지로 끝이 나고, 이제 나팔절을 예비하고 있다. 그 시기가 되면 유대인들에게 다시금 '한 이레'의 역사가 이어질 것이며, 그들이 예수 그리스도의 복음을 듣고 회개하고 돌이켜 구원에 참예하게 될 것임을 성경은 명확하게 증거하고 있다.

" … 주의 임하심과 세상 끝에는 무슨 징조가 있사오리이까 … 이 천국 복음이 모든 민족에게 증거되기 위하여 온 세상에 전파되리니 그제야 끝이 오리라 그러므로 너희가 선지자 다니엘의 말한 바 멸망의 가증한 것이 거룩한 곳에 선 것을 보거든 (읽는 자는 깨달을진저) 그때에 유대에 있는 자들은 산으로 도망할지어다"(마 24:3~16).

"그러므로 내가 말하노니 하나님이 자기 백성을 버리셨느뇨 그럴 수 없느니라 나도 이스라엘인이요 아브라함의 씨에서 난 자요 베냐민 지파라 하나님이 그 미리 아신 자기 백성을 버리지 아니하셨나니 … 그러므로 내가 말하노니 저희가 넘어지기까지 실족하였느뇨 그럴 수 없느니라 저희의 넘어짐으로 구원이 이방인에게 이르러 이스라엘로 시기나게 함이니라 저희의 넘어짐이 세상의 부요함이 되며 저희의 실패가 이방인의 부요함이 되거든 하물며 저희의 충만함이리요 내가 이방인인 너희에게 말하노라 내가 이방인의 사도인 만큼 내 직분을 영광스럽게 여기노니 이는 곧 내 골육을 아무쪼록 시기케 하여 저희 중에서 얼마를 구원하려 함이라 … 하나님이 원 가지들도 아끼지 아니하셨은즉 너도 아끼지 아니하시리라 … 네가 원 돌감람나무에서 찍힘을 받고 본성을 거스려 좋은 감람나무에 접붙임을 얻었은즉 원 가지인 이 사람들이야 얼마나 더 자기 감람나무에 접붙이심을 얻으랴 형제들아 너희가 스스로 지혜 있다 함을 면키 위하여 이 비밀을 너희가 모르기를 내가 원치 아니하노니 이 비밀은 이방인의 충만한 수가 들어오기까지 이스라엘의 더러는 완악하게 된 것이라 그리하여 온 이스라엘이 구원을 얻으리라"(롬 11:1~26).

성경의 확실한 계시 말씀에도 불구하고 유대인들의 역사가 예수 그리스도의 초림 때 끝났다고 주장하는 사람들은 성경 밖으로 넘어가는 교만을 행하는 것이며, 성경을 자의(自意)로 해석하여 억지 주장을 가르침으로 진리를 왜곡시키는 무지하고 어리석은 행위를 범하는 것이다. '칠십 이레'의 마지막 '한 이레(7년)' 동안 이 땅에 있게 될 7년 대환난 기간에 적그리스도가 나타나 활동함으로 본문의 계시 예언이 실상으로 이루어질 것이다.

(2) 그가 그 이레의 절반에 제사와 예물을 금지할 것이며

적그리스도가 갖가지 공략을 통해 이스라엘의 평화를 보장하는 언약을 시행할 것이다. 그러나 머지않아 그 언약을 변개하고 잔포하게 행함으로 그 언약이 산산이 깨어지고 말 것이다. 평화의 언약을 세우며 역사에 등장한 적그리스도는 곧 이스라엘이 제사를 드리지 못하게 금하고, 자신이 하나님의 자리에 서서 경배받기를 강요하게 될 것이다. 교회는 더 이상 하나님께 예배하지 못하게 되고, 예수 그리스도만이 구속주가 된다는 복음을 증거하지 못하도록 핍박을 받게 될 것이다.

본문에 대한 가장 올바른 해석은 다니엘서 자체의 계시 증거들과 맥(脈)이 통하도록 해석하는 것이고, 더 나아가 성경의 지지를 받는 해석이라야 할 것이다.

본문과 동일한 사건에 대한 계시 예언이 다니엘서에 자주(7, 8, 11, 12장) 등장한다.

"그 열 뿔은 이 나라에서 일어날 열 왕이요 그 후에 또 하나가 일어나리니 그는 먼저 있던 자들과 다르고 또 세 왕을 복종시킬 것이며 그가 장차 말로 지극히 높으신 자를 대적하며 또 지극히 높으신 자의 성도를 괴롭게 할 것이며 그가 또 때와 법을 변개코자 할 것이며 성도는 그의 손에 붙인바 되어 한 때와 두 때와 반 때를 지내리라 그러나 심판이 시작된즉 그는 권세를 빼앗기고 끝까지 멸망할 것이요 나라와 권세와 온 천하 열국의 위세가 지극히 높으신 자의 성민에게 붙인바 되리니 그의 나라는 영원한 나라이라 모든 권세 있는 자가 다 그를 섬겨 복종하리라 하여"(단 7:24~27).

"그중 한 뿔에서 또 작은 뿔 하나가 나서 남편과 동편과 또 영화로운 땅을 향하여 심히 커지더니 그것이 하늘 군대에 미칠 만큼 커져서 그 군대와 별 중에 몇을 땅에 떨어뜨리고 그것을 짓밟고 또 스스로 높아져서 군대의 주재를 대적하며 그에게 매일 드리는 제사를 제하여 버렸고 그의 성소를 헐었으며 범죄함을 인하여 백성과 매일 드리는 제사가 그것에게 붙인바 되었고 그것이 또 진리를 땅에 던지며 자의로 행하여 형통하였더라"(단 8:9~12).

"군대는 그의 편에 서서 성소 곧 견고한 곳을 더럽히며 매일 드리는 제사를 폐하며 멸망케 하는 미운 물건을 세울 것이며 그가 또 언약을 배반하고 악행하는 자를 궤휼로 타락시킬 것이나 오직 자기의 하나님을 아는 백성은 강하여 용맹을 발하리라"(단 11:31~32).

"내가 들은즉 그 세마포 옷을 입고 강물 위에 있는 자가 그 좌우 손을 들어 하늘을 향하여 영생하시는 자를 가리켜 맹세하여 가로되 반드시 한 때 두 때 반 때를 지나서 성도의 권세가 다 깨어지기까지니 그렇게 되면 이 모든 일이 다 끝나리라 하더라 내가 듣고도 깨닫지 못한지라 내가 가로되 내 주여 이 모든 일의 결국이 어떠하겠삽나이까 그가 가로되 다니엘아 갈지어다 대저 이 말은 마지막 때까지 간수하고 봉함할 것임이니라 많은 사람이 연단을 받아 스스로 정결케 하며 희게 할 것이나 악한 사람은 악을 행하리니 악한 자는 아무도 깨닫지 못하되 오직 지혜 있는 자는 깨달으리라 매일 드리는 제사를 폐하며 멸망케 할 미운 물건을 세울 때부터 일천이백구십 일을 지낼 것이요 기다려서 일천삼백삼십오 일까지 이르는 그 사람은 복이 있으리라"(단 12:7~12).

이상에 증거되고 있는 다니엘서 자체의 증거 말씀 가운데서 8장과 11장의 계시 예언은, 헬라에서 분열된 셀류쿠스 왕조의 안티오쿠스 4세 에피파네스에 의해 역사 위에 성취된 사건이고, 7장과 12장의 계시 예언은 장차 이 땅에 나타날 "작은 뿔"로 상징되는 '적그리스도'로 말미암아 이루어질 사건에 대한 예언으로 본문의 사건을 성취할 주인공이 될 인물이라 볼 수 있다.

8장과 11장의 "작은 뿔"로 상징된 주인공은 북방 왕(시리아)의 안티오쿠스 4세 에피파네스 왕을 지칭하는데, 이는 장차 역사의 종말인 70이레 중 마지막 '한 이레'에 대한 본문의 사건을 성취하게 될 7장과 12장의 "작은 뿔"인 '적그리스도'의 모형적 인물임을 보여준다.

결론적으로, 본문에 계시된 예언의 성취자는 예수 그리스도가 아니라 다니엘서 전반(全般)에 걸쳐 예언되고 있는 "작은 뿔"인 '적그리스도'에 의한 사건임을 깨닫게 된다.

본문에 계시된 "그가 그 이레의 절반에 제사와 예물을 금지할 것이며"라는 예언이 예수 그리스도의 십자가 죽으심을 통해 구약의 제사가 마치게 된 것을 의미한다고 주장하는 사람들이 있다. 하지만 다니엘서 전체 문맥의 흐름과 성경의 전반적 증거를 살펴볼 때 수용하기 어려운 오해(誤解)임이 드러난다.

'제사와 예물을 금지한다'는 것은 제사를 완성함으로 마치게 되었다는 의미로 받아들일 수 없음을 보여준다. '제사와 예물을 금지했다'는 것은 강제적으로 하지 못하게 했다는 의미를 담고 있다. 이는 7장의 "작은 뿔"이 "지극히 높으신 자를 대적하며 높으신 자의 성도를 괴롭게 하는"(단 7:25) 행위와 상통한다.

8장의 "작은 뿔"이 "스스로 높아져서 군대의 주재를 대적하며 그에게 매일 드리는 제사를 제하여 버렸고 그의 성소를 헐었으며 범죄함을 인하여 백성과 매일 드리는 제사가 그것에게 붙인 바 된"(단 8:11~12) 사건과 일치한다.

11장에서 "북방 왕 … 군대는 그의 편에 서서 성소 곧 견고한 곳을 더럽히며 매일 드리는 제사를 폐하며 멸망케 하는 미운 물건을 세울 것이며 그가 또 언약을 배반하는"(단 11:28~32) 행위와 동일하다.

12장의 "매일 드리는 제사를 폐하며 멸망케 할 미운 물건을 세우는"(단 12:11) 사건과 맥락(脈絡)이 같다. 그러므로 본문의 사건은 장차 인류의 종말에 등장하는 "작은 뿔"의 역사, 즉 적그리스도가 대주재(大主宰)가 되신 하나님께 드리는 제사와 예물을 금지시키고 자신을 높여 경배하도록 역사하게 될 것을 계시하는 예언이라 해석함이 다니엘서 전체의 계시 예언과 상통(相通)하는 성경적 정해(正解)다.

"그가 그 이레의 절반에 제사와 예물을 금지할 것이라"는 본문의 말씀을 예수 그리스도가 십자가에 못 박혀 속죄 제사를 완성했으므로 제사를 그치게 했다고 해석하는 것은 성경의 가르침과 상반(相反)된 주장이라는 사실을 정각(正覺)해야 한다.

예수님이 하나님의 어린양으로 오사 속죄양이 되심으로 십자가에 피 흘려 대속하심으로 다시는 속죄를 위한 제사를 드릴 필요가 없게 된 것은 사실이다.

"그리스도께서 장래 좋은 일의 대제사장으로 오사 손으로 짓지 아니한 곧 이 창조에 속하지 아니한 더 크고 온전한 장막으로 말미암아 염소와 송아지의 피로 아니하고 오직 자기 피로 영원한 속죄를 이루사 단번에 성소에 들어가셨느니라"(히 9:11~12).

"저가 한 제물로 거룩하게 된 자들을 영원히 온전케 하셨느니라 … 이것을 사하셨은즉 다시 죄를 위하여 제사드릴 것이 없느니라"(히 10:14, 18).

예수 그리스도를 구주로 영접한 성도들은 예수 그리스도께서 십자가에서 죄를 대속(代贖)하는 피 흘림의 희생 제물이 되어 주셨음을 믿음으로 죄를 사함 받고 의롭다 칭함 받아 영생을 얻고, 천국에 들어갈 수 있는 하나님의 자녀가 되는 권세를 얻게 되었다.

"모세가 광야에서 뱀을 든 것같이 인자도 들려야 하리니 이는 저를 믿는 자마다 영생을 얻게 하려 하심이니라 하나님이 세상을 이처럼 사랑하사 독생자를 주셨으니 이는 저를 믿는 자마다 멸망치 않고 영생을 얻게 하려 하심이니라"(요 3:14~16).

"영접하는 자 곧 그 이름을 믿는 자들에게는 하나님의 자녀가 되는 권세를 주셨으니"(요 1:12).

"곧 예수 그리스도를 믿음으로 말미암아 모든 믿는 자에게 미치는 하나님의 의니 차별이 없느니라 모든 사람이 죄를 범하였으매 하나님의 영광에 이르지 못하더니 그리스도 예수 안에 있는 구속으로 말미암아 하나님의 은혜로 값없이 의롭다 하심을 얻은 자 되었느니라 이 예수를 하나님이 그의 피로 인하여 믿음으로 말미암는 화목 제물로 세우셨으니 이는 하나님께서 길이 참으시는 중에 전에 지은 죄를 간과하심으로 자기의 의로우심을 나타내려 하심이니 곧 이때에 자기의 의로우심을 나타내사 자기도 의로우시며 또한 예수 믿는 자를 의롭다 하려 하심이니라"(롬 3:22~26).

이제 예수의 구속을 믿는 성도들은 다시 죄 사함을 얻기 위해 피 흘림의 제사를 드릴 필요가 없다. 그러나 구원받은 성도들은 구속에 대한 은혜와 사랑에 감사하며 하나님께 더욱더 신령과 진정으로 예배하며, 하나님을 기쁘시게 하는 찬미의 제사를 드리고 믿음으로 예물을 드려 하나님의 복음 사역을 감당해야 한다.

성경은 예수님이 제사와 예물을 금지하신 것이 아니라 오히려 신령과 진정한 마음과 믿음으로 드리도록 이끄시는 영원한 대제사장이 되심을 증거하고 있다.

"그러므로 형제들아 우리가 예수의 피를 힘입어 성소에 들어갈 담력을 얻었나니 그 길은 우리를 위하여 휘장 가운데로 열어 놓으신 새롭고 산 길이요 휘장은 곧 저의 육체니라 또 하나님의 집 다스리는 큰 제사장이 계시매 우리가 마음에 뿌림을 받아 양심의 악을 깨닫고 몸을 맑은 물로 씻었으니 참 마음과 온전한 믿음으로 하나님께 나아가자"(히 10:19~22).

"그러므로 예수도 자기 피로써 백성을 거룩케 하려고 성문 밖에서 고난을 받으셨느니라 그런즉 우리는 그 능욕을 지고 영문 밖으로 그에게 나아가자 우리가 여기는 영구한 도성이 없고 오직 장차 올 것을 찾나니 이러므로 우리가 예수로 말미암아 항상 찬미의 제사를 하나님께 드리자 이는 그 이름을 증거하는 입술의 열매니라 오직 선을 행함과 서로 나눠주기를 잊지 말라 이같은 제사는 하나님이 기뻐하시느니라"(히 13:12~16).

"너희도 산 돌같이 신령한 집으로 세워지고 예수 그리스도로 말미암아 하나님이 기쁘게 받으실 신령한 제사를 드릴 거룩한 제사장이 될지니라"(벧전 2:5).

"… 예수 그리스도로 말미암아 은혜와 평강이 너희에게 있기를 원하노라 우리를 사랑하사 그의 피로 우리 죄에서 우리를 해방하시고 그 아버지 하나님을 위하여 우리를 나라와 제사장으로 삼으신 그에게 영광과 능력이 세세토록 있기를 원하노라 아멘"(계 1:5~6).

예수님이 예물을 금하신 일이 있는가? 예수님은 오히려 믿음으로 예물을 드려야 함을 가르치셨다.

"그러므로 예물을 제단에 드리다가 거기서 네 형제에게 원망 들을 만한 일이 있는 줄 생각나거든 예물을 제단 앞에 두고 먼저 가서 형제와 화목하고 그 후에 와서 예물을 드리라"(마 5:23~24).

"화 있을진저 외식하는 서기관들과 바리새인들이여 너희가 박하와 회향과 근채의 십일조를 드리되 율법의 더 중한 바 의(義)와 인(仁)과 신(信)은 버렸도다 그러나 이것도 행하고 저것도 버리지 말아야 할지니라"(마 23:23).

구약의 '할례'가 신약에 와서는 '세례'로 변하였고, 구약의 '피 흘림의 제사'는 신약에 와서 예수 그리스도의 속죄 피를 믿음으로 하나님께 제사하는 '예배'로 변했으며, 구약의 '예물'은 신약에 와서 '헌금'(연보)으로 변했을 뿐이지 폐한 것이 아니다.

하나님께서는 신약시대에 와서도 성도들의 '산 제사'를 기뻐 받으시고, 감사와 정성으로 드리는 '예물'을 기뻐하신다.

"우리 조상들은 이 산에서 예배하였는데 당신들의 말은 예배할 곳이 예루살렘에 있다 하더이다 예수께서 가라사대 여자여 내 말을 믿으라 이 산에서도 말고 예루살렘에서도 말고 너희가 아버지께 예배할 때가 이르리라 너희는 알지 못하는 것을 예배하고 우리는 아는 것을 예배하노니 이는 구원이 유대인에게서 남이니라 아버지께 참으로 예배하는 자들은 신령과 진정으로 예배할 때가 오나니 곧 이때라 아버지께서는 이렇게 자기에게 예배하는 자들을 찾으시느니라 하나님은 영이시니 예배하는 자가 신령과 진정으로 예배할지니라" (요 4:20~24).

"그러므로 형제들아 내가 하나님의 모든 자비하심으로 너희를 권하노니 너희 몸을 하나님이 기뻐하시는 거룩한 산 제사로 드리라 이는 너희의 드릴 영적 예배니라"(롬 12:1).

"예수께서 눈을 들어 부자들이 연보궤에 헌금 넣는 것을 보시고 또 어떤 가난한 과부의 두 렙돈 넣는 것을 보시고 가라사대 내가 참으로 너희에게 말하노니 이 가난한 과부가 모든 사람보다 많이 넣었도다 저들은 그 풍족한 중에서 헌금을 넣었거니와 이 과부는 그 구차한 중에서 자기의 있는 바 생활비 전부를 넣었느니라 하시니라"(눅 21:1~4).

"이러므로 내가 이 형제들로 먼저 너희에게 가서 너희의 전에 약속한 연보를 미리 준비케 하도록 권면하는 것이 필요한 줄 생각하였노니 이렇게 준비하여야 참 연보답고 억지가 아니니라 이것이 곧 적게 심는 자는 적게 거두고 많이 심는 자는 많이 거둔다 하는 말이로다 각각 그 마음에 정한 대로 할 것이요 인색함으로나 억지로 하지 말지니 하나님은 즐겨 내는 자를 사랑하시느니라"(고후 9:5~7).

"용이 짐승에게 권세를 주므로 용에게 경배하며 짐승에게 경배하여 가로되 누가 이 짐승과 같으뇨 누가 능히 이로 더불어 싸우리요 하더라 또 짐승이 큰 말과 참람된 말하는 입을 받고 또 마흔두 달 일할 권세를 받으니라 짐승이 입을 벌려 하나님을 향하여 훼방하되 그의 이름과 그의 장막 곧 하늘에 거하는 자들을 훼방하더라 또 권세를 받아 성도들과 싸워 이기게 되고 각 족속과 백성과 방언과 나라를 다스리는 권세를 받으니 죽임을 당한 어린양의 생명책에 창세 이후로 녹명되지 못하고 이 땅에 사는 자들은 다 짐승에게 경배하리라"(계 13:4~8).

⑶ 또 잔포하여 미운 물건이 날개를 의지하여 설 것이며

'잔포(殘暴)하다'는 말은 그의 활동의 성격을 드러내주는 말이다. 그가 얼마나 잔포한지 요한계시록 13장에 그의 모습이 잘 드러나고 있다.

"내가 보니 바다에서 한 짐승이 나오는데 뿔이 열이요 머리가 일곱이라 그 뿔에는 열 면류관이 있고 그 머리들에는 참람된 이름들이 있더라 내가 본 짐승은 표범과 비슷하고 그 발은 곰의 발 같고 그 입은 사자의 입 같은데 용이 자기의 능력과 보좌와 큰 권세를 그에게 주었더라"(계 13:1~2).

한 이레 동안의 언약을 굳게 정할 그의 성격이 잔포한데, 이를 예수 그리스도라 칭하는 것은 불합리한 주장이므로 거부된다.

마음이 온유하고 겸손하신 주님을 어찌 '잔포(殘暴)한 자'와 동일시할 수 있는가?

'잔포하여 미운 물건'의 히브리어 '쉬쿠츠 샤멤'(שִׁקּוּצִי שֹׁמֵם)은 문자적으로 '가증한, 황폐케 하는 자'라는 뜻으로 다니엘서 11장 31절과 12장 11절에 증거되고 있는 "멸망케 하는 미운 물건"과 유사한 표현이며, 예수님이 종말의 때에 대해 예언하신 마태복음 24장 15절 말씀에 증거되고 있는 "멸망의 가증한 것"과 동일한 대상으로, 이는 적그리스도를 의미하는 것이다.

7장의 "작은 뿔"(적그리스도)의 예표요 모형된 인물이 8장의 "작은 뿔"인 안티오쿠스 4세 에피파네스다. 그가 행한 본문의 성취 사건에 대해 유대의 역사학자 요세푸스는 기록하기를 "그가 하나님의 거룩한 성전의 제단을 허물고 우상의 제단을 세워 그 위에 돼지를 올려놓았다"고 전하고 있다. 잔포하여 미운 물건이 날개를 의지하여 선다는 것은 곧 거룩한 성전에 적그리스도의 우상이 세워지게 될 것을 의미한다.

> "짐승 앞에서 받은 바 이적을 행함으로 땅에 거하는 자들을 미혹하며 땅에 거하는 자들에게 이르기를 칼에 상하였다가 살아난 짐승을 위하여 우상을 만들라 하더라 저가 권세를 받아 그 짐승의 우상에게 생기를 주어 그 짐승의 우상으로 말하게 하고 또 짐승의 우상에게 경배하지 아니하는 자는 몇이든지 다 죽이게 하더라"(계 13:14~15).

(4) 또 이미 정한 종말까지 진노가 황폐케 하는 자에게 쏟아지리라 하였느니라

적그리스도는 하나님을 대적하고 하나님의 장막에 거하는 성도들을 훼방하는 자로 영적 세상과 육적 세상 모두를 황폐케 하는 사탄의 종이다. 적그리스도가 활동하는 시기는 '칠십 이레'의 마지막 '한 이레' 동안으로, 종말의 때임을 드러낸다. 그의 활동이 큰 권능과 능력으로 진행되어 오래 지속될 것처럼 보이지만, 사실 그의 활동 시기는 잠시 동안으로 정해졌으며, 그 정한 종말 기간 동안에 왕성하게 느껴지지만 하나님의 진노가 그 위에 쏟아져 그 멸망이 속히 이루어질 것임을 계시해 주고 있다.

"정한 종말"은 하나님이 작정하셨으므로 반드시 이루어질 것임을 내포하는 말이며, 적그리스도가 하나님의 진노의 심판을 받아 완전히 파멸될 것임을 의미하는 말이다.

"모신 자가 이처럼 이르되 넷째 짐승은 곧 땅의 넷째 나라인데 이는 모든 나라보다 달라서 천하를 삼키고 밟아 부숴뜨릴 것이며 그 열 뿔은 이 나라에서 일어날 열 왕이요 그 후에 또 하나가 일어나리니 그는 먼저 있던 자들과 다르고 또 세 왕을 복종시킬 것이며 그가 장차 말로 지극히 높으신 자를 대적하며 또 지극히 높으신 자의 성도를 괴롭게 할 것이며 그가 또 때와 법을 변개코자 할 것이며 성도는 그의 손에 붙인 바 되어 한 때와 두 때와 반 때를 지내리라 그러나 심판이 시작된즉 그는 권세를 빼앗기고 끝까지 멸망할 것이요" (단 7:23~26).

"저희가 어린양으로 더불어 싸우려니와 어린양은 만주의 주시요 만왕의 왕이시므로 저희를 이기실 터이요 또 그와 함께 있는 자들 곧 부르심을 입고 빼내심을 얻고 진실한 자들은 이기리로다"(계 17:14).

"또 내가 보매 그 짐승과 땅의 임금들과 그 군대들이 모여 그 말 탄 자와 그의 군대로 더불어 전쟁을 일으키다가 짐승이 잡히고 그 앞에서 이적을 행하던 거짓 선지자도 함께 잡혔으니 이는 짐승의 표를 받고 그의 우상에게 경배하던 자들을 이적으로 미혹하던 자라 이 둘이 산채로 유황불 붙는 못에 던지우고 그 나머지는 말 탄 자의 입으로 나오는 검에 죽으매 모든 새가 그 고기로 배불리우더라"(계 19:19~21).